国家社科基金重大项目"功能—类型学取向的汉语语义演变研究"
（批准号：14ZDB098）研究成果

本卷著者

吴福祥　潘秋平　张　敏　王娅玮
范晓蕾　张　定　贾燕子　史文磊
盛益民　徐朝红　王继红　陈前瑞

语言类型学视角的汉语语义演变研究

汉语语义演变研究丛书
吴福祥／主编

吴福祥 陈前瑞 等／著

时代出版传媒股份有限公司
安徽教育出版社

图书在版编目（CIP）数据

语言类型学视角的汉语语义演变研究/吴福祥等著. 合肥：安徽教育出版社，2024.10. --（汉语语义演变研究丛书/吴福祥主编）. -- ISBN 978-7-5748-0316-9

Ⅰ. H13

中国国家版本馆CIP数据核字第20248YK960号

语言类型学视角的汉语语义演变研究
YUYAN LEIXINGXUE SHIJIAO DE HANYU YUYI YANBIAN YANJIU

出 版 人：王能玉
策划编辑：姚　莉　江　舟
统筹编辑：付　静
责任编辑：徐　宇　陶忠娣　付　静
装帧设计：张鑫坤
技术编辑：陈善军

出版发行：安徽教育出版社
地　　址：合肥市经开区繁华大道西路398号　邮编：230601
网　　址：http://www.ahep.com.cn
营销电话：(0551)63683012,63683013
排　　版：安徽时代华印出版服务有限责任公司
印　　刷：安徽新华印刷股份有限公司

开　　本：710 mm×1010 mm　1/16
印　　张：29.25
字　　数：400千字
版　　次：2024年10月第1版
印　　次：2024年10月第1次印刷
定　　价：132.00元

（如发现印装质量问题,影响阅读,请与本社营销部联系调换）

总　序

　　语义演变是语言演变的一个重要方面，也是历史语言学的主要研究对象之一。在汉语语言学界，语义和语义演变的研究具有悠久的历史和优良的传统。中国传统语言学（即小学）包含训诂学、文字学和音韵学三个主要门类，其中训诂学是最早建立也是最重要的门类。训诂学聚焦于对文献语言词义的训释和研究，"是中国语言文字学中一门传统的解释语词和研究语义的学科"（周祖谟，1988：387）。两汉以降直至清末，历代小学家尤其是训诂学家所作的词语训诂、词义分析和词义流变研究，积累了大量宝贵经验和重要成果，是汉语语义演变研究的一份宝贵遗产。中华人民共和国成立后，中国语言学的学科框架照搬苏联模式。汉语也被认为跟俄语一样具有语音、词汇和语法三大要素，相应地，汉语语言学被分为汉语语音学、汉语词汇学和汉语语法学三个分支。此外，在汉语语言学的历时层面，汉语传统语言学被汉语史（包括汉语语音史、汉语词汇史和汉语语法史）取代。在这种学科格局中，汉语的语义已丧失其作为独立研究对象的地位，寄生于相关的分支学科中。其中，词汇语义的研究附丽于汉语词汇学，语法语义的研究依附于汉语语法学。由此可见，在当今的汉语语言学框架中，汉语语义研究已沦落为汉语词汇研究和汉语语法研究的附庸。造成这种现象的原因当然有很多，不过我们认为，除了学术理念、学科设置等方面的因素，可能还有一个重要原因,即我们迄今未能找到适合汉语语义和语义演变研究的理论、视角和方法。

运用功能语言学、语言类型学和接触语言学的理论和方法,结合具体个案和专题的讨论,研究汉语语义演变的路径和模式、机制和动因、规律和方向,揭示汉语语义演变中的认知操作、语用策略、接触动因和类型特征,无疑是汉语史学界一个值得不断努力的研究方向。在这方面,普通语言学界的一些重要的理论模型、分析框架和研究成果可资借鉴,譬如 Sweetser 的基于认知的"历时隐喻模式"(The Diachronic Metaphor Model)、Traugott 的基于历史语用的"语义演变的诱使性推理理论"(The Invited Inferencing Theory of Semantic Change),以及 Heine and Kuteva 的基于语言接触的"语法复制"(Grammatical Replication)理论。这些理论模型和研究框架都是值得我们深入了解和大力借鉴的。

呈现在读者面前的这套"汉语语义演变研究丛书"就是我们在这方面所作的一个初步尝试。它比较集中地展示了近些年来我们在历史语义学和汉语语义演变研究方面的一些思考和探索。

本丛书在恪守汉语史研究的优良传统的基础上,注重理论、方法和成果的创新,力求采用普通语言学,特别是其中的功能主义语言学、语言类型学和接触语言学的新理论、新方法、新视角和新框架来研究汉语的语义演变。因此,相较于同类研究,我们认为本丛书至少有以下鲜明的追求和显著的特色。

第一,认真挖掘汉语语义演变的事实,聚焦于对汉语语义演变的路径和模式的归纳和概括。与以往的研究不同,本丛书注重对语义演变事实的描写,着重从概念上分析语义演变的过程,归纳和总结在汉语中反复出现的语义演变的路径和模式。这样的工作正是语义演变研究的一项基本任务。

第二，从跨语言的角度来审视汉语语义演变，探讨汉语语义演变的共相和殊相。与以往大多数同类研究不同，本丛书致力于将汉语语义演变置于人类语言演变的大背景下进行审视，探讨汉语语义演变的路径和模式所体现的共性倾向和类型特点。跨语言视角和类型学视野有助于弄清汉语中哪些语义演变的路径或模式体现的是人类语言的共性特征，哪些语义演变的路径或模式表征的是汉语的类型变异或个性特征，从而对汉语语义演变作出更为充分、合理的解释。

第三，力求从认知和语用的角度对汉语语义演变的机制和动因进行解释。语义演变研究最重要的工作是对业已观察到的演变路径或模式进行解释，揭示这些演变过程背后的机制和动因。本丛书在这方面也作了积极的努力和可贵的探索。

汉语既有3000余年连绵不绝的文献历史、丰富多样的方言类型，又有2000余年语义演变研究的经验和成果。汉语具有其他语言无可比拟的语义演变研究的资源优势。我们相信，如果能充分利用汉语语义演变研究的资源优势，不断借鉴普通语言学中先进的理论和方法，大力加强汉语语义演变的理论构建、实证研究和学科建设，那么相较于汉语语言学的其他分支，汉语语义演变研究应该是最有可能在普通语言学中构建出富有时代特征、彰显中国特色、体现世界水平的理论体系。

吴福祥
2023年仲夏于北京齐贤斋

目录

前 言 001

第 1 章 语义地图模型与汉语多功能语法形式研究

第 1 节 　引言 005
第 2 节 　语义地图模型在汉语中的应用成果和应用前景 008
第 3 节 　语义地图模型的原则、方法和分歧 020
第 4 节 　结语 048

第 2 章 基于汉语史的与连接范畴相关的概念空间

第 1 节 　引言 049
第 2 节 　国内外与连接范畴相关的概念空间研究 050
第 3 节 　基于汉语史的与连接范畴相关的概念空间 053
第 4 节 　结语 094

第 3 章 能性情态语义图与情态功能的细分

第 1 节 　引言 096
第 2 节 　能性情态类型系统 098
第 3 节 　汉语方言材料及语义结构分析 100

第 4 节	语义图"形式"和"功能"的细分	105
第 5 节	情态类型系统的新界定	119
第 6 节	结语	122

第 4 章 "追逐"义动词语义图

第 1 节	引言	124
第 2 节	语言取样	127
第 3 节	功能界定和统计	128
第 4 节	"追逐"义动词的概念空间和语义图	131
第 5 节	解释	137
第 6 节	结论与展望	145

第 5 章 "穿戴"义动词语义图

第 1 节	引言	146
第 2 节	语言取样	147
第 3 节	功能界定和统计	147
第 4 节	"穿戴"义动词的概念空间和语义图	152
第 5 节	一点解释	157
第 6 节	结论	165

第 6 章 词汇类型学视域下汉语"硬""软"语义场的历史演变

第 1 节	引言	167
第 2 节	定名学视角下汉语"硬""软"语义场的历史演变	170
第 3 节	符意学视角下汉语"硬""软"语义场的历史演变	210

第 4 节　结语　226

第 7 章　词汇类型学视角的汉语"吃""喝"类动词研究

第 1 节　引言　230
第 2 节　"吃""喝"概念的词汇化与范畴化　232
第 3 节　"吃""喝"类动词的语义扩展　240
第 4 节　"吃""喝"类动词的形态句法特征　251
第 5 节　结语　257

第 8 章　汉语运动事件词化类型的历时演变
——基于古今对译语料的考察

第 1 节　引言　259
第 2 节　调查方法　262
第 3 节　词化结构的分布倾向　267
第 4 节　语义要素的分布倾向　289
第 5 节　讨论　304
第 6 节　结论　308

第 9 章　汉语吴方言的"处所成分—指示词"演化圈

第 1 节　引言　310
第 2 节　指示词及其构成方式　312
第 3 节　从处所成分到处所指示词　315
第 4 节　从处所指示词到基本指示词　326
第 5 节　总结:"处所成分—指示词"循环演化圈　336
第 6 节　余论:从语言类型学看指示词的词汇更新　339

第10章 让步条件连词到让步连词的语义演变

第1节　引言　　　　　　　　　　　　　　　　　　　347
第2节　汉语让步条件连词、让步连词的演变　　　　　349
第3节　跨语言的演变模式　　　　　　　　　　　　　360
第4节　语义演变过程中形式的变化　　　　　　　　　364
第5节　演变模式的解释　　　　　　　　　　　　　　368
第6节　结语　　　　　　　　　　　　　　　　　　　373

第11章 "当"的情态与将来时用法的演化

第1节　引言　　　　　　　　　　　　　　　　　　　374
第2节　"当"义务义的词汇来源与语法化的连续环境　376
第3节　"当"的将来时用法演化路径及其解释　　　　385
第4节　结语　　　　　　　　　　　　　　　　　　　398

第12章 经历体的特定性与来源意义研究

第1节　引言　　　　　　　　　　　　　　　　　　　399
第2节　经历体形式与用法的对应类型及多种形式的形义匹配模式　400
第3节　演化为经历体的意义类型及其词汇来源　　　407
第4节　结语　　　　　　　　　　　　　　　　　　　415

参考文献　　　　　　　　　　　　　　　　　　　416

后　记　　　　　　　　　　　　　　　　　　　　459

前　言

　　本书是国家社科基金重大项目"功能—类型学取向的汉语语义演变研究"（批准号：14ZDB098）的阶段性成果，主要从语言类型学角度考察汉语的语义演变过程，探讨汉语语义演变的类型学意义。

　　近些年来，语言类型学的迅速发展为语言演变的研究提供了很多重要的理论视角、分析框架和技术方法。就语义演变的研究而言，语义图[1]模型（Semantic Map Model）、词汇类型学（Lexical Typology）和历时类型学（Diachronic Typology）无疑是三种重要的理论视角和研究框架。这些理论视角和研究框架可以从以下三个方面帮助我们进行语义演变研究：（1）识别特定语义演变的性质（识别一个给定的语义演变模式体现的是人类语言的共性特征，还是某些语言的类型特征，或是某种语言的独特个性）；（2）判定特定语义演变的概率（人类语言中有些语义演变是最有可能发生的，有些语义演变是有可能发生的，而有些语义演变是最不可能发生的）；（3）解释语义演变的方向或结果（譬如，在伴随结构严格后置的 SVO 型语言里，其伴随介词若发生语法化，通常演变为工具介词，不大可能演变为并列连词；而在伴随结构前置的 SVO 型语言里，其伴随介词若发生语法化，目标成分既可以是伴随介词，也可以是并列连词）。

　　以往的汉语语义演变研究，主要是在汉语语言学的背景下进行的，跨

---

[1] semantic map 在学界有两种译法：一种是译为"语义图"，另一种是译为"语义地图"。本书遵从各章作者的译法及所引用文献的表述。

语言视角相对欠缺,这种状况会在相当程度上影响我们对汉语语义演变的个性特征或类型变异的认识。譬如,汉语中哪些语义演变模式或路径体现的是人类语言的共性特征?哪些语义演变模式或路径表征的是汉语的类型变异或个性特征?其背后的动因和制约是什么?假如缺少跨语言视角和类型学视野,我们是无法回答这些问题的。有鉴于此,本书注重类型学视野下的汉语语义演变研究,利用历时类型学和语义图模型的最新成果来研究汉语语义演变的类型学意义,明确已知的汉语语义演变模式中,哪些表征的是语言的普遍特征,哪些体现的是汉语的类型特征,哪些反映的是"华文所独"(马建忠,1983/1898:323)的特点。

作为上述研究目标的初步尝试,本书力求将汉语语义演变置于人类语言演变的大背景下来审视,运用语言类型学(历时类型学、语义图模型和词汇类型学)的理论和方法,探讨汉语语义演变路径和模式所体现的共性倾向和类型特点,揭示汉语语义演变的共相和殊相。

本书的内容大致可分为三个部分。第一部分包含第1—5章,内容侧重于运用语义图模型的理论和方法探讨汉语语义演变的普遍特征和类型变异。其中,第1章"语义地图模型与汉语多功能语法形式研究"结合一些个案分析,详细介绍了语义图模型的基本原理、操作方法、难题和争议及其解决方案,并全面梳理了汉语学界语义图研究的历史、现状和重要成果。第2章"基于汉语史[1]的与连接范畴相关的概念空间"利用汉语史上多功能连接词用法上的交叠构建出一种扩展的、包含更多功能节点的连接范畴概念空间,利用这个概念空间可以对汉语史上连接词不同功能之间的概念关联进行系统的描述和合理的解释。第3章"能性情态语义图与情态功能的细分"基于汉语方言材料构建了能性情态语义图,证明"道义许

---

[1] 本书关于汉语史的分期一般如下:上古汉语(先秦至西汉)、中古汉语(东汉至隋)、近代汉语(唐至清)。 个别章节遵从该章作者的划分标准。

可"和"认识可能"之间不存在语义关联,由此探讨了在语义图模型中如何对待语法形式及语义功能的问题,并对道义情态和动力情态作出新定义。第 4 章"'追逐'义动词语义图"和第 5 章"'穿戴'义动词语义图"将语义图模型用于词汇语义的跨语言研究,通过构建"追逐"义、"穿戴"义动词的概念空间来揭示这两类动词的多功能模式及语义演变路径。

第二部分包括第 6—7 章,主要采用词汇类型学的方法讨论汉语语义演变和词汇演变的过程和路径。其中,第 6 章"词汇类型学视域下汉语'硬''软'语义场的历史演变"借鉴莫斯科词汇类型学研究小组(Moscow Lexical Typology Group)的理论框架和研究方法,从定名学和符意学两个角度考察汉语"硬""软"语义场的历史演变过程,揭示出汉语"硬""软"语义场演变的共相和殊相。第 7 章"词汇类型学视角的汉语'吃''喝'类动词研究"从定名学、符意学以及词汇和语法互动三个方面考察汉语"吃""喝"概念的词汇化和范畴化,"吃""喝"类动词的多义性及其所具有的形态句法特征,并通过跨语言比较来探求汉语"吃""喝"类动词在历时演变及共时分布中所呈现的共性倾向和个性特征。

第三部分包括第 8—12 章,主要从语言类型学和跨语言比较的角度来考察和分析汉语语义演变的模式及其类型学意义。其中,第 8 章"汉语运动事件词化类型的历时演变——基于古今对译语料的考察"在已有研究的基础上,依据古今对译语料的调查,具体展示了在描述相似的运动事件情节时古今汉语在词法、句法以及语义要素的语篇分布等方面的差异,从一个新的角度揭示了汉语运动事件词化类型的古今差异及历时演变的类型特点。第 9 章"汉语吴方言的'处所成分—指示词'演化圈"基于吴语等汉语方言的事实,证明在汉语方言里存在一个"处所成分—指示词"演化圈,从而揭示了汉语处所指示词的一种跨语言的罕见的演变模式。第 10 章"让步条件连词到让步连词的语义演变"基于汉语史文献和方言口语材料,证明汉语的让步条件连词普遍经历了"让步条件＞让步"这样的语义演变,并在此基础上通过跨语言考察和类型学调查发现,"让步条件连词＞让步连词"是一种跨语言反复出现的语义演变模式,具有显著的历时共性特征。第 11 章 "'当'的情态与将来时用法的演化"考察了先秦汉语"当"如何由义务情态标记演变为将来时标记,揭示了"当"的语义演变路径所具有的类型特征。第 12 章 "经历体的特定性与来源意义研究"基于汉语和东亚、东南亚语言的事实,明确把经历体用法分为非特定经历和特定经历;初步分析了一些语言中多种经历体形式与两种经历体意义的匹配模式,总结了经历体形式在发展出经历体意义之前的体貌意义类型及其词汇意义的来源类型。

第 1 章　语义地图模型与汉语多功能语法形式研究

第 1 节　引言

语义地图模型（Semantic Map Model）是语言类型学界 30 多年来逐步发展出来的一种分析工具。它通过对人类语言进行比较，试图回答人类语言的结构如何既具共性又体现个性。换言之，这套理论探索了语言变异的限制，并相信这种限制并不体现在语言的形式上，而体现在语言的形式和意义（或功能）的搭配关系上。以下这张语义地图能说明语义地图模型的核心观点。

图 1　不同语言的形式在语义地图上的体现

由图 1 可知，虽然不同语言在表层的形式和这些形式所承载的意义上皆有差异，但是若考察这些语言的形式和意义（或功能）的搭配关系，则会发现这些差异是有限制的。这种限制体现在不同的形式所能承载的意义或功能都没有违反底图〔也称为"概念空间",详见张敏(2010)〕中"目的—方向—接受者"三个节点的相对顺序。这说明人类语言中的某一个形式若体现多义性(或多功能性),那么这种多义性(或多功能性)是具有一定的规律或限制的。

在现有的研究文献中,语义地图模型已被用于处理情态(van der Auwera and Plungian,1998;van der Auwera,1999)、间接题元角色(Haspelmath,2003)和双及物事件(Malchukov et al.,2007,2010)等,而所涉及的语言形式包括词缀、虚词和构式等。这方面的内容大家已较为熟悉,但也须指出,语义地图模型所涉及的语言形式还包括词类(如名词、动词、形容词等具体范畴)和句法关系(如主语、直接宾语等具体范畴)等语法范畴。关于后一方面的研究,现有的文献材料较少提及,主要集中在 Croft(2001)的著作中。

语义地图模型体现了经验科学的精神,强调任何一张底图都是根据目前已知的共时语言材料建构起来的。它仅是一种工作假说,因此当面对新的语言材料时,也能为这些材料所证伪,获得修正以涵括更丰富的语言材料,进而深化我们对人类语言的共性和个性的认识(Haspelmath,2003)。与其他同样关注多功能语法形式的理论相比,语义地图模型的最大特点就在于它倾向于从"低端"入手,尽量将复杂问题化解为具有"可计算性"(calculability)的问题,而由于计算的结果一般只能有一种,因此可容证伪。当语义地图完成之后,它对"高端"的分析,如各种用法的源流、语法化路径和方向等,也会有一定的帮助。换言之,根据共时语料建立起来的几何空间也能用于历时方面的讨论。

本章的内容主要分为两个部分:一是突出语义地图模型的核心理念和方法,二是总结这套理论在汉语中的应用成果和应用前景。这两个部分无法截然分开,原因有二:其一,语义地图模型理论虽主要由 Haspelmath(1997a,1997b,2003)和 Croft(2001,2003)建立起来,却仍在不断地发展(参见 *Theoretical Linguistics* 2008 年第 34 卷第 1 期和 *Linguistic Discovery* 2010 年第

8卷第1期)。学者对语义地图模型理论虽有一定的共识，但也存在着严重的分歧。其二，语义地图模型本是类型学研究中一种探索人类语言的共性和个性的分析工具，而汉语学界在运用这套理论模型时，除了以它为手段来加深我们对汉语的理解（如张敏，2010，2011），还以汉语的材料来检验固有的概念空间（如张敏，2008b；范晓蕾，2011；等等），以及建构新的概念空间（如翁姗姗、李小凡，2010），更重要的是根据汉语的材料对语义地图模型的核心理论和方法作出讨论（如张敏，2010；郭锐，2010，2012a，2012c；潘秋平，2012；Wang，2012；吴福祥，2014；等等）。在这样的背景下，当我们介绍语义地图模型的核心理念和方法时，除了概述固有的共识和现有的分歧，不可避免地也会提及汉语学者在具体的实践中对语义地图模型的核心理念和方法的思考和建议。虽然能够将这部分的内容纳入这套理论在汉语中的应用成果，但是本章的这个安排其实说明了汉语学者在新的视角下的研究能为普通语言学界的理论探究作出直接贡献，而接下来的一部分工作就是思考如何让现有的根据汉语研究取得的成果在普通语言学界引起关注和讨论，促进交流，进而推进对人类语言结构的限制的研究。因有这个安排，对语义地图模型在汉语中的应用成果和应用前景的总结就横跨了本章的两个部分。

  本章在内容的顺序安排上还有如下考量：自2008年起，汉语学界对语义地图模型的原则和方法已有一定的认识和了解（参见张敏，2008b；吴福祥，2011；等等），因此本章先在第2节说明语义地图模型在汉语学界的大致发展情形和研究成果。除了说明这个新的类型学工具能如何加深我们对汉语这种具体语言的本质的认识，也会总结如何根据汉语的材料来建立新的概念空间及修订已有的概念空间的成果。在第3节中，我们先扼要地概述语义地图模型的原则和方法，然后把重点放在近几年来语言类型学界和汉语学界就语义地图模型所作出的更进一步的思考和讨论，当然也包括分歧。这样的安排能较好地反映语义地图模型是一个迄今仍在持续演进、发展的理论模型。关于它在汉语中的应用前景的分析，不论是对汉语学界而言,还是对普通语言学界而言,都应建立在对这个理论模型的核心理念和方法的深刻反思和理解上。

第2节 语义地图模型在汉语中的应用成果和应用前景

语义地图模型作为一种理论框架被引入汉语学界的时间非常短,前后不超过16年。我们先简要地回顾一下这段历史,以便更好地总结目前汉语学界在这方面的研究状况和成果,并在此基础上提出对未来研究的展望。2008年1月,张敏在北京大学作题为《汉语方言处置式标记的类型学地位及其他》的学术报告,之后又在中国社会科学院语言研究所和南开大学作题为《空间地图和语义地图上的"常"与"变":以汉语被动、使役、处置、工具、受益者等关系标记为例》的学术报告,首次把语义地图模型介绍给汉语学界。在三次学术报告中,他以现代汉语方言材料检验了Haspelmath (2003) 建构的和工具相关的底图 (见图2),除了证明根据有限的跨语言材料所建构起来的底图能通过汉语材料的检验,更重要的是展示了汉语材料也能用来修订和补充原有的底图 (见图3)。

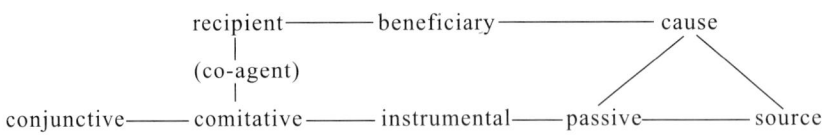

图2 工具和相关功能的底图 (Haspelmath,2003)

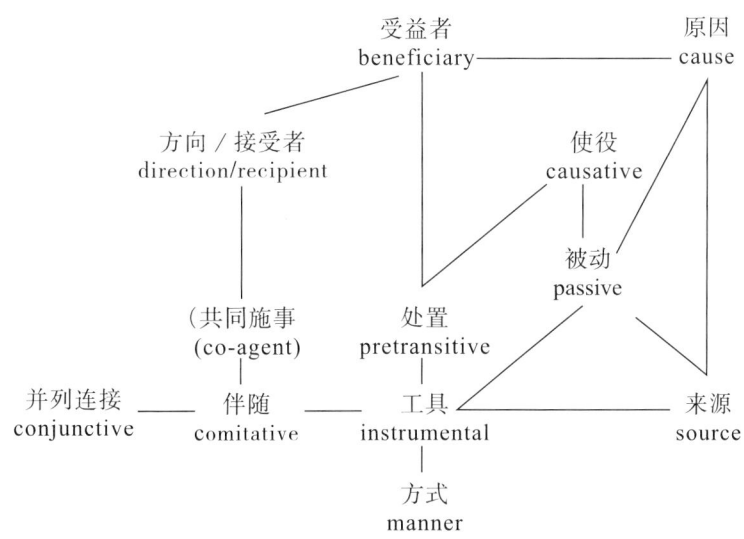

图 3　处置和相关功能的底图（张敏，2008b）

在这之后，北京大学中国语言学研究中心设立了"汉语多功能语法形式的语义地图研究"（由李小凡负责，主要成员包括张敏和郭锐等）课题，该课题获得了 2008 年度教育部人文社会科学重点研究基地重大项目（编号：08JJD740058）的资助，并于 2009 年 4 月举办了开题研讨会。这项课题在推进的过程中有一个特点，那就是有意识地把课题研究和研究生培养相结合，因此仅 2009 年一年课题组就在北京大学举办了至少三次专题学术报告和课题培训。据初步统计，截至 2014 年，在北京大学以语义地图模型理论来进行汉语研究的硕博士学位论文就有九篇（其中四篇是博士学位论文）。若对学士论文也稍加统计，则可发现北京大学在人才培养上做了大量的工作。参与指导的老师除了李小凡和郭锐两位课题组的主要成员，还包括项梦冰、邵永海和叶文曦等。

随着这项课题的推进，课题组为了让更多的学人了解、掌握及使用语义地图，分别在《语言学论丛》第 42 辑和第 43 辑中发表了一组专题论文，除了着重介绍原理和方法，还尝试以三篇个案研究展示如何结合语义地图模型来研究现代汉语和古代汉语的课题。这个为期三年的研究课题于 2012 年 4 月在北京大学举行了结题会议，结题会议上的大部分论文汇集在《汉语多功能语法形式的语义地图研究》一书中，该书于2015年由商务印书馆出版。

除了北京大学中国语言学研究中心，中国社会科学院语言研究所和香港科技大学人文学部在促进语义地图模型的运用上也扮演着重要的角色。2009年8月，在上海师范大学举行的"第五届汉语语法化问题国际学术讨论会"上，吴福祥和张敏分别发表了《多功能语素与语义图模型》和《语义地图模型及其在汉语多义语法形式研究中的运用》。他们除了在学术会议和期刊上介绍语义地图模型的理论，还通过个案研究具体说明如何把这种新的分析工具和汉语研究相结合。其中最值得注意的研究成果是吴福祥《从"得"义动词到补语标记：东南亚语言的一种语法化区域》（2009a）和张敏《汉语方言双及物结构南北差异的成因：类型学研究引发的新问题》（2011）。前者除了用语义地图模型来建构一组以往不为人知的蕴涵共性，还通过对东南亚语言中"得"义语素的讨论将这个理论用于语言接触的研究中。后者则借助双及物结构的语义地图说明了自桥本万太郎（Hashimoto, 1976）以来一直被学界视为南方方言有别于北方方言的表现之一的"倒置双宾语结构"，其实并非一项区域特征，而是因为汉语内部经历了一个原有的给予动词已磨损乃至消失的历史阶段，所以必须借助持拿义动词来表达给予事件，进而构成南北对立。这些都表明了语义地图模型作为类型学研究的工具也能用于语言区域及汉语方言历史的讨论，并揭示出一些不为学界所知的演变过程。此外，他们两位在研究生培养工作上也作出了贡献：张定在吴福祥的指导下完成了题为《汉语多功能语法形式的语义图视角》（2010）的博士论文，这篇论文入选了商务印书馆2011年度语言学出版基金项目，并已于2020年出版，书名为《汉语多功能语言形式的语义图视角》；王玮则在张敏的指导下完成了空间位移域的语义地图及相关功能研究（Wang, 2012）的论文，该论文尝试以多维向的底图来排除多重语法化（polygrammaticalization）对语义地图模型造成的干扰。冒晟和范晓蕾也在张敏的指导下，结合语义地图模型理论，分别完成了北京话的条件句

（Mao，2013）和汉语中的时、体、情态（Fan，2014）的研究。吴福祥和张敏曾分别获得经费资助来进一步开展和语义地图模型相关的研究：前者以"功能—类型学取向的汉语语义演变研究"（批准号：14ZDB098）项目获得了国家社科基金的资助，后者则以"语义地图视角下的方言比较语法"（编号：645510）项目获得了香港大学教育资助委员会（Hong Kong RGC）的资助。

以下我们将从几个方面总结语义地图模型在汉语语法研究中的应用成果。

2.1 汉语方言语法

张敏（2010：34）指出："最能直接得益于语义地图模型的领域即方言语法，它有助于将汉语方言语法比较的研究推进到一个新的阶段。"在这方面，李小凡和郭锐都作出了贡献。李小凡（2012a）全面阐述了语义地图模型如何作用于汉语方言语法的研究。具体而言，李小凡（2012b）认为汉语方言的语法差异主要表现在虚词上，若要对汉语方言虚词进行跨方言比较，难点在于它们之间存在着"偏侧关系"。所谓"偏侧关系"，指的是一个虚词往往表示多种语法意义，而不同方言的对当虚词除了词形各异、词源不同（形式），功能（意义）也有参差。"偏侧关系"导致各方言的对当形式跟功能的匹配或编码关系呈现出极其不对称的特征，而李小凡在考察了之前的汉语方言虚词比较的不同方法之后，指出以往未能找到有效的对齐方式（若对齐词形则语法意义支离，若对齐语法意义则词形纷呈），致使虚词比较研究长期以来处于困境。他认为语义地图模型正是破解"偏侧关系"的理想工具，因为它既不必以形式对齐，也不必以意义对齐，而是在形式和意义匹配的表意功能层面上，以"对齐"各项功能间的语义关系为切入点进行比较，从而使方言虚词比较无从对齐的难题迎刃而解。

运用语义地图模型来比较汉语方言的语法，底图是关键。在这方面，目前汉语学界有两种不同取向的研究：一是"以面带点"，二是"由点及面"。前者并未直接涉及底图的建构，而是立足于类型学家的跨语言研究及其所建构的底图或概念空间,由此反观汉语方言语法,在其启发下重新审视汉语方言中不同虚词在形式和意义上的搭配关系,进而获得一些新的分析和解释。张敏(2008b)的学术报告和张定(2010)的博士学位论文的前两章可被视作这方面的代表。后者则仅根据汉语方言材料将底图建构起来,并在这个基础上进行汉语方言语法的比较研究。翁姗姗、李小凡(2010)的研究是这方面的代表。他们根据北京话和普通话中的"掉"所具有的不同用法(形式相同,意义不同),以及苏州话和绩溪话中的"脱"所具有的不同用法(形式相同,意义不同),把这些形式所能负载的意义分为五种,即移离义、消失义、完结义、有界义和实现义,并按步骤初步推断这五种意义的亲疏(见图4),在底图中勾勒出北京话"掉"、普通话"掉"、苏州话"脱"和绩溪话"脱"等的语义地图。这既体现了方言之间的共性,也体现了各自的个性。

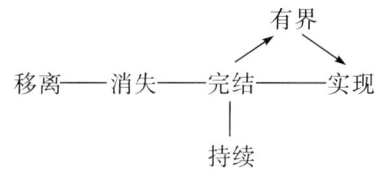

图4　"掉"类词的概念空间(翁姗姗、李小凡,2010)

郭锐(2010)也建构了副词的补充义与相关义项的底图,如下所示:

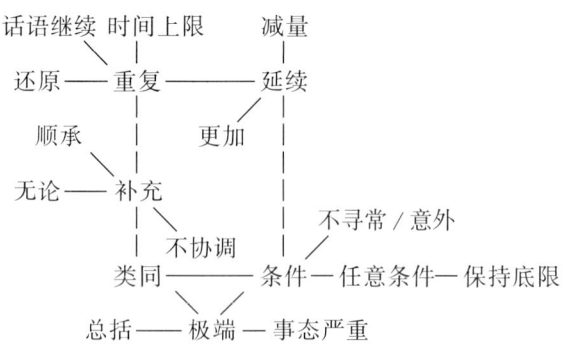

图5　副词的补充义与相关义项的底图(郭锐,2010)

郭锐（2013）尝试根据汉语方言中的动词和不同句式之间的搭配关系建构了一张不同于 Malchukov et al.（2007）的双及物结构式的底图，如下所示：

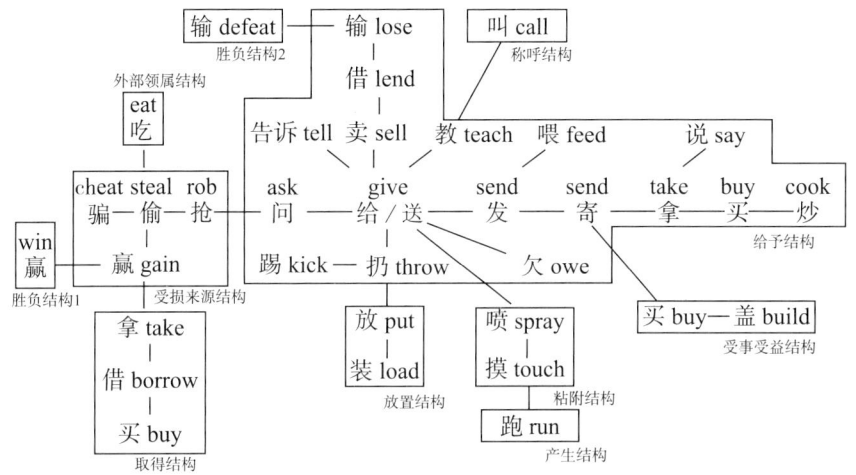

图 6　双及物结构的底图（郭锐，2013）

虽然建构底图所采用的样本并没有涵括汉语之外的语言，而且节点的设立、分合以及节点之间的连线都可再作进一步的讨论，但是在新视角下的这些研究确实为汉语方言语法的比较研究开启了一条新路径。

综上所述，学者们开始对"由点及面"角度的研究进行深入和发挥，使得所建构起来的底图更符合类型学的要求。他们除了单纯依据汉语方言材料直接建构相关底图并绘制语义地图，还进一步引入世界语言的样本，进而将二者整合起来，构成一张完整的底图。这张底图既反映了人类语言的共性，也彰显了汉语这种语言的特点。李知恩（2011）、张定（2010）和Wang（2012）的研究是这方面的代表。李知恩（2011）对98种语言（其中包括18种汉语方言）的量词功能进行了考察，并建构了下列底图：

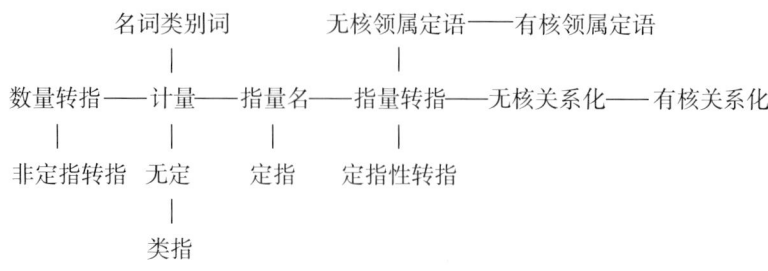

图 7　量词功能的底图（李知恩，2011）

张定（2010）和 Wang（2012）在方法论上有一个共同的特点，即建构底图的过程分为前后两个阶段：他们先根据汉语方言材料直接建构底图并绘制语义地图，然后引入世界语言的样本，勾勒出根据世界语言所建构出来的底图。在比较了不同的底图之后，他们发现仅凭汉语语料建构的底图是世界语言相关空间的一个区域。值得一提的是，Wang（2012）除了纯粹根据汉语材料建构底图，还进一步把建构的过程分为两个更小的阶段：先以湖南省的汉语方言建构一个初步的底图，之后再以其他汉语方言的材料进行补充和修正。此后 Wang（2012）才完全根据非汉语的语言材料重建底图，并在这个基础上比较前后两张底图的异同，进而得出一张既涵括汉语材料也涵括非汉语材料的综合底图。

上述几个例子表明仅根据汉语材料来建构底图，或许会导致无法明确一些节点以及节点之间的关系，但是大致的面貌还是清楚的。根据张敏（2010：4）的设想，语义地图模型理论下的汉语研究应该是，"通过对单个语言（譬如汉语）的深入研究，从中不仅能看到个别语言的属性，也能看出语言共性，一如……'从一粒沙看世界'所言。……'语义地图模型'……完全可以转化为不必、不愿或因条件限制而无法进行大规模跨语言比较研究的个别语言的研究者发掘语言共性，并在其基础上更深刻地认识语言个性的一种使用起来极为方便的研究工具"。通过上述的实践可知，这个设想是可行的。

"以面带点"和"由点及面"两个角度的研究相结合，使得语义地图模型在汉语方言语法研究中具有双重意义，它一方面体现了新工具、新视角在汉语本体研究中的价值，另一方面表明了汉语学者在新视角下进行的研究可为普通语言学界的理论研究作出直接贡献：基于汉语语料的研究可建构反映语言共性的底图。在这两种取向之外，张敏（2010：33）曾指出："目前海外类型学界已有的语义地图研究大多未涉及汉语。其中少数是基于大规模语种库、取样均衡的大型研究……其语料库包含了汉语，但仅限于普通话。多数研究所用的资料都是作者熟悉或调查过的数量有限的语言，尤其是欧洲语言。……由笔者近期工作的经验看，不少已有的语义地图在加入汉语语料后都需作一定程度的调整。"因此，汉语学者亦可借助汉语方言材料来检验、修订以及完善类型学家主要依据世界其他语言得到的结论。Zhang（2013）是这方面的代表，他在张敏（2008b）的基础上进一步以汉语方言材料修订 Haspelmath（2003）建构的和工具相关的底图（见图 2），得到图 8。

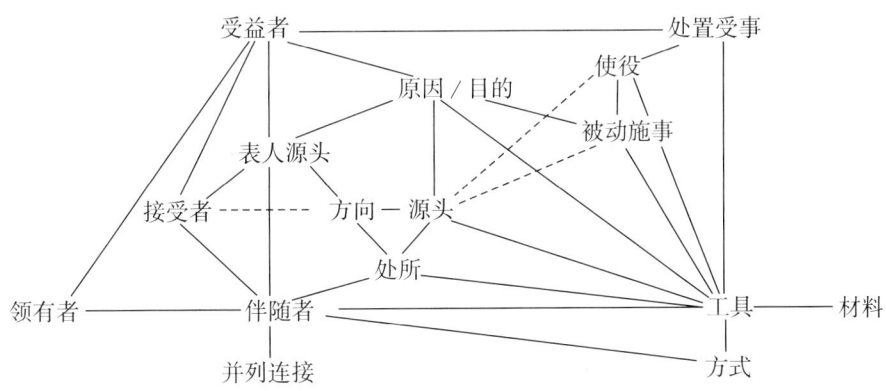

图 8　间接语义角色的底图（引自 Zhang，2013，且译为中文）

此外，丁加勇、张敏（2012）根据隆回湘语的材料修订和补充了 Malchukov et al.（2007）建构的双及物结构式的底图。和原图相比，修订的底图在边缘处补充了两个新的节点（ASK 和 CALL/NAME），还在原图的两个节点（"受损来源"和"客体—接受者"）之间补充了一个新的节点

[客体—接受者（来源）]。范晓蕾（2011，2012）也根据汉语方言材料对和能性情态有关的底图进行了修订。

我们注意到不论是建构底图还是修订原有的底图，不同学者的研究结果未必完全一致。以图 8 和 Wang（2012）构建的底图为例，虽然两张底图所涉及的功能或意义大致相同，但是一些节点的名称显然有异，而节点和节点之间的连线也存在着不完全一致的地方。这种分歧似乎违反了语义地图模型作为一种逻辑演算的工具仅能有一种结论的要求，但这并不意味着语义地图模型作为一种语言分析工具是无效的，因为经验科学的发展就是在这种反复证伪的过程中进行的（Popper，1984）。虽然这种分歧提示我们目前的研究状况未臻于理想，有必要在理论和材料两个方面再下功夫，但是在存在着分歧的底图背后，我们应该注意到不同底图之间也有意见完全一致的地方，而这便证明了这套模型的可行性。至于如何在分歧中寻找那唯一的、正确的底图，首先必须解决语义地图模型的核心理论中现有的分歧。

2.2 汉语历史语法

张敏（2010：35—36）指出语义地图模型"至少在以下两个方面可推动历史语法学的发展。（1）汉语历史语法近年来较注重的一个领域是语法化的研究，这一领域的研究虽早已由纯历史文献的考察发展到对鲜活的方言资料的注重，且已将视野扩充至跨语言的比较，但仍有一定的局限性。……（2）适用于当代活语言/方言的语义地图模型，也能以完全相同的方式适用于文献资料所反映的历代汉语。汉语发展史上每一个有足够文献资料的横截面都可视为一个自足的语言系统"。下面我们先举例说明语义地图和语法化的关系。

张敏（2008b）指出语义地图模型能解决语法化研究中的一些具有争议的问题。由于语法化研究和语义地图模型在获取结论的研究方法和步骤上并不相同：前者本质上是一种"人文阐释"，而后者本质上是一种"逻辑演算"（张敏，2009），再加上前者注重历时演变，而后者强调共时差异，和历时演变的联系是间接的，因此在处理某个语素或句式的历时演变上，我们其实可以使用两个不同的参照系，进而达到"互证"的理想结果。以被动标记为例，木村英树（2005）所认定的语法化链条是"给予动词＞受益者标记＞被动标记"，Bennett（1981）所认定的语法化链条则是"给予动词＞处置标记＞被动标记"。

从和间接题元相关的底图（见图3）中可知，被动标记和使役标记直接相关，处置标记分别与工具标记、受益者标记直接相关。根据语法化研究，被动标记不是直接源于受益者标记，就是直接源于处置标记，而这两种结论均无法在语义地图模型上获得支持，因为被动标记在普遍的几何空间或底图中并未与受益者标记或处置标记直接相邻。换言之，从语义地图模型出发，我们可以预测受益者标记和处置标记皆须经过一系列演变阶段才能发展成被动标记。此外，如果我们接受认知语言学的说法，把句式（construction）视为和词语（lexical item）相当的语法单位，那么我们也可以借助语义地图模型来说明句式语法化的过程。潘秋平（2011）发现"给"（GIVE）类和"寄"（SEND）类等动词在上古汉语的历时传世文献中先进入双宾语结构，之后再扩展到"扔"（THROW）类动词，而这种历时的发展正好和Malchukov et al.（2007）建构的双及物结构式的底图所预测的结果相符。

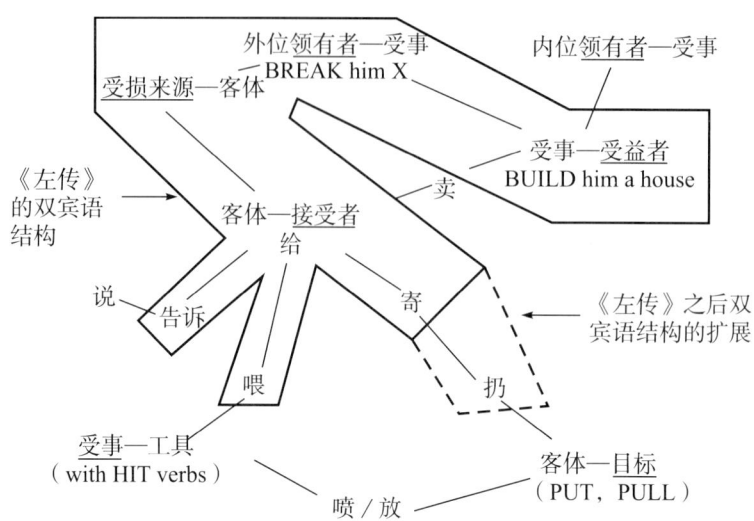

图9 《左传》及《左传》之后的双宾语结构的语义地图（引自潘秋平，2011，且译为中文）

张定（2010）以三个专题研究展现了如何在语义地图模型中把汉语的共时研究和历时研究相结合。以他的不定代词研究为例，除了首次建构了现代汉语不定形式的系统〔包括轻读疑问词、重读疑问词、"任何一"和"某一"四个系列的不定代词，以及存在句（"有一"）、轻读的数词"一"和重读的数词"一"三个不定代词的替代形式〕，更重要的是，在 Haspelmath 的相关研究的启发下，他根据现代汉语及汉语史语料推断出轻读疑问词系列、重读疑问词系列和"任何"的来源及其在不定代词概念空间的相邻区域内功能扩展的轨迹，所得结论有很强的说服力（其中尤其有意思的是他对"任何"的仿词来源的考证）。这种把共时和历时相结合的特点也体现在 Wang（2012）的研究中。她根据共时的语言材料建构底图之后，再分别通过汉语传世文献和语义分析使之动态化。值得注意的是，这个动态化的过程分两步来进行。她先根据汉语传世文献得到下图。

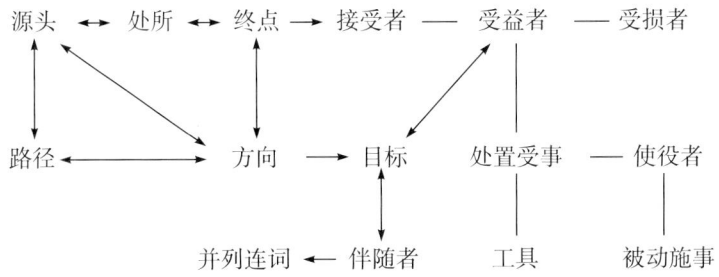

图 10　动态化的语义地图（引自 Wang，2012，且译为中文）

由于缺乏足够的文献材料来说明演变方向，因此上图中的一些节点之间缺少了箭头。她又根据 Heine et al.（1991）所提出的语义演变参数，对上图作了补充，得到下图：

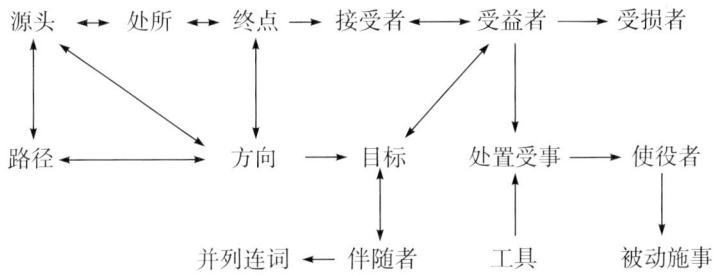

图 11　全面动态化的语义地图（引自 Wang，2012，且译为中文）

潘秋平、王毓淑（2011）尝试把适用于当代活语言或方言的语义地图模型运用到对《左传》这部历时的传世文献的研究中。他们首先运用嫁接的方法，对张敏（2008b）的底图（即图 3）进行了扩充，并根据图中的节点探讨如何准确概括《左传》中"以"的不同用法。在这个基础上，他们观察到"以"的这些用法在修订的底图中出现了断链。

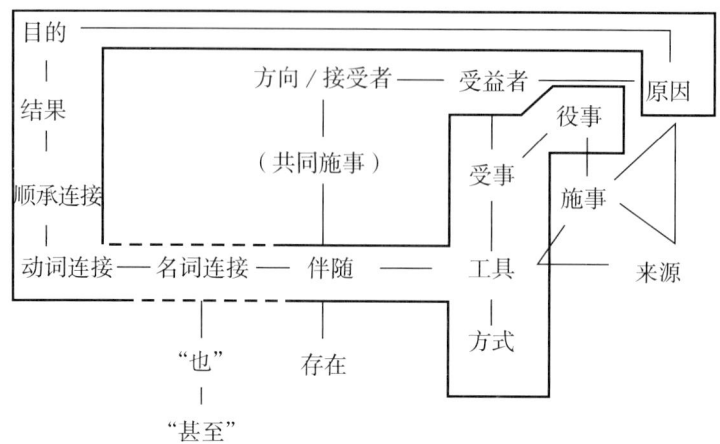

图 12 《左传》中"以"的语义地图（潘秋平、王毓淑，2011）

关于图中的断链，他们进一步根据汉语史的材料和前辈学者的研究成果作出了解释。这表明了语义地图模型能为汉语史的研究带来新的视角。如果我们能把汉语发展史上每一个有足够文献资料的横截面都视为一种自足的语言系统，并绘制相关的语义地图，那么我们就能从一个既微观又直观的角度观察到汉语的历时动态变化。

第 3 节 语义地图模型的原则、方法和分歧

"语义地图模型"是类型学中一种研究"语法形式—语法意义"的关联模式的共性和个性的有效的分析工具。当面对一个多功能的语法形式时，我们往往无法有效地说明这究竟是一种同音（homonymy）、多义（polysemy）还是意义模糊（vagueness）的现象。语义地图模型的好处就在于它通过跨语言比较，以严格的逻辑演算的方式，为讨论某一个多功能的语言形式建立起普遍的几何空间/底图。这既排除了前一种可能性（因为

形式和意义的关联模式在没有亲属关系的语言中反复出现），也回避了后两者的分辨问题（因为节点的分合具有方法上的可操作性），并在这个空间里揭示了这些功能之间的亲疏，进而揭示了人类语言结构的普遍限制（universal constraints）。

普遍的几何空间（即底图/概念空间）是语义地图模型理论中最为核心的部分，因为它除了能揭示人类语言中不同的意义或功能之间的亲疏，还能让我们发现人类语言中形式和意义在搭配上的限制，进而预测历时演变的方向。由于这个普遍的几何空间是依靠有限的和已知的人类语言按一定的步骤建立起来的，因此如何选择空间里的节点，以及如何安排不同节点之间的相对顺序关系就成了决定一个几何空间成败的关键。下面我们先讨论节点的排列问题，然后再讨论节点的选择问题。采取这种处理方式，除了由于节点的排列仅涉及逻辑演算，因此相对简单和直接，更是因为节点的选择在过往的阐述中虽被认为仅涉及逻辑演算，但其实不然，尤其是在 Haspelmath（2010a，2010b）提出了类型学研究须正视比较概念（comparative concepts）和描写范畴（descriptive categories）的区别之后，语义地图中的节点必须是能进行跨语言比较的概念就成为在构建普遍的几何空间时的一项必要条件。

3.1 和节点排列有关的讨论

语义地图模型的最大优点在于能以图像的方式具体地表现语言的抽象分析。张敏（2010：11）指出语义地图模型具有"既是归纳的，也是演绎的"的特点。我们在这里先交代"归纳"的特点，之后再讨论"演绎"的特点。

3.1.1 节点的排列

我们首先暂且假定节点能毫无疑问地被设立起来，但该如何把这些不同的节点进行排列以构建一个普遍的几何空间？操作办法如下：如果某个形式在某种具体语言里具有 x1、x2、x3 三种不同意义/用法,那么它们在一维空间里的排列方式可以有六种,但若不考虑方向性,则仅有三种可能的排列方式,即 a.x1-x2-x3、b.x1-x3-x2、c.x2-x1-x3。仅考察单一语言一般不易从中作出选择,但在跨语言的考察中,若发现某种/某些语言的 X 只有 x1、x2 两种意义/用法,根据"语义地图连续性假说",则选项 b 可以排除,因为 X 在 b 所代表的语义地图上勾画出的区域是不连续的;而若另一种/一些语言的 X 只有 x1、x3 两种意义/用法,则选项 a 可以排除。由此可作出反映语言共性的判断,即 c 是唯一合乎"语义地图连续性假说"要求的关联模式。c 所代表的排列方式"x2-x1-x3"其实就是一幅最简单的一维语义地图。

根据上述说明可知,语义地图模型在节点的排列上其实严格遵守着这么一条简单的原则:能为一个语法形式所承载的功能,它们之间的关系必须比不被同一个形式所承载的功能之间的关系更为密切。因此若一个形式仅承载两个功能,那么这两个功能在普遍的几何空间里就必须相邻。这条简单的原则和 Croft(2003)所提出的"语义地图连续性假说"基本上是一致的。上文以三个节点来进行排列,在面对更多的节点时,仍可按照同样的原则和方法来操作。这充分体现了语义地图模型在处理材料时的特点,即如张敏(2010:10)所说:"先不管这些形式的来源为何、其多种兼用功能是具有内在关联还是偶然同音的结果,等等,也就是说,完全就语料所呈现的兼用模式作多重变量分析,在得出结果之后,若有需要,再从'高端'的角度对之进行调整或作出阐释。"

3.1.2 节点之间的线条

前文中节点之间的排列顺序完全按照 Haspelmath(2003)所提出的程序来进行,不过这个做法近年来多为学者们所批评。批评的重点在于该做法太看重功能之间的关联模式出现与否,而忽略了这些不同的关联模式实际上存在着频率上的差异(Cysouw,2007)。这种不均等的现象随着语言样本的扩大，必然会更加明显（Cysouw，2007）。前文所列各图（即图2至图12）中的连线粗细相同，表明了只要找到至少一个能承载两个节点功能的语法形式，就能把这两个节点连接起来。这种不重视频率的做法，导致的一个最直接的后果就是如Cysouw（2007）所指出的，未出现的关联模式和仅出现几次的关联模式在现有的分析中其实并没有本质的区别。原因有二：一是后者可能是个别语言中的偶然现象，并不足以反映人类语言结构的倾向；二是如果换一个样本取样，其他罕见的关联模式也很可能会被发现。解决的办法是通过连线的粗细来反映关联模式的频率，如下图所示：

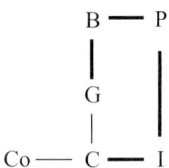

图13　以连线的粗细反映关联模式的频率的底图（图中的节点符号乃随意设定）

图13的最大特点是它强调了常见的关联模式和罕见的关联模式的区别，而在它之前的其他底图则强调了已出现的关联模式和未出现的关联模式的区别。郭锐（2012c）就采用了图13的方法来构建和补充义相关的副词底图。

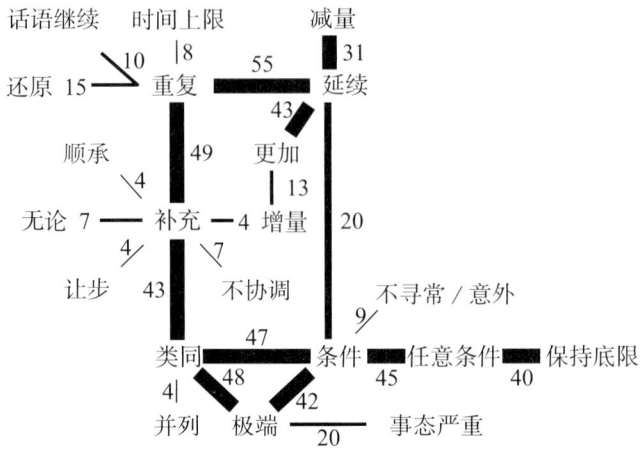

图 14　补充义副词底图（郭锐，2012c）

图中位于两个概念之间的数字是这两个概念之间的关联度（degree of association，简称 A）。"关联度"是郭锐（2010）提出的一种新理论，反映了两个概念之间关联的可能性大小和距离远近。其计算公式为：A＝两个功能结合体数量/两个功能出现总数×100。

由图 14 不难发现线条的粗细和频率的高低之间的对应关系，但当语言材料大幅度增加后，利用线条粗细来区分频率高低的方法也产生了局限性，如关联度分别是 42、43、45、47、48、49、55 的线条似乎粗细相当。因此在现有的绘图技术条件下，怎样让频率的高低和线条的粗细有效地对应是个问题。Cysouw（2010a）建议以线条的长短来表现关联模式的频率，具体做法如下图所示。

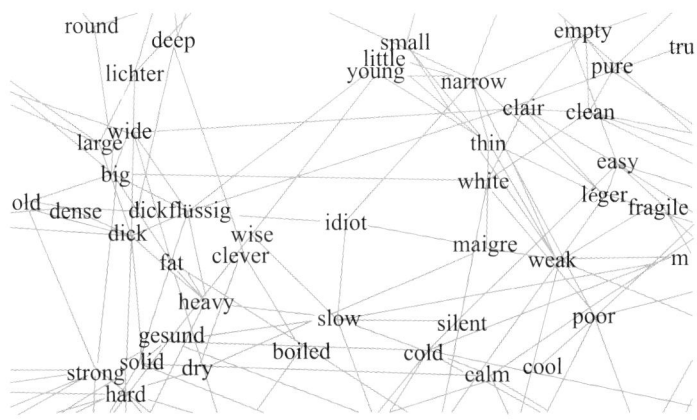

图 15　以连线的长短反映关联模式的频率的底图（截取自 Cysouw，2010a）

这种方法的优点是能把功能节点之间的关联模式的频率直观地表现出来，缺点是样本材料一旦增加，则会出现许多交叉的线条。即便如此，Cysouw（2010a）指出图 15 仍揭示了一些概念构成密切的关系组。

由此可见，在构建普遍的几何空间时，目前汉语学界所采用的主要表现形式还是基于 Haspelmath（2003）构建的底图，而再往前发展，我们大概无法回避随着语言样本材料的增加所带来的如何表现关联模式的频率的问题。

3.1.3　取样的多寡可能引发的问题

上文所列举的例子基本上仅限于小样本，并未涉及取样数量的问题。作为一种语言类型学领域的分析工具，语义地图模型的取样数量必然要增加，而结果是语法形式会随之增加，常见的、罕见的甚至是特殊的关联模式都会出现。我们从一开始就强调语义地图模型具备逻辑演算的特点，而根据 Haspelmath（2003）所提供的操作步骤，我们应该把这些关联模式都映射到普遍的几何空间里。但这样做除了会产生前述的忽略频率的问题，还会导致"回路"（loops）的产生，进而使得几何空间成为"空地图"（vacuous maps）（Haspelmath，2003：218）。因"回路"而形成的"空地图"如下所示：

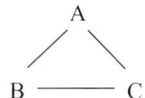

图 16　底图中的"回路"（Narrog，2010）

张敏（2010：42）指出"回路"是语义地图上没有太大理论意义的关联模式。以仅包含三个概念点的最简单的语义地图为例，若 A、B、C 三点在语义地图上以线性方式呈现，即 A-B-C，则这幅语义地图可以转化为表述蕴涵共性的四分表，且具有预测力，可证伪，因此具有理论价值。若 A、B、C 三点以图 16 的方式呈现（即产生了"回路"），由于它不能排除任何类型，因此除了说明三者之间有关系，并无其他价值。

那么，该如何解决这个问题？张敏（2010：42）指出"回路"可能是语言事实的反映，也可能是受非概念因素干扰而产生的。对于后一种成因，张敏的基本立场是要剔除这些"假关联"以避免"回路"的出现。至于剔除的原则，他似乎暗示了语义地图模型中的底图体现了人类认知的"心理表征"（mental representation），因此如果某个关联模式能被证明不是受概念因素驱使的，那么它就应该被剔除。对此，须考虑下列两点：其一，语义地图模型中的底图是否体现人类认知的心理表征，这在语义地图模型理论中仍存在争议，如 Croft（2001，2003）和 Haspelmath（2003）的看法恰好相反；其二，我们一直强调语义地图模型具有逻辑演算的特点，而如若在面对语言材料时，须先经过一番鉴定以确保这些材料所显示的关联模式是受概念因素驱使的，那么这其实是在逻辑演算之前就已进行了一番人文阐释［参见张敏（2009）对于逻辑演算和人文阐释的区分］。

若要维持语义地图模型理论的逻辑演算的特点，在目前的讨论中，我们有以下两个办法：一个办法是以线条的粗细或长短来分辨常见和罕见的关联模式；而另外一个办法是若关联模式出现在少于某个百分比的语法形式中，我们就不必将它们映射到普遍的几何空间里。关于后一个办法，Malchukov（2010）有较详细的说明。下面我们以郭锐（2012c）举过的例子来说明这两个办法的异同。

表 1　形式和意义的搭配与频率

	A	B	C	D	在语言中出现的词次
形式 1（A/B）	+	+	−	−	10
形式 2（B/C）	−	+	+	−	8
形式 3（B/D）	−	+	−	+	5
形式 4（C/D）	−	−	+	+	1

按照 Haspelmath（2003）的原则和步骤来绘制底图，结果是 B、C、D 三个节点构成"回路"，如下图所示：

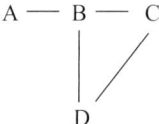

图 17　根据表 1 绘制的底图 1

按照 Cysouw（2003）的原则和步骤来绘制底图，以线条的粗细来表现关联模式频率的高低，结果如下图所示：

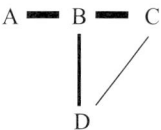

图 18　根据表 1 绘制的底图 2

若按照 Malchukov（2010）的原则和步骤来绘制底图，由于 C-D 的关联模式仅出现一次，占关联总数的比重不到百分之十，因此不将它映射到普遍的几何空间里，如此所得的底图就解决了"回路"的问题（见图 19）。

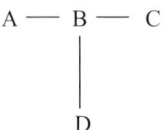

图 19　根据表 1 绘制的底图 3

Cysouw（2010a）采用线条的长短来表现概念之间的关联模式出现的频率的高低，但由于图中出现了许多交叉的线条，影响了阅读。而若遵循 Malchukov（2010）的制图原则，把所有仅出现一次的关联模式剔除掉，结果则如下图所示：

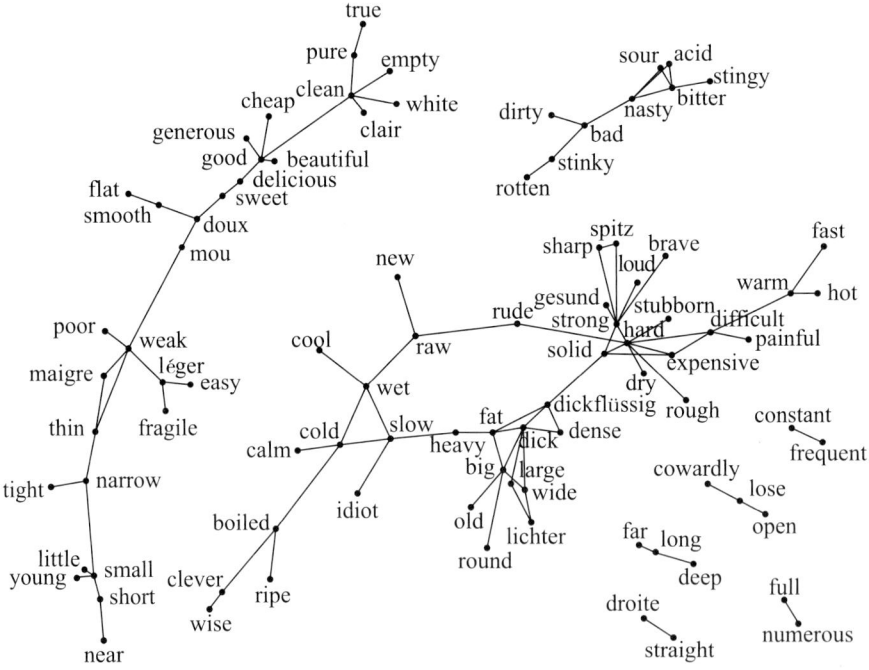

图 20　以连线的长短反映关联模式的频率（频次多于 1）的底图（Cysouw，2010a）

由此可见，根据有限的样本材料来绘制底图的原则和方法虽没有太多的分歧，但是当样本材料增加时，"回路"随之产生，关联模式之间的不同频率就成了一个必须正视的问题。张敏（2010）提出要充分注意多重语法化效应对制图工作的潜在干扰。换言之，若某个实词循不同方向发展出两种虚词用法，那么一般而言这两个功能点之间是不应该有直接连线的。这无疑是在对样本材料进行省减（data reduction），而最麻烦的是，若采取这个办法，人文阐释的工作必须先进行，但这又似乎违背了张敏（2009）一直强调的语义地图模型是一种逻辑演算的工具的理论。上文所提到的 Malchukov（2010）和 Cysouw（2010a）的处理办法同样是对样本材料进行省减，但这种省减工作的特点不是建立在人文阐释的基础上，而是严格按照某个频率数值把一些关联模式从样本材料中剔除出去。Malchukov（2010）指出虽然这是个合理的办法，但是问题是要怎么确定剔除的标准。

如前所述，若两个概念之间的关联模式仅见于少于某个百分比的语料中，则可不把这种关联模式绘入底图中，但问题是这个百分比如何确定。学界对此存有明显的分歧：Malchukov（2010）以百分之十作为标准，而 Perrin（2007）则认为只要某种关联模式在至少三种语言中出现就可将其绘入底图中。除了标准有分歧外，如何建立这个标准的理据也是个问题。Cysouw（2010a）就曾批评说为什么一定是三种语言，而不是两种或十种。

这确实是个难题。由于上述做法不要求覆盖所有的样本材料，因此在未建立起一套标准来决定如何淘汰一些少见的关联模式之前，除了采取现有的办法（代价就是出现"回路"），还有一个办法就是采用"多维尺度分析"（Multidimensional Scaling，简称 MDS）。现有的文献都把按照 Haspelmath（1997b，2003）的原则和办法绘制的底图称作第一代语义地图，而将依据多维尺度分析绘制的底图称作第二代语义地图。将多维尺度分析引入语义地图模型的学者是 Croft and Poole（2008），而张定（2010）应是在汉语学界首位作出类似尝试的学者。多维尺度分析是一种统计学上的分析程序，其宗旨是通过空间图像以最少的维数把复杂的数据表现出来，而图上空间距离越短就表示两个变量的关系越紧密（Borg et al.，2013：2）。采取这个办法的优点是既能处理大量的样本材料，也能避免在绘制底图时人为地对材料进行删减。下面是一个典型的运用多维尺度分析处理数据的例子。

图 21　美国不同类型罪案的多维尺度分析图（Borg et al., 2013）

上图把发生在美国 50 个州的不同类型的罪案之间的关联数值（见表 2）以空间图像的方式表现出来，能帮助我们宏观地、直观地掌握不同罪案之间的关系。

表 2　美国 50 个州的不同类型的罪案之间的关联数值（Borg et al., 2013）

Crime	Murder	Rape	Robbery	Assault	Burglary	Larceny	Auto Theft
Murder	1.00	0.52	0.34	0.81	0.28	0.06	0.11
Rape	0.52	1.00	0.55	0.70	0.68	0.60	0.44
Robbery	0.34	0.55	1.00	0.56	0.62	0.44	0.62
Assault	0.81	0.70	0.56	1.00	0.52	0.32	0.33
Burglary	0.28	0.68	0.62	0.52	1.00	0.80	0.70
Larceny	0.06	0.60	0.44	0.32	0.80	1.00	0.55
Auto Theft	0.11	0.44	0.62	0.33	0.70	0.55	1.00

目前大多数的多维尺度分析在处理众多变量时，会先计算任意两个变量之间的关联数值（如表 2 所示），在得出所有变量中每两个变量之间的关联数值后，再根据关联数值和空间距离成反比的原则（如 Assault 和 Murder 两个变量的关联数值为 0.81，因此在空间上它们之间的距离就比关联数值为 0.33 的 Assault 和 Auto Theft 之间的距离更近），绘制出最优的空间图像

(如图21)。所谓"最优",指的是各个变量在空间图像上的具体位置都能完美地体现彼此之间的距离(Borg et al.,2013)。绘制空间图像的材料强调任意两个变量之间的关联数值,这和语义地图模型常依据的材料并不完全一致(比较表2和表3)。

表3 语言中形式和意义的搭配关系(Croft and Poole,2008)

	va-	vre--un	ori-	ni-
Specific known	Y	N	N	N
Specific unknown	Y	N	N	N
Irrealis nonspecific	Y	N	N	N
Question	Y	Y	N	N
Conditional	Y	Y	N	N
Comparative	N	N	Y	N
Free choice	N	N	Y	N
Indirect negation	N	Y	N	Y
Direct negation	N	N	N	Y

这种区别主要体现在数值表现(metrics)和非数值表现(non-metrics)的不同。对此,Croft and Poole(2008:12—13)指出,若要按照多维尺度分析来绘制底图,首先必须把表3中的材料转化为类似于表2中的关联数值,但这样做会面临许多的限制,因此他们提出了"最优分类非参数性呈现算法"(Optimal Classification Nonparametric Unfolding Algorithm)来处理表3中的材料。最优分类非参数性呈现算法是借鉴政治科学形成的方法。简言之,它作为一种多维尺度分析的工具,能针对一定数量的国会议员,根据他们之前对众多议案投票的结果(不是赞成,就是反对),在空间图上找出他们各自的理想据点(ideal point)。这个理想据点就是国会议员的政治倾向据点,而各个国会议员以他们各自的理想据点对众多的议案进行投票。根据非数值性材料寻找理想据点的程序在统计学上被称为呈现

(unfolding)。一旦在空间图上找到国会议员各自的理想据点，就能由此发现他们之间的亲疏。在绘制语义地图模型的底图时使用这一方法，能针对一定数量的功能或意义（等同于国会议员），根据它们能否被众多不同的形式（等同于议案）负载（等同于投票，结果不是能，就是不能），在空间图像上体现这些功能或意义的理想据点，进而发现它们之间的亲疏。下面是根据Haspelmath（1997b）的样本材料，按照上述办法绘制出的底图。

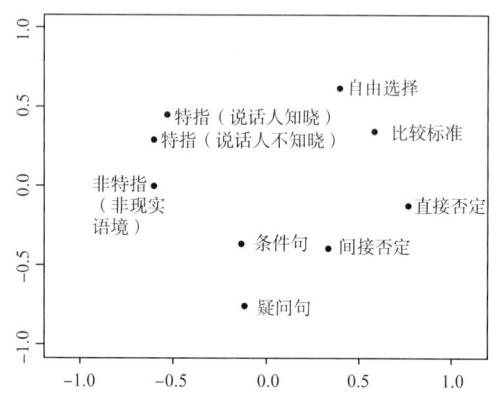

图22　不定指代词的底图（引自Croft and Poole，2008，且译成中文）

由于Haspelmath（1997b）采用40种语言中的139个形式（等同于139个议案）来分析9个功能或意义（等同于国会议员）之间的关系，因此图23说明了图22是如何在以139条切割线来安排9个功能节点的空间位置中产生的。

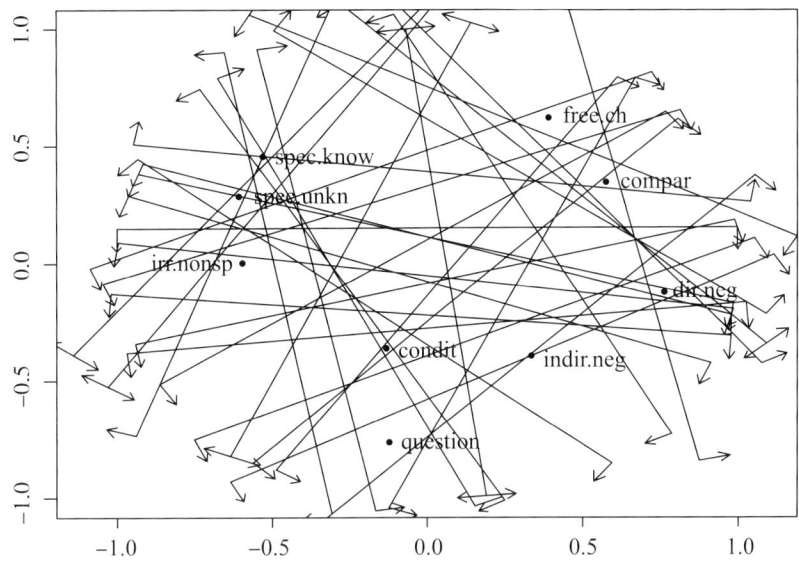

图 23 用二分切割得出的不定指代词的底图（Croft and Poole，2008）

图 24 是 Haspelmath（1997b）用手绘的方式制作的底图。

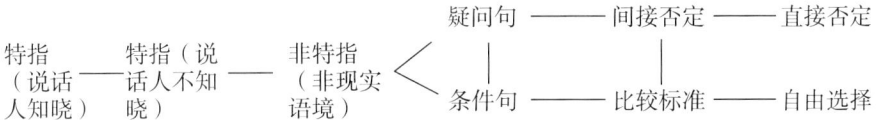

图 24 不定指代词的底图（引自 Haspelmath，1997b，且译成中文）

把图 22 和图 24 进行比较可知，前者以空间距离来体现各个功能之间的亲疏，而后者则以相连的线条来体现各个功能之间的亲疏。根据前者，我们知道"特指（说话人知晓）"和"特指（说话人不知晓）"的关系比"特指（说话人知晓）"和"非特指（非现实语境）"的关系近，但是无法知道"特指（说话人知晓）"和"非特指（非现实语境）"是直接相连，还是必须以"特指（说话人不知晓）"为枢纽。正因为如此，郭锐（2012a：119）在评价这种方法时指出，"MDS虽然精确，但不够直观。而且一切由数据说话，缺少了语言学家的语言学分析，其准确性和预测力同样值得怀疑"。虽然这个评论有道理，但是我们不能忽略图 22 其实也能转化为经典意义的底图。Croft and Poole（2008：17）就以下图证明了这种可能性。

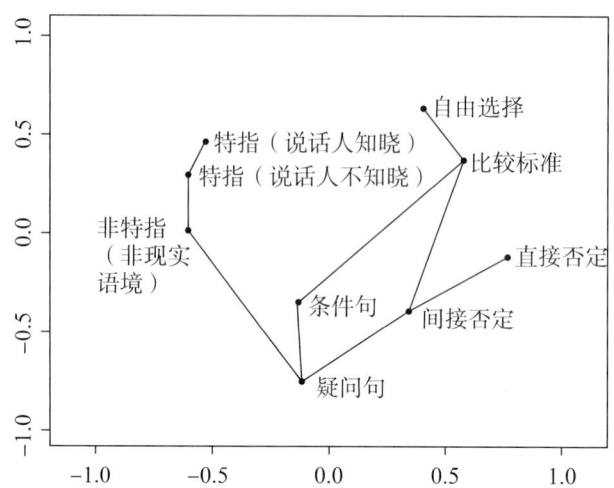

图 25　由第二代语义地图转化成的第一代语义地图（引自 Croft and Poole，2008，且译成中文）

我们将图 25 和图 24 进行简单比较后发现一处重要的区别，那就是图 24 显示了"非特指（非现实语境）"和"条件句"直接相连，而图 25 中这二者并不直接相连。对于图 25 和图 24 的这一差异，Croft and Poole（2008）虽未作进一步说明，但在文章的开头部分就已指出 Haspelmath（1997b）提供的不定指代词的材料无法支持将上述两个节点用一条直线相连。可见，由 Croft and Poole（2008）所倡导的第二代语义地图确实具有检验甚至取代第一代语义地图的可能性。

作为首位尝试运用第二代语义地图模式来进行汉语研究的学者，张定（2010）并未采用 Croft and Poole（2008）的最优分类非参数性呈现算法，而是采用了"多维展平"（Multidimensional Unfolding）的方法，根据 Haspelmath（1997b）的样本材料绘制了下列底图。

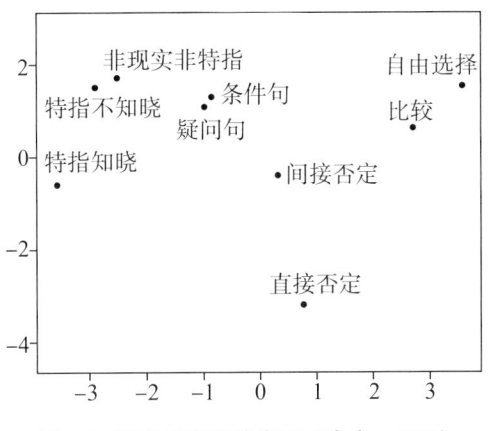

图 26　不定指代词的底图（张定，2010）

上图在绘制上的特点是不采用二分的切割线来确定各个功能在空间图上的位置。换言之，这是统计学上一种纯粹的展平或呈现的手段，而这个手段的特点是用来处理具备优先顺序的材料（preferential data）。张定（2010）指出，这是因为在处理实际的语言材料时肯定会出现例外，而且随着样本的增加，例外也会不断增加。在这种情况下，判断哪些材料是例外就成为一个问题。他还指出，Haspelmath（1997b）提供的 40 种语言材料之所以能采用二分切割法来绘制第二代语义地图，是因为这些材料都是经过悉心处理后的范例，是没有例外的。"一个好的模型应该兼顾所谓规则的和例外的，换言之，应该纳入所有的材料，这样就可以在不预先假定哪些是规则的、哪些是例外的前提下，采取一种中立的立场。"（张定，2010：190）

对于这个认识，我们可以作一些初步的讨论。任何多维尺度分析其实都需要寻找涵括所有样本材料的最佳维度。这里所指的维度不仅包括目前常见到的二维空间，也包括一维、三维和更多维度的空间。根据 Croft and Poole（2008）的研究，即使采用最优分类非参数性呈现算法，Haspelmath（1997b）的样本材料中仍有 24 个错误无法在一个二维空间中被处理。可见，图 22 虽采用二分的切割线来绘制底图，但在不增加维度的情况下，最优分类非参数性呈现算法并未涵括所有的样本材料，也出现了例外，其优点是能利用统计学的公式把不符合模型/底图的例外剔除出去。这个结果虽也是一种材料删减，却避免了人的主观判断。此外，若把 Croft and Poole（2008）所绘制的第二代底图和张定（2010）所绘制的第二代底图作一个简单的比较，可发现其中存在着一些有意思的差异。我们且以 Haspelmath（1997b）所绘制的图 24 中最左边的三个节点［特指（说话人知晓）——特指（说话人不知晓）——非特指（非现实语境）］为例作说明：根据 Croft and Poole（2008）所绘制的第二代底图，"特指（说话人知晓）"和"特指（说话人不知晓）"的关系比"特指（说话人知晓）"和"非特指（非现实语境）"的关系近；而根据张定（2010）所绘制的第二代底图，这两组功能节点之间的空间距离恰好相反。有鉴于此，如何结合第二代语义地图来研究汉语，确实还有可继续探讨的空间。

3.1.4 "空地图"如何能成为具有预测力的几何空间？

构建底图是语义地图模型的核心，因此前面介绍了构建底图的原则、方法、难题和目前的解决方案。从中可知，随着样本材料的增加，必然会出现"回路"。借助关联模式的出现频率来删减一些样本材料，进而达到减少"回路"的目的，虽是个办法，但存在任意性。这就造成一种两难的局面：要不删减样本材料，要不出现"回路"。不过，近期的研究对此有了新的认识。

前文提到由"回路"造成的"空地图"，并指出其因缺乏预测力而没有多少价值，但随着讨论的深入，目前的认识是语义地图模型的动态化能让"空地图"变得有意义。下图是 Narrog（2010）在不排除任何样本材料的情况下得到的底图（功能节点以拉丁字母代替）。

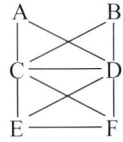

图 27　由"回路"造成的"空地图"（Narrog，2010）

根据 Narrog（2010）的分析，此图虽能有效地作出一些预测，如 A 不能直接和 F 相连，但这毕竟相当有限，因为 C、D、E、F 四个功能节点都和其他节点直接相连，所以我们无法据此说明人类语言在结构上的限制。Narrog 指出，若能把功能节点之间的历时演变方向补充出来，就能使"空地图"变得有意义。具体的做法如下：

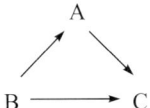

图 28　动态化使"空地图"变得有意义（Narrog，2010）

从静态的角度看，三个功能节点之间彼此相连，这样的底图根本无法用来预测什么类型的语言结构不可能存在。而一旦将之动态化，则能知道 C 是由 A 或 B 直接演变而来的，以及 A 是由 B 直接演变而来的。这个做法的优点是既维持了第一代语义地图的表现方式，又能在不删减样本材料的情况下解决"回路"所造成的"空地图"的问题。如果这个做法可行，那么接下来的问题就是如何获取节点功能之间的历时演变的资料。这个问题的解决和目前类型学界所倡导的历时概念空间密切相关（Narrog，2010）。吴福祥（2014）对此作了进一步的说明。首先，他并不赞同只要给特定的（共时）概念空间和语义地图上不同功能之间的连线加上箭头，即可得到一系列语法化（或其他语义演变）路径，认为这忽略了问题的复杂性。他认为可借助以下三种手段来使概念空间动态化，从而形成一个特定的历时概念空间：①基于功能蕴涵关系的跨语言比较；②语法化路径（包括语义演变路径）的历时证据；③语法化程度和单向性原则。他通过不同的个案研究具体说明上述三种手段如何使概念空间动态化。其次,他着重说明语义地图模型研究在很大程度上可从语法化的成果中获益,比如可根据语法化路径来测试、验证和修订已构建的底图。他对 Haspelmath（2003）构建的工具及相关功能的底图进行了修订（增加了粗黑线,见图 29）,而修订的原因除了 Narrog and Ito（2007）所提出的共时证据,还包括古代汉语的"以"虽可以充当工具和原因标记,但无法引入被动施事。

图 29　修订后的工具及相关功能的底图（引自吴福祥,2014,且译为中文）

最后,吴福祥得出的结论是概念空间的动态化在很大程度上必须依赖语法化研究才能取得进展和突破。此外,他指出立足于对共时语言材料进行逻辑演算的语义地图模型和立足于对历时文献中的语言材料进行分析探索的语法化研究虽然可以互补、互惠,但更多的是前者受惠于后者而非相反。

3.1.5　普遍的几何空间的维度

目前所见到的语义地图模型的底图大多是一维或二维的,三维的底图鲜见。即使是采用多维尺度分析的第二代语义地图也鲜有三维的底图。根据 Croft and Poole（2008:12）的说明可知,底图多为二维,除阅读维度在这之上的底图有困难这个因素外,更重要的原因在于每增加一个维度,底图中所蕴藏的蕴涵共性的信息就会逐步减弱。在这个背景下,Wang（2012）所提出的多平面底图就很值得注意。这个提议具有如下特点:①由于空间域与非空间域的抽象程度不同（后者的抽象程度更高）,因此根据认知隐喻的理论,两个域之间的关系是从前者向后者虚化。②为实词设置了一个单独的平面。作为一切语法化的源头,实词的虚化既可以先向空间域发展,也可以直接发展到非空间域。这个提议的优点是避免了在同一平面上出现大量连线交叉的情形。这除了呼应了吴福祥（2014）的观点,即语法化研究能作用于语义地图模型研究,更重要的是破除了多重语法化对构建底图的干扰。Zhang（2013）认为这方面的干扰是一种"杂音",并指出虽然大量的现代汉语方言显示"接受者"（recipient）和"使役者"（causee）经常由相同的语法形式负载,但是由于这是多重语法化所致,因此不应将上述两个功能节点在底图中直接相连。我们认为这种处理方式可能有违语义地图模型作为一种逻辑演算工具的精神,而 Wang（2012）的提议或许能让我们在不删减语料的情况下,以一个多平面的底图根据样本材料找出功能节点的具体位置。这个立体的底图如下所示：

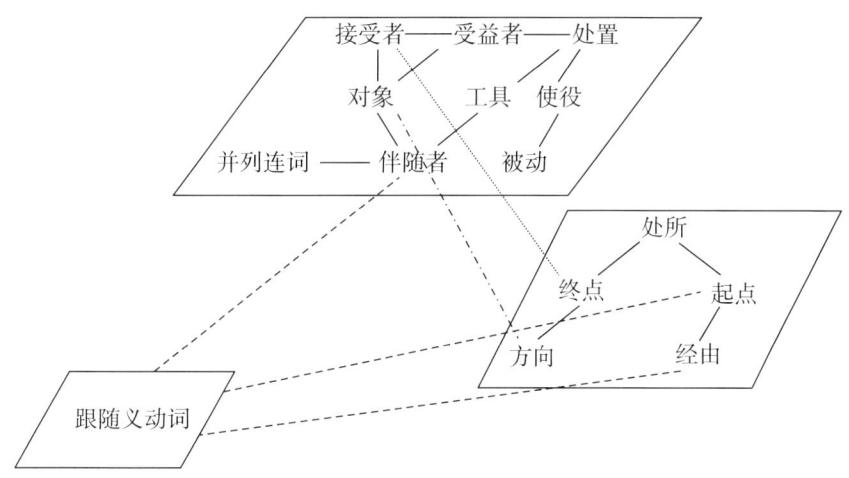

图 30　实词、空间和非空间三域的底图（引自 Wang，2012，且译为中文）

这个多维度的底图的优点是能解决 Teiwa、Kaera 等语言中的位移动词在语法化之后出现同时引介"终点"和"工具"等用法的难题。面对前述材料,若仅根据 Haspelmath（2003）和张敏（2008a，2008b）所构建的底图,则有两个处理办法：一是把 Teiwa、Kaera 等语言的材料视为例外,并加以排除；二是在原有的底图上用一条直线把"终点"和"工具"两个节点连上。而采用 Wang（2012）的提议,则既能保留材料,又不用在两个节点之间添加连线,确实有新颖、独到之处。虽然如此,若仔细推敲,这里依然存在一个理论上的问题:图30中分属两个平面空间的"终点"和"接受者"之间有连线,为什么同样分属两个平面空间的"终点"和"工具"之间不应该有连线?

对于语义地图模型和多重语法化之间的关系,潘秋平(2013)采取了另外一个处理办法。为解决张敏提到的"接受者"和"使役者"在现代汉语方言中经常同形的问题,潘秋平以给予动词的多项语法化为考察对象,引入了类型学的证据,论证了给予动词的两条不同的独立语法化链条在同一种语言中构成互补分布。至于在语言中发现的例外,他认为其并非源于语言或方言自身的发展,而是源于语言接触或方言接触。

3.1.6 节点的连线和蕴涵共性

我们之前讨论了语义地图模型的"归纳"特点,现在说明其"演绎"特点。以图31为例,我们从中不难发现底图上呈现了一大批蕴涵共性,如"若某个语言形式有C和P,则同一形式必有I"(蕴涵共性一),"若某个语言形式有Co和G,则同一形式必有C"(蕴涵共性二),以此类推。

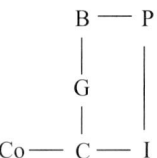

图31 底图和不同的蕴涵共性

图31是根据下表中的语言材料绘制出来的。

表 4　形式和意义的搭配关系

Unit Ⅰ	C	G	B
Unit Ⅱ	G	B	P
Unit Ⅲ	C	I	P
Unit Ⅳ	Co	C	I
Unit Ⅴ	B	P	I

虽然上表中的每一个形式仅承担三个功能，但是根据这个表格所绘制出的底图能按演绎逻辑推测出在人类语言中应存在一个形式（或范畴）可以承载底图中任意四个连续的功能，如 Co-C-I-P 或 Co-C-G-B。可见，语义地图模型中的底图虽是严格按照归纳逻辑来构建的，但具有强大的预测力，因此，之前在介绍底图的构建时仅偏重归纳逻辑明显是有问题的。Cysouw（2007）对这种局限有深刻的体会，并提出了底图的构建必须兼顾覆盖率（coverage）和准确率（accuracy）。覆盖率指的是底图能够反映的关联模式和已知语言中所存在的关联模式之间的比率（the number of attested categories captured by the model divided by all attested categories），因此，百分之百的覆盖率就意味着所有已知的关联模式都能为底图所预测（a coverage of 100% means that all categories attested are included in the predictions of the model）；而准确率指的则是已知的关联模式和底图所预测的可能存在的关联模式之间的比率（the fraction of attested categories among all categories that are predicted by the model），因此，百分之百的准确率就意味着底图仅预测所有已知的关联模式（a 100% accurate model only predicts those categories that are attested）。对于 Haspelmath（1997b）按照归纳逻辑构建的不定指代词的底图，Cysouw（2007）指出虽然其覆盖率为 100%，但是由于这张底图可预测 105 个关联模式，实际上仅有 39 个关联模式被证实，因此其准确率只有 35%。[1] Cysouw（2007）除了试图通过关联的频率（在语义地图

---

[1] 录自原文。

上表现为连线的粗细)来解决覆盖率和准确率之间的矛盾,对于如何在语义地图模型中做到兼顾覆盖率和准确率也展开了讨论。根据讨论结果,Cysouw(2007)在传统意义上的语义地图(不论是一代还是二代)之上又构建起更高一层的语义地图,而这更高一层的语义地图体现了不同关联模式之间的亲疏,如下所示:

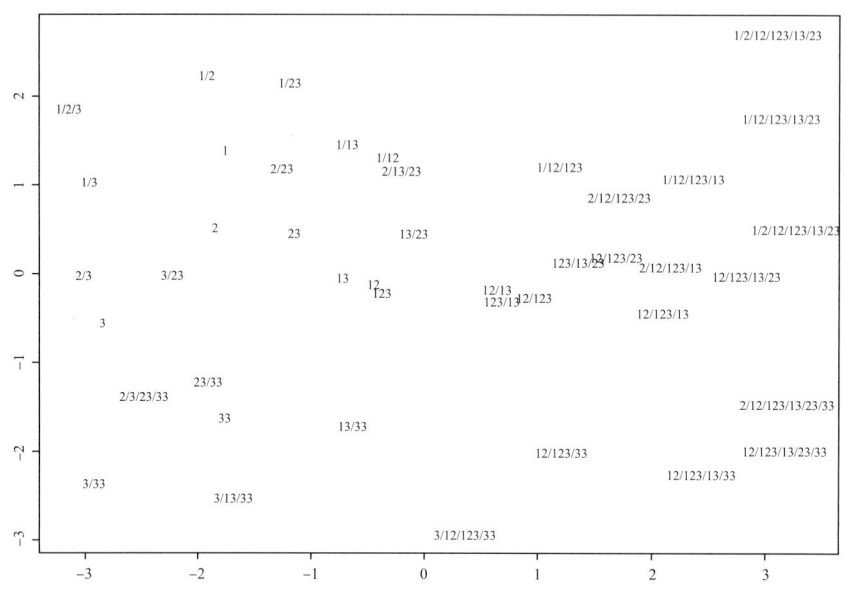

图 32　关联模式之间的亲疏(多维尺度分析)

此外,郭锐(2012c)提出运用最小关联原则和关联度来解决覆盖率和准确率之间的矛盾。他建立连线的原则可总结为以下三条:其一,若能找到一个语言形式只表达基元 A 和 B,则 A 和 B 之间必须建立连线;其二,有两条可能的非必需连线时,保留频率高的连线;其三,两条可能的非必需连线的频率相同时,选择语义特征近的连线。根据上述原则,他重新审视了 Cysouw(2007)构建的人称标记的底图(见图 33)。

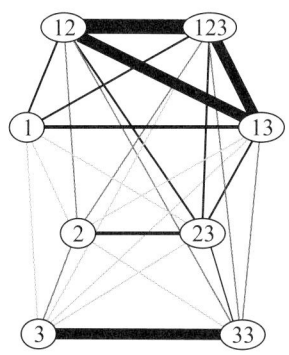

图 33　人称标记的底图（Cysouw，2007）

在参考了 Cysouw（2003）的数据之后，根据上述三条原则，郭锐发现不同节点之间的八条连线可以删除（如图 33 中的 1-123、12-23 等），而另外三条非必需连线（即图 33 中的 12-2、123-23、123-33），出于保持语法形式功能连续性的考虑，则予以保留，他进而对图 33 进行了修订（见图 34）。

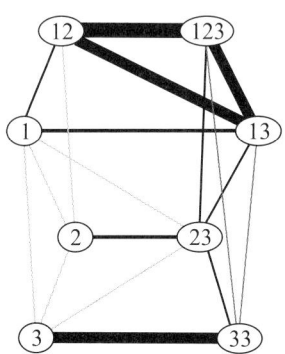

图 34　去掉非必要关联后的修改图（郭锐，2012c）

根据郭锐（2012a：114）的总结，"修改后的概念空间在不影响覆盖率的情况下，一方面减少了连线，有更高的准确率；另一方面又减少了循环，应该有更强的预测力"。

3.2 节点的选择

语义地图模型是一种表征跨语言的"语法形式—语法意义"关联模式的共性与差异的分析工具。在前文中我们说明了这一分析模型既是归纳的也是演绎的,虽然其建立底图的基本操作方式并不复杂,但是当取样范围扩大时,如何结合频率来决定底图中的节点之间是否应添加连线就成了一个不容易解决的问题。前文的讨论完全建立在这样一个假设的基础上,即节点的设立本身并不是个难题,但这显然是不符合实际的。

根据 Haspelmath(2003)的研究,底图中的一个节点代表一个语法功能或意义,而语义地图模型正是以底图中的每一个节点为"比较基础"来从事跨语言比较,从而得出人类语言的共性和个性的。接下来的问题就是应将哪些语法功能或意义设立在底图中。对此,Haspelmath(2003)指出,节点的设立必须满足一定的形式条件,即我们至少能在一种语言里找到其使用不同的语法形式来编码两个不同的功能或意义的证据,唯有如此,这两个功能或意义才能被设立在底图中。一个典型的例子就是德语,它使用 zu 或 nach 来表示方向(direction),而用"与格"来表示接受者(recipient),因此"方向"与"接受者"这两个功能或意义就应加以区分,且应被当成节点设立在底图中。此外,如果某个功能或意义完全无法由一个独立的语法形式负载,我们还可以按照下列两种操作方式来设立节点。根据吴福祥(2009a)的研究,如果一个形式表达 A、B 两个功能或意义,而另一个形式只表达 B 功能或意义,那么即使我们没有为 A 功能或意义找到独立的形式,我们依旧可以在底图中把 A 和 B 都视为节点,如下图所示:

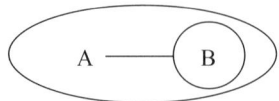

图 35　界定节点的方法 1(圆形和椭圆形皆代表语法形式)

另外一类情形是,如果一个形式表达 A、B 两个功能或意义,另一个形式表达 B、C 两个功能或意义，那么它们交叠（交叠处为 B）的情况可以用来证明 A、B、C 都应是底图中的节点。下图表现了这种情况：

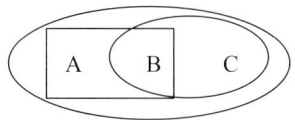

图 36　界定节点的方法 2（椭圆形和长方形皆代表语法形式）

这是固有的认识，而按照这个认识，根据上述三种操作方法得到的功能或意义都必须充当底图中的独立节点。虽然如此，为解决现代汉语方言中的介词"跟"所引发的问题（详见张敏，2010），张敏对 Haspelmath（2003）提出的"位移方向—接受者—受益者"（direction-recipient-beneficiary）链条作了修订，如下图所示：

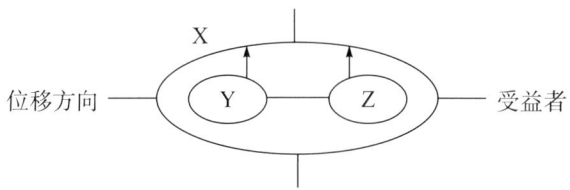

图 37　"位移方向—接受者—受益者"链条的修订及扩展（张敏，2010）

这个修订图最重要的特点就是借鉴了 van der Auwera and Plungian（1998）提出的语义地图的新表征方式，其中的大椭圆形（即 X "人类目标"）是一个放大了的节点，小椭圆形 Y 为"指人动作方向"，小椭圆形 Z 为"接受者"。Y 和 Z 之间的连线反映了二者存在用同一形式负载的情形，如英语中的 to、贵阳话中的"跟"；Y 和 Z 向上连接至 X 的带箭头连线表示其间是"概括"（generalization）的关系，即"人类目标"概括了"指人动作方向"和"接受者"两种个别情形。蔡燕凤、潘秋平（2012）也采取了这个办法对 Haspelmath（2003）底图中的"受益者"节点作了类似的处理，如下图所示。

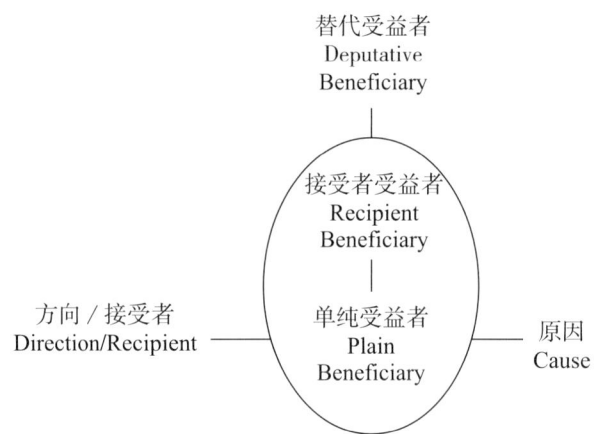

图 38　对"受益者"节点进行三分的处理（蔡燕凤、潘秋平，2012）

把原受益者的节点再细分成三个节点（即"单纯受益者""接受者受益者""替代受益者"）的做法的依据是不同的语法形式所承载的功能或意义不同，这符合前述有关节点设立的要求。在这个基础上，蔡燕凤、潘秋平接纳了张敏（2010）的建议，以一个大椭圆形涵括了三个节点中的两个，但这样处理显然违反了之前对节点设立所作的说明。张敏（Zhang，2013）对这种做法的局限性作了总结：这种做法未能说明 Y 和 Z 这两个节点与它们左右两侧的节点的亲疏，因此削弱了底图的预测力；这种处理方式和底图中其他节点的处理方式不一致。有鉴于此，张敏对图 37 作了如下修订：

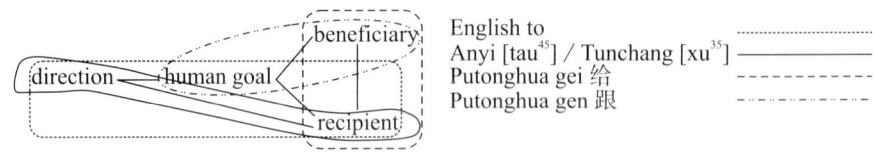

图 39　"位移方向—接受者—受益者"链条的再修订及扩展（Zhang，2013）

张敏也指出，和原有的处理方式相比，这种处理方式虽然产生了两个"回路"，但既避免了一张底图上存在新旧两种表征方式的情形，又避免了一个大椭圆形内部的小节点和邻近节点之间关系不明的情形。

根据上面的介绍，我们大致了解了语义地图模型的每一个节点的设立都必须先通过形式上的标准测试，而这要求我们不能轻易地把语义学或语用学上的概念直接转为底图中的独立节点。此外，Haspelmath（2010a，2010b）提出的比较概念和描写范畴的区分对节点的设立具有重要的参考作用。由于语义地图模型是一种表征跨语言的"语法形式—语法意义"关联模式的共性与差异的分析工具，因此作为比较基础的必须是比较概念，而不能是描写范畴。虽然这个区分目前仍未得到语义地图模型研究的重视，但是作为一种跨语言比较的分析工具，语义地图模型研究为了未来的发展是不可能忽略它的，尤其是目前的语义地图模型研究中存在着从单一语言出发来构建底图以及从语义出发来构建底图两种可能。

张敏（2010）在讨论语义地图模型和汉语研究时特别强调可以从汉语内部的材料出发构建底图，并用了一节的内容来论述。可见，语义地图模型的普遍空间的构建并不一定要求所采用的语法形式必须来自众多没有亲属关系的语言，而这个看法和 Haspelmath（2003）的看法一致。Haspelmath（2003：218）指出，由于同一种语言中的不同形式（grams）经常在其承载的功能上出现重叠的现象，因此严格地说，我们并不一定需要通过跨语言比较来构建底图。虽然底图的构建可以不立足于跨语言比较，但是语义地图模型的目的是进行跨语言比较。因此，我们就必须面对这样一个问题：如何把对一个语言进行描写时所采用的描写范畴转化为比较概念，进而在底图上设立节点？

此外，今天在底图构建上也有一些新的发展。除了前述的基于跨方言或跨语言比较的以语料为导向来构建底图的方法，目前还出现了另一种基于概念内部的语义结构分析来构建底图的方法（Zwarts，2008）。"语料主导"（data-driven）的方式是依据跨语言的多功能形式归纳出概念空间，这是类型学上构建概念空间的经典模式；而"语义主导"（meaning-driven）的方式则是通过分析意义的内部性质推导出语义关联模式，其基本理据在于语义结构相似度高的概念易发生关联，语义结构相似度低的概念难以发生关联（Zwarts，2008：1）。虽然 Zwarts（2008）指出这两种方式各有优缺点，在构建语义地图时应该将二者相结合，从而使概念空间/语义关联的研究结论更加可靠，但是如何确保语义结构分析的对象是比较概念而不是描写范畴，是值得我们深思的问题。

第 4 节　结语

虽然语义地图模型研究拥有 30 多年的发展历程，但是利用它来对汉语进行研究的历史还比较短。如何根据汉语的材料来推进语义地图模型研究，以及如何根据语义地图模型研究的成果来推进汉语的研究，都是需要进一步思考的问题。我们认为，其中的一个关键就在于必须在语义地图模型研究的背景下对现代汉语方言的语法系统进行更为细致的描写和分析。这样的描写不能只记录能说的语言材料，而必须把不能说的语言材料也记录下来，以达到构建底图和证伪底图的目的。这样的调查和描写方式与 Davis et al.（2014）所倡导的以理论假说驱导的语言调查方式（a hypothesis-driven approach）在精神上是一致的。我们期望接下来能出现更多结合语义地图模型研究的现代汉语方言调查报告。

第 2 章　基于汉语史的与连接范畴相关的概念空间

第 1 节　引言

任何语言都具有连接两个或更多语言成分使之成为一个更大语言单位的语法手段。广义上说，我们可以将"连接"（combination）理解为话语过程中由于某种语义或语用需要而对语言单位进行的关联。所关联的成分之间或是一种联合（sociation）关系，或是一种依存（dependency）关系（Lehmann，1988：181—182）。被连接的成分可以小到词、词组，也可以大到句子、句段，甚至句群、篇章。而狭义的"连接"通常指小句间或小句内成分的连接。

本章讨论的"连接"范畴为狭义的连接。连接一般可分为并列连接（coordination）和主从连接（subordination）。对于如何从形态句法和语义层面来区分并列连接和主从连接，目前学界尚存较大争议。不过，这不是本章关注的问题。本章主要基于汉语史上多功能连接词[1]的用法，运用语义

---

[1] 本章所考察的连接词主要是汉语史上产生的连词，同时也包括少量具有连接功能的关联副词，如"又""亦""却""更"等。汉语史上产生过大量多功能连接词。有些连接词的使用时间跨度较大，如连词"而"从古到今都在使用（在现代汉语中主要用于书面语）。为方便讨论，本章对使用时间跨度较大的连接词的考察尽量限制在一个相对共时的平面，如先秦时期、汉魏六朝、唐宋时期、元明清时期。

图方法，同时借鉴当前一些跨语言的研究成果，从概念层面来考察连接范畴语义功能之间的亲疏，构建与连接范畴相关的概念空间，以便更好地从共时和历时层面来描写和解释汉语史上多功能连接词的用法及其演化路径。

第 2 节　国内外与连接范畴相关的概念空间研究

Haspelmath（2003，2004）最早通过跨语言的比较构建了与并列连接相关的概念空间（见图 1）。Haspelmath（2004）将并列关系（coordination）分为三类："平列"（conjunction）[1]、"选择"（disjunction）和"转折"（adversative）。

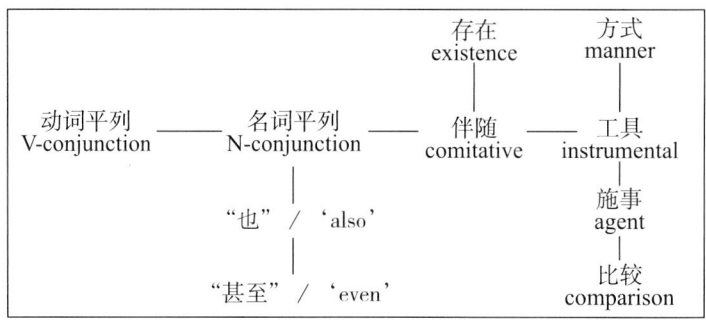

图 1　与连接相关的概念空间（Haspelmath，2004）[2]

"平列"类似于英语中的"and 并列"（and-coordination），"选择"类似于英语中的"or 并列"（or-coordination），"转折"类似于英语中的"but 并列"（but-coordination）。对于其中的"平列"关系，Haspelmath 基于句法性质进一步将其分为"名词平列"（N-conjunction）和"动词平列"（V-conjunction）。不

---

[1] 本章将 Haspelmath（2004）的研究中的 conjunction 译为"平列"，是为了与连接范畴的两个大类之一的 coordination（并列结构）相区别。
[2] 图中用单引号标注英文的格式系录自原文，在行文中按照编校规范将单引号改为双引号。下同。

过，Haspelmath（2003，2004）对"选择""转折"及其他相关并列关系的语义功能未作例释和说明。

Malchukov（2004）对连接范畴的考察由平列关系扩大到转折关系，建立了以"and 并列"和"but 并列"为核心的概念空间（如图 2 所示）。在 Malchukov 构建的概念空间中，相当于"and 并列"（如"伴随""追加""承接"）连接的功能和相当于"but 并列"（如"转折"）连接的功能被分别置于概念空间的两端，其间通过两条路线发生关联：一条是通过"意外（出乎意料）"节点，另一条是经由"对比"节点。

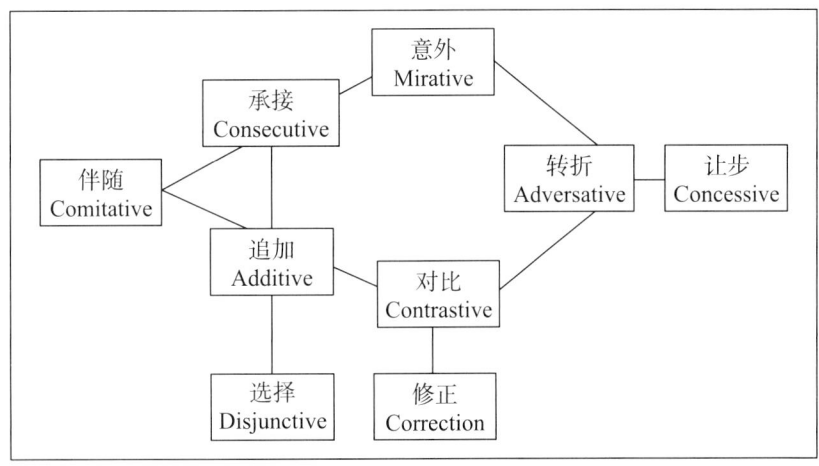

图 2　与并列连接和转折连接相关的概念空间（Malchukov，2004）

王慧萍、潘秋平（2011）对汉语连词"然后"的多功能用法进行了详细考察，并在 Haspelmath（2004）和 Malchukov（2004）的基础上进一步修正和扩展了与连接相关的概念空间（如图 3 所示）。值得注意的是，王慧萍、潘秋平在其构建的概念空间中增加了"递进""条件""条件让步""原因""目的""结果"等节点，从而使与连接相关的概念空间又进一步拓展到主从连接。

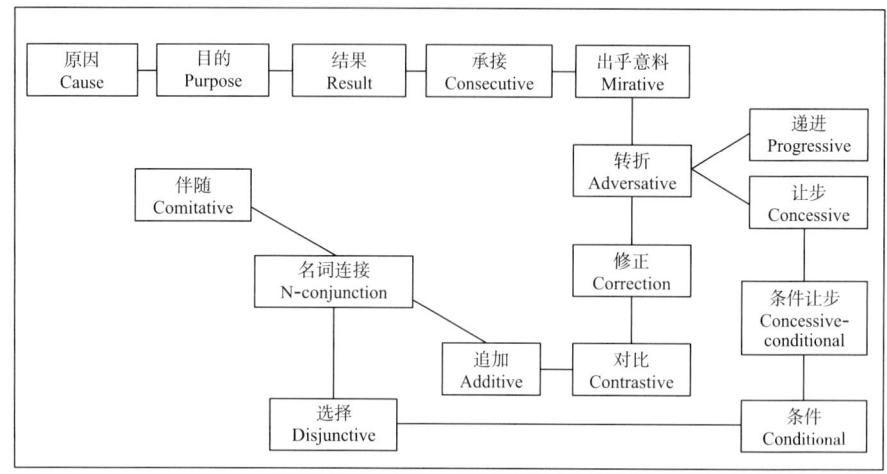

图3 扩展后的与连接相关的概念空间（王慧萍、潘秋平，2011）

尽管与连接相关的概念空间不断得到验证、修正和补充，但我们发现其中还存在着一些问题。首先，在节点的选取上，既有语义功能的节点，又有句法性质的节点。比如，根据连接成分的句法性质不同，可将"平列"节点分为"名词平列"和"动词平列"，而其他节点均为语义节点。其次，概念空间中有些功能节点的界定存在问题，如"平列""追加"等的语义界定不明晰或者有所欠缺。Malchukov（2004：191）在其构建的概念空间中进一步从"and 并列"中析出三种功能："追加""承接""伴随"，并指出"伴随"只有通过"追加"和"承接"才可以同其他"but 并列"功能产生间接关联。但 Malchukov 并未明确界定"追加"义，从其所举例子以及所作说明中推断，追加关系大约是指两个事件中一个事件伴随另一事件同时进行。例如（Malchukov，2004：183、185）：

（1）Vremja uxodit bystro, a s nim uxodjat ljudi. （俄语）
    Time passes quickly and with it pass people
    "Time passes quickly, and with it people pass（away）."
    "时间过得飞快，而人们也随之逝去。"

此外，Malchukov（2004：186）在描述俄语 i 的三种语义功能时，对其"追加"功能使用的英语对译词为 and also、also、again。可见，Malchukov 所说的"追加"义相当于"而且""也""再""又"这类语义关系，而这类语义关系跟通常使用"和""与""同""及"等连接词来表达的最典型的"and 并列"是不尽相同的。但这类最典型的"and 并列"关系在 Malchukov 构建的概念空间中没有被描写出来。所以，如何界定和细分"and 并列"的语义功能，尚需进一步研究。

最后，连接范畴内相关节点的选取尚不够细化。例如，汉语史上及现代汉语中的"充分条件"（"只要"等）、"必要条件"（"只有"等）和"假设条件"（"如果""要""若"等）在标记词的使用和语义功能上是有明显区别的，而三者与"转折""让步"的关系又很复杂。"选择"关系的节点也较笼统，很多语言在"选择"关系上都存在"任意选择"和"极性选择"的区别，且常常使用不同的标记。如汉语表达"任意选择"义常用"或（者）"，表达"极性选择"义则用"不是……，就是……"，"非……而……"等。这些语义功能在目前所构建的概念空间里都没有得到区分和描写。

综上所述，我们认为，现有的与连接相关的概念空间尚不完善。本章将基于汉语史语料，对与连接相关的概念空间进行验证、补充和完善，构建一种扩展的、包含更多功能节点的连接范畴概念空间。

第 3 节　基于汉语史的与连接范畴相关的概念空间

通过对汉语史上多功能连接词连接用法的系统考察，本章构建出基于汉语史的与连接范畴相关的概念空间，其构型如图 4 所示。下面详细论述这一概念空间的构建过程。

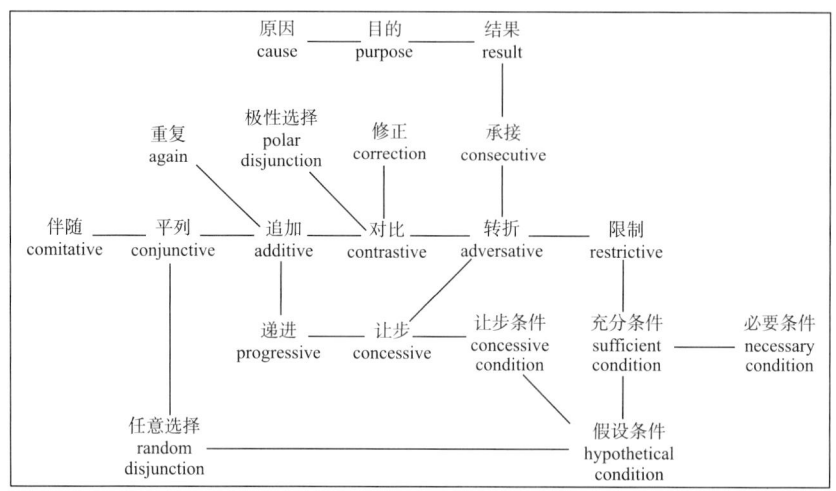

图 4　基于汉语史的与连接范畴相关的概念空间

3.1 "伴随""平列""追加""递进""重复"之间的关联模式

3.1.1 "伴随—平列"

"平列"（conjunctive）是一种最为典型的并列关系，其所连接的两个成分，无论是在语义上还是在形态句法上，都是完全对等的，具有同样的地位（不分主次），通常互换位置而语义不变。[1] 表达"平列"功能的连接成分可以是 NP，也可以是 AP、VP 或者小句。为方便讨论，我们在概念节点的选取上对连接成分的句法性质不作区分，仅选取语义节点。[2] 汉语史上表示"平列"常用"而""与""且""及"等，英语中表示"平列"主要用 and。例如：

---

[1] 个别动词和小句连接时，如涉及一个连续动作的平列，二者往往不可互换。如"荆轲奉图而进于王"（《资治通鉴·秦纪二》）。

[2] 据我们粗略观察，如果一个连接词可以关联不同的句法成分（如名词、动词和小句等），那么它在关联每种句法成分时，其语义的表达在概念空间中通常会形成一个连续区域。对此我们将另文作专题研究。

（2）高祖为人，隆准而龙颜。（《史记・高祖本纪》[1]）[NP 平列]

（3）王不行，示赵弱且怯也。（《史记・廉颇蔺相如列传》）[VP 平列]

（4）Tom is big and strong. [AP 平列]

"汤姆又高又壮。"

（5）The sun was shining and the birds were singing. [小句平列]

"阳光明媚，小鸟歌唱。"

以上几例，无论连接 NP、VP、AP 还是小句，前后两个成分都完全对等，彼此互换位置而句义不变。因此，我们不赞同王慧萍、潘秋平（2011：273）将 Haspelmath（2004）的"VP 平列"等同于"追加"的观点。我们认为，"平列"和"追加"在语义上是两个不同的节点。"平列"节点更倾向于名词连接，"追加"节点更倾向于动词和小句连接，在语义上不能将二者混同。汉语有专用于表示"追加"的连接词，它们既可连接动词、小句，也可连接名词，[2] 语义与"NP 平列""VP 平列"不同。因此，我们认为"平列"与"追加"是两个功能节点，它们与连接成分的性质无关。

语法化研究的大量成果显示，"平列"连词的一个重要来源是"伴随"介词。这是已被世界上许多语言证实了的一种语法化演变路径。以下是埃维语（Ewe）和斯瓦希里语（Swahili）中"'伴随'介词＞平列"演变路径的用例（Heine and Kuteva，2002：80、82—83）。

埃维语 kplé 的演变路径是"'伴随'介词＞NP 平列"，例句如下：

---

[1] 为行文简洁，《诗经》《左传》《论语》《国语》《韩非子》《吕氏春秋》《史记》《汉书》《朱子语类》《红楼梦》《儿女英雄传》等古代作品不标注作者。

[2] 例如：

（1）公子便去打点收拾手本，拜帖职名，以及拜见老师的贽见、门包、封套。（《儿女英雄传》第一回）[NP 追加]

（2）这几日，尤氏晚间也不回那府里去，白日间待客，晚间陪贾母顽笑，又帮着凤姐料理出入大小器皿，以及收放赏礼事务。（《红楼梦》第七十一回）[VP 追加]

(6) a. é-   yi   kplé   wo.
       3：SG-go   with   2：SG：OBJ
       "She went with you."
       "她跟你一起走了。"

    b. Kofí   kplé   Kosí   vá   égbe.
       Kofi   and   Kosi   come   today
       "Kofi and Kosi came today."
       "科菲和科西今天一起来了。"

斯瓦希里语 na 的演变路径是"'伴随'介词＞VP 平列",例句如下：

(7) a. a-   li-   ku-   ja   na   mke-we.
       3：SG- PAST-   INF-   come   with   wife-3：SG：POSS
       "He came with his wife."
       "他跟妻子一起来的。"

    b. a-   li-   ku-   ja   na   ku-ondoka   tena.
       3：SG- PAST-   INF-   come   and   INF-leave   also
       "He came and left again."
       "他来过并又离开了。"

汉语史上也有相当一部分虚词由"伴随"介词演变为表示"平列"的并列连词,并且通常先发展出"NP 平列"功能,再衍生出"VP 平列"功能,如"与""及""共""将""和""跟""同"等。下面举几个"与"的例句：

(8) a. 祭仲与宋人盟。(《左传·桓公十一年》)［伴随］
    b. 今我战又胜荆与郑。(《国语·晋语六》)［NP 平列］

c. 语曰："有白头如新，倾盖如故。"何则？知<u>与</u>不知也。(《汉书·邹阳传》)［VP 平列］

　　根据以上汉语史及其他语言的例证，我们首先可以建立"伴随—平列"的关联模式。

3.1.2 "平列—追加—递进"

　　同"平列"密切相关的两个语义节点是"追加"（additive）和"递进"（progressive）。"追加"与"平列"近似，其所连接的两个成分基本是平等对称的，不过"追加"在语义上略有轻重之别：叙述时以第一个成分为主，随之追加或增补另一个与之句法地位相同的成分，两个成分一般不能互换（互换后语义侧重会有所不同）。汉语史上有专用于表示"追加"的连接词，如"以及"，此外"也""又""而且""还有"等亦可兼表"追加"；英语中常用 also、and also、in addition to 等表示"追加"。例如：

　　(9) 自谦者，外面如此，中心<u>也</u>是如此，表里一般。(《朱子语类》卷十六)［CL 追加］

　　(10) 身处佚乐之地，<u>又</u>致帝王之功也。(《韩非子·外储说右下》)［VP 追加］

　　(11) His father, <u>also</u> a top-ranking officer, had perished during the war. ［NP 追加］

　　　　"他的父亲，也是位高级军官，在战争中牺牲了。"

　　(12) He is brilliant, <u>and also</u> very courteous. ［AP 追加］

　　　　"他才华出众，且彬彬有礼。"

　　"追加"与"递进"的相同之处是语义上均有轻重之别；不同之处是，"追加"是单纯在第一个成分之上附增一个与之句法地位相同的成分，而

"递进"是在第一个成分的基础上附加一个更进一步的成分。汉语史上表示"递进"多用"更""更加""甚至""愈"等,英语中表示"递进"则通常用 even、even more 等。例如:

(13) 小窗风雨碎人肠,<u>更</u>在孤舟枕上。(贺铸《西江月·携手看花深径》)[CL 递进]

(14) 一路上逢山开路,遇水叠桥,<u>甚至</u>打店看车,都是你二位的事。(《儿女英雄传》第十一回)[VP 递进]

(15) It's an unattractive building, <u>even</u> ugly. [AP 递进]
"这座建筑物很不起眼,甚至可以说很难看。"

虽然 Haspelmath(2004)对连接范畴的节点选取的处理方式相对较粗糙(只有 and 类,没有 or 类和 but 类),但其概念空间中"平列"(and 类)所关联的两个节点值得注意,即"also""even"两个节点(如图 5 所示)。

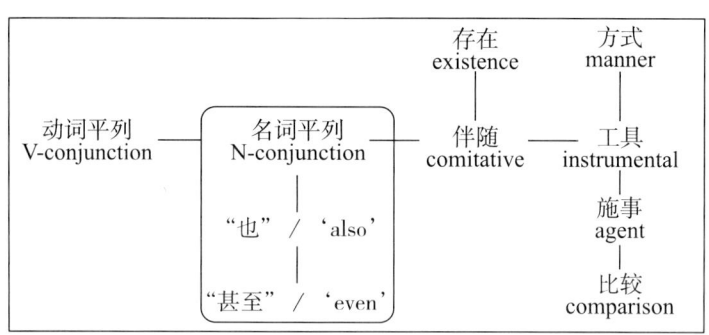

图 5 与连接相关的语义图(Haspelmath,2004)

在 Haspelmath(2004)构建的概念空间中,"N 平列"在一个方向上同"伴随"直接关联,在另一个方向上同"also"和"even"关联。Haspelmath 的"also"节点其实就是 Malchukov 的"追加"节点,这从 Malchukov(2004:186)对"追加"的英语对译(and also、also、too)中可知。不同的是,Haspelmath 重点考察的是名词和动词连接,而 Malchukov 重点考察的是小句连接。而且，Haspelmath 还注意到"even"（即本章的"递进"）节点同"also"节点之间的关联，这一关联模式在我们对汉语史上的连接词进行考察时也同样得到了证实。所以，如果按照我们的处理原则，忽略连接成分的句法性质，只考虑语义关系，那么正好形成"伴随—平列—追加—递进"的关联模式。这与 Haspelmath 所构建的概念空间是基本一致的。

"追加"和"平列"密切关联，很多语言中的多义连词可以兼表这两种功能。例如 Cayuga 中的 hni'（Heine and Kuteva，2002：43）：

（16）a. Akitakrá　　hni'　　shē　　nyó：　n'atō：tá：ke：.［追加］
　　　　I：fell　　also　　as　　far　　I：came：back
　　　"I fell on the way back，too."
　　　"我仿佛也在回去的途中。"
　　　b. Junior，　Helen，　Hercules　　hni'［NP 平列］
　　　　Junior　　Helen　　Hercules　　also
　　　"Junior，Helen，and Hercules"
　　　"朱尼尔、海伦和赫拉克勒斯"

兼表"追加"和"平列"的例子还有 Kxoe 中的 tama-xa"也"（also）＞"和"（and），Mohawk 中的 tahnŭ"此外，也"（furthermore、besides、also）＞ tanŭ"和"（and），Nanai 中的 guci"此外，也"（furthermore、also）＞"和"（and），等等（Heine and Kuteva，2002：43；Malchukov，2004：186）。

汉语史上连接词"也""并"等也可以兼表"追加"和"平列"。以下是"也"的用例：

（17）凡圣之僧尼二种。咸持花果，也捧珠珍。（《敦煌变文校注》卷五）［追加］

（18）义刚因问："'无可无不可'，皆是无所容心。但圣人是有个义，佛老是听其自然。是恁地否？"曰："圣人也不说道可，也不说道不可，但

看义如何耳。……"(《朱子语类》卷二十六)[平列]

通过考察发现,汉语史上"也""并""亦""又""且""更"等连接词的"平列"义都是由"追加"义演变而来的,而且在结构形式上还表现出相应的变化,即均由单向标注变为双向标注,如"也无风雨也无晴","并趋并驰","君子能亦好,不能亦好","又不惊人又长久","且喜且怜之",等等。这一演变路径证实了 Haspelmath(2004:24)的推断:由"also"(追加)演变为"N-conjunction"(平列)。

在 Haspelmath(2004)构建的概念空间中,"even"(递进)同"also"(追加)直接相关。我们基于对汉语史语料的考察证实了这两个功能确实直接关联,比如"亦""兼""并且"等连接词可以兼表"追加"和"递进"。此外,德语中的 auch(也)也兼表这两种功能。

汉语"并且":

(19) 宝玉说亲却也是年纪了,<u>并且</u>老太太常说起。(《红楼梦》第八十四回)[追加]
(20) 不要说没有挨过一下板子,<u>并且</u>连骂都没有骂一声。(《官场现形记》第四十一回)[递进]

德语 auch:

(21) Ich kann nicht, ich will <u>auch</u> nicht. [追加]
 "我办不到,而且我也不想办。"
(22) <u>Auch</u> die kleinste Freude wird einem verdorben. [递进]
 "连最小的一点兴趣也没了。"

基于以上讨论,我们可以确立"平列—追加—递进"的关联模式。

3.1.3 "追加—重复"

同"追加"关系密切的还有"重复"(again)节点。"重复"可被视为一种特殊的"追加",其所连接的后一个成分往往重复追加前一个成分。汉语史上表示"重复"常用"再""复""又复""又"等,英语中表示"重复"一般用 again。例如:

(23) 损之又损,以至于无为。(《老子》第四十八章)[重复]
(24) 有顷,曰:"弟子何久也?复使一人趣之!"复投一弟子河中。(《史记·滑稽列传》)[重复]

"重复"作为一个功能节点不见于 Haspelmath(2004)、Malchukov(2004)和王慧萍、潘秋平(2011)所构建的概念空间。我们之所以在连接范畴概念空间中增加这个功能节点,是因为在考察"追加"节点时发现有些具有"追加"义的连接词兼具"重复"义,如"又""又复""再""复"等;而另外一些具有"追加"义的连接词不具有"重复"义,如"而""且""而且"等。这种情形证明应将"重复"处理为一种独立的功能节点。以下是汉语史上兼表"重复"和"追加"的连接词用例。
"又复":

(25)(灌)夫创少瘳,又复请将军曰:"吾益知吴壁中曲折,请复往。"(《史记·魏其武安侯列传》)[重复]
(26) 时,彼村中有大池水,又复饶鱼。(瞿昙僧伽提婆译《增壹阿含经》卷二十六)[追加]

此外,英语中的 again、德语中的 wiederum 都兼表"重复"和"追加",法语中的 encore 兼表"重复""追加""递进"。

英语 again：

（27）He was glad to be home again.［重复］
"他很高兴又回到了家里。"

（28）…again，we have to consider the legal implications.［追加］
"……此外，我们还要考虑到法律方面的含义。"

法语 encore：

（29）Tu t'es encore trompé.［重复］
"你又搞错了。"

（30）Et puis quoi encore?［追加］
"然后还有什么？"

（31）C'est encore pire que je ne craignais.［递进］
"这比我担心的还要坏。"

综上所述，"重复"与"追加"意义相近，据此可以构建"追加—重复"的关联模式。基于上述分析，我们可以构建一个包含"伴随""平列""追加""递进""重复"等功能节点的概念空间，并据此画出相关连接词的语义图（如图6所示）。

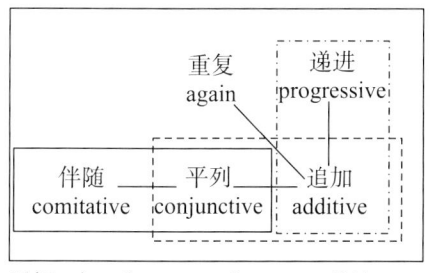
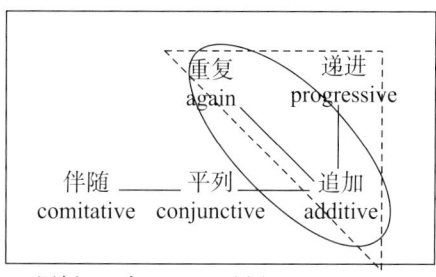

图例：与/和———，也-----，并且-···· 图例：又复———，法语 encore -----

图 6 "伴随—平列—追加［—重复］—递进"关联模式及其验证

3.2 "对比""修正""转折""限制""让步"之间的关联模式

3.2.1 "追加—对比—转折"

Haspelmath（2004）所说的"转折"（adversative），即"but 并列"，是一个相对概括的语义概念，它实际上还可进一步细化。下面我们依据汉语史上连接词的用法，同时参考 Malchukov（2004）和王慧萍、潘秋平（2011）的研究，对"but 并列"关系进行离析。

传统的"转折"关系中常常包含一种"对比"（contrastive）关系，即两个成分在语义或语用层面形成一种对照或对立。古代汉语中表示"对比"常用"而""且""则"等，英语中表示"对比"常用 and 和 but。例如：

（32）举世混浊<u>而</u>我独清，众人皆醉<u>而</u>我独醒。（《史记·屈原贾生列传》）［CL 对比］

（33）丘能仁<u>且</u>忍，辩<u>且</u>讷，勇<u>且</u>怯。（《论衡·定贤》）［VP 对比］

"对比"关系内部在语义上还存在一些细微差别，例如：

（34）I am working and/but she is sleeping! ［对比］
"我在工作而/但她在睡觉！"

（35）John is tall, but Bill is short. ［对比］
"约翰很高，而比尔很矮。"

（36）John likes football, but Bill doesn't. ［对比］
"约翰喜欢足球，而比尔不喜欢。"

例（34）中两个成分之间形成一种对比，例（35）是词义本身形成的对立，例（36）是由肯定式和否定式形成的对立。"对比"关系与典型的"转折"关系并不完全相同。"转折"虽同样表示两个成分之间相互对立，但更强调二者之间相互冲突和不相容。汉语史上表示"转折"常用"却""但是""而""则"等，英语中表示"转折"一般用 but。例如：

（37）有复于王者，曰："吾力足以举百钧，而不足以举一羽；明足以察秋豪之末，而不见舆薪。"则王许之乎？（《孟子·梁惠王上》）［转折］

Malchukov（2004：183）认为"对比"义是"追加"义和"转折"义的过渡义。俄语中有三个并列连词 i、a、no，其中 a 可以兼表"对比""追加""转折"。在 a 的这三种功能中，i 可替换 a 的"对比"和"追加"功能，no 可替换 a 的"对比"和"转折"功能。据此可以建立"追加—对比—转折"的关联模式。

我们通过考察汉语史上的连接词发现，就上述三种功能而言，有兼表"对比"和"转折"的连接词，如"则"；有兼表"追加""对比""转折"的连接词，如"而""而又""且""又""却"等；但未见兼表"追加"和"对比"的连接词。鉴于 Malchukov（2004）对俄语中"追加"和"对比"两种功能同标现象的研究，我们认同 Malchukov（2004）概括的上述关联模式，即"追加—对比—转折"。

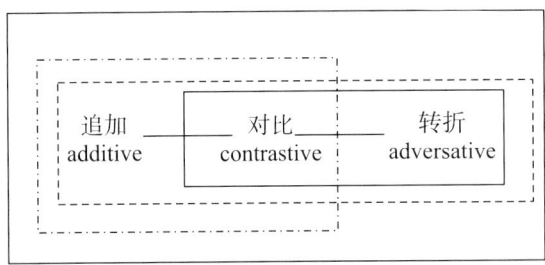

图例：而又----，则——，俄语 i ·-·-·

图 7 "追加—对比—转折"关联模式及其验证

3.2.2 "修正""转折""对比"之间的关联模式

从"but 并列"中还可析出一种与"对比"和"转折"语义关系密切的功能，即"修正"(correction)。"修正"也表达对立，但通过替代来实现，即先否定第一个事态，继而以第二个肯定的事态作为替代对其进行修正（Mauri，2010：212—213）。例如：

（38）John didn't go to Paris, but to Berlin.［修正］
"约翰没有去巴黎，而是去了柏林。"

汉语史上表达"修正"功能的连接词主要有"而""则""直""又"等，例如：

（39）侨闻君子长国家者，非无贿之患，而无令名之难。(《左传·襄公二十四年》)［修正］
（40）霸王谓曰："不是别人，则是前月二十五日夜，王陵领骑将灌婴，斫破寡人营乱……"(《敦煌变文校注》卷一)［修正］

关于"对比""修正""转折"三者之间的关系及关联模式，目前已有较多的研究成果，如 Lang（1984）、Malchukov（2004）和 Mauri（2010）等都对其进行了探究。Malchukov（2004：192—193）详细讨论了三者之间的语义关联模式，以俄语连词 a 和 no、英语连词 but 以及德语连词 sondern 的用法来论证其间的概念关系。下表展示了这几个连词的用法。

表 1　俄语、英语、德语中修正、对比、转折连词的用法

	修正	对比	转折
俄语	a		no
英语	but		
德语	sondern		

根据上举四个连词的用法，Malchukov（2004）主张"修正"与"对比"直接关联，二者与"转折"之间的关联模式及概念空间如图 8 所示：

图 8　"修正—对比—转折"关联模式（Malchukov，2004）

Mauri（2010：220）对印欧语系 10 种语言的考察结果显示，有的语言使用专门的连接词表达"修正"，如克罗地亚语 već；有的语言使用相同的标记词表达"修正"和"对比"，如俄语 a；有的语言使用相同的标记词表达"修正"和"转折"，如波兰语 ale。Mauri 据此构建的关联模式为"对比—修正—转折"。Mauri（2010：221—222）同时指出，Malchukov（2004）之所以建立"修正—对比—转折"模式而非"对比—修正—转折"模式，是因为 Malchukov 对"对比"和"转折"的界定与自己的界定存在差异。如英语中"Paul is rich, but Mike is poor（保罗很富，但迈克很穷）"这样的句子是对"保罗和迈克，他们两个人都很富吗？"这种语境的回应，按照 Mauri 的"语境"判定标准，but 应归为"转折"（反预期），而 Malchukov 则据其"语义"判定标准将 but 归为"对比"。所以 Mauri 认为，假如 Malchukov 依据自

己的"语境"标准来判断,则英语 but 仅可表达"修正"和"转折"。如此一来,Malchukov 的关联模式便与 Mauri 的关联模式别无二致了,即"对比—修正—转折"。王慧萍、潘秋平(2011:275—276)也认可 Mauri(2008:200;2010:220)构建的关联模式。

本章在"对比"和"转折"的界定方面更倾向于采用 Malchukov(2004)的"语义对立"标准。[1] 我们的考察显示,仅就这三种功能而言,汉语史上有兼表"对比"和"转折"而不表示"修正"的连词,如"且""又""而又"等。以下是"且"的用例:

(41)丘能仁<u>且</u>忍,辩<u>且</u>讪,勇<u>且</u>怯。(《论衡·定贤》)[对比]
(42)君有二心于狄,曰:"晋将伐女。"狄应<u>且</u>憎,是用告我。(《左传·成公十三年》)[转折]

汉语史上也存在兼表"对比""转折""修正"的连词,如"而""却""则"(可参看下文3.6.3和3.6.4中"却""则"的用例)。依本章的考察结果,仅可建立"对比—转折"的关联模式,而不能确定"修正"同哪种功能直接相关。由于本章关于"对比"和"转折"的界定标准同 Malchukov(2004)一致,因此我们可以使用 Malchukov(2004)依据俄语连词 a 的用法所建立的"修正—对比"关联模式。虽然 Mauri(2010:220)的考察结果显示波兰语 ale 可以同时标注"修正"和"转折",但是由于他的界定标准同本章不同,因此他的考察结果不能作为我们建立"修正—转折"关联模式的有效例证。我们认可"修正—对比—转折"的关联模式,认为"修正"同"对比"的关系更为接近。

综上所述,我们认为,"修正""对比""转折"三个语义节点之间的关系如图9所示。

---

[1] 鉴于其他语义节点的判断标准全部基于语义,我们更倾向于采用 Malchukov 的"语义"判定标准。

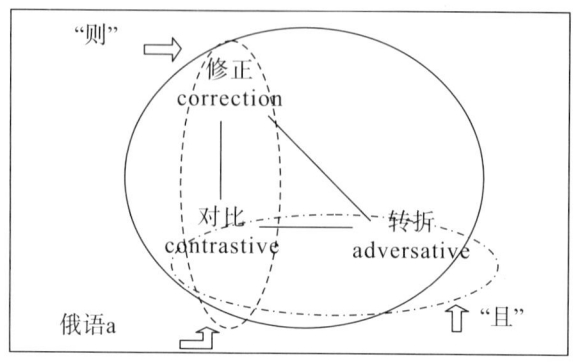

图9 "修正—对比—转折"关联模式及其验证

3.2.3 "递进—让步—转折—限制—充分条件"

如果仅从语义上对"转折"进行细化,其还可分为以下几种情况:"推论对立"(contradicting evaluation)、"不相容"(incompatibility)、"反预期"(denial of expectation)和"限制"(restrictive)(参看 Malchukov,2004)。

"推论对立"是指(前后)两个命题的推断形成冲突(Malchukov,2004:180),例如:

(43) Kostjum   krasivyj,   no   dorogoj.
     suit   beautiful   but   expensive
     "这件衣服很漂亮,但很贵。"

例(43)中由前件"衣服很漂亮"可推断出"可以/应该买",由后件"很贵"可推断出"不可以/不应该买",前后两个推断形成冲突。[1]

Malchukov(2004:183)所说的"转折"关系事实上还包括一种"不相容"的情况,这从他在论述"追加""对比""转折"的关系时所用的例

---

[1] Malchukov(2004:182)认为"推论对立"是最典型的"转折"。

证中可以看出。

(44) Zima,   a   idet   dozhdj.
     winter   CONJ   goes   rain
     "（现在是）冬天，但下起了雨。"[1]

Malchukov所说的"转折"关系包含的这两种情况跟我们上文界定的"转折"本质上是一致的。我们认为"转折"关系最主要的是表达两个命题之间的冲突和不相容性，无论这种冲突是由前后成分的语义本身形成的[如例（44）]，还是由前后成分产生的推断形成的[如例（43）]，概念上都属于典型的"转折"。

与"转折"相关的还有"反预期"，即第一个命题通常隐含一种预期，而第二个命题对该预期进行否定（Malchukov，2004：179；Lakoff，1971：133）。这种"反预期"的"转折"功能，汉语史上用"然""却""但"等表达，英语中仍用but表达。例如：

(45) 陈平智有余，然难以独任。（《史记·高祖本纪》）
(46) 我虽糊涂，却明白这两句话。（《红楼梦》第二十回）
(47) John is short, but he is good at basketball.
     "约翰个子矮，但他打篮球打得很好。"

Malchukov（2004：179—180）认为"反预期"与"让步"相似，二者直接相关，证据是上文例（47）中的but可被让步连词although替代[2]。

---

[1] Malchukov（2004）并未对"不相容"的定义作出解释，但从文章用例来看，其是指前后命题直接形成的对立。这既与"推论对立"由前后命题各自产生的推断形成的对立不同，又与"反预期"由前件命题的预期推断同后件命题形成的对立不同。
[2] 与例（47）中but标记后件不同，例（48）中although标记的是后件，因此although不能真正替代but。

(48) Although John is short, he is good at basketball.［让步］
"虽然/尽管约翰个子矮，他打篮球打得很好。"

我们认为，"反预期"和"让步"是一种关系中相互对立而又互为依从的两个方面，本质上是一种逻辑关系中互逆的两极。Malchukov 在这里混淆了这两个概念。虽然例（47）（48）使用不同的标记表达相同的逻辑关系，但是不能据此认为这两个标记本身的意义是相同的。我们可以对比"因果"关系：

(49) 他听见我叫他，所以走了过来。［结果］
(50) 因为听见我叫他，他走了过来。［原因］
(51) 因为听见我叫他，所以他走了过来。［原因＋结果］

"因果"关系中既可以仅标结果［如例（49）］，也可以仅标原因［如例（50）］，还可以同时标注原因和结果［如例（51）］。但无论是单向标注，还是双向标注，连接词的关联义不会改变，连接结果的始终是"所以"，连接原因的始终是"因为"。

"让步"和"反预期"同样也是一对互为依存的关系义，"让步"标注前件，"反预期"标注后件。只有使用一个标记词同时标注"让步"和"反预期"时，我们才能认为这二者具有相似性，而 Malchukov 将"反预期"这种用法几乎等同于"让步"。我们认为"反预期"仍属于"转折"关系，与"让步"相关而不相同。

"反预期"虽跟"不相容""推论对立"在语义上略有差别，但本质上仍是不相容的。而且根据我们的考察，汉语史上并没有单独用来编码此功能的连接词。因此，我们将"反预期"用法归入"转折"关系。

"限制"用法是指前一个事件要发生或发展，而后一个事件对前一个事件造成阻碍，阻止其发生或发展。一般可以理解为，A 原本会发生或达到某种状态，但由于 B 它将不会发生或达不到某种状态（参看 Payne，1985：8；Malchukov，2004：180）。汉语史上存在专门表达这一功能的连接词"可（是）"，还有一些连接词可兼表此功能，如"只是""但""但（是）""则是"等；英语中仍主要用 but 表达这一功能。例如：

（52）水无定，花有尽，会相逢。可是人生长在、别离中。（向子諲《相见欢》）［限制］

（53）I would have left，but there was no money.［限制］
　　　"我本来想离开，可是我没有钱。"

鉴于汉语中有专门表达这种功能的连接词，且其他多功能词在这种功能上存在交叉现象（详下），我们将"限制"从 Malchukov 的"转折"关系中离析出来，确立为一个独立的功能节点。

综上所述，本章的"转折"关系包含 Malchukov（2004）所说的"推论对立""不相容""反预期"，而"限制"在本章中是单独的功能节点。下面我们来讨论与"转折"和"限制"相关的关联模式。

汉语史上的连接词"然"可以兼表"转折"和"让步"，例如：

（54）《诗》《书》虽缺，然虞、夏之文可知也。（《史记·伯夷列传》）［转折］

（55）然知今人巧，未觉古人迂。（黄庭坚《寄南阳谢外舅》）［让步］

可见"转折"和"让步"直接关联，据此可以建立"转折—让步"关联模式。此外，我们通过对汉语史及其他语言的考察发现，"让步"可以和"递进"直接关联，如汉语中的"甚至"、英语中的 even、德语中的 auch 和法语中的 même。

英语 even：

（56）She has always been very kind to me，<u>even</u> generous on occasion. ［递进］

"她总是对我很好，甚至有时很慷慨。"

（57）<u>Even</u> with a load of electronic gadgetry，you still need some musical ability to write a successful song.［让步］

"即使有如此多的电子设备，你也需要有音乐能力才能写出一首好曲子。"

德语 auch：

（58）<u>Auch</u> die kleinste Freude wird einem verdorben.［递进］

"连/甚至最小的一点兴趣也没了。"

（59）Sie geht jeden Tag spazieren，<u>auch</u> wenn es regnet.［递进/让步］

"她每天散步，甚至下雨也是。"

（60）Er arbeitete weiter，<u>auch</u> als er es nicht mehr nötig gehabt hätte.［让步］

"他仍在继续工作，即使他不再有此必要。"

"递进"和"让步"在概念上密切相关，"递进"所表达的"更进一步"相对于前一事件来说往往是在更困难、需要更加努力的情况下才能实现的。[1] 而当这种"更进一步"达到极端，依据客观现实和规律或者人的认知经验，在后一个事件的情况下通常不可能实现前一个事件时，便会形成"让步"。

---

[1] 这里仅以肯定式为例，否定式的情形正好相反，即前一个事件没有实现，"递进"所表达的"更进一步"与前一事件相比常常是更容易的情况。

　　　　　　递进　　　　　　　　　　让步
前件发生，甚至在不利的情况下→前件发生，即使在通常不可能的情况下

通过上面德语 auch 的三个用例，我们可以清晰地看到这种语义演变过程。综上所述，我们认为可以建立"递进—让步—转折"的关联模式。

虽然 Malchukov（2004：191）所说的"限制"功能包含在"转折"义中，但是他明确指出，如果进一步细化，"限制"义可被离析出来，"限制"可以位于"转折"和"意外"之间。可见 Malchukov 认为"转折"和"限制"直接关联。我们通过对汉语史上相关连接词的考察证实了这一关联模式。如前所述，汉语史上有专门表达"限制"的连接词，如"可是"；也有兼表"转折"和"限制"的连接词，如"然"；还有兼表"限制"和"充分条件"（"充分条件"的界定及其关联模式，参看本章3.3）的连接词，如"但只"。此外，"只""只是"等也可以兼表"限制""充分条件""必要条件"（"充分条件""必要条件"的关系参看本章3.3）。下面是"但只"和"然"的例句。

"但只"：

（61）《易》以卜筮用，道理便在里面，<u>但只</u>未说到这处。（《朱子语类》卷六十六）［限制］

（62）<u>但只</u>去其不弘不毅，便自然弘毅。（《朱子语类》卷三十五）［充分条件］

"然"：

（63）《诗》《书》虽缺，<u>然</u>虞、夏之文可知也。（《史记·伯夷列传》）［转折］

（64）方家以磁石磨针锋，则能指南，<u>然</u>常微偏东，不全南也。（《梦溪

笔谈·杂志一》)［限制］

基于汉语史上这些连接词的用法，我们可以建立"转折—限制—充分条件"的关联模式；若将其与前面确立的"递进—让步—转折"的关联模式合并，则可以得到"递进—让步—转折—限制—充分条件"这样一种关联模式。

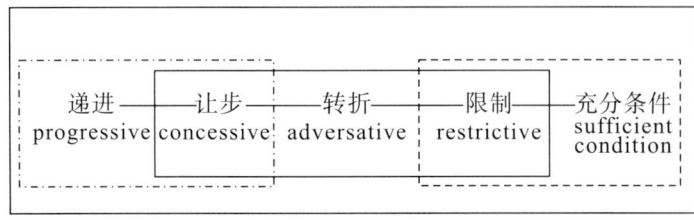

图例：然——，只-----，英语 even / 德语 auch -·-·-

图10 "递进—让步—转折—限制—充分条件"关联模式及其验证

综上所述，围绕"对比""修正""转折""限制""让步"这几种功能，我们可以建立如下概念空间：

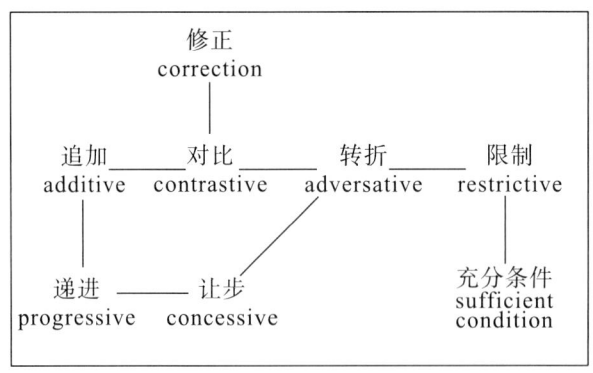

图11 "对比""修正""转折""限制""让步"之间的关联模式

3.3 "充分条件""必要条件""假设条件""让步条件""让步"之间的关联模式

对连接词跨语言的考察显示,"转折""让步""条件"之间的关系常常表现得错综复杂。这一方面缘于"让步"和"转折"本质上是互逆关系,另一方面缘于"让步"的非现实用法使其与"假设条件"在语义上表现得极具相似性。所以,相关连接词在表达这三种语义关系时也常常出现纵横交错的现象。像上文对"转折"义的细化一样,下文将进一步细化"让步"和"条件"义,以便更好地厘清其间的复杂关系。

3.3.1 "限制—充分条件—必要条件""充分条件—假设条件"

世界语言中条件句或条件标记的表义常常不是单一的。语言中的条件句一般是指在假设的前提下两个事件之间将有可能发生的一种因果联系。由于条件句存在这种非现实性和未来发生的可能性,所以在语言的具体使用中,条件句常常在可能性的程度上体现出差异。Comrie(1986:88)认为,条件句之间的语义差别并非体现在逻辑语义(充分条件、必要条件)的表达上,而是体现在假设程度(hypotheticality)上,一般通过形态变化来表现,如时态(过去时)和情态(虚拟语气)变化。不同语言的条件句标记的使用常常在假设程度上表现为一种连续统,不同语言采取不同的切分方式:有的语言对此不加区分,如汉语、印尼语等;多数语言采取两分方式,即分为假设程度高(实现的可能性低)的和假设程度低(实现的可能性高)的,如英语、法语、德语、俄语等;有些语言采取三分方式,即分为通用的(open)一种形态、假设程度高时的一种形态、假设程度低时的一种形态,如拉丁语等。

本章通过对汉语史及部分印欧语的考察发现,"条件"义连接词在语义上的差异表现在两个方面,即假设程度和逻辑语义,而并非如 Comrie(1986)所说仅体现在假设程度上。汉语、英语、德语和法语等语言都具有三类与"条件"义相关的标记词，即倾向于表示假设程度高的标记词、倾向于表示逻辑的充分条件的标记词以及倾向于表示逻辑的必要条件的标记词。可以用两个变量描述这三类标记词，即"假设度"和"逻辑义"。如果从"假设度"这一变量来考量，那么假设程度高的标记词属于一类，其假设度高，实现的可能性低，可称为"假设条件"；而"充分条件"和"必要条件"的标记词均属于"假设度"较低的一类，往往表达客观上一旦满足条件即可实现，实现的可能性相对较高，可统称为"真实条件"。如果从"逻辑义"这一变量来考量，那么"必要条件"标记词是一类，主要表达逻辑上的必要条件；"充分条件"和"假设条件"标记词为另一类，都表达逻辑上的充分条件。由此可见，两个变量可以区分三类标记词，即"必要条件"是假设度相对低的必要条件，"充分条件"是假设度相对低的充分条件，"假设条件"是假设度相对高的充分条件。下面通过具体的语言材料来证明这三种语义关系的合理性以及它们之间的关联模式。

汉语的语法研究历来区分"假设条件"和"真实条件"。比如，吕叔湘（1982：407）指出，"假设句和条件句也未尝不可分为两类，这完全看我们对于'条件'二字作何界说。普通说到'条件'都是指可能实现的事情（未知的，且多数是未来的），要是明明和已知的事实相反，就只说是假设"，并认为"'使''令'等关系词多用于纯假设"。事实上，由古及今汉语中都存在一类表达"假设条件"的连接词，譬如古代汉语中的"若""苟""使""令""如"等，近代汉语中的"若使""若令""假令""假使""假如""如若""倘若"等。

（65）使不知辩，德行之厚若禹、汤、文、武，不加得也。（《墨子·尚贤下》）〔假设条件〕

（66）假如愚者至，阁下以千金与之，贤者至，亦以千金与之，则愚者莫不至，而贤者日远矣。（韩愈《与凤翔邢尚书书》）〔假设条件〕

对于"充分条件"和"必要条件",汉语中的连接词也存在倾向性的选择。表示"充分条件"的连接词,古代汉语中有"诚""果""信""倘"等,近代汉语中有"只要""要是""要"等。例如:

(67)<u>信</u>能行此五者,则邻国之民,仰之若父母矣。(《孟子·公孙丑上》)[充分条件]

(68)故学者<u>只要</u>去其物欲之蔽,此心便明。(《朱子语类》卷二十)[充分条件]

汉语中表示"必要条件"的标记词在近代汉语中才产生,如"只有""除""除非"等。例如:

(69)<u>只有</u>一毫不诚,便是诈也。(《朱子语类》卷三十六)[必要条件]

(70)要觅长生路,<u>除非</u>认本元。(吕岩《五言》)[必要条件]

经考察发现,英语、德语、法语中同样存在有倾向性的三类标记词,如英语中的 if(假设条件)、only(必要条件)和 so/as long as(充分条件),德语中的 wenn(假设条件)、nur(必要条件)和 solang(充分条件),法语中的 si(假设条件)、à moins de(必要条件)和 ne...que(充分条件)。这些标记词跟汉语中的连接词一样,也具有多功能性。下面我们就通过这些连接词和标记词来讨论这三种语义功能之间的关联模式。

"充分条件"的标记词和"必要条件"的标记词在现代汉语中分工明确,表示"充分条件"只用"只要",表示"必要条件"只用"只有"。但在近代汉语中"只""只是"等都可以兼表这两种功能,且"只要"和"只有"在近代汉语中的分工尚未完成时存在少数用例可以互换的情况(席嘉,2010:147)。由此可见,"充分条件"和"必要条件"在概念上直接关联。此外,"充分条件"还可以在另一方向上与"假设条件"直接关联。

"假设条件"的显著特征是假设程度高（或实现的可能性低）。但从所表达的逻辑语义关系上看，"假设条件"连接词主要表达"充分条件"义，即"假设条件"实质上是实现的可能性低的"充分条件"。通过考察发现，汉语史上多数"假设条件"连接词均可兼表实现的可能性高的"充分条件"和实现的可能性低的"假设条件"。请看下面"若"的用例：

（71）有御楚之术而有守国之备，则可也；<u>若</u>未有，不如往也。（《国语·鲁语下》）［假设条件］

（72）<u>若</u>我往，晋必患我，谁为之贰？（《国语·鲁语下》）［充分条件］

综上所述，"充分条件""必要条件""假设条件"和与之有关的"限制"义之间的关联模式如下图所示：

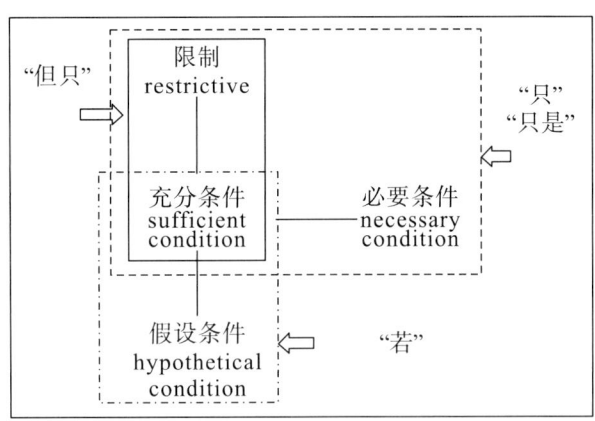

图12　"限制—充分条件[1]（—必要条件）—假设条件"关联模式及其验证

在"充分条件""必要条件""假设条件"三种语义功能的编码上，印欧语言同样表现出差异。比如，英语有专用于表示"充分条件"的 as long as，德语有专用于表示"充分条件"的 solang，法语有专用于表示"必要

---

［1］　"限制—充分条件"关联模式的论证，已见于本章3.2.3。

条件"的 à moins de。另外，这些语言也存在多功能的连接词，它们之间可以构建如图 12 所示的关联模式。

英语 only：

（73）Only members may use the bar.［必要条件］
"只有会员才可使用这间酒吧。"

（74）The lawyer is paid only if he wins.[1]［充分条件］
"只要律师打赢官司就可以收到钱。"

（75）I'd love to come，only I have to work.［限制］
"我倒是很愿意来，但是我还得工作呢。"

德语 nur：

（76）Ich würde dich gerne besuchen，nur weiß ich nicht，wann ich kommen kann.［限制］
"我是很想去拜访你的，只是不知道什么时候能去。"

（77）Nur der Fachmann kann das beurteilen.［必要条件］
"这只有专家才能判断。"

（78）Ich tue alles，was du nur willst.［充分条件］
"只要是你愿意的，我都去做。"

（79）Wäre ich nur zu Hause geblieben，dann hätte das nicht passieren können!［假设条件］
"我要是留在家里就好了，就不会发生这事了！"

---

［1］ 本章认为英语中 only if/only when 表示"充分条件"也属于 only 的多功能用法。印欧语系由于受严格的形态限制，在连接从句时必须有小句标记词，所以 only 必须同 if、when 搭配使用，但语义的主要承载者是 only。

法语 ne…que：

(80) La banque ne réduira ses taux d'intérêt que lorsqúelle sera prête.［充分条件］

"银行只要条件成熟就会降低利率。"

(81) Il ńy a que lui qui sait le faire.［必要条件］

"只有他知道怎么做这件事。"

上述连接词的语义图如图 13 所示：

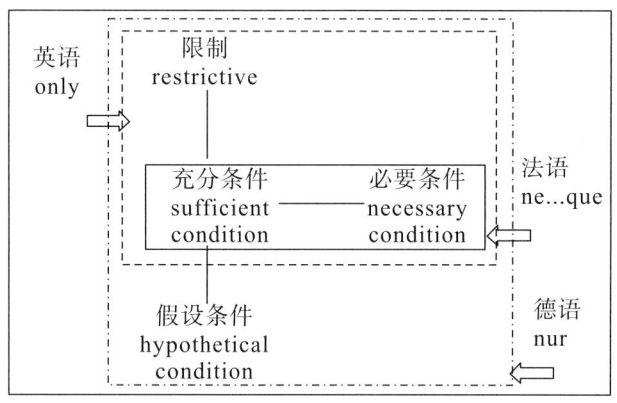

图 13　英语 only、法语 ne…que、德语 nur 的语义图

3.3.2　"假设条件—让步条件—让步"

"假设条件"还有另外一种关联模式。"条件"与"让步"具有极高的相似度。König（1986）详细论证了"条件"和"让步"之间还存在一种关系，即"让步条件"（concessive condition）。"让步条件"是指前件提出一个或一组假设前提，后件断言无论前件做哪种选择，结果总是一样的。汉语史上表示"让步条件"常用"无论""不论""任""凭""任凭""纵使""即使"等连接词，英语中表示"让步条件"常用 even if、whether…or…、 however 等。例如：

（82）任他风气变，理法总是不变。(《儒林外史》第十三回)
（83）不论平地与山尖，无限风光尽被占。(罗隐《蜂》)
（84）Whether he is right or not，we must support him.
"无论他是对还是错，我们都要支持他。"
（85）Even if you drink（only）a little，your boss will fire you.
"就算你只喝一点点，你老板也还是会开除你。"

König（1986：231）指出，"条件"关系的前、后件都是假设的、非现实的；"让步"关系的前、后件都是现实的，但后件蕴涵着反预期；"让步条件"关系的前件的一组或一个条件是非现实的，但后件是现实的，并且（尤其在一个极端条件下）蕴涵着反预期。从语义相似性的角度看，正好形成"条件—让步条件—让步"这样一种关联模式。

我们通过对汉语、英语等语言的观察发现，与"让步条件"直接相关的是"假设条件"，而非"充分条件"和"必要条件"。汉语史上单独用来表示"让步条件"的主要是"任凭""纵使""不论"这类连接词。此外，有些连接词兼表"假设条件"和"让步条件"，如"若""假""即""假如""假使""假若""假饶"等。以下是"假饶"的用例：

（86）断人肠，假饶相送，上马何妨。(陆游《玉蝴蝶·王忠州家席上作》)〔假设条件〕
（87）袖有金钱无米籴，假饶有米亦无炊。(文天祥《指南录·至扬州》)〔让步条件〕

有些连接词兼表"让步条件"和"让步"，如"虽""纵然"等。以下是"虽"的用例：

(88) 虽有天下易生之物也,一日暴之,十日寒之,未有能生者也。(《孟子·告子上》)[让步条件]

(89) 齐国虽褊小,吾何爱一牛?(《孟子·梁惠王上》)[让步]

而连接词"即"可以兼表"假设条件""让步条件""让步",例句如下:

(90) 民人俗语曰"即不为河伯娶妇,水来漂没,溺其人民"云。(《史记·滑稽列传》)[假设条件]

(91) 若不见得,即黑淬淬地守一个敬,也不济事。(《朱子语类》卷四十二)[让步条件]

(92) 为(唯)有善庆纷纷下泪,善庆口即不言,心里思量。(《敦煌变文校注》卷二)[让步]

综上所述,"假设条件—让步条件—让步"的关联模式如下图所示:

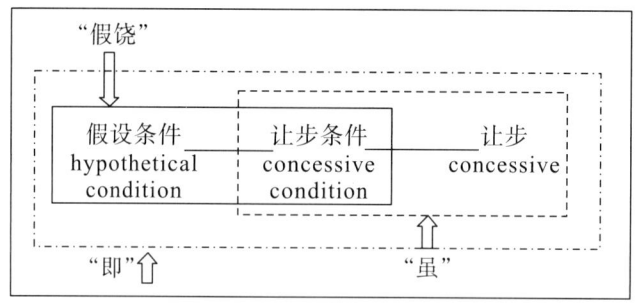

图 14 "假设条件—让步条件—让步"的关联模式及其验证

基于以上对"充分条件""必要条件""假设条件""让步条件""让步"之间语义关系的分析,我们可以建立如图 15 所示的关联模式。

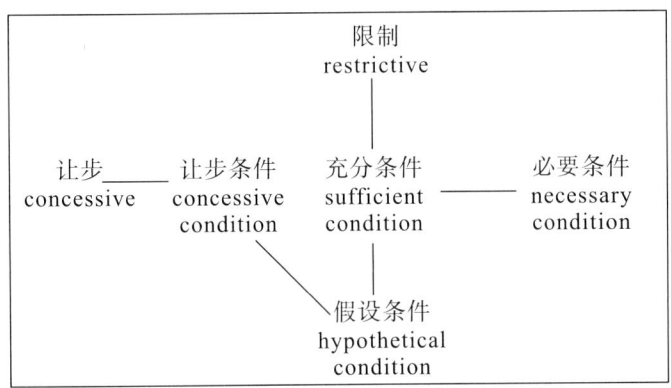

图 15　"充分条件""必要条件""假设条件""让步条件""让步"的关联模式

3.4　"任意选择""极性选择"之间的关联模式

"选择"(disjunction)关系从逻辑语义角度来说是一种析取关系,即从两个或多个选项中选择一项。汉语史上表达这种析取关系的连接词,在形式和语义上可分为两类:一类是"任意选择"(random disjunction),即可以在两个或多个选项中进行选择,汉语史上常用"……或……""或(者)……或(者)……"等来表达;另一类为"极性选择"(polar disjunction),即只能在两极中进行选择,汉语史上表达这种关系的连接词有"非……而……""非……则……"等。例如:

(93) 以田宅或金帛为抵当。(《宋史·王安石传》)［任意选择］
(94) 非父则母,非兄而姒也。(《墨子·明鬼下》)［极性选择］

"任意选择"与"平列"直接关联,证据是汉语史上的连接词"共""与""复""将""和"等均由"平列"关系标记演变为"任意选择"标记。请看下面"共"的用例:

（95）老冉冉兮花共柳，是栖栖者蜂和蝶。（辛弃疾《满江红·饯郑衡州厚卿席上再赋》）［平列］

（96）湖海江河浅共深，曾将此棒知之切。（《西游记》第八十八回）［任意选择］

"任意选择"与"假设条件"在汉语史上常常用相同的连接词来表达，故二者在概念上也直接关联。汉语史上兼具这两种功能的连接词有"或""还""其""如""为""忽""若或""或若""或是""比似""把似""比及""而或"等。下面是"或"的用例：

（97）丞相从江行，或归南归北皆可。（文天祥《指南录·出真州》）［任意选择］

（98）今大城陈、蔡、叶与不羹，或不充，不足以威晋。（贾谊《新书·大都》）［假设条件］

"极性选择"的关联模式则有所不同。我们认为汉语中的"极性选择"标记来源于"对比"义。"对比"关系是指两个事物或事件相互对照或对立，一旦使用否定标记对其加以限制，即产生"不是……就是……"的"极性选择"义。英语中的选择式 neither…nor…、either…or…，以及拉丁语中的 ne-que…ne-que…（-que 相当于 and）（Malchukov，2004：192），都是由"对比"的否定式发展而来的。汉语中的"极性选择"表达式也反映了这种语义关联，汉语史上可以表达"极性选择"的连接词有"而""则""即"。请看下面"而""则"的用例：

（99）子温而厉，威而不猛，恭而安。（《论语·述而》）［对比］

（100）凡天下强国，非秦而楚，非楚而秦，两国交争，其势不两立。（《史记·张仪列传》）［极性选择］

(101) 是故财聚则民散，财散则民聚。(《礼记·大学》)［对比］

(102) 君问而置相"非成则璜，二子何如？"(《史记·魏世家》)［极性选择］

从"而""则"的"对比"义用例可以看出，一旦对其加以否定就很容易形成"极性选择"义。基于上述分析，"任意选择""极性选择"及其相关功能的关联模式可概括如下：

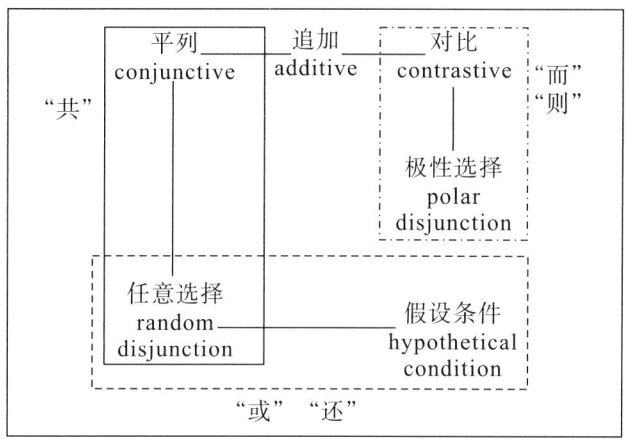

图16 "任意选择""极性选择"的关联模式及其验证

3.5 "承接""结果""目的""原因"之间的关联模式

3.5.1 "转折—承接"

"承接"(consecutive) 是指两项（或两项以上）连接成分之间存在时间上或事理上前后相承的关系。"承接"与"转折"在概念上密切相关，证据是汉语史上有些连接词，如"然而""然后""然则""而乃"等，可以同时标记这两种关系。下面是"然而"的用例：

（103）乐以天下，忧以天下，<u>然而</u>不王者，未之有也。(《孟子·梁惠王下》)［转折］

（104）士大夫务节死制，<u>然而</u>兵劲，百吏畏法循绳，然后国常不乱。(《荀子·王霸》)［承接］

Malchukov（2004）认为，"转折"与"承接"之间还存在"意外"(mirative)这一功能节点，但我们在汉语中未找到确信的例证可以证明这一关联。而且，我们认为 Malchukov 关于"承接—意外"这种关联模式的论证并不充分。王慧萍、潘秋平（2011）所举汉语中"结果"的用例似乎也不能证明"意外"与"转折"直接关联。因此我们主张，仍可将"意外"视为"转折"的一个小类，有"意外"必有"转折"，但有"转折"和"承接"并不必然有"意外"。有鉴于此，我们暂将"意外"并入"转折"。

3.5.2 "承接—结果—目的—原因"

与"承接"密切相关的功能还有"结果"(result)、"目的"(purpose)和"原因"(cause)。"承接"和"结果"有时难以区分。"承接"是指被连接的事态之间存在时间上或事理上前后相承的关系；"结果"相对于原因来说也是一种"承接"，[1] 只是它聚焦于具有"因果"关系的承接：一个事态是由另一个事态的发生而导致的一种结果或后果。汉语史上有些连接词可以兼表"承接"和"结果"，如"于是""以至""故""遂""兹""然则""而后""然后""则是"等，尤其是"于是""以至""故""遂"等连接词，只表达这两种功能。下面是"于是"的用例：

（105）郑先宋，不失所也。<u>于是</u>卫侯会之。(《左传·襄公二十六年》)［承接］

---

［1］ 我们常说"前因后果"，可见"果"总是承接于"因"。

（106）晋人从之，楚师宵溃。晋遂侵蔡，袭沈，获其君；败申、息之师于桑隧，获申丽而还。郑于是不敢南面。楚失华夏，则析公之为也。（《左传·襄公二十六年》）［结果］

有些连接词可以兼表"目的"和"原因"，如"为""为是""为着""为了"等。下面是"为"的用例：

（107）为求至理参寻，不惮寒暑辛苦。（《景德传灯录》卷三十）［目的］
（108）小的实没有打他。为他不肯换酒，故拿酒泼他。（《红楼梦》第八十六回）［原因］

有些连接词兼表"结果""目的""原因"，如"用""以"。下面是"用"的用例：

（109）乃命于帝庭，敷佑四方。用能定尔子孙于下地。（《尚书·金縢》）［结果］
（110）谨尔侯度，用戒不虞。（《诗经·大雅·抑》）［目的］
（111）用善射骑，杀首虏多，为汉中郎。（《史记·李将军列传》）［原因］

"结果"与"目的"直接关联，还是与"原因"直接关联？尽管汉语史上连接词的用法未能提供可资利用的线索，但是依据其他语言事实我们可以确认"结果"和"目的"更具相似性。请看下面德语damit的用例：

（112）Er hatte für die Tatzeit kein Alibi，und damit gehörte auch er zum Kreis der Verdächtigen.［结果］

"他没有不在犯罪现场的证明，因此也在嫌疑人之列。"

（113）Damit Wahlen durchgeführt warden können，müssen bestimmte Voraussetzungen erfüllt sein.［目的］

"为了进行选举，必须满足一定的前提条件。"

基于以上分析，"承接""结果""目的""原因"之间的关联模式可概括如下：

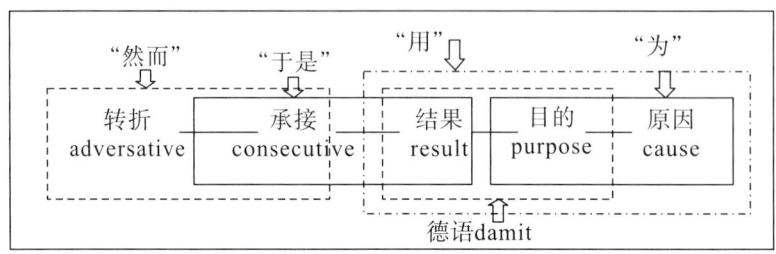

图 17　"转折—承接—结果—目的—原因"关联模式及其验证

3.6　连接词"又""且""却""则"[1]的语义图

前文对本章提出的与连接范畴相关的概念空间（见图 4）的构建过程和基本方法作了比较详细的介绍，下面我们选用汉语史上几个功能较多的连接词（"又""且""却""则"）来对上述概念空间进行验证。

3.6.1　"又"的语义图

"又"主要表示"追加"，也可表示"平列""递进""对比""转折"

---

［1］ 下文对这四个连接词的多功能的描写，用例来自何乐士编《古代汉语虚词词典》（2006）、中国社会科学院语言研究所古代汉语研究室编《古代汉语虚词词典》（1999）、王政白编纂《古汉语虚词词典》（1986）、秦礼君《古代关联词语手册》（1986）及王海棻等编《古汉语虚词词典》（1996）。对四个连接词的功能的确定也参考了这几部词典中用例的释义和说明，但判定标准仍为本章对各个功能的界定。如"又"的"追加"用例［下文例（114）］，何乐士在《古代汉语虚词词典》中并未指明它是某类语义关系，仅说明它表示与上文的一种或几种情况同时存在，可译为"也"。据其解释并依本章的界定标准，我们将这种用法归为"追加"。此外，也存在与词典中归类不同的情况，如有些连接词的用法依本章的界定标准应归入"对比""修正""限制"功能，而在以上词典中则被列入"并列""转折"功能。

等。例如：

(114) 子谓《韶》："尽美矣，又尽善也。"（《论语·八佾》）［追加］

(115) 万般施设不如常，又不惊人又久长。（《祖堂集·龙牙和尚》）［平列］

(116) 尤而效之，罪又甚焉。（《左传·僖公二十四年》）［递进］

(117) 既欲其生，又欲其死，是惑也。（《论语·颜渊》）［对比］

(118) 陛下素骄淮南王，弗稍禁，以至此，今又暴摧折之。（《史记·袁盎晁错列传》）［转折］

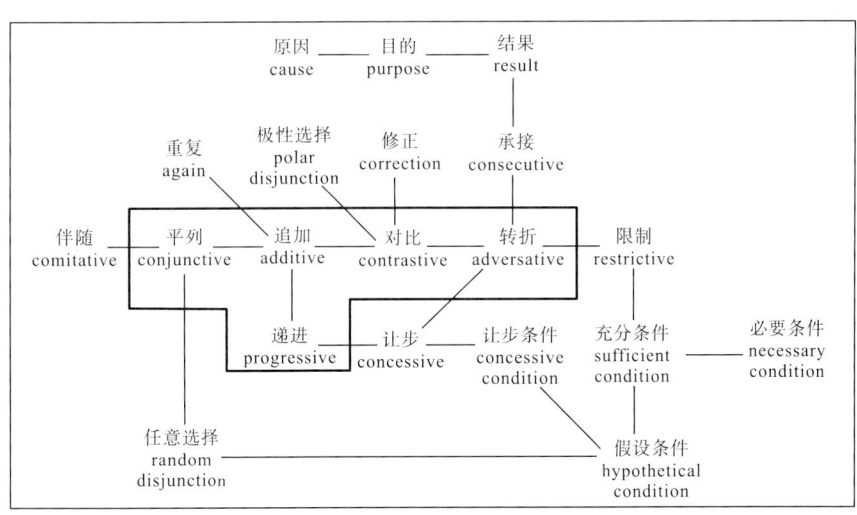

图 18　连接词"又"的语义图

3.6.2 "且"的语义图

"且"主要表示"追加"，兼表"平列""递进""转折""对比""任意选择"。例如：

(119) 公语之故，且告之悔。(《左传·隐公元年》)［追加］
(120) 盾曰："弃人用犬，虽猛何为!"斗且出。(《左传·宣公二年》)
［事态平列］
(121) 襄子迎孟谈而再拜之，且恐且喜。(《韩非子·十过》)［事态平列］
(122) 臣死且不避，卮酒安足辞!(《史记·项羽本纪》)［递进］
(123) 君有二心于狄，曰："晋将伐女。"狄应且憎，是用告我。(《左传·成公十三年》)［转折］
(124) 无与王遇。且攻其右。(《左传·桓公八年》)［对比］
(125) 王以天下为尊秦乎? 且尊齐乎? (《战国策·齐策四》)［任意选择］

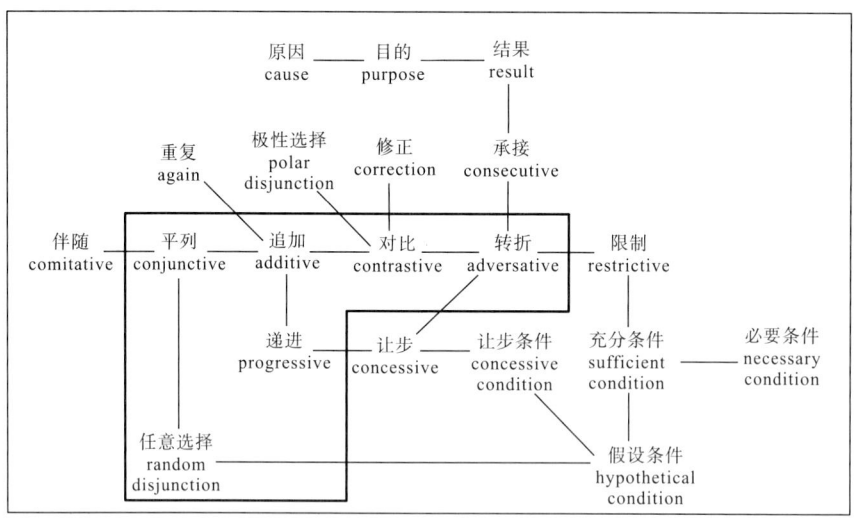

图 19　连接词"且"的语义图

3.6.3 "却"的语义图

"却"主要表示"转折"，兼表"对比""修正""承接""追加""重复""任意选择"等。例如：

(126) 汉儿尽作胡儿语,却向城头骂汉人。(司空图《河湟有感》)〔转折〕

(127) 佛与众生不塞离,众生贪变却轮回。(《敦煌变文校注》卷五)〔对比〕

(128) 非关宋玉有微辞,却是襄王梦觉迟。(李商隐《有感》)〔修正〕

(129) 恐其门闭固而难启,遂昼日先刻断窗棂四条,却以物支柱之,如旧。(王度《古镜记》)〔承接〕

(130) 大田耕尽却耕山,黄牛从此何时闲。(杨万里《观小儿戏打春牛》)〔追加〕

(131) 何当共剪西窗烛,却话巴山夜雨时。(李商隐《夜雨寄北》)〔重复〕

(132) 小娘子如今要嫁人,却是趋奉官员?(《京本通俗小说·碾玉观音》)〔任意选择〕

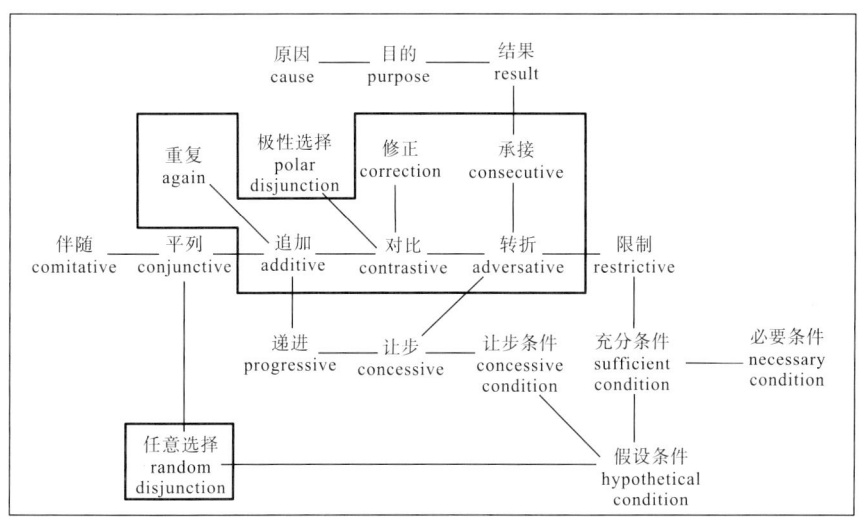

图 20 连接词"却"的语义图

3.6.4 "则"的语义图

"则"主要表示"承接"和"转折",兼表"限制""对比""修正""结果""让步""让步条件""假设条件""充分条件""极性选择"等。例如:

(133) 项王曰:"壮士,赐之卮酒。"<u>则</u>与斗卮酒。(《史记·项羽本纪》)[承接]

(134) 吾以子为鬼,察子<u>则</u>人也。(《庄子·达生》)[转折]

(135) 寡人愿事君,朝夕不倦,将奉质币,以无失时,<u>则</u>国家多难,是以不获。(《左传·昭公三年》)[限制]

(136) 秦之所害莫如楚,楚强<u>则</u>秦弱,秦强<u>则</u>楚弱,其势不两立。(《史记·苏秦列传》)[对比]

(137) 霸王谓曰:"不是别人,<u>则</u>是前月二十五日夜,王陵领骑将灌婴,斫破寡人营乱……"(《敦煌变文校注》卷一)[修正]

(138) 夫火烈,民望而畏之,故鲜死焉;水懦弱,民狎而玩之,<u>则</u>多死焉。(《左传·昭公二十年》)[结果]

(139) 美<u>则</u>美矣,而未大也。(《庄子·天道》)[让步]

(140) 非其道,<u>则</u>一箪食不可受于人。(《孟子·滕文公下》)[让步条件]

(141) 心<u>则</u>不竞,何惮于病?(《左传·僖公七年》)[假设条件]

(142) 陛下<u>则</u>不深察愚臣之言,忽于天地之戒,咎根不除,水雨之灾,山石之异,将发不久。(《汉书·谷永传》)[充分条件]

(143) 释斤斧之用,而欲婴以芒刃,臣以为不缺<u>则</u>折。(贾谊《治安策》)[极性选择]

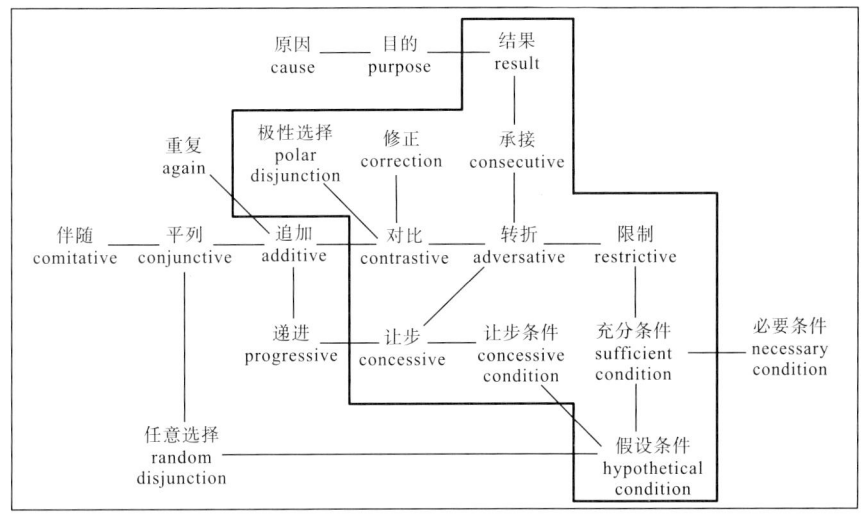

图 21 连接词"则"的语义图

以上测试的结果显示,"又""且""则"的所有用法在我们构建的概念空间内都形成一个连续区域(connected region)。但如图 20 所示,在"却"的语义图中"任意选择"未能与其他功能形成连续区域。究其原因,很可能是"却"的"任意选择"功能并非来自"平列"或"假设条件",而是另有来源。郭锐(2012a:125)构建的以补充义副词为核心的概念空间内有这样一种关联模式,即"重复—延续—更加"。我们发现,"却"也具有"延续"义。[1]例如:

(144) 敕尽收此辈,却系教坊仍做教坊乐工。(赵璘《因话录》卷一)[延续]
(145) 一去门闲掩,重来却寻朱槛回来后仍/还寻朱槛。(欧阳修《凉州令·东堂石榴》)[延续]

---

[1] 因为本章主要基于连接词的多功能用法来构建连接范畴的概念空间,所以文中讨论的连接词的功能大多与连接范畴相关,较少涉及连接词的其他功能(包括副词范畴功能)。

"却"的"延续"义当与"任意选择"义直接关联，近现代汉语中"还""还是"可兼表"延续"和"任意选择"即其例证。限于篇幅，本章不再深究这个问题，留待后续研究。

第4节 结语

本章通过对汉语史及跨语言的语料进行考察，验证并修正了 Malchukov（2004）和王慧萍、潘秋平（2011）所构建的与连接范畴相关的概念空间。首先，我们对某些功能之间的关联模式的既有结论进行了辨正。譬如"递进"关系在王慧萍、潘秋平（2011）的研究中与"转折"关系直接相关，但在我们的研究中该关联模式并未得到证实。我们的研究表明与其相关的关联模式为"平列—追加—递进"，这与 Haspelmath（2004）构建的"名词并列—also—even"的关联模式相似。此外，关于"对比""修正""转折"之间的关联模式，Malchukov（2004）认为是"修正—对比—转折"，Mauri（2010）和王慧萍、潘秋平（2011）认为是"对比—修正—转折"，我们通过考察更赞同 Malchukov 的观点。其次，我们细化了一些功能节点，并建立了这些节点与其他节点的关联模式。譬如从"转折"关系中析出"限制"节点，同时细化了"条件"节点，将之分化为"充分条件""必要条件""假设条件"，并认为"转折"可通过"限制"义与"充分条件""假设条件""必要条件"间接关联。此外，我们还离析了"选择"关系，将其分为"任意选择"和"极性选择"两个节点。经考察发现，虽同为"选择"关系，但这两个功能并不直接相关，而是各自与其他功能直接关联。最后，我们还增加了一些新的关联模式，如"让步"与"递进"具有相似性，两者直接关联；"重复"与"追加"直接关联。

跟其他语言一样，汉语中的很多连接词也具有多功能性。本章的主要目的是借鉴已有的方法和成果，利用汉语史上多功能连接词用法上的重叠来构建一个扩展的、包含更多功能节点的连接范畴概念空间。利用这个概念空间，我们可对汉语史上连接词的不同功能之间的概念联系（概念上的亲疏）进行系统的描述和合理的解释。此外，一旦这个概念空间被动态化而变成历时概念空间，那么我们就可以据此来拟测和描述多功能连接词的不同功能之间的演变路径。篇幅所限，关于连接范畴概念空间的动态化问题，我们将另文讨论。

第 3 章　能性情态语义图与情态功能的细分

第 1 节　引言

世界语言里很多"许可"（permission）义情态词兼有"认识可能"（epistemic possibility）义，例证见（1）（2）（3），这一点早已为方家熟知。

(1) 北京话"能"（笔者调查）
a.〔许可〕学生不<u>能</u>违反纪律。
b.〔认识可能〕天这么晚了，他<u>能</u>来吗？
(2) 英语 can
a.〔许可〕You <u>can</u>'t play football here.
b.〔认识可能〕This <u>can</u>'t be true.
(3) 俄语 мочь（相当于 may）（笔者调查）
a.〔许可〕
Можешь　　купить　　себе　　　　мороженое.
may-2sg　　buy (inf)　yourself-Dativ　ice-cream
"你可以买冰激凌去。"

b.［认识可能］

He　　может　　быть！

not　　may-3sg　　be（inf）

"这不可能是真的！"

语言学界普遍认为"许可"和"认识"之间可能有衍生关系（Sweetser，1990；Givón，1994；Palmer，2001）。van der Auwera and Plungian（1998）构建的情态语义图（见图1）中的关联路径"参与者外在可能—认识可能"即代表"客观许可—认识可能"。Sweetser（1990：109）将"许可—认识可能"阐释为现实物理世界可被理解为认知世界，现实世界中障碍的取消意味着说话人由前提到结论的推理过程中障碍的取消。如此一来，语义关联"许可—认识可能"看似是天经地义的。

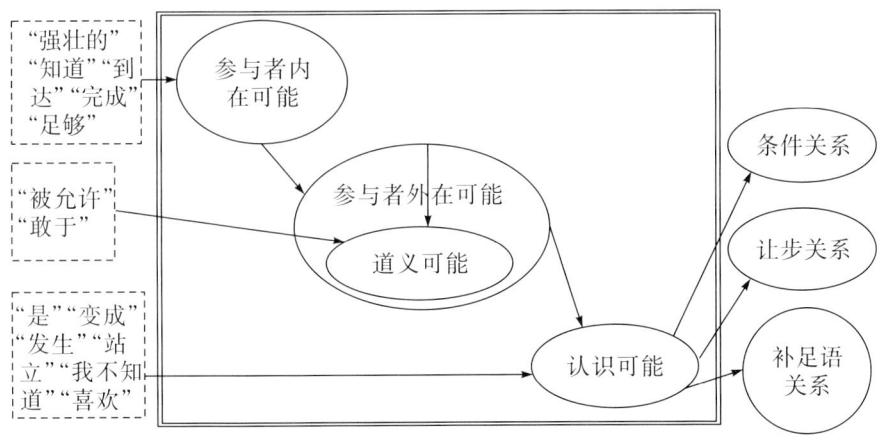

图1　能性情态语义图（引自 van der Auwera and Plungian，1998，且译为中文）

但是，范晓蕾（2011）构建的基于汉语方言的能性情态语义图（见图2）并未在"许可"（包括"条件许可"和"道义许可"）与"认识可能"之间添加关联线，这是与以往研究相比差异较大的地方。

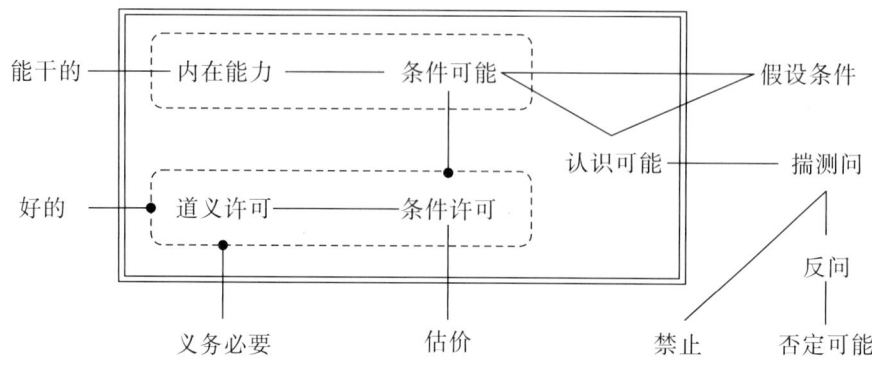

图 2　基于汉语方言的能性情态语义图（范晓蕾，2011）

为什么这个基于汉语方言的情态语义图会缺失"许可—认识可能"这一关联呢？本章欲解释未构建该关联的原因，并讨论它在概念空间中的地位，以论证我们对 van der Auwera and Plungian（1998）构建的情态语义图所作的主要修正。这虽是讨论情态语义关联的具体问题，但在宏观上涉及语义图模型及情态语义研究的两个理论问题。第一，在方法论上完善语义图理论：如何对语义图里的"形式"和"功能"进行细分，重在探讨所遵循的原则。第二，语义图对普通语义学有观照作用：主要是对情态类型系统重新作了界定，重新阐释动力情态和义务情态的本质及各自囊括的下属概念，重在探索情态分类的标准。本章旨在对语义图理论和情态语义研究提出新问题，并为其提供新方案。

第2节　能性情态类型系统

这里首先简要介绍图 2 中作功能节点的主要情态概念，它们也是范晓蕾（2011）重建的能性情态系统（见表 1）。情态范畴分为"动力情态"（dynamic modality）、"义务情态"（deontic modality）和"认识情态"（epistemic modality）

三种基本类型，每种类型的内部都有不同强度的概念，一般大致分为能性（possibility）和必然性（necessity）两极，亦可再细分出中等强度的盖然性（probability）。"动力情态"的能性概念有两种：一是"内在能力"（ability），指参与者的内在条件（生理、心智等）决定事态实现的客观可能性，包括生理能力（体能）、心智能力（技能）及胆量等；二是"条件可能"，又可称为"客观可能"（objective possibility），指外在于参与者的客观境况决定事态实现的客观可能性，即"有条件做某事"。"义务情态"[1]的能性概念也有两种：一是"条件许可"，或可称为"客观许可"（objective permission），指外在于参与者的物质境况决定事态实现的相对强制性（force）/合适性[2]；二是"道义许可"，或可称为"社会许可"（societal permission），指说话人的命令、某人的权威、社会准则和道德标准等外在于参与者的人为境况（统称为"社会条件"）决定事态实现的相对强制性/合适性（即合法性）。"条件许可"和"道义许可"统称为"许可"或"义务可能"。"认识情态"的能性概念是"认识可能"，它表达对未证实的事态之真实性的主观推测，是主观可能性。

Palmer（2001：24、70）认为，"认识情态"属于"命题情态"（propositional modality），因为它关涉说话人对命题真值的主观态度；"动力情态"和"义务情态"属于"事件情态"（event modality），因为二者不涉及说话人对命题真值的主观态度，而仅陈述未实现的（unrealized）潜在性事态。可见，"命题情态"和"事件情态"这两个情态大类的划分依据是概念的

---

[1] 在情态概念的名称上，我们同时使用了"义务"和"道义"两个术语，但两者的外延不同，前者是后者的上位概念。使用这两个近义词，是为了在引入新的语义功能后照顾到传统术语。传统上主要关注外在促成条件为社会条件的"道义性"许可义（道义许可），对于外在促成条件为物质境况的"非道义性"许可义（条件许可）的关注很少。本章引入后一个意义，将两种许可义作为同等的语义功能，这就需要一个术语作为统摄它们的上位概念，而为了不制造新名词，我们用"义务情态"这一术语来表达这个上位概念。

[2] 本章对"义务情态"的定义略别于范晓蕾（2012）。本章将范晓蕾（2012）所说的"动作的合适性"改为"动作的强制性"。使用后一术语只是在表述上更明确，二者没有本质差异，因为"动作的强制性"和"动作的合适性"在语义上相通，人们可自然推理出"执行强制的动作是合适的"。下文对两个许可义的语义结构式也作了相应调整。

主观性：语义是否关涉说话人对命题真值的主观态度。需注意的是，我们对情态类型体系的划分虽然大致遵循 Palmer（2001）的标准，但是对"动力情态"和"义务情态"的定义与 Palmer（2001）及以往的研究有别，这是本章要论证的问题之一。

表 1　本章的能性情态类型系统

情态基本类型	能性概念	例句	情态大类
动力情态	内在能力	他<u>会</u>开汽车。 他<u>能</u>搬动这个大箱子。	事件情态
动力情态	条件可能 （客观可能）	门没有锁住，他<u>可以</u>从屋里逃走了。 坐 331 路公车，你<u>可以</u>到香山。	事件情态
义务情态	条件许可 （客观许可）	从中国去美国，你<u>可以</u>坐轮船去。 去香山，你<u>可以</u>坐 331 路公车。	事件情态
义务情态	道义许可 （社会许可）	根据法律，女孩儿到了 20 岁<u>可以</u>结婚。 按公司规定，楼道里<u>可以</u>抽烟。	事件情态
认识情态	认识可能	他现在<u>可能</u>在办公室。	命题情态

第 3 节　汉语方言材料及语义结构分析

上文中的图 2 是基于汉语方言材料的语义图，图中未构建语义关联"许可—认识可能"自然是因为对汉语方言的考察未见支持该关联的确凿证据。这种证据的缺失可分为三个方面：第一，"许可"和"认识可能"固然常用同一个词形表达，但不能据此推出两者一定有语义关联，因为兼表这两个语义的情态词一般还有其他意义与"认识可能"有语义关联。例如，北京话中的"能"、上海话中的"好"、闽南语中的"会"等除表示"许可"义及"认识可能"义外，还表示"条件可能"义，而语义关联"条件可能—认识可能"已得到跨语言/方言的普遍论证（Bybee et al.,

1994；范晓蕾，2011）。第二，有人指出汉语中的"许"是兼表"许可"义和"认识可能"义而无其他情态义的情态词，但就目前的考察结果而言，汉语各方言中的"许"表示"许可"义时一般出现于否定式"不许"（如"不许随地吐痰"），表示"认识可能"义时一般不单独成词，只作合成词的构词语素，如"也许""许是""兴许"等。从共时现象看，"许可"之"许"和"认识可能"之"许"的语法身份和出现环境都不同，这不是支持"许可—认识可能"语义关联的坚实例证。第三，汉语方言中确实存在情态义只包含"许可"和"认识可能"的情态词，如晋语、闽语中的"敢"和吴语、湘语、江淮官话中的"作兴"。以这些方言词为材料，按照传统的语义图的操作方法理应构建"许可—认识可能"的语义关联，而我们未这样做的原因是这些词的"许可"义和"认识可能"义都出现于不同的句法环境里，即负载于同一词形上的两种功能出现的句法环境是互补的，且这种互补现象有跨方言的平行性。我们由此认为，这些情态义只包含"许可"和"认识可能"的词亦不能支持"许可—认识可能"的语义关联。

下面详述第三点。先说"敢"，晋语和闽语中的"敢"兼表"许可"义和"认识可能"义〔如例（4）（5）所示〕，此外再无其他能性情态义。不过，"敢"的这两个情态义在目前考察到的各方言里都出现于不同的句法环境里。汉语很多方言中的"敢"都有"认识可能"义，它一般只用于肯定式，常出现在揣测问句中；汉语一部分方言中的"敢"兼有"许可"义，它只用于否定式"不敢"，出现在表劝诫的祈使句中，古汉语中表"许可"义的"敢"亦如是（王锳，1995）。

(4) 娄烦话"敢"[1]

a. 〔道义许可〕你可不敢乱说啊。你不要乱说啊。（李会荣，2008：1）

b. 〔认识可能〕明儿你敢不上班哇？明天你应该不上班吧？（李会荣，2008：2）

---

[1] 例（4）中的释文用情态义属盖然性强度的"要""应该"来对译"敢"，但"敢"的情态义属能性强度。之所以可作如此对译，是因为否定和疑问语境中能性情态义和盖然性情态义会有"语义中和"：不可≈不要，可能≈应该/会（参见范晓蕾，2012）。

(5) 厦门话"敢"

a. [道义许可] 不敢食,侬客还无来。不能吃,客人还没来。(冯爱珍,1998:284)

b. [认识可能] 即粒冬瓜敢有 20 斤喽。这个冬瓜大概有 20 斤。(笔者调查)

与"敢"类似,吴语、湘语、江淮官话中的"作兴"及很多方言中的"兴"是常用的表"许可"义和"认识可能"义的副词[见例(6)(7)],在绝大多数方言里它们表"认识可能"义限于肯定式,表"许可"义一般用否定式(肯定式限于疑问句或肯否对举句)。

(6) 上海话"作兴"

a. [道义许可] 勿作兴搿能作个。(李荣,2002:1828)

b. [认识可能] 搿歇还勿曾来,作兴勿会来勒。(李荣,2002:1828)

(7) 牟平话"兴"

a. [道义许可] 只兴官家放火,不兴民家点灯。(李荣,2002:5733)

b. [认识可能] 他兴来,兴不来。(李荣,2002:5734)

表 2　汉语方言"敢""作兴""兴"的多功能模式[1]

方言情态词(例词)	许可	认识可能	其他情态义	其他功能义	词汇义
南京[李荣,2002]、扬州[李荣,2002]、盐城[笔者调查]、金华[李荣,2002]、绩溪[李荣,2002]、上海[李荣,2002;笔者调查]、崇明[李荣,2002]、吕四[卢今元,2007]、娄底[李荣,2002]方言中的"作兴",武汉[李荣,2002]、常德[易亚新,2007;郑庆君,1999]、牟平[李荣,2002]、哈尔滨[李荣,2002]方言中的"兴"	—	+!	×	○/假设条件	流行时兴

---

[1] 方言点下的"[ ]"内标明语料的来源。"+"表示有此功能,"×"表示无此功能,"+!"表示此功能只用肯定式而不用否定式,"—"表示此功能只用否定式或肯定式限于疑问句,"○"表示尚不清楚或不论,"/"表示析取,"(空)"表示在考察中未发现一例满足条件的情态词。

续表

方言情态词（例词）	许可	认识可能	其他情态义	其他功能义	词汇义
神木[邢向东, 2002, 2006]、志丹[王鹏翔, 2009]、绥德[马晓琴, 2004]、娄烦[张宪平, 郭校珍, 2005; 李会荣, 2008]、长治[侯精一, 1985]、万荣[郭校珍, 2008]、太原[笔者调查]、平遥[笔者调查]、台湾[杨秀芳, 1991, 1999]、漳州[陈正统, 2007]、厦门[冯爱珍, 1998]、建瓯[李荣, 2002] 方言中的"敢"	—	+!	×	○/假设条件、反问等	敢于
福州方言中的"兴"[李荣, 2002]、邢台方言中的"兴"[笔者调查]	—	×	×	○	流行时兴
成都方言中的"兴"[张一舟等, 2001]、宁波[李荣, 2002]、嘉定[汤珍珠, 陈忠敏, 1993]、苏州[李荣, 2002]、长沙[李荣, 2002] 方言中的"作兴"	×	+!	×	○/假设条件	流行时兴
北京[笔者调查]、徐州[李申, 1985; 李荣, 2002]、浚县[辛永芬, 2006]、漳州[陈正统, 2007] 方言中的"敢"	×	+!	×	○/假设条件、反问	敢于
（空）	+	+	×	○	○

总之，汉语方言中的"敢""作兴""兴"等词的"许可"义和"认识可能"义出现于不同的句法环境里，这具有跨方言的平行性（见表2）。这种跨方言的平行性说明，在这些词的历时演变过程中，这两个情态义出现的句法环境很可能是不同的。由此可知，这些词的这两个情态义有直接衍生关系的可能性很小，因为一般可出现在相同句法环境里的两个意义才可能有衍生关系。因此，汉语方言中的"敢""作兴""兴"很难成为支持语义关联"许可—认识可能"的充分语料。我们认为，这些词的这两个情态义或经其他意义作中介而有间接衍生关系，或由词的其他意义分别衍生出来（即多重语法化）。[1]

目前未见支持语义关联"许可—认识可能"的充分语料，这与语义结构分析的结论吻合："许可"和"认识可能"在语义结构上的差异相对较

---

[1] 江蓝生（1990）指出，具有"许可"义的"敢""可"用于反问句时表达"岂敢""岂可"义，后沾染上了句子的反诘语气而发展为反问副词，进而发展出带有"认识可能"义的揣测问用法。我们将另文论证："作兴"由"流行、时兴"义发展出"认识可能"义，由"按风俗习惯允许"义发展出"许可"义。

大。"语义结构"（semantic structure）是将概念分析为若干语义要素（semantic element）及要素间关系（relation）的组合从而显示概念内部性质的方式（郭锐，2008）。根据本章各个情态概念的定义，对两个"许可"义和"认识可能"义的语义结构的描述如下（范晓蕾，2012）：

条件许可［事件情态，动作的强制性，外在条件（物质），潜在，能性］[1]
道义许可［事件情态，动作的强制性，外在条件（社会），潜在，能性］
认识可能［命题情态，动作的实现，外在条件，潜在/非潜在，能性］

从概念性质上看，两个"许可"义和"认识可能"义至少有两个差异要素：情态的主观性（"事件情态"还是"命题情态"）、语义描述核心（表达"动作的强制性"还是"动作的实现"）。这比图2中有关联的能性情态概念的语义结构之间的差异都要大，例如，"条件可能"和"认识可能"只在"情态的主观性"一个语义要素上有差异。根据语义关联规律——语义结构相似度高的概念易发生关联（衍生关系），语义结构相似度低的概念难以有关联（Zwarts，2008；郭锐，2012b）可推测，"许可"和"认识可能"之间发生直接衍生关系的概率应该较小，即使存在"许可—认识可能"，它也应是语义图中权重（weight）较小的关联路径，所代表的语义演变在语言中发生的频率较低。至于"许可"义和"认识可能"义常负载于同一词形上，这大概由两组概念的间接性语义关联造成，分为两种情况：其一，两组概念有共同的来源义，都可由概念X直接衍生而来，表示为"许可←X→认识可能"，即X的多重语法化致使"许可"和"认识可能"

---

[1] 情态概念的语义结构式里语义要素排列的顺序是：情态的主观性（事件情态/命题情态），语义描述的核心为事态的何种性质（实现性/强制性），所牵涉事态之促成条件的性质（内在于/外在于参与者的境况），所牵涉事态之现实性（是否为可能世界里潜在的），情态强度（能性/必然性）。例如，"条件许可"的语义结构式表示："条件许可"属事件情态，表述动作行为的强制性，事态的促成条件是外在于参与者的物质境况，事态是潜在的，属能性强度。

常常同形。例如,"条件可能"与它们都有衍生关系,它们自然会同形。其二,两组概念有间接的衍生关系,"许可"义以其他概念 X 为"桥梁"发展出"认识可能"义,表示为"许可→X→认识可能"。例如,汉语中的"敢""可"由"许可"义到"认识可能"义的衍生就以反问、揣测问等用法为中介(江蓝生,1990)。

第 4 节 语义图"形式"和"功能"的细分

本章排除了语义关联"许可—认识可能",根本原因是我们的研究与以往的情态语义图研究在方法上有两点不同:一是"形式"的细分,关注功能的句法限制;二是"功能"的细分,分化出"条件可能"和"条件许可"这两个情态概念。

4.1 形式的细分

我们在构建语义图时,对语义功能作了新的形式限制,要求常常负载于同一词形上的两个功能至少在一部分语言/方言中可出现在相同的句法环境里,如此方可建立这两个功能间的关联。如本章第 3 节讨论所示,由于"敢""作兴"等词的"许可"义和"认识可能"义在所考察的绝大多数方言中不能出现于相同的句法环境里,因此不宜把这些词看作支持语义关联"许可—认识可能"的语料。传统的语义图操作方法中不存在这个新要求,以往的语义图研究一般只要求弄清一个成分有几种功能即可,不考虑词形各功能出现的句法环境。

我们对语义图提出的这个新要求涉及在构建语义图时如何处理"形式"的问题。用来构建语义图的各种形式里功能不同的两个同音成分,什么时候被看作一个形式负载两个功能,什么时候被看作毫无联系的两个形式呢？这是语义图理论尚未完全解决的问题。传统上一般考虑这两个功能是否有语义联系，以及这两个功能的共现性是否为跨语言现象，不过，仅此两点似乎不够。实词承载了音形和语义两种信息，仅根据这两点判断一般不会有太大的问题。但是，功能词除了音形和语义，还涉及句法分布，那么可否将句法分布看作功能词的形式信息呢？其实，在传统语义图的操作中，有时已无意间加入了这一信息：我们一般不会考虑合成词中某一语素的信息，例如，"或许"之"许"（表"认识可能"义）和"允许"之"许"（表"许可"义）不会被当作同一个形式来构建语义关联，原因是这两个"许"是包孕在不同合成词里的非自由成分。归根结底，是两个"许"的分布环境不同，这在一定程度上就是限制一个形式表义的句法环境。同样的道理，语法组合形式"敢是"之"敢"（表"认识可能"义）与"不敢"之"敢"（表"许可"义）也应该被视为两个形式。我们目前的处理方式是将形式细分，给它的功能加上句法环境的限制条件：若常常负载于同一词形上的功能 X 和功能 Y 在所有（或绝大多数）语言/方言中都出现在不同的句法环境里，则最好不要建立这两个功能之间的语义关联。这是将句法环境也看作词的形式信息的一部分，词表达 X 时与表达 Y 时被视为不同的形式。毕竟，若多功能词的某些功能的句法限制有跨语言/方言的平行性，这种句法限制的信息就不应被忽略：它应反映历史上这些功能产生的句法环境。两个功能虽常由同一形式负载，但在跨语言/方言中极少出现于相同的句法环境里，这暗示二者产生于不同的句法环境里。而产生于不同的句法环境里的两个功能极少有衍生关系，因为绝大多数的语义演变是概念性变化（conceptual change），为渐变式，两个功能的衍生一般发生在相同的句法环境里，故有必要对语义图的功能设置上述形式限制。这种处理方式默认语义图所反映的共性语义演变为渐变式而非突变式。虽然语言中存在突变式的语义演变，如类推可以造成语义突变，但是该类演变常受限于特定语言的类型特征，如某语言的特定结构使某种突变得以发生，故个性较强，往往缺乏跨语言共性，将其排除在语义图之外亦未尝不可。设置上述限制至少可在语义图里将渐变式语义演变和突变式语义演变区分开，这对研究不同类型的语义关联十分必要。总之，考虑功能出现的句法环境等形式信息是为了排除一些不可靠的或非共性的语义关联，从而使语义图更准确、预测力更强。毫无疑问，这种保守的做法要求取样的语言及多功能词的形式足够多，这样方能看出功能出现的句法环境差异是否有普遍性。

以往的语义图研究着重讨论语义功能分合的原则，未关注多功能词在形式上的分合问题，本章则揭示出"形式的分合"在语义图研究中同样重要。那么，处理多功能词的形式分合要依据怎样的原则？这是语义图模型在方法论上要回答的问题。若将多功能词出现的句法环境纳入形式信息的考量范围，那么要将语义功能的哪些句法限制归为形式信息？应对多功能词的各种句法信息作怎样的系统区分呢？我们对此尚未作全面考量。肯定、否定、疑问等较为宽泛的句法环境容易被纳入关注范围，有时或许要考虑功能词可搭配的实词类型、功能词的句法位置（如位于动词前还是动词后）等更具体的信息。不过，无论依据哪种句法限制对形式进行细分，都必须遵循一个基本原则：只有当某种句法限制因素对特定功能而言有跨语言/方言的平行性，它才有资格被纳入多功能词的形式信息里。这是我们对语义图的形式分合原则提出的基本假设。我们也承认，上述句法限制及形式分合原则有自身的局限性。第一，从理论上看，虽然这个原则在很大程度上可以排除错误的语义关联及非渐变式语义关联，但是这种作用不是绝对的。即使严格遵守这个原则，少数无衍生关系或非渐变关系的两个功能之间也可能建立关联，这是因为历时语义演变的形式信息未必保留在所有的语言中。即使某种句法限制对特定功能而言没有跨语言的平行性，它也未必不是此功能产生的句法环境。譬如，功能 X 历时上产生于句法环境 S 里，这造成大量语言中的功能 X 有句法限制 S，但一些语言中功能 X 的使用范围扩大，这种句法限制后来消失了，共时比较中功能 X 的句法限制 S 就不具有跨语言的平行性。按照上述形式分合原则，该形式信息在构建语义图时就会被忽略。可见，上述原则在语义图准确性的保障方面有局限性，理论上它不能排除所有的错误关联或非渐变式关联。例如，van der Auwera and Plungian（1998）提到，俄语中的"敢"义动词表"道义许可"义限于否定语境"禁止"（这与汉语方言中的"敢"相同），但克罗地亚语、捷克语中的"敢"义动词表"许可"义则没有这种限制，而俄语的情况应当暗示"敢"义动词是在否定语境中被重新分析的。第二，从实践上看，跨语言比较难以顾及语言的细节，这种保守的做法常常难以操作，很多参考语法未提供足够的用法信息。而且，比较研究中一旦对具体语言进行语义及形式的分析，各家的分析结论可能会不一致，这就成为跨语言比较研究的难题。因此，上述原则或许更适用于研究者熟知之语言的小范围比较，譬如我们所作的汉语方言比较研究，这便于开展调查，可获得较为准确且数量足够的信息。

总之，我们还需在具体研究中继续探索，方可形成一个系统规范的方案。语义图理论有很多方面需要完善，我们在此对其处理"形式"的方法试作改进，有待方家批评指正。

4.2　功能的细分

未构建语义关联"许可—认识可能"更根本的原因是我们对情态概念进行了细分：将 van der Auwera and Plungian（1998）的"非道义性的参与者外在可能"分为两个功能——"条件可能"和"条件许可"，并将"条件可能"与"内在能力"归到同一上位范畴之下，使之与"条件许可""道义许可"形成对立（见表 3）。这是我们在情态概念界定上与 van der Auwera and Plungian（1998）及以往的主流研究的一个较大差异。van der Auwera and Plungian（1998）的情态系统里没有与本章的"条件可能"相对应的概念，据其"参与者外在情态"（participant-external modality）的定义：外在于参与者的境况（circumstances），这些境况——若有的话——与当前的事态相关联，并使这个事态成为可能或必然（van der Auwera and Plungian，

1998：80），应将"条件可能"归到此范畴中。[1] 于是，"参与者外在可能"囊括了本章的三种情态概念："条件可能""条件许可""道义许可"。图1中的语义关联"参与者外在可能—认识可能"用本章的术语来翻译就是"条件可能/条件许可/道义许可—认识可能"。而我们的语义图（图2）虽有"条件可能—认识可能"，却无"条件许可/道义许可—认识可能"，这就形成了其与 van der Auwera and Plungian（1998）的语义图的主要差异。

表3　van der Auwera and Plungian（1998）与本章的能性情态类型

van der Auwera and Plungian（1998）的能性情态类型		例句	本章的能性情态类型	
参与者内在可能		他能搬动这个大箱子。	内在能力	动力情态（能性）
参与者外在可能	非道义性的参与者外在可能	门没有锁住，他可以从屋里逃走了。坐331路公车，你可以到香山。	条件可能	
		从中国去美国，你可以坐轮船去。去香山，你可以坐331路公车。	条件许可	义务情态（能性）
	道义可能	按公司规定，楼道里可以抽烟。	道义许可	
认识可能		他现在可能在办公室。	认识可能	

我们将"条件可能"设为独立功能有两方面的依据：一是形式，主要依据汉语方言里各情态概念的形式区分；二是语义，这涉及概念范畴分类的基本原则及对情态基本类型之本质的重新认识。

---

[1] van der Auwera and Plungian（1998）所举的表现"参与者外在情态"的例句之一是"To get to the station, you can take bus 66（去车站的话，你得坐66路公车）"。"道义情态"（deontic modality）是"参与者外在情态"的一个次类，它将促成性或强制性的外在条件限制为人（一般为说话人）或者社会伦理规范等，这些条件允许或迫使参与者执行某个动作，如"John may leave now（约翰现在可以离开了）"。在本章里，上述两个例句都属于能性的"义务情态"，前一例句为"条件许可"，后一例句为"道义许可"。van der Auwera and Plungian（1998）没有举出表示"条件可能"义的例句，不过按其定义，"条件可能"应属于"参与者外在情态"，如"门锁开了，那个罪犯可以逃走了"是外在条件（"门锁开了"）制约了"逃走"发生的可能性。而且，笔者曾与 van der Auwera 教授私下交流过，他也主张"As the door is not locked, he can escape（因为门没锁，他可以逃走）"中的 can 表示"参与者外在可能"义。

4.2.1 功能细分的形式依据

"条件可能"和"条件许可"在语言里可用不同形式来表达,二者有"异义异形"的情况。汉语里有的情态词是有"条件可能"义而无"条件许可"义和"道义许可"义的,如闽南方言中的"有法(通)""有变",部分南方方言中的"V得",多数南方方言中的"V得C",冀鲁官话和晋语中的"VC了",以及闽语中的"V会C"(范晓蕾,2011)。下面是笔者的母语方言邢台话中的能性补语式"VC咾"的用例:

(8) 邢台话"VC咾"(C为虚补语"了"时,"VC咾"可省略为"V咾")
a. [能力] 这么沉的箱子,他<u>举动咾</u>不哎?_{这么重的箱子,他能举动吗?}
b. [条件可能] 坐331路车,<u>能到咾</u>香山,<u>到不咾</u>故宫_{去不了故宫}。
c. [条件许可] * 到香山去,你<u>能坐咾</u> 331 路车_{你可以坐331路车}。
d. [道义许可] * 按公司规定,楼道里头<u>能抽咾</u>烟_{楼道里可以抽烟}。

汉语里有的情态词有"条件许可"义和"道义许可"义而无"条件可能"义,如闽语中的"通"、部分南方方言中的"好"[见例(9)]。

(9) 汕头话"好"(笔者调查)
a. [条件可能] * 个门个锁无用去_{门锁坏了},个犯人<u>好</u>逃走噢_{能够逃走}。
b. [条件许可] 去美国,你<u>好</u>可以坐飞机去,唔<u>好</u>不可以坐火车去。
c. [道义许可] 你<u>好</u>在楼道吸烟,唔<u>好</u>在教室吸烟。

北京话中的"能""V得C_{虚补语}""可以"表达"条件可能"义和"条件许可"义的对立局面[见例(10)]也证明了可从形式上将"条件可能"和"条件许可"区分开来。

（10）北京话（笔者调查）

a.［条件可能］坐 331 路公车，你<u>可以去</u>（/<u>能去</u>/<u>去得成</u>/* 必须去）香山。

b.［条件许可］去香山，你<u>可以坐</u>（/* 能坐/* 坐得成/必须坐）331 路公车。

这些形式表现表明"条件可能"与"条件许可"有区别。如果依照 de Haan（2004）对概念空间里功能"基元性"（primitive）之要求——若在语义图上某功能节点 M 可分为两种或更多种语法用途，如 X 和 Y，二者在某语言里可用两个或更多个语法形式负载，则 M 非基元，必须将 M 分为 X 和 Y 两个功能节点——那么必须将这两个情态义设为不同功能。而我们认为基元性标准在"异义异形"上的这种要求未必可作为语义功能的硬性要求，不满足此要求的例子随处可见（张敏，2010）。图 1 和图 2 就至少有一处不满足基元性要求，从汉语助动词"会"的能力义限于技能来看，"参与者内在可能/内在能力"至少还可分为两个功能——"心智能力"（mental ability）和"生理能力"（physical ability）。世界上其他语言里也不乏这种情况（Bybee et al.，1994），而学界对将二者合并为一个功能并无异议。可见，de Haan 提出的功能基元性的要求不是绝对的，我们会另文详述这一观点。不过，基元性标准之"异义异形"要求至少是两个意义分化为不同功能的必要条件，即只有意义 X 和 Y 在语言里可用不同形式负载，二者在语义图里方有资格（而非"必须"）被设为独立功能。而"条件可能"和"条件许可"在汉语里的形式区分证明，二者有资格被视为不同功能。

此外，"条件可能"和"条件许可"的形式区分有数量上的优势，这证明两个概念的形式区分并非偶然现象。我们虽未考察世界语言，但发现汉语方言中区分二者的情态词数量不少（见表 4）：大量情态词兼有"内在能力"义、"条件可能"义却无"条件许可"义和"道义许可"义，极少数情态词兼有"条件可能"义、"条件许可"义和"道义许可"义而无"内在能力"义。就基于汉语方言的情态语义图而言，此项数据指标足以使"将'条件可能'设为独立功能"变得非常有必要，否则该语义图便未展现汉语的典型特征，不能充分实现构建该图的目的。

表 4 四种能性情态义同形的情况

汉语例词之数量	内在能力	条件可能	条件许可	道义许可
大量例词： 北京话"可以"，邢台话、平遥话"能"，广州话"V得"，上海话、绍兴话"好"，福清话"会"	+	+	+	+
大量例词： 泉州话"有法通"，汕头话"有变"，广州话"V得倒"，邢台话、平遥话"VC咾"，朔州话"V将来"，福清话"V会C"，上海话"V得"	+	+	×	×
一批例词： 泉州话、厦门话"通"，香港话、潮州话"好"，扬州话"V得"	×	×	+	+
极少数例词： 古汉语"得"[1]	×	+	+	+

4.2.2 功能细分的语义依据

上文对功能节点的设立是基于汉语语料的外部归纳，语料的范围和数量尚有不足，作为论据或显薄弱。但我们通过语义分析得出结论：基于概念性质，"条件可能"与"内在能力"归属同一上位范畴，与"条件许可"分属不同的上位范畴。故目前虽无统计数据显示世界语言里"条件可能"与"条件许可"异形的数量足够多，但我们可断言：不仅汉语方言，世界

---

[1] 古汉语中的助动词"得"早期兼有"条件可能"义、"条件许可"义和"道义许可"义而无"内在能力"义，参见 Li (2003)、van der Auwera et al. (2009)。

语言的语义图里"条件可能"亦不可优先与"条件许可"合并，尤其是已将"内在能力"设为区别于它们的独立功能时，二者必须被视为不同功能。这遵循了逻辑准则：若概念 X 和 Y 归属同一上位范畴，将二者合为同一功能尚可（如将"心智能力"和"生理能力"合为"内在能力"）；若概念 X 和 Y 分属不同的上位范畴，则必须将二者设为不同功能，不可优先合并它们。语义分析是独立于语义图的演绎法，其结论印证了基于外部归纳的语义图理论设立功能节点之标准的效力。

下面阐释探索情态概念类属关系的语义分析过程，这主要涉及如何给概念范畴分类、怎样界定情态基本类型的问题。语义分析首先从表征概念性质的语义结构入手。在语义结构上，"条件可能"与"内在能力""条件许可"的差异要素都只有一个（详见下文）。若再参照语义关联模式，则可发现"条件可能"与这两者皆有关联。仅从这两点看，似乎将"条件可能"与"内在能力""条件许可"两者中的任意一个归属同一上位范畴皆可。

内在能力［事件情态，动作的实现，内在条件，潜在，能性］
条件可能［事件情态，动作的实现，外在条件，潜在，能性］
条件许可［事件情态，动作的强制性，外在条件，潜在，能性］

但是，两个概念语义结构的相似度高或有语义关联只是二者归属同一上位范畴的必要条件，不代表它们一定属于同一上位范畴（非充分条件）。语义图已表明，属于不同上位范畴的概念之间也可有关联，其根本原因是虽然语义结构的相似度（相同语义要素所占的比例）决定两个概念的关联性，但是语义结构里各语义要素的地位不平等，有核心要素与非核心要素之别，归为同一上位范畴最终决定于核心要素相同。我们的情态概念语义结构式大致是按照语义要素的地位由高到低排列的："事件情态"地位最高，使三个情态义首先区别于属于"命题情态"的"认识可能"义；"能性"地位最低，它是情态义里最不稳定的特征，不决定情态义的基本类属。譬如，虽然"许可"义与"认识可能"义在"能性"上相同，但是二者属于不同的情态类型；虽然"许可"义与"必要"（obligation）义在强度上不同，但是语言学界普遍将二者归为同一类型"义务情态"。而"条件可能"分别在"动作的实现"与"外在条件"两个要素上区别于"条件许可"和"内在能力"。下文将论证在"事件情态"内部，"动作的实现/强制性"是比"内在/外在条件"更为核心的要素，应优先以前者为分类参数。

　　选择哪些参数来确定情态义的类属关系，应首先依据情态的本质。学界普遍认为情态是指说话者对句子传达的命题或命题描述的情况所持的观点或态度及其在语法上的表现（Lyons，1977：452、787；Palmer，1986：16；彭利贞，2007：40）。也就是说，情态本质上是有关说话人的主观态度的概念范畴。因此，我们认为情态类型系统划分应优先依据情态概念的"主观性"界定，首要一步是根据语义主观性差异划分出下属概念主观性一致的"情态基本类型"。van der Auwera and Plungian（1998）首先按"语义是否涉及整个命题"将情态的核心范畴分为"认识情态"与"非认识情态"两个大类。这其实与"优先根据主观性对情态进行分类"的原则一致，因为概念的语义辖域大小与其主观性高低大致对应。但他们未将这一原则贯彻到底，对"非认识情态"的再分类原则变为"优先根据事态促成条件的性质（内在/外在条件）"，这也是 Palmer（2001：70）界定"事件情态"下属的"动力情态"和"义务情态"时所用的语义参数。而"条件可能"与"条件许可"的促成条件都是外在于参与者的境况，因此二者就被合并为一个功能——"非道义性的参与者外在可能"。为何依据促成条件的性质？他们都没有进行论证。不过，"义务情态"里事态的促成条件并非都外在于参与者，de Schepper and Zwarts（2009）指出语言中还存在兼具"促成条件内在于参与者"和"道义性"两个要素的"义务情态"概念，可称之为"直接性道义情态"（directed-deontic modality）。他们认为例（11）就表达了这样的情态概念，并指出此句的"道义情态"是内在于主语"委员会"（comité）的，因为"委员会"是许可执行该动作的道义上的动因，它对这种许可有绝对的控制力。他们举例说明有的语言从形式上专门编码这种情态概念。

（11）荷兰语的直接性道义情态（de Schepper and Zwarts，2009：256）
Het   comité   mag   Jan   nomineren.
the   committee   may   John   nominate
"The committee may nominate John."

Palmer（2001：72—73）指出"决意型（commissive）情态"概念也属于"义务情态"，它包括"承诺"和"威胁"两种情况，英语中用情态词 shall 来承担该情态义［见例（12）］。[1] 这是表达说话人决意确保事态的实现，事态的促成条件显然不是外在于事件参与者（即句子主语的所指）的。

（12）英语的决意型情态（Palmer，2001：73）
a. John shall have the book tomorrow.
b. You shall do as you are told.

可见，事态促成条件的性质作为"非认识情态/事件情态"的一级分类参数是失效的，其根本原因是"事件情态"下属的概念有主观性差异。只有优先根据概念的主观性特征划分出内部主观性一致的情态基本类型之后，促成条件的性质方可作为它们继续划分次类的参数。而内部尚有主观性差异的情态范畴，不应该作为一级分类参数。

那么"事件情态"的下属概念的主观性差异在何处呢？我们发现"事件情态"里的概念在衍推（entailments）义上有差异。表示"许可"义及

---

[1] 表达"决意型情态"的 shall 与第二人称或第三人称的主语搭配，这不同于其限于第一人称主语的将来时制标记的用法。Palmer（2001：73）将例（12）解释为：Here the speaker commits himself to ensuring that the event takes place, by guaranteeing to arrange that John will receive the book and that the addressee will do what is demanded。

"必要"义的句子（肯定式）有大致相同的衍推义：如果不执行该动作（而执行其他动作），则可能/必然产生消极结果（见表5）。两个"许可"义的衍推义为"可能产生消极结果"是指：Y并非合适的动作行为里的唯一选择，不执行Y而执行其他某些动作如W亦合适，不会产生消极结果；但必有一些动作如Z，执行它后会产生消极结果。这由"许可"义的能性强度决定。相应地，"必要"义的衍推义为"必然产生消极结果"是指：Y是合适的动作行为里的唯一选择，不执行Y而执行其他任何动作都不合适，必然产生消极结果。这由其必然性强度决定。之所以说表5右侧栏的蕴涵义是衍推义而非语用隐含（implicature）义，是因为它们符合衍推义的基本特征：约定（conventional）、不依赖语境（no context-dependency）、不可取消（non-cancellability）、不可分离（non-detachability）。限于篇幅，本章对此不作赘述。

表5 "许可"和"必要"的逻辑语义推理

义务情态概念		例句	蕴涵义（衍推义）
义务可能（许可）	条件许可	从中国去美国，你<u>可以</u>坐轮船去。	由中美的地理位置决定：如果你不坐轮船（如坐火车）去，则可能到不了美国。
	道义许可	按公司规定，你<u>可以</u>在楼道里抽烟。	由公司规章决定：如果你不是在楼道里（如在办公室）抽烟，则可能违反规定，受到处罚。
义务必然（必要）	条件必要	要乘地铁去北京大学，你<u>得</u>坐地铁4号线。	由北京大学的地铁路线决定：如果不乘地铁4号线（如乘地铁1号线），则必然到不了北京大学。
	道义必要	依据考试规章，要进考场，你<u>必须</u>有准考证。	由考试规章决定：如果你没有准考证，则必然不能进考场。

相反，表示"内在能力"义的句子不能建立上述逻辑推理［见例(13)］。"条件可能"在这点上与"条件许可"和"道义许可"不同，却与

"内在能力"平行一致，相应的句子亦无这样的衍推义［见例（14）］。

（13）［内在能力］他<u>能</u>举起这个大箱子。→* 如果他不举这个大箱子，则可能产生消极结果。

（14）［条件可能］坐331路汽车，你<u>可以</u>去香山。→* 如果你不去香山，则可能产生消极结果。

上述逻辑语义推理应适用于世界语言，两类概念在衍推义上的差异是普遍存在的。衍推义的差异是区分两类概念的显著标志之一，它证明"条件可能"与"内在能力"在语义上的相似度更高，应优先将二者归到同一上位范畴之下，将"条件许可"和"道义许可"归到另一上位范畴之下。于是，我们将"事件情态"按衍推义差异首先分为"内在能力""条件可能"所属的"动力情态"，以及"条件许可""道义许可"所属的"义务情态"，二者是下属概念主观性一致的情态基本类型。两种情态类型何以有上述衍推义差异，或者说，如何定义这两种情态类型呢？这缘于两类概念的本质特征不同。本质特征也就是两类概念的核心要素，上述衍推义差异恰好证明：对于"事件情态"内部的概念来说，"动作的实现/强制性"是比"促成条件的性质"更为核心的要素。"义务情态"之所以有上述衍推义，是因为其核心要素是"动作行为的强制性"，它具有这样的蕴涵义：若不做合适的、有强制性的行为，一般会产生消极结果。"动力情态"无此核心要素，故不能建立上述逻辑推理。因此，这两种情态类型的本质特征/定义为：同属"事件情态"；"动力情态"表达客观上动作行为的可实现性，这是主体的客观属性，属于客观性意义；"义务情态"表达执行动作行为的强制性（或曰合适性），[1]它不关注动作实现的可能性，或者说

---

［1］ "义务情态"所表达的"强制性/合适性"按强度特征分为能性的相对强制性（即"许可"义）和必然性的绝对强制性/唯一合适性（即"必要"义）。

它一般默认动作是可实现的,[1] 重在表达所实现的动作在情理评价中如何（强制/合适与否）,故涉及说话人的主观评判,因为"动作行为是否强制/合适"要依靠说话人的知识内容或价值取向来评判,这正是"义务情态"异于"动力情态"的主观性。

这样一来,即使缺乏世界语言的材料而无法全然断定各个情态义的类属关系,语义分析也可以帮助证明:"条件可能"应优先与"内在能力"被归到同一上位范畴（"动力情态"）之下,它与"条件许可"属于不同的情态基本类型。因此,在世界语言的语义图里"条件可能"与"条件许可"理应被视为不同功能（尤其是当"内在能力"或"道义许可"已被设为独立功能时）,二者的合并不甚合理;即使要将二者与其他功能合并,也应优先将"条件可能"与"内在能力"合并,将"条件许可"与"道义许可"合并。我们承认,"条件可能"和"条件许可"仅凭语感常难以区分,主要原因有两个:一是"条件许可"义语用隐含"条件可能"义;二是"条件可能"义和"条件许可"义的话语表达常常同形,同一句子常可兼表"条件可能"义和"条件许可"义,侧重表达哪个意义由语境决定。以"天晴了,可以出去玩"为例,此句中"天晴"是"出去玩"的外在条件。这句话可以表"条件可能"义,如例（15）,该语境里这句话重在表达"出去玩"具有可实现性,与前面的"没法出去"对照;这句话还可表"条件许可"义,如例（16）,该语境里这句话重在表达"出去玩"是合适的行为,不会产生"淋雨生病"的消极结果。

（15）上午一直下雨,没法出去。<u>现在天晴了,终于可以出去玩了</u>。
（16）<u>天晴了,才可以出去玩</u>,不然会淋雨生病。

两个概念易混淆,只能说明二者语义相似度高,它们其实是"动力情

---

[1] 如"去香山,你可以坐331路公车"表"条件许可"义,语用隐含"坐331路公车是能够实现的行为"。

态"到"义务情态"的过渡阶段（范晓蕾，2011），但不代表二者相同，应据形式表现及逻辑语义将它们区分开。

综上所述，将"条件可能"设为独立的情态概念并将其与"内在能力"一起归到"动力情态"里，是非常有必要的。结果显示这种做法使语义图里各功能之间的关联路径较为清楚明确。而 van der Auwera and Plungian（1998）未将"条件可能"分化出来，还在语义图中将"参与者外在可能"和"道义可能"组成一个有包含关系的大节点。这就使这两个能性情态义与其他功能的发展关系不那么清楚，因为这种设立功能节点的方式会造成这样的理解：如果一个功能与"参与者外在可能"有关联，那么它也应该与"道义可能"有关联。但实际情况未必如此，很可能支持"参与者外在可能—认识可能"的多数语料只代表"条件可能—认识可能"，不包括"许可—认识可能"。[1] 我们认为，有必要对 van der Auwera and Plungian（1998）的情态类型的界定及功能节点的设立方式进行修正，这自然导致很多语义关联需要重建。

第 5 节　情态类型系统的新界定

前文 4.2 其实是在论证本章的能性情态类型系统，对情态类型系统进行新界定，对两种情态基本类型"动力情态"和"义务情态"的本质进行新阐释。讨论的过程显示了语义图对普通语义学的观照：语义图为界定一个合理的概念类型系统提供了实证性（empirical）依据。语言学界对情态

---

[1] 常被英语学者用来论证语义关联"许可—认识可能"的英语情态词 may 就是如此。虽然在现代英语中它没有"动力情态"义，主要的情态义是"许可"和"认识可能"，但是在英语的历史上它最初的情态义是"能力"，只是后来其"动力情态"义消失了［van der Auwera et al.（2009）有相关讨论］。因此，若悉心考察那些只有"许可"义和"认识可能"义的情态词的历史，很多原本支持语义关联"许可—认识可能"的证据可能会失效。

类型系统的界定尚无统一意见，Bybee et al.（1994）和 Palmer（2001）就代表完全不同的两种意见。情态系统应该包含哪些具体概念？这些概念之间有什么关系？它们在系统里的地位如何？这些问题的解决一直缺乏有效的语料，如何建立一个有跨语言普遍性的情态类型系统成为一个难题。语义图研究则为这些问题的解决提供了一系列实证性标准。一是基于跨语言概念编码方式的标准：在足够多的语言中从形式上区分出的意义有资格被设为概念系统里的独立概念。我们据此将"条件可能"义设为独立的情态概念。二是基于语义关联连续性的标准：在语义图里相互关联、组成连续区域的若干概念/功能方有资格被归到同一上位范畴之下，此即连续性原则。参照此标准可推出，"条件可能"有与"内在能力"或"条件许可"被归为同一情态类型的潜在可能性。可见，语义图研究为界定有跨语言普遍性的概念范畴（cross-linguistic generic categories）提供了实证性依据（Kasper，2010），为定位概念成员在系统中的地位、认识各个概念的关系以构建合理的概念类型系统制定了一套操作性强的参照标准。

对情态及其类型系统的传统认识有待改进，如何合理地界定情态类型系统，尤其是对各种情态类型本质的定义及对情态分类标准的论证，仍值得探索。Palmer（2001：70）和 van der Auwera and Plungian（1998）认为，"事件情态/非认识情态"下属的两种情态基本类型的主要区别是：一种（即动力情态/参与者内在情态）是事态实现的促成条件是内在于参与者的境况，另一种（即义务情态/参与者外在情态）则是事态实现的促成条件是外在于参与者的境况。这一划分情态基本类型的标准被人们广泛接受。它在概念界定上的操作性较强，依据它很容易确定促成条件是内在于参与者的还是外在于参与者的。但是，不应因其便于分类而忽略概念范畴的本质。情态是表达说话人主观态度的概念范畴，一般认为"义务情态"的主观性高于"动力情态"，而以"促成条件的性质"这种不含主观性的语义要素作为划分情态基本类型的参数缺乏理据。事实上，所谓促成条件内在于参与者或外在于参与者只是两种情态类型的典型特征（typical feature），这使得"内在能力"成为"动力情态"中的典型概念,"道义许可"成为"义务情态"中的典型概念。但是,"促成条件的性质"不是这两种情态类型的本质特征(essential feature),二者的本质特征是:同属"事件情态","动力情态"表达动作行为实现的客观可能性,"义务情态"表达执行动作行为的强制性/合适性。这是我们对两种情态类型的传统定义的重要修正。两种情态类型的这种本质区别体现了语义主观性/核心要素的差异,并最终得到逻辑语义分析的支持。

"动力情态"及"义务情态"各自的内部概念在语义主观性/核心要素上一致,"促成条件的性质"即可作为它们继续划分次类的参数。两种情态类型都包含促成条件内在于参与者和外在于参与者的概念(见表6)。当然,促成条件内在于参与者的"义务情态"("决意型情态"及"直接性道义情态")在很多语言里未用特定形式编码,故它是极不典型的"义务情态"概念。

表6 "动力情态""义务情态"按照"促成条件的性质"划分次类

情态基本类型	决定事态实现的促成条件的性质	相应的能性情态概念
动力情态	促成条件内在于参与者	内在能力(生理能力、心智能力)
	促成条件外在于参与者	条件可能
义务情态	促成条件内在于参与者	决意型情态、直接性道义情态中的能性概念
	促成条件外在于参与者	许可(条件许可、道义许可)

在此有必要讨论"动力情态""义务情态""认识情态"的主观性差异的问题。一般认为,这三种情态基本类型按主观性由高到低的顺序排列为"认识情态>义务情态>动力情态"(">"表示"大于"),句法上的表现为:汉语中三类情态词的线性顺序只能是"认识情态词+义务情态词+动力情态词",前者可统辖后者,但不能反过来,如"要进体校,男生大概必须能做20个引体向上吧"。三者的主观性差异的层级是不同的,并非等

差式的变化。"认识情态"属于"命题情态","义务情态"和"动力情态"则同属"事件情态"。这种上位范畴的划分就说明"认识情态"的主观性与后两者的主观性有绝对区别,而后两者的主观性仅是微殊,大抵相近。这主要因为"认识情态"的语义辖域是整个命题 SP(认识情态词可位于主语前),而后两者的语义辖域是句子的谓词性成分 VP(义务情态词和动力情态词不可位于主语前)。后两者的主观性的微殊之处在于,"动力情态"的核心义"动作行为的可实现性"表达主体(即主语)的客观属性,严格来讲不涉及说话人的主观态度;"义务情态"的核心义"动作行为的强制性"描写动作行为实现后的情况是否合适/合法,这是对行为的评判,涉及说话人的主观态度。或者从另一角度论证:"动力情态"的典型概念"能力"陈述事物的物理属性,为客观性意义;"义务情态"的典型概念"指令"(directive)从道义源上讲就是表达说话人的观点,故它有一定的主观性。不过,"义务情态"的主观性只是"对动作行为之评判",在层级上低于"认识情态""对命题真实性之判断"的主观性。

第 6 节　结语

本章以能性情态语义图里关联路径"许可—认识可能"的讨论为出发点,引出了情态研究里一些值得探索的问题,显示了语义图研究对普通语义学的关照作用。本章对 van der Auwera and Plungian(1998)的研究作了两处修正:一是语义图的关联模式。我们不敢说绝对不存在语义关联"许可—认识可能",但从目前的语料看,它至少是语义图中权重较小的关联。二是对情态类型系统的界定。无论是否存在"许可—认识可能",都应从所谓"参与者外在可能"中将"条件可能"义独立出来,区分它与"条件许可"义、"道义许可"义,宜将其与"内在能力"义归到同一情态类型里。由此对两种情态基本类型（"动力情态"和"义务情态"）的传统界定亦需修正，这是本章对以往的情态语义研究的主要改进之处。这种功能分合的调整自然导致语义图的很多关联路径需要重新构建。

对 van der Auwera and Plungian（1998）的研究的修正源于我们对传统语义图方法论的改进：在处理"形式"和"功能"分合的问题上与以往的研究有所不同。在语义图方法论里，关于功能的分合原则早有成熟的提议，主要是 de Haan（2004）的"基元性"标准。我们认为它是一个利于操作的试验性工作准则，而其对功能之"异义异形"的规定未必可作硬性要求。形式的分合原则目前尚未得到关注，本章在此方面略作尝试。一是对多功能词的语义功能作了新的形式限制：常负载于同一词形上的两个功能至少在一部分语言/方言中可出现在相同的句法环境里，如此方可建立这两个功能间的语义关联；二是提出多功能词形式分合的基本原则：只有当某种句法限制对某功能而言有跨语言/方言的平行性，它才有资格被纳入多功能词的形式信息里。对语义图的形式的这两个要求相互统一，是一枚硬币的两面。形式和功能是分是合，常取决于研究者处理具体课题的需要。例如，旨在构建基于汉语的语义图时，若汉语方言中有大量形式区分意义 X 和 Y，而世界其他语言中不见这种情况，那么就研究主题而言，分出 X、Y 两个功能是必要的，但这种处理方式未必适用于世界语言的语义图。

无论是多功能词的形式还是功能，它们的分合对语义图研究的准确性都有很大影响。细分既有助于排除不可靠的语义关联，揭示语义关联模式的真相和细节，提高语义图的预测力，又有助于认识各个概念范畴的本质。但是，细分也会产生一些问题，除却增加语料考察的负担，无原则或无限制的细分会成为一个无底洞，正如分子可以分为原子，原子又可分为质子、中子和电子，质子还可继续分解。探索形式和功能细分的标准和原则是语义图理论的发展方向之一。语义图模型是一个正在发展中的理论，还有诸多需要完善的地方，本章不仅尝试改进其方法论，也为其发展提出了新问题和新方向。

第 4 章 "追逐"义动词语义图

第 1 节 引言

长期以来,类型学家对词库的跨语言研究持怀疑态度,相对于语法,词汇语义现象似乎更为具体语言所特有,因此学界一直难以找到令人信服的解决办法。近些年来,有些类型学家对词库的跨语言研究越来越感兴趣,他们在研究视角和理论框架上都有新的探索,其中颇为引人注目的就是将语义图模型用于实词多义研究。[1] Haspelmath(2003)创造性地将语义图模型用于词汇语义的跨语言研究。Haspelmath 根据丹麦语、德语、法语和西班牙语四种欧洲语言中表"树木"的词语的意义或用法,区分出五种功能:树(tree)、木材(wood/stuff)、木柴(firewood)、小树林(small forest)和大森林(large forest),构建了一维的"树木"义概念空间。四种语言中"树木"义词语在各项功能上的切割方式不同,但都没有违背邻接性要求或语义图连续性

---

[1] 近十几年来,语义图模型在国内外语言类型学领域备受关注,但绝大部分成果都集中在语法学领域。相关介绍可参看张敏(2010),吴福祥、张定(2011)等。

假设。[1] 例如，德语的 Baum 只表"树"，Holz 可表"木材"和"木柴"，Wald 可表"小树林"和"大森林"；丹麦语的 trae 可表"树""木材""木柴"，skov 可表"小树林"和"大森林"；余者类推。如下所示：

	树	木材	木柴	小树林	大森林
德语：	——	——————	——————	——————	——————
	Baum	Holz		Wald	
丹麦语：	——————————————	——————————————			
	trae			skov	
法语：	——	——————————	——————————	——	
	arbre	bois		forêt	
西班牙语：	——	——	——	——	——
	árbol	madera	leña	bosque	selva

图 1　四种语言中"树木"义词语的功能（Haspelmath，2003）

Haspelmath（2003）还只是初步的设想，将语义图模型用于实词多义研究的最有代表性的成果是 François（2008）。François 将意义（meaning）分成更简单的原子语义单位或语义原子，即"意思"（sense），并根据 8 个语系的 13 种语言的样本构建了 BREATHE（"呼吸"）语义图，这一研究显示，语义图模型同样能为实词语义的跨语言共性和类型倾向提供富有启发意义的工具。下面是他绘制的汉语"气"的语义图。

---

[1] 构建概念空间时有一个基本的要求或制约，即任何一种语言中的多功能形式，其若干功能必须在概念空间上占据一个邻接区域。 van der Auwera（van der Auwera and Plungian，1998；van der Auwera and Temürcü，2006）和 Haspelmath（1997b，2003）将这种制约概括为"邻接性要求"，Croft（2001：96，2003：134）称之为"语义图连续性假设"（Semantic Map Connectivity Hypothesis）。

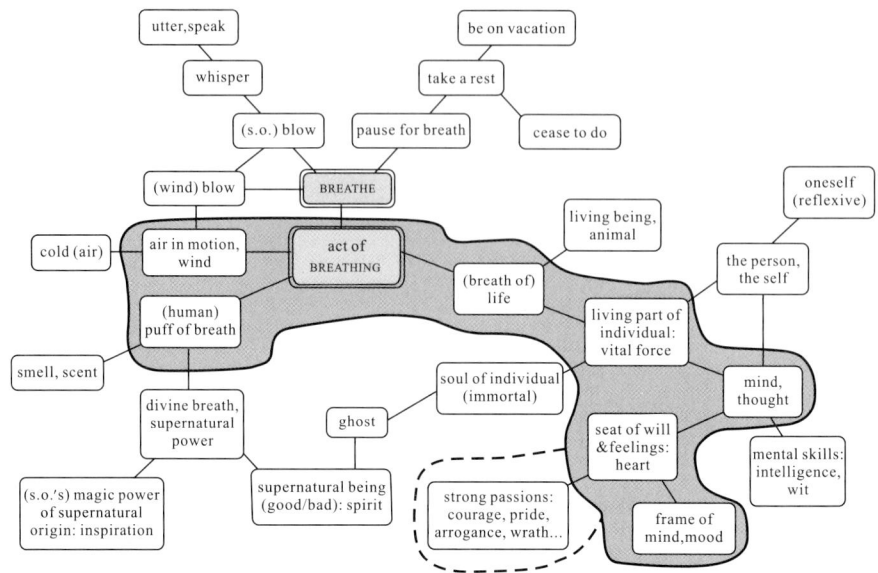

图 2　汉语"气"的语义图（François，2008）

语言中的"追逐"义动词常常具有多义性，尤其是在"追赶"和"驱逐"两个意思（sense）上，很多语言都使用同一个形式来编码。例如普通话的"赶"：

（1）a. 他没走多远，跑快点儿还能赶上他。（追赶）
　　 b. 在厨房里赶苍蝇。（驱逐）

法语 chasser（以及英语借入的 chase）也是如此。例如（Koch，2001b）：

（2）a. Nous irons chasser du gibier.
　　　（我们要去追捕猎物。）
　　 b. Nous avons chassé les chiens de notre cuisine.
　　　（我们把狗从厨房赶出去。）

这一现象引起了不少学者的兴趣，他们从不同的角度对此作出解释（Jongen，1985；Taylor，1989；Koch，2001b；Sweep，2012；等等）。

那么，语言中的"追逐"义动词所能表达的意思，除了上述两个最为常见的之外，还有哪些？这些意思如何关联？哪些因素促使了这些语义的演变？如何表征不同语言"追逐"义动词多义性的共性和差异？

本章认为，语义图模型是解决上述问题的一个很好的框架。我们将根据 29 种语言或方言中 50 个"追逐"义动词多义性的材料，尝试构建"追逐"义动词的概念空间，绘制不同语言中"追逐"义动词的语义图；综合各种文献材料，结合语义演变的一般规律和语义图模型的蕴涵关系，将概念空间动态化；尝试在 Koch（2001b）等转喻理论的基础上，对这些演变过程作出总体的解释。

第 2 节　语言取样

本章的语料主要包括 29 种语言或方言，多为汉藏语和印欧语。从构建概念空间的角度看，这一取样的数量已经足够，也不会对概念空间的准确性有多大影响。[1] 29 种语言或方言为：

汉藏语系（13 种）：普通话、江淮枞阳话、徽语歙县话、中原关中话、闽语福清话、吴语绍兴柯桥话、拉祜语、红丰仡佬语、下坎侗语、上林红水河壮语、河池东兰壮语、壮语布依语、泰语。

---

［1］一般来说，构建概念空间时有 20 种左右的语言样本就足以确定基本的功能范围及其排列位置。如果发现新的样本中某个形式的功能超出概念空间上的功能范围，或对功能的排列提出挑战，那么，只要在概念空间上增加新的功能或改变功能的排列即可。随着语言样本的不断扩大，这种局部的修正会越来越少。

印欧语系（8 种）：英语、德语、法语、意大利语、西班牙语、盖尔语、俄语、塞尔维亚—克罗地亚语。

南亚语系（1 种）：越南语。

南岛语系（1 种）：印尼语。

闪含语系（1 种）：阿拉伯语。

阿尔泰语系（1 种）：蒙古语。

乌拉尔语（1 种）

萨利希语系（1 种）：Lushootseed 语。

语系不明（2 种）：韩语、日语。

我们在上述语言中共选取 50 个"追逐"义动词，这些动词在"追赶"和"驱逐"两个意思上必有其一。[1]

第 3 节　功能界定和统计

基于 29 种语言或方言的 50 个"追逐"义动词的多义表现，初步确定了 27 个不同而有关联的"意思"（sense），构成"追逐"概念空间上 27 个节点。下面对这些"意思"作一简要界定，必要时举例说明。[2]

①追赶：跟着前面的目标快速移动、施压以抓住目标。

②驱逐：跟着前面的目标快速移动迫使目标离开。

---

[1] 韩语 coch-ta 并没有"追赶"或"追逐"义，选入其中是因为它在这两个常用义上读成紧音形式的 ccoch-ta，两者出现分化。据曹瑞炯博士相告，两者本来是同一个词，大约 50 年前开始分化。

[2] 根据意义成分中凸显的要素，这些"意思"可以归为四大类，即"动力"类、"顺序"类、"求获"类和"离开"类。详见 5.3。

③跟随：跟在目标的后面向前移动。
④追求：通过努力获得想要的事物（多为抽象事物，如"理想""财富"等）。
⑤求爱：通过努力获得异性的爱情。
⑥继续：不间断地做某事，或某活动延续下去。
⑦遵循：以某事物为根据照着进行。
⑧挨序：挨着次序（如"逐年"）。
⑨看齐：以某人为榜样并努力达到。
⑩碰遇：遇到（某种情况）或碰上（某个时机）。
⑪紧盯：眼睛紧跟着目标或密切注视（过程、行动）或仔细观察。
⑫查问：寻求某种线索或答案。
⑬追诉：追究（刑事责任）或起诉。
⑭打猎：在野外追赶并捕捉鸟兽。
⑮致使：施加力量使做某事或引起某事发生。
⑯催逼：叫人赶快行动或做某事。
⑰忙赶：加快行动以不误时间或忙于某事。
⑱驾驭：驱使车马前行。
⑲押送：押着（犯人或俘虏）送交。
⑳倾销：大量销售或推销。
㉑消除：使不存在或除去（不利的事物）。
㉒开除：将成员除名使退出集体。
㉓制止：用言语或行动阻止发生（包括"批判""禁运""取缔"等）。
㉔迫害：压迫使受害（多指政治性的）。
㉕缠磨：纠缠、折磨、烦扰等。
㉖鞭打：用鞭子抽打。
㉗追获：追赶并抓住。

下面是 29 种语言或方言中 50 个"追逐"义动词多义性的统计表。

表 1 "追逐"义动词多义性统计表[1]

语言	动词\意思	追赶	驱逐	跟随	追求	求爱	继续	遵循	挨齐	看齐	碰遇	紧盯	查问	追诉	打猎	致使	催逼	忙赶	驾驭	押送	倾销	消除	开除	制止	追害	缠磨	鞭打	追获
普通话	追	+		+	+							+	+				+											
	赶	+	+								+						+	+	+		+							
江淮枞阳话	lon⁵⁵	+																										
徽语歙县话	赶	+															+											
中原关中话	撵	+																										
闽语福清话	逐	+	+			+			+																			
	赶	+									+						+	+										
吴语绍兴柯桥话	追				文	文																						
	赶	+															+											
英语	chase	+	+		+										+													+
	drive		+														+		+									+
	pursue	+		+	+	+									+												+	
法语	chasser	+	+												+				+									+
	pourchasser	+	+																									
	poursuivre			+	+	+							+															
德语	verfolgen	+		+			+			+															+			
	nachjagen		+																									
	vertreiben																					+	+					
西班牙语	perseguir	+			+		+																		+			
	acosar														+													
意大利语	incalzare	+	+																									
	inseguire		+																									
	scacciare		+																+									
俄语	гнаться	+			+		+																					
	преследова.ть	+		+									+												+	+		
塞尔维亚—克罗地亚语	gòniti	+	+		+								+	+	+													
盖尔语	sgiùrs		+	+																							+	

[1] 统计材料主要有三种来源：（1）笔者内省：普通话、江淮枞阳话。（2）笔者问询或问卷调查：徽语歙县话、中原关中话、闽语福清话、吴语绍兴柯桥话、红丰仡佬语、下坎侗语、上林红水河壮语、河池东兰壮语、壮语布依语、蒙古语，韩语、日语。（3）其他为综合文献或词典获得。笔者感谢为语料来源提供帮助的所有合作人和描写者。统计表中的"＋"表示具有对应的意思，"文"表示较新的比较文雅的说法中具有某意思。

语言	意思 动词	追赶	驱逐	跟随	追求	求爱	继续	遵循	挨序	看盯	碰遇	紧盯	查问	追诉	打猎	致使	催逼	忙赶	驾驭	押送	倾销	消除	开除	制止	追害	缠磨	鞭打	追获
某乌拉尔语	fi aja- （借自梵语）	+	+																									
	vojledly-	+	+																									
阿拉伯语	taṭrid		+																								+	
Lushootseed 语	càl（a）			+																								+
印尼语	menghalau（kan）		+																						+			
越南语	Truy	+											+															
	Ɖuoi	+	+																									
泰语	lai	+	+				+											+	+									
日语	追う	+	+		+	+		+	+			+			+	+												
韩语	ccoch-ta	+	+																									
	coch-ta				+					+																		
	ttalu-ta	+		+																								
蒙古语	xөөx	+	+												+				+									
	nəxəx	+									+																	
拉祜语	gàʔ-mi	+																										+
红丰仡佬语	ty13	+	+													+												
下坎侗语	tjam31	+	+																									
上林红水河壮语	gyaep	+	+		+													+	+									
	caenh		+											+														
	raem																											
河池东兰壮语	laeh																											
	gyaeb/ gyaep	+																				+						
壮语布依语	gyaep	+	+																									

第 4 节 "追逐"义动词的概念空间和语义图

根据上述材料，我们构建了包含 27 个节点（即"意思"）的"追逐"义动词的二维概念空间，如下所示：

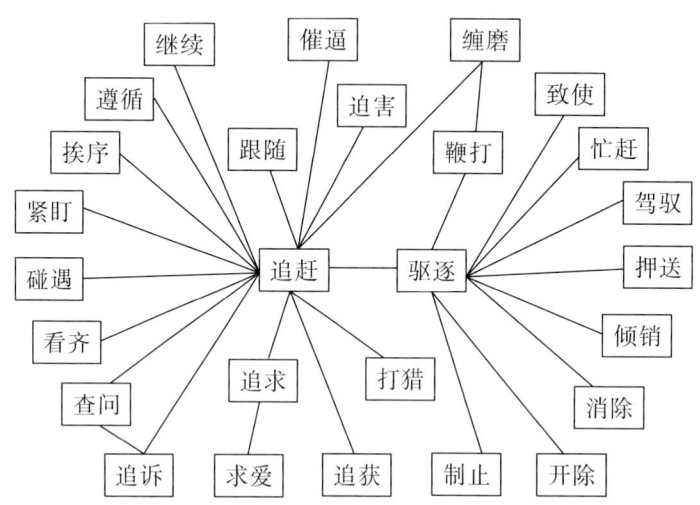

图 3 语言中"追逐"义动词的二维概念空间

我们将 50 个动词的材料逐一验证，结果显示每一个"追逐"义动词所能表达的全部"意思"都占据了一个邻接的区域，换言之，都未违背"邻接性要求"。这表明，上面构建的概念空间是有效的。下面是几种语言或方言中"追逐"义动词多义性的例句和对应的语义图。[1]

Ⅰ. 普通话的"追"：

(3) a. 追赶：孩子们在追野兔。

b. 追求：追梦的少年。

c. 求爱：小伙子追那个姑娘。

d. 紧盯：人们那赞赏的眼光紧追着我俩闪来闪去。

e. 查问：事情都过去了，不要再追下去了。

f. 催逼：其实，根本就不用你追着我解释，我心里明镜似的。

---

[1] 绘制某个具体的语义图时可以采用不同的方法，常见的是使用圈形将某个形式表示的全部意思都纳入圈内，有时也用改变底色、用不同形状的线条等方法。本章用不同形状的线条来区分。

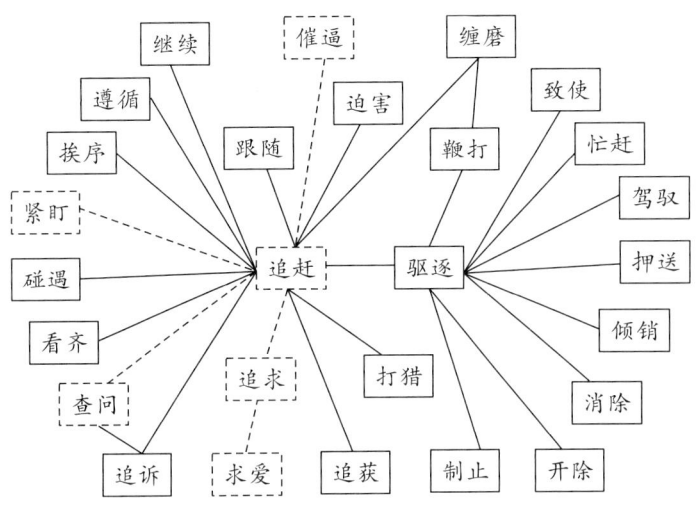

图 4　普通话 "追" 的语义图

Ⅱ. 普通话的 "赶"：

(4) a. 追赶：他没走多远，跑快点就能赶上他。

　　b. 驱逐：赶苍蝇。

　　c. 碰遇：赶上孩子哭的时候，甭心疼。

　　d. 催逼：领导成天赶着他要稿子。

　　e. 忙赶：把这点活儿赶完，明天大家就可以休息一天。

　　f. 驾驭：赶着马车。

　　g. 开除：他被公司赶出去了。

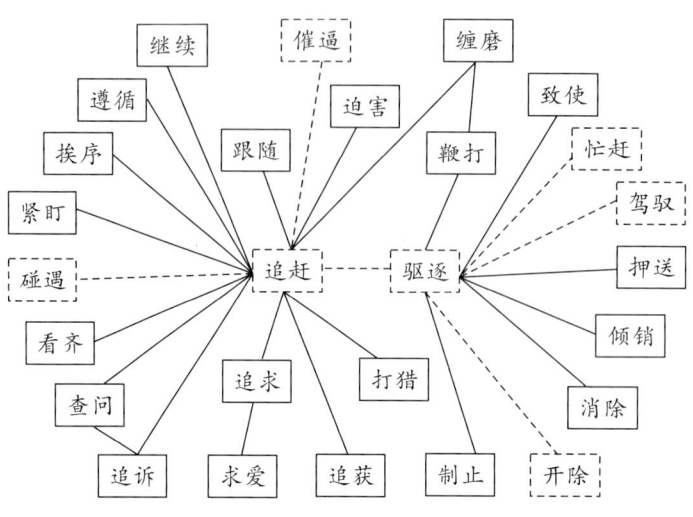

图 5　普通话"赶"的语义图

Ⅲ. 枞阳方言 lon^{55}：

（5）a. 追赶：狗在 lon^{55} 鸡。

b. 驱逐：快去把菜园里猪 lon^{55} 掉。

c. 催逼：借他三百块钱，他一天到晚在后头 lon^{55} 仔了要。

d. 开除：在厂里干仔了不到一个月就着被老板 lon^{55} 家来仔回家了。

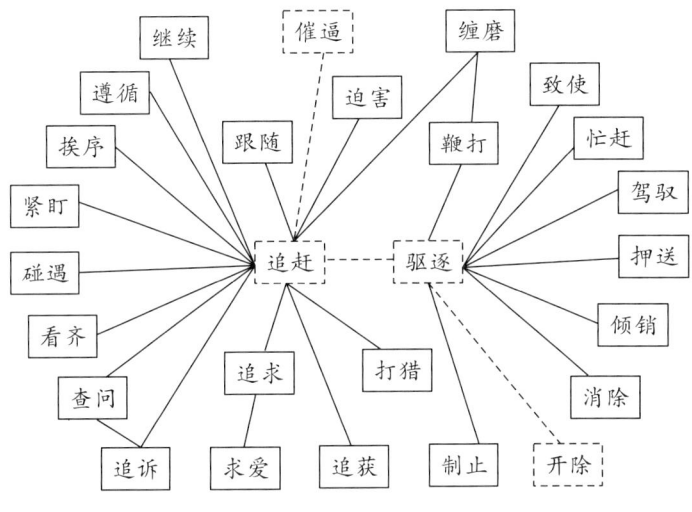

图 6 枞阳方言 lon^{55} 的语义图

Ⅳ. 英语 chase：

（6）a. 追赶：She chased the thief for 100 yards.

  b. 驱逐：Angry demonstrators chased him away.

  c. 追求：After years of chasing her dreams，she finally got a part in a film.

  d. 求爱：Aren't you getting a bit old for chasing girls?

  e. 打猎：chase foxes

  f. 催逼：(informal) I need to chase him about organizing the meeting.

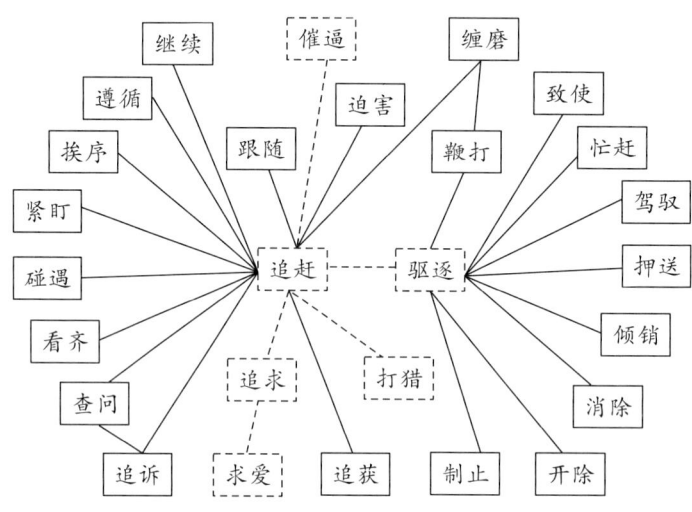

图 7 英语 chase 的语义图

V. 西班牙语 perseguir：

(7) a. 追赶：El gato persigue al ratón.

　　　　　（猫追狗。）

　 b. 迫害：Diocleciano persiguió a los cristianos.

　　　　　（迪奥克莱夏诺迫害基督教徒。）

　 c. 追求：Con su política económica persigue unos objetivos muy claros.

　　　　　（他的经济政策所追求的目标是非常明确的。）

　 d. 求爱：perseguir a la hija de su jefe

　　　　　（追求上司的女儿）

　 e. 缠磨：Me persigue en todo momento con peticiones y súplicas.

　　　　　（他不断地向我要求这个那个来烦扰我。）

　 f. 追诉：La ley persigue el tráfico de objetos robados.

　　　　　（法律追究买卖赃物罪。）

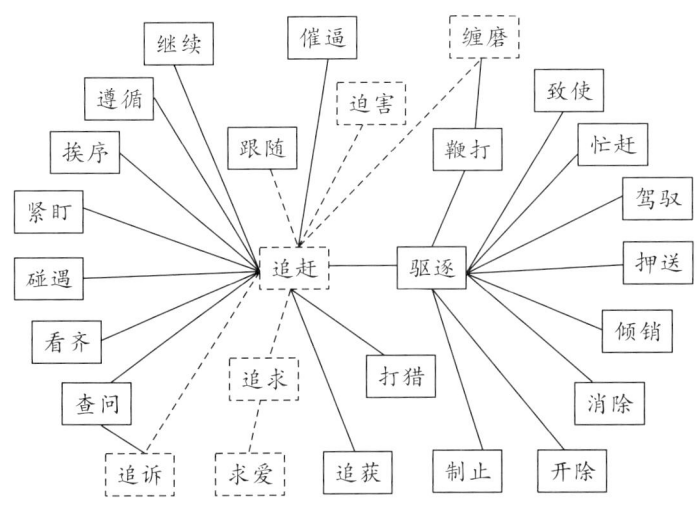

图 8　西班牙语 perseguir 的语义图

第 5 节　解释

5.1　意义解构

以往分析"追逐"义动词的意义多采用解构的方式,其中有的是描述性的,有的则追求形式化的表征,但本质上都是传统的语义特征或语义成分/义素分析法。例如,Taylor (1989:126) 将 chasser 的两个意思分别描述为 pursue (an animal) with the aim of catching and/or killing (追赶一个动物以抓住/杀死) 和 chase away (驱赶),Koch (2001b) 将典型的 chasser 的框架描述为 pursuing and trying to catch an animal that runs away (追赶并试图抓住一个逃跑的动物)。而 Katz 则引入形式化的符号体系来解构 chase 和 follow 的意义:

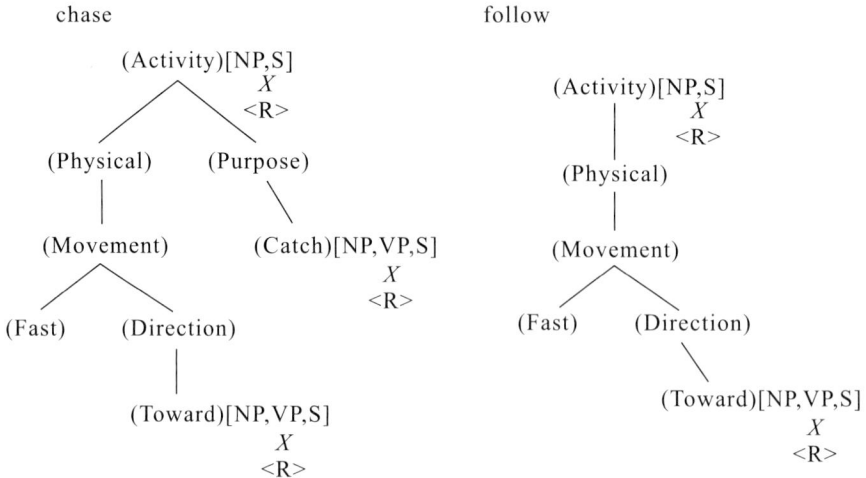

图 9　英语 chase 和 follow 的意义解构（Katz，2004）

两树"本是同根生"，上面的语义标记代表 follow 是 chase 的上位义。

5.2　转喻

尽管解构是分析意义时必不可少的环节，但不能由此获知不同的意义如何关联。在前面的"追逐"语义图上，"追赶"和"驱逐"是枢纽，这两个意思有部分对立：前者意在抓住，后者旨在赶跑。下面从这两个枢纽出发，回顾以往的一些基于转喻的成果，然后尝试从总体上对这些关联作出解释。

5.2.1　一般的解释

Jongen（1985：131—132）指出，转喻是一词多义的最重要的机制之一。法语 chasser 从"追赶以期抓住或杀死"扩展到"赶跑或赶出"，这是基于两个"部分—整体"的混淆：追赶猎物的行为（及其带来的效应"猎物逃跑"）代表了追猎活动认知典型的一个重要组成成分。因此，部分和整体之间产生认知等同（cognitive identification）或混淆（confusion），而引起追赶的最初目的（即抓住猎物）被遗忘了；同样，新的整体（追赶和逃跑）与新的凝固化产物（为使猎物逃跑而追赶）之间也产生认知等同。Hickey（2001）认为，转喻可以是以部分指整体，也可以在相关性的其他层面运作。一个词的意义可以变为与之密切相关的范围或过程，例如英语的 chase（来自中部法语）表示过程而 catch（来自诺曼法语）表示结果。

Taylor（1989：126—127）指出，法语 chasser 也有这两个意思。一是"追赶（动物）以抓住或杀死它"，即"打猎"，从词源上看，这是基本义（<俗拉丁语 captiare"试图抓住"<capere"抓住"）。我们对世界的常识是，如果追赶野兽，野兽会逃跑。chasser 的第二个意思（即"驱逐"）将这一常识视角化了。打猎过程中，野兽试图逃跑，对付起来很麻烦，因此现在追赶野兽就带有让它跑掉的意图。现在，第二个意思摆脱打猎的框架，可以用于各种难以对付的动物。

Sweep（2012）讨论了转喻的宾语变化（Metonymical Object Changes，MOC），例如下面的关联：清理盘子—清理桌子，打扫灰尘—打扫房间，点烟—点火，孵小鸡—孵蛋，补衣—补洞。Sweep 认为这种现象是一种视角化，并由此指出，这些动词实际上只有一个总的词汇义（general lexical meaning）。动词的意义提供了必要的语境，即动词引发了使 MOC 成为可能的一个框架。他认为，Taylor（1989）和 Koch（2001b）所分析的法语 chasser 的两个相关的意思（sense）应该属于一个总的意义（meaning）。这表明，如果转喻可以看作是一个框架内的视角化，那么，动词就引发了这个特定的框架。

Koch（2001b）提到，以往文献认为这是"原因—结果"转喻，实际上是"图像/背景"（figure/ground）效应所致。Koch 认为，在"追赶并试图抓住一个逃跑的动物"这个典型的框架里，法语动词 chasser 可以凸显"试图抓住"，也可以凸显"使跑掉"。因此，chasser 这两个意思之间的转喻关系，可以根据特定概念框架里邻近关系的"图像/背景"效应予以描述：

法语 chasser		……试图抓住	……使跑掉
意思 A	Nous irons chasser du gibier.	图像	背景
意思 B	Nous avons chassé les chiens de notre cuisine.	＞背景	＞图像

5.2.2　听话人引发的转喻[1]

千年来，人们将转喻看成一种修辞现象，认为转喻总是说话人所选择的一种语言表达手段，Croft and Cruse（2004：48）也将其界定为说话人的选择。Koch（2001b）则敏锐地发现，这种观点确实适合很多转喻，但转喻未必由说话人所引发。Koch（2001b：230）认为：转喻是基于概念框架内的"图像/背景"效应并由语用过程所导致的、作用于某个特定形式所表达的内容的一种语言效应。对于语用如何调制"图像/背景"效应，Koch 认为，实际上，每一个"图像/背景"效应的出现都利用或只依赖于不同的说话人或听话人的意图、需要或反应。

当听话人在某种环境下听到说话人的话语时，他理解了说话人的话语所表示的全部语用义，但在不影响总的语用义的情况下，通过跟说话人看法相关的"图像/背景"效应，重构了话语中某个成分的概念意义。而听话人又接着作为一个说话人，将这种转喻运用到自己的话语中。说话人引发的转喻和听话人引发的转喻的区别只在于话语中临时产生的特定的转喻由谁创新。在说话人引发的转喻中，说话人 S_1 作出了转喻创新的第一步，为了追求新奇，他选择了某个词来表达某个概念，而这个概念在这个言语社团里从未有人用这个词来表达过，或者即便别人用过而他却并不知晓。相反，在听话人引发的转喻里，第一步是由听话人作出的，因为在特定的环境里，没有任何说话人有任何理由使用某个词来表达该词规约义之外的其他概念。例如西班牙语的 pregón（"传令官"）的语义演变就经历了这一

---

[1]　本节论述主要来自 Koch（2001b）。

过程：

(8) a.（拉丁语 praeco "传令官" >）
    古西班牙语 pregón "传令官"
   b. 古西班牙语 Por Castiella oyendo van los pregones...
    卡斯提尔全国上下都在听那些传令官/公告。
   c. 古代/现代西班牙语 pregón "公告"

Koch 指出，这是一种听话人引发的重新分析，所有听话人引发的转喻都是一种重新分析。Koch 认为，转喻变化的过程有创新、采纳、扩散和规约化的不同步骤，他勾勒了这两种基本的转喻变化在第一步的"语用突出"（pragmatic punctuation）：

说话人引发的转喻：

$$\boxed{S_1} \longrightarrow H_1=S_2 \longrightarrow H_2=S_3 \longrightarrow \cdots$$

听话人引发的转喻：

$$S_1 \longrightarrow \boxed{H_1}=S_2 \longrightarrow H_2=S_3 \longrightarrow \cdots$$

某种创新在言语社团总要经过听话人 H_1 才开始扩散（同时 H_1 又作为传播这个创新的说话人 S_2）。两种语用变化的差异在于，说话人引发的转喻中，创新来自说话人 S_1 对听话人 H_1 说话；而在听话人引发的转喻中，S_1 根本无意创新，创新始于 H_1 的重新分析。Koch 明确指出，法语 chasser 从"追赶"到"驱逐"也是一种听话人引发的转喻。

5.3　总体的解释

以往研究从不同的角度对"追赶/驱逐/抓住"之间的局部关联作了较

好的解释。下面尝试从总体上对"追逐"义动词语义图作出解释。

从前文的介绍和分析可以看出,解构意义有助于理解动词意义的组成,"图像/背景"效应、凸显、视角化等有助于分析语义演变的过程和机制。有鉴于此,可以更细致地解构"追逐"义动词的意义,以探索各种语义成分在语义演变过程中如何消长。

前文所构建的概念空间上共有27个节点,代表了27个不同的"意思"。其中"追赶"和"驱逐"是枢纽,其他25个"意思"绝大多数都从这两个"意思"演变而来("鞭打"和"打猎"除外)。根据每个"意思"中所凸显的语义成分以及25个"意思"与2个枢纽之间的承继关系,我们将25个"意思"归为四大类,即"动力"类、"顺序"类、"离开"类和"求获"类。如下所示:[1]

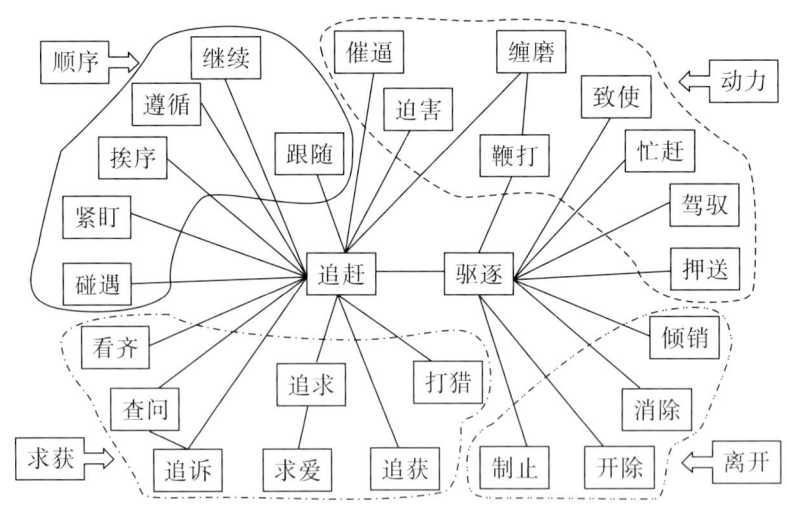

图10 "追逐"义动词在概念空间上的凸显语义成分

同时,结合以往研究文献、语义演变的一般规律(如从具体到抽象、特化等)以及语义图所展示的蕴涵关系,我们在各个"意思"之间的连线

---

[1] 从材料看,"查问"到"追诉"之间的连线可以去掉,但考虑到"追诉"(提出诉讼,追究法律责任)可能来自案件中的追查或盘问(即"查问"),故暂予保留。

上加上箭头，以表明语义演变的确切方向。如下图所示：

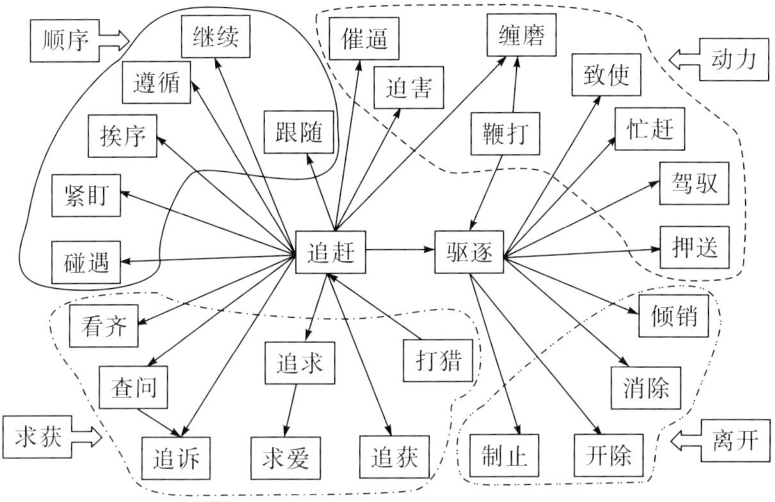

图 11　动态化的"追逐"义动词的概念空间

上图实际上是一个动态化的概念空间，它可以非常直观地展示"追逐"义动词语义演变的各个方向。例如，枞阳方言的 lon⁵⁵ 具有四个"意思"，我们可以很清楚地看出其语义演变的方向，截取出来就是"催逼←追赶→驱逐→开除"；余者类推。动态的概念空间展示了一系列动态的蕴涵关系，比如"如果一个'追赶'义动词具有'开除'义，那么这一语义演变必然经由'驱逐'义"，等等。

更重要的是，四大类的划分和概念空间的动态化有助于对"追逐"义动词的语义演变作出全局性的解释。

前文的功能界定中，我们将"追赶"描述性地解构为"**跟着**前面的目标**快速**移动、**施压**以**抓住**目标"，其中加粗的四个词语描述了四个核心的语义成分，它们决定着动词语义演变过程中语义成分的消长。例如，在"A 追赶 B"的活动中，A 在 B 的后面，因此从"追赶"到"顺序"类，"跟着"得到凸显，"快速/施压/抓住"淡化甚至消失。"追赶"活动有所求，因此从"追赶"到"求获"类，"抓住"凸显，"快速/顺序"淡化甚至消失,"施压"或可保留但没有凸显。"追赶"造成压力,因此从"追赶"到"动力"类,"施压"凸显,其他淡化或消失。

同样,我们将"驱逐"描述性地解构为"**跟着**前面的目标**快速**移动**迫使目标离开**"。"驱逐"有动力,因此从"驱逐"到"动力"类,"迫使"得到凸显,其他淡化或消失;其中从"驱逐"到"忙赶","快速"也得到凸显。"驱逐"使目标离开,因此从"驱赶"到"离开"类,"离开"得到凸显,其他淡化或消失。

上面的解释是以"追赶"和"驱逐"两个枢纽作为来源义的,两者也可以作为目标义。如从"打猎"到"追赶"(英语 hunt)[1]、从"鞭打"到"驱逐"(如阿拉伯语 taṭrid,盖尔语 sgiùrs)都是已证实的语义演变路径。

有些演变路径可能是双向的。比如在动态化的概念空间中,"追赶"到"追获"是一条普遍的路径,但调查材料中萨利希语系的 Lushootseed 语里,čǎl(a)有"追赶、跟随、抓住"的意思。原材料的释义是"čǎl(a):chase,follow,pursue,overtake;catch",由于缺乏历时的材料,我们无法得知 čǎl(a)的"catch"义是否来自"chase"义。也有可能是相反的演变路径:笔者的调查例句中有"他们在追那只兔子/警察在追小偷",浙江衢州方言则是"渠拉在当抓那个兔/警察在当抓逃犯",不用"追",这又明显暗示了从"追获"到"追赶"的演变路径。又如,从"追赶"到"跟随"是一条普遍的路径,但蒋绍愚(1981)指出"跟随"可以演变为"追赶",例如"马逸不能止,师从之"(《左传·成公二年》)中的"从"。这些演变路径或许还有争议,故语义图上暂未采纳。

汉语史上"追逐"义动词主要有"追、逐、驱、赶、撵、趁"等,学界对这些动词的语义演变作过不少深入的考察,尤其是"追"和"逐"。王云路、方一新(1992),方一新(2010)及真大成(2015)对"追逐"义

---

[1] 英语的 catch 早期的词形是 cacchen,在公元 1200 年前后借自古北部法语的 cachier,最初的意思是打猎活动中的"追赶",参看 Merriam-Webster(1995)。古汉语的"逐"最初也与打猎活动密切相关,参看下文。

动词尤其是"趁"的语义演变也都有过深入的讨论。粗略地考察发现，这些动词的语义演变都可通过前面"追逐"概念空间的验证。比如前贤对"逐"的本义多有考证，已达成的基本共识是："逐"在甲骨文中或从豕，或从犬，或从兔，或从鹿，这些字形代表的事物都是捕猎的对象，因此"逐"本义并非"驱逐"，而是一种狩猎方式；"逐"在甲骨文中未见从虎从豹等代表凶猛野兽的字形，这也是"逐"的本义是"打猎"的佐证。这一本义也决定其不可能直接演变为"驱逐"，而是先演变为"追赶"义，再从"追赶"义演变为"驱逐"义。而"逐"的其他义项也是分别从"追赶"义和"驱逐"义而来的："跟随、寻求、挨序"等来自"追赶"，"开除"等来自"驱逐"。

第 6 节　结论与展望

本章尝试采用语义图的框架来分析语言中"追逐"义动词的多义现象。背后的信念是，尽管实词多义看起来不像语法词多义那样表现出齐整的规律，但在语义图的视角下，实词多义可以获得一种新的表征手段。暂时撇开那些受社会文化习俗等影响较大的实词语义演变不谈，很多实词多义现象其实也可以得到很好的描述和解释。在语言类型学的视野下，相对于音系和句法，词汇语义的类型学研究严重滞后，语义图模型可能是词汇类型学研究的一个较好的突破口，值得更多的人去关注和研究。

第 5 章 "穿戴"义动词语义图

第 1 节 引言

　　语言中的"穿戴"义动词也常常具有多义性。蒋绍愚（1999）指出，英语 wear 和古今汉语的"穿戴"义动词在义域上宽窄有别，如 wear 的对象可以是帽子、衣服、鞋子、钻石、头发等，而上古汉语则分别用"冠""衣""履"来表示，中古用"著"一个词表示，现代汉语则用"戴""穿"两个词来表示。汪维辉（2000：117）也注意到，穿着动词的分工在各种语言里存有差异（如日语穿衣服和穿裤子用不同的动词），一种语言的不同方言或不同历史阶段也常有差异。

　　语言中"穿戴"义动词所覆盖的搭配范围虽然差异纷呈，不过，不同的动词在搭配对象上存在较为整齐的分工，体现出强烈的共性。比如汉语"穿"和蒙古语 umseh 的对象可以是衣服、鞋袜等，汉语"戴"、蒙古语 zuuh 的对象可以是帽子、佩饰、刑具等。那么，不同的搭配对象之间具有什么样的关联？如何表征不同语言中"穿戴"义动词搭配对象的共性和差异？如何对"穿戴"义动词功能演变的规律作出解释？这些都是需要我们回答的问题。

　　本章采用语义图的视角和框架，构建语言中"穿戴"义动词的概念空间，绘制相关语言中"穿戴"义动词的语义图，并尝试对其语义演变作出初步的解释。

第 2 节　语言取样

本章主要基于 19 种语言或方言中 41 个"穿戴"义动词的材料，尝试构建"穿戴"义动词的概念空间，在此基础上绘制不同语言中"穿戴"义动词的语义图。19 种语言包括汉藏语系 11 种（普通话、台州方言、侗语、仡佬语、景颇语、载瓦语、苗语、瑶语、水语、泰语和嘉戎语）、印欧语系 4 种（英语、德语、法语和西班牙语）、阿尔泰语系 2 种（蒙古语和撒拉语）以及韩语、日语。

我们在上述语言或方言中选取了 63 个"穿戴"义动词，其中 41 个动词各自至少具备两个"意思"（即语义原子），这些是构建"穿戴"义动词概念空间的基石。此外，为了全面呈现一些语言中"穿戴"义动词的整体面貌，22 个"意思"单一的动词也纳入下文的统计，但这些动词的材料对构建概念空间没有任何参考意义。

第 3 节　功能界定和统计

基于 19 种语言或方言中 41 个"穿戴"义动词的多义表现，可以初步确定 12 个不同而有关联的语义原子或"意思"（下文也称作"功能"），构成概念空间上的 12 个节点。选取这些语义原子兼顾两个因素：一是充分性，即确保所选取的语义原子在数量上足以展示各种语言中"穿戴"义动词的语义异同；二是针对性，即为了避免牵涉过多，选取范围锁定在以"穿戴"对象为枢纽（pivot）的一个局部范围。具体界定如下：

①衣服。一般指上衣，也包括大衣、袍子等。
②鞋袜。包括鞋子、靴子、袜子、屐、屦等足部穿戴物。
③裤子。一般限于腰部以下、双腿分叉的穿戴物。
④裙子。包括下裙和连衣裙。
⑤被子。睡觉时身上的覆盖物。
⑥冠冕。指头上的穿戴物，包括帽子、斗笠、头巾等。
⑦佩饰。包括项链、耳环等首饰，胸巾、臂纱等身饰，以及眼镜、徽章等其他佩戴物。这个类是个大杂烩，许多语言中，不同的佩饰用不同的动词，这往往跟动词的来源及文化背景密切相关。从本章的需要来看，将其合为一类并不影响前面所说的充分性。
⑧刑具。包括枷锁、手铐、脚镣等。
⑨须发。包括头发、胡须和眉毛等身体生长物。假发、假须属于佩饰类，不在此列。
⑩顶载。用作名词，包括头顶所负载的非冠冕类物件（如"锅"）和天、星月、雨雾等自然物。
⑪罪难。主要包括罪名、骂名、压力、风险等负面的抽象无形之物。
⑫房屋。指房子之类的建筑物。选取这个语义原子的原因是，德语的 aufsetzen 有"加建"的义项，例如 ein Stockwerk（auf ein Haus）～"（在房子上）加建一层楼"。无独有偶，汪维辉（2000：267）提到，"戴屋"很特别，似仅见于陶弘景的《周氏冥通记》，例如"其正月欲戴屋，而所顾师永不来"（卷四）。黄生《义府》云："戴屋，盖屋也。"

19 种语言或方言中 63 个"穿戴"义动词多义性的统计见表 1。

表1 "穿戴"义动词多义性统计表[1]

语言	动词	语义原子											
		衣服	鞋袜	裤子	裙子	被子	冠冕	佩饰	刑具	须发	顶戴	罪难	房屋
普通话	穿	+	+	+	+								
	戴						+	+	+				
	顶						+				+	+	
台州方言	穿	+		+	+								
	着	+	+	+									
	戴						+	+	+				
侗语	tan³³	+	+	+	+			+					
	tap⁵⁵							+					
仡佬语	pu⁵⁵	+		+									
	nɛ⁵⁵		+										
	qha⁴³						+	+					
景颇语	hpun	+				+							
	bu			+	+								
	din		+										
	hkai		+										
	chyop						+						
	gup						(+)						
	tsat							(+)					
	set							(+)					
	hkon							(+)					
	gali							(+)					
	kai							(+)					
	gro							(+)					

---

[1] 统计材料有两个来源：(1) 笔者内省：普通话。(2) 笔者问询：所有其他语言或方言。 关于第二类材料，笔者最初通过大量外汉、汉外词典获取有价值的线索，然后根据这些线索寻找所涉语言或方言的母语发音人核对和补充，最终所作的判断和采纳的材料都以母语发音人为准。 笔者对众多发音人深表谢意，其中错漏归于作者。 统计表中的"＋"表示具有对应的功能。"( )"表示只具备该功能的某一部分，这一情况绝大多数出现在"佩饰"类，例如日语的 kakeru 只能搭配"佩饰"中的"眼镜"；另外，景颇语中的 gup 限于"草帽"，一般帽子用 chyop；瑶语中的 tsu⁷ 可以搭配"鞋"类，"袜"类则不太搭配。 古代汉语"戴"曾有"顶载"和"罪难"等功能，但这些功能在现代口语中已消失，故未纳入统计。

续表

语言	动词	语义原子											
		衣服	鞋袜	裤子	裙子	被子	冠冕	佩饰	刑具	须发	顶载	罪难	房屋
载瓦语	wut	＋				＋		＋					
	zvang		＋	＋									
	zvung		＋	＋				＋	(＋)				
苗语	nang1	＋		＋	＋								
	det						＋	(＋)					
	diot		＋					(＋)					
瑶语	tsu^7	＋	(＋)	＋	＋								
	phoŋ^5				＋								
	ta:p^3		＋										
	doŋ^5						＋	(＋)	＋				
	taŋ^2							(＋)					
水语	tan^3	＋	＋	＋	＋		＋	＋	＋				
嘉戎语	ka^{22}wat^{33}	＋	＋	＋	＋		＋						
	ka^{22}tshok^{52}							＋	＋				
泰语	sai	＋	＋	＋	＋		＋	＋	＋				
	suom		＋	＋									
蒙古语	umseh	＋	＋	＋	＋		＋						
	zuuh							＋	＋	＋			
撒拉语	gij-	＋	＋	＋	＋			(＋)					
	daχən-						＋	(＋)	＋				

续表

语言	动词	语义原子											
		衣服	鞋袜	裤子	裙子	被子	冠冕	佩饰	刑具	须发	顶载	罪难	房屋
日语	kiru	+											
	haku		+	+	+								
	kakeru						+	(+)					
	tukeru							(+)					
	hameru							(+)	+				
	hameru tukeru							(+)					
韩语	ip	+		+	+								
	sin		+										
	suu						+						
	cha							+	+				
	ha							+					
	kki							(+)					
英语	wear	+	+	+	+		+	+		+			
德语	anziehen	+	+	+	+		+						
	anhaben	+	+	+	+		+						
	aufsetzen						+	(+)					+
	tragen	+	+	+	+		+	+	+	+	+		
法语	porter	+	+	+	+		+	+		+			
西班牙语	llevar	+	+	+	+		+	+	+				
	poner	+	+	+	+		+	+	+				

第 4 节 "穿戴"义动词的概念空间和语义图

基于上述材料,可以尝试构建出语言中"穿戴"义动词的概念空间。这个概念空间可以通过 19 种语言或方言里 41 个多义动词的验证,未发现例外。

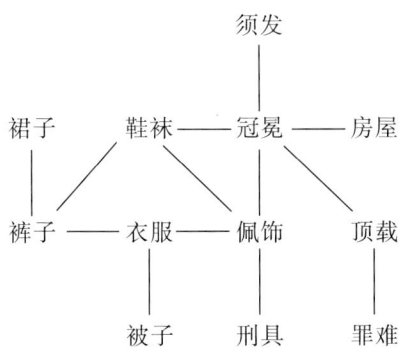

图 1 语言中"穿戴"义动词的概念空间

下面是其中一些语言或方言里"穿戴"义动词的语义图。

4.1 普通话

普通话的"穿"具有"衣服""裤子""裙子""鞋袜"四项功能,"戴"具有"冠冕""佩饰""刑具"三项功能,"顶"具有"顶载"(~天立地)、"冠冕"(~着斗笠)、"须发"(~着一头白发)、"罪难"(~住压力)四项功能。语义图如下:

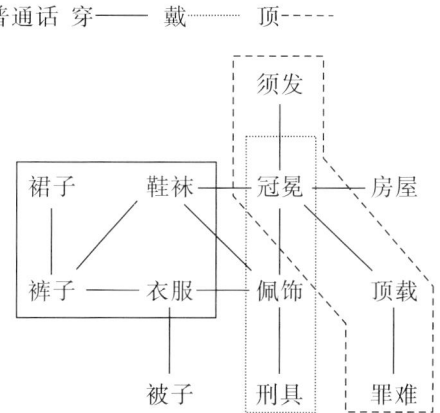

图 2　普通话"穿戴"义动词的语义图

4.2　台州方言

台州方言的"穿"具有"衣服""裤子""裙子""鞋袜"四项功能;"着"具有"衣服""裤子""鞋袜"三项功能,但不具备"裙子"的功能;"戴"具有"冠冕""佩饰""刑具"三项功能。语义图如下:

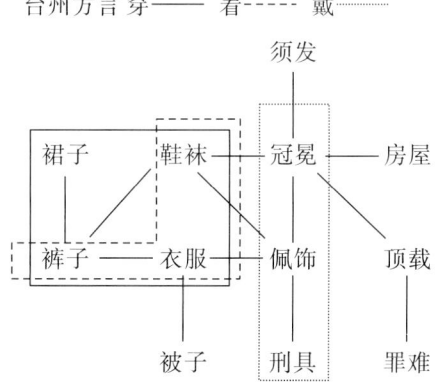

图 3　台州方言"穿戴"义动词的语义图

4.3 景颇语

景颇语的"穿戴"义动词非常丰富,而且分工也十分细致。hpun 可以搭配"衣服"(palong ～)和"被子"(nba ～);bu 可以搭配"裤子"(labu ～)和"裙子"(buhkrong～);din 可以搭配"鞋袜"(gyepdin ～"穿鞋"),hkai 也可以搭配"鞋袜"(zauhkai～"穿鞋");"冠冕"中,一般的帽子使用 chyop(bochyop ～),草帽则使用 gup(gaban ～);"佩饰"类比较复杂,大体分工是:"花"使用 tsat(nampan ～),"眼镜"使用 set(myiset ～),"手表、手镯"使用 hkon(nayi ～"戴手表"),"珠子、项链"使用 gali(hkachyi ～"戴珠子"),"耳环"用 kai(lakan ～),"手套、套袖"用 gro(ta dagro ～"戴手套")。语义图如下:

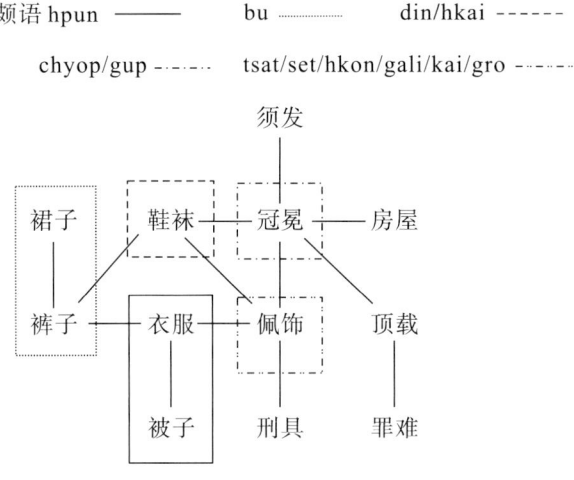

图 4　景颇语"穿戴"义动词的语义图

4.4 韩语

韩语中,ip 用于"衣服""裤子""裙子";sin 用于"鞋袜";ssu 用于"冠冕";"佩饰"一般用 ha,"耳环、鼻花、戒指"等可以用 kki;cha 用于"刑具"和大量"佩饰"("戒指"除外)。语义图如下:

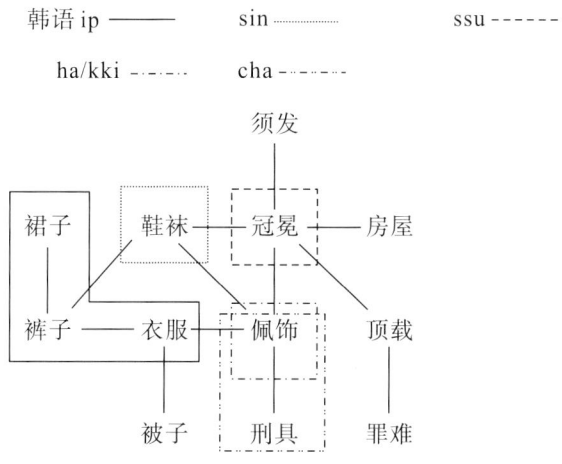

图 5　韩语"穿戴"义动词的语义图

4.5　日语

日语的"穿戴"义动词分工也比较细致,大体情况是:"衣服"用 kiru(限于"上衣");"裤子、裙子、鞋袜"用 haku;"冠冕"用 kakeru;"佩饰"中,"眼镜"也用 kakeru,"耳环、项链、耳钉"用 tukeru,"戒指"用 hameru,"手表、手镯"用 hameru tukeru;"手铐、脚镣"等"刑具"用 hameru。语义图如下:

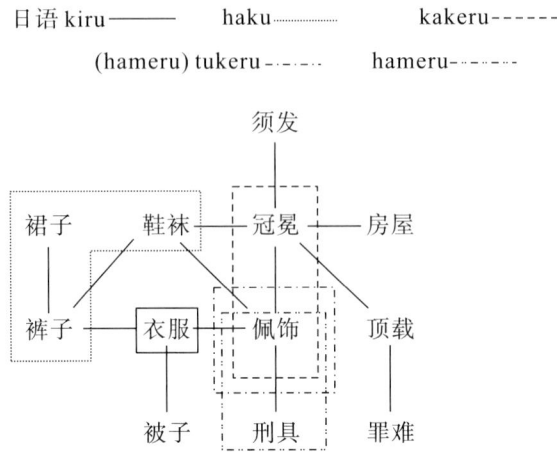

图 6 日语"穿戴"义动词的语义图

4.6 德语

德语的"穿戴"义动词中,anziehen 和 anhaben 的搭配对象见统计表 1。比较有意思的是,aufsetzen 可以搭配"冠冕"(den Hut ～"戴上帽子")和"佩饰"中的"眼镜"(die Brille ～"戴上眼镜"),它还可以搭配"房屋",表示"加建",例如 ein Stockwerk(auf ein Haus)～"(在房子上)加建一层楼"。tragen 是统计表中搭配范围最广的"穿戴"义动词,其中包括"罪难",如 Er trägt sein Unglück tapfer"他坚强地忍受着不幸"(以上用例引自潘再平等,2010:107、1341)。语义图如下:

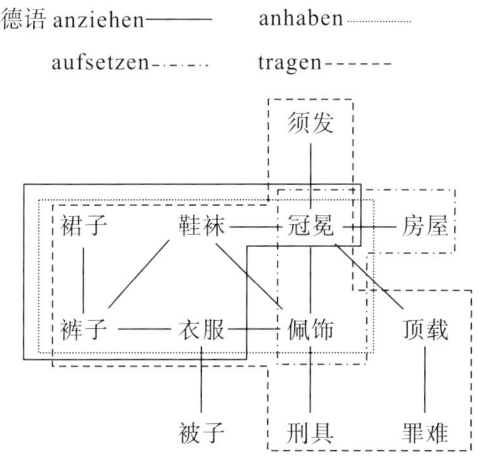

图 7　德语"穿戴"义动词的语义图

第 5 节　一点解释

5.1　蕴涵共性

不同的民族或群体在服饰上存在较大差异，不同的服饰所承担的功能也不尽相同，而且不同的民族对服饰的识解有同有异（尤其是"佩饰"这个大类），这些都会导致"穿戴"义动词在各种语言中呈现出纷繁复杂的形式。以"衣服""鞋袜""裤子""裙子"四项为例，各种语言或方言的表现颇不一致：普通话和台州方言都用动词"穿"；仡佬语 pu^{55} 只用于"衣服"和"裤子"，不用于"鞋袜"和"裙子"；景颇语 bu、载瓦语 zvang 都只用于"裤子"和"裙子"，不用于"衣服"和"鞋袜"；泰语 suom 只用于"鞋袜"和"裤子"，不用于"衣服"和"裙子"；还有上文提到的日语中 kiru 和 haku 的分工，韩语中 ip 和 sin 的分工，等等。这些不一致的表现，为建立各项功能之间的联系并构建"穿戴"义动词的概念空间提供了坚实的基础，同时也为观察"穿戴"义动词的功能扩展或语义演变提供了线索。比如，在"穿戴"义动词概念空间上，"衣服"和"裙子"没有发生直接关联，[1] 中间通过"裤子"连接起来，据此可以概括出其中的蕴涵共性：

（ⅰ）如果一种语言的"穿戴"义动词具有"衣服"和"裙子"两项功能，那么该动词一定具有"裤子"这项功能。

如果在概念空间的连线上添加箭头，则反映了功能扩展或语义演变的方向。假定存在"衣服→裤子→裙子"这样的路径，那么，（ⅰ）可以历时地概括为：

（ⅱ）如果一种语言中具有"衣服"功能的"穿戴"义动词发展出"裙子"的功能，那么中间一定先发展出"裤子"这项功能。

5.2　一些普遍的语义演变规律

Wilkins（1996）和 Heine（1997）讨论了表身体部位的词语的语义演变规律。Wilkins 概括了五种自然倾向：

①从可见的人体部位转移到该部位所在的可见整体，如"脐"→"腹"→"躯干"→"身体"→"人"。（Wilkins 认为在这五种倾向中，只有这条是完全单向的演变。）

②从一个人体部位转移到同在一个整体的另一个相邻的人体部位，如"腹"↔"胸"，"头盖骨"↔"脑"。

③以腰为中线，从人体的上身到下身；反之亦然。如"肘"↔"膝"，"肛门"→"嘴"。

---

[1] 我们在调查中未见某个"穿戴"义动词只用于"衣服"和"裙子"的实例，因此在概念空间上也未建立两者之间的直接关联。但如果有新的材料表明两者之间有直接关联，我们就要在概念空间上将两者连接起来。

④从动物的部位转移到人体部位,如"(猪、象等的)口鼻部"→"(人)鼻","喙"→"嘴"。

⑤从动作行为到身体部位,如"走"→"脚","拿"→"手"。

Heine(1997)则从概念转移的角度,将这种演变分成三大类:①从物体到身体部位;②从身体的一个部分到另一个部分;③从身体部位到无生物体。就第②类而言,有些身体部位常用来表示其他身体部位,而有些身体部位则几乎从来不会。在人类的身体领域,这种转移是单向性的,其中有两个基本的原则:从上到下的策略(the top-down strategy)和从部分到整体的策略(the part-to-whole strategy)。

Wilkins 和 Heine 讨论的是身体部位的名称,其中我们比较感兴趣的是 Wilkins(1996)的第三种自然倾向和 Heine(1997)所概括的"从上到下的策略"。两位学者的认识差异在于,Wilkins 认为"从上到下"的倾向是双向的,而 Heine 则认为这一原则是单向的。

我们对汉语身体部位词语的初步考察显示,汉语这些词语的语义演变全部都遵循"从上到下"的方向,反之则不然。例如,从"指头"到"脚指头",从"掌"到"脚掌",从"腕"到"脚腕",从"脖子"到"腿脖子",从"肚子"到"腿肚子",等等,这些演变都是"从上到下";反之,我们在汉语中未发现从"趾"到"*手趾"或从"肚子"到"*胳膊肚子"这样"从下到上"的演变。

那么与身体部位相关的表动作的动词在语义演变上是否也存在同样的规律?总体上看,汉语表手足部动作的动词在语义演变上,似乎也体现了两位学者所概括的"从上到下"的倾向或策略。下面加点的动词都是从表手部动作演变到表足部动作的实例:举手投足、举足、抬腿、拔腿、撒腿、撺、摔跤/摔跟头(表"跌倒");反过来,表足部动作的词语(如"行、走、奔、逃、跑、跳、跃、跨、跪、跟、踢、踏、踩、踹、蹦、蹲"等)未见有用来表示手部动作的。需要单独解释的是,"摇、掉、摆"等词本表手部动作，但后来发展到表整个身体乃至头部动作，如"摇头/摇身、掉身/掉头、摆身/摆头"，这似乎违背了Heine的"从上到下"的策略。不过，这并不违背Wilkins的第三种倾向，因为Wilkins认为"从上到下"是双向的，而且考虑到Wilkins的第三种倾向中"以腰为中线"的前提，从手部到头部实际上发生在腰部以上，而从手部到整个身体则遵循的是Wilkins的第一种倾向，即从部分到整体。

5.3 汉语"穿戴"义动词的语义演变

再进一步，我们将上述观察扩展到"穿戴"义动词的分析。以古汉语的"戴"为例，据汪维辉（2000：114—115），"戴"的本义是头顶着东西，先秦时期常用，如"君履后土而戴皇天"（《左传·僖公十五年》）、"颁白者不负戴于道路矣"（《孟子·梁惠王上》）。《说文·異部》："戴，分物得增益曰戴。"林义光《文源》："此义经传无用者。戴相承训为头载物，当即本义。"《释名·释姿容》："戴，载也，载之于头也。"《玉篇·異部》："戴，在首也。"由此引申为"戴帽子"的"戴"。"冠冕"类的早期用例如[1]：

（1）公孟子戴章甫。（《墨子·公孟》）
（2）祭之日王被衮以象天；戴冕，璪十有二旒。（《礼记·郊特牲》）

尽管"戴"用于"房屋"有可能来自"顶载"的扩展，但考虑到德语aufsetzen并不具备"顶载"的功能，我们倾向于认为"房屋"从"冠冕"扩展而来，例见前文。同样，"戴"用于"须发"也应来自"冠冕"的扩展，因为英语wear、西班牙语llevar都不具备"顶载"的功能，而汉语"顶"又不具备"佩饰"和"刑具"的功能；能用于"须发"的所有动词，

---

[1] 蒋绍愚（1994: 284—285）认为"穿戴"的"戴"大约出现在魏晋南北朝时期。

除了用于"须发"之外,唯一共同的功能是"冠冕"。下面是"戴"用于"须发"的早期用例:

(3) 而令百岁老母,戴白受诛,岂不痛哉?(《三国志·吴书·吕蒙传》)
(4) 有七尺之骸,手足之异,戴发含齿,倚而趣者,谓之人。(《列子·黄帝》)

"罪难"来自"顶载",早期用例如:

(5) 四海之内咸戴帝舜之功。(《史记·五帝本纪》)
(6) 论其人亦在戴罪之列。(顾炎武《明季三朝野史》,CCL语料库)[1]

"帽子"环绕在头顶正上方,"围巾、戒指"等佩饰环绕在身体部位的上面(并非正上方),"眼镜、校徽"等佩饰非环绕地加在身体的上面,因此"佩饰"应来自"冠冕"。几类"佩饰"较早用例如下:

(7) ……皆戴圭……(《礼记·丧大记》)
(8) 然后又问戴着什么戒指。(《红楼梦》第十二回)
(9) 立刻戴上老花眼镜。(《官场现形记》第五十二回)

"刑具"出现较晚,应来自"佩饰"。

---

[1] 历史语料显示,"戴"搭配"罪难"类对象的时间比较晚,但早期搭配"恩德"类对象十分常见,这类对象可以纳入"罪难"类。从语义演变的角度来说,"恩德"和"罪难"应该具有相同的演变路径和动因。

（10）判官领着鬼卒俱入其中，片时扛出个精身汉子，又扛出个戴手铐脚镣的犯人，齐到坛下。（《海国春秋》，CCL 语料库）

总体上看，"戴"从"顶载"到其他各项功能的扩展，都遵循了一个共同的语义基础，即《说文》段注所说的"戴，引申之，凡加于上皆曰戴"。有意思的是，"戴"从"冠冕"到"佩饰"也遵循从上到下的演变规律。

据此可以确定"顶"的扩展方向："冠冕""罪难"来自"顶载"，"须发"来自"冠冕"，例略。我们将"顶"和"戴"的语义演变信息表征为：

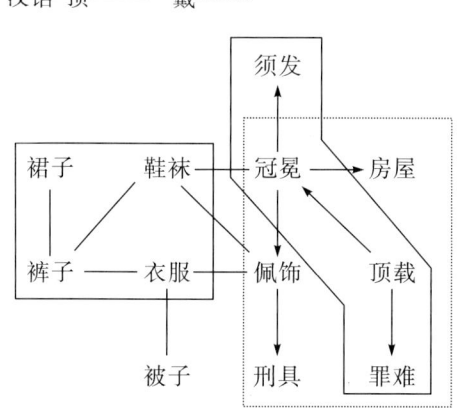

图 8　汉语"顶""戴"的历时语义图

再来看"穿"。以往学界对"穿"用于衣着的时间界定有较大分歧，王凤阳（1993：551）认为"穿"用于"穿着"义是宋元以后的白话里才出现的。[1] 祝敏彻、尚春生（1984）在敦煌变文中发现了四个可靠用例，蒋绍愚（1994：284）认为应产生于齐梁隋唐之间。目前所见讨论中最为深入的是李倩（2015）。

李倩（2015：192）认为，几部重要的古汉语字典、词典所引《世说新

---

[1] 祝敏彻、尚春生（1984）提到，王力先生 1982 年 11 月在训诂学会年会上作的题为《字典编纂问题杂谈》的报告中认为"穿"的"穿衣"义初见于宋元话本。

语·雅量》例"太傅于众坐中问庾,庾时颓然已醉,帻堕几上,以头就穿取"不足为据,这里的"穿"解释为"穿戴"义或"穿通"义皆可,且在中古时代也是孤例,理解为"试图将头从帻的孔洞穿过"更为合适。李倩(2015:194—205)的考察显示,"穿"在唐代有数例与"铠甲"类搭配,虽可算身着衣服之一类,但与一般衣服的穿着方式仍有不同。两宋时期,其搭配对象和使用范围不断扩展,尤其在话本作品中逐渐增多,并在元代的白话作品中基本完成了对"着"的替换。李倩还从古代服饰的形制特点和"穿"类动词的动作特点出发,探讨了"穿"表"穿衣"义的来源和理据,认为随着衣制的变更,衣服以"穿束""穿贯"为动作特点,人们选择"穿"作为表达"穿衣"义的常用动词,正是为了适应这一变化的需要。

李倩(2015:200—201)认为,"穿"用于"穿鞋"义与"穿衣"义发展时代相当或略晚(所举用例见于唐末),"穿鞋/靴/履/屐"一义在两宋有广泛的应用,而"穿袜"的最早用例见于南宋贺铸《席上分韵寄陈传道》诗。李文虽未明确"穿"用于"裤子"的时代,但所举用例显示这种搭配在五代北宋时期已出现:

(11)……穿白缺衫、皂义襕、青裤……(孙光宪《北梦琐言》卷七)

李倩的上述考察和分析非常透辟,本章采纳这些意见,这里只就"鞋袜"和"裙子"略作补充。首先,"穿"搭配"鞋"类对象在中唐已有用例:

(12)坐整白单衣,起穿黄草屦。(白居易《昼寝》)

其次,"穿"搭配"裙子"的用例最早见于明代:

(13)上着青织金衫儿,下穿大红纱裙,戴一头百巧珠翠金银首饰。(《警世通言》第二十八卷《白娘子永镇雷峰塔》)

综上，如果以腰部为中线，"穿"的搭配对象似乎也显示了"从上到下"的演变迹象。需要说明的是，从历史语料来看，"穿"与"鞋"类搭配（中唐）早于与"裤"类的搭配（北宋），因此对"从上到下"的理解不能局限于"衣服→裤子→鞋袜"这样基于身体部位的连续方向，更恰当的理解应该是从"衣服"分别到"裤子"和"鞋袜"。前文根据实际材料构建的"穿戴"义动词的概念空间上，"衣服"和"鞋袜"之间并未直接关联，现在可以在两者之间加上连线。"穿"的语义演变信息表征为：

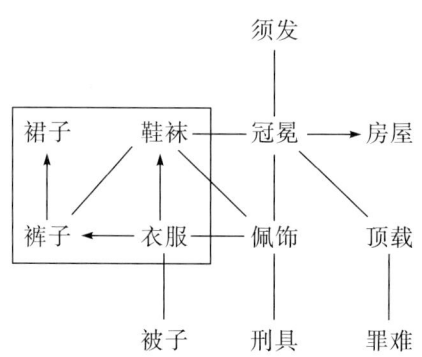

图9　汉语"穿"的历时语义图

从语料反映出的时间先后来看，汉语"穿"和"戴"的搭配对象似乎都遵循"从上到下"的演变规律，这很可能是由"穿""戴"最初的动作特点决定的："戴"最初表示加在头部，"穿"的早期用例也显示其最初是以头"贯穿"；两者扩展到其他服饰，其方向必然是"从上到下"。除此以外，我们更要综合考虑服饰的形制特点、功能以及与之相应的识解。总体上看，普通话的"穿""戴"分工明确："穿"限于"衣服、裤子、裙子、鞋袜"，"戴"限于"冠冕、佩饰、刑具"。从这些服饰的功能来看，所"穿"之物是一般人普遍必备的衣着，如"衣、裤、裙、鞋、袜"；所"戴"之物则非一般人普遍必备的,是带有装饰性的。[1] 语料显示,"手套"既可以用"穿",也可以用"戴"。原因跟"手套"的形状有关,与"手套"的功能以及与之相应的识解也有关系。从形状上看,手套类似鞋袜,因此可以用"穿"。无独有偶,Heine(1997)也注意到,德语 Handschuh("手套")的字面义为"手鞋",身体部位上遵循从下到上的转移变化,这虽与 Heine(1997)相左,却为 Wilkins(1996)所容。Heine 对此的解释是,这个词不是身体部位,而是加在某一特定身体部位的人造品,因此,概念转移原则不适合此例;此外,从跨文化的角度看,相较于加物于手,为保护脚部而加之以物更为普遍,因此脚加之物更有可能被用来表示手加之物。我们认同 Heine 后面的解释,并且认为这一解释同样适合于手脚的穿戴动作:从功能上看,这是将加物于手的动作识解为更原始、更重要的脚部动作。不过这种识解并非任意的,还要兼顾形状和功能,因此"眼镜"不可能像"穿袜子"那样"穿"。而普通话的"戴手套"则是将"手套"识解为佩饰,如同"眼镜"等附加之物。这种解释同样适用于实际语料中"穿上套袖""戴上套袖"的并存。

第 6 节　结论

本章选取"穿戴"义动词的个案,构建了"穿戴"义动词的概念空间,尝试对相关的语义演变过程作出解释。语言中的"穿戴"义动词在语义演变的方向上可能具有某些普遍的倾向,但穿戴物的形制特点、功能以及与之相应的识解对其扩展方向具有决定性的影响。

---

[1] 王凤阳(1993: 552)提到,"佩"和"戴"有逐渐合流的趋势,但仍有区别:"佩"仍含有装饰性,比如戴手铐、脚镣就不能用"佩"。我们认为,"手铐、脚镣"能用"戴"的原因在于"戴"最初就有"负载"的意义。

多义性是自然语言的普遍现象，指一个词具有多个不同但相互关联的意义。从共时层面看，语言中的不同概念常常用同一个词来表达；从历时层面看，多义性有助于发现词义发展演变的轨迹。在词汇类型学的视角下，通过跨语言比较，可以探索语言中不同实义概念的编码模式、词义之间的关联模式以及词义演变的共性特征和类型差异，揭示其背后隐藏的人类认知的普遍规律和社会文化背景的差异。

实际应用上，语义图模型的研究成果对语文词典的编纂和修订具有借鉴意义。语文词典中分列的各个义项是多义性的直观反映。因此，对实词多义性的跨语言研究不仅可以深入探讨汉语语文词典中义项的分合，也能为汉外、外汉词典的编纂提供直接可借用的成果。不过，语义图上的各项功能（或"意思"）是在跨语言比较的基础上确立的比意义更细的单位，因此不能简单地将每一项功能都对应地视为词目下的一个个义项。一个义项常常可能涵盖语义图上的几项功能，在这种情况下，义项及释义体现不出来的功能，可以通过精当的例证来补充。

第6章 词汇类型学视域下汉语"硬""软"语义场的历史演变

第1节 引言

词汇类型学是语言类型学的一个重要领域,其主要研究目标是揭示人类不同语言词汇系统之间的差异、差异所受的严格制约及差异背后的系统性(Koptjevskaja-Tamm et al.,2007;Koptjevskaja-Tamm,2008)。莫斯科词汇类型学研究小组(Moscow Lexical Typology Group,简称 MLexT)是词汇类型学研究的主要团队之一,近年来组织过多项大型词汇研究项目。对物理属性词"软""硬""利""钝""光滑""粗糙"等的研究是 MLexT 的主要成果之一。对于"硬""软"语义场,MLexT 共考察了10种语言,分别是俄语、英语、法语、芬兰语、科米语、涅涅茨语、莫克沙语、土耳其语、尼日尔—刚果语系多贡亚语支的 Tomo-Kan 语和汉语(Pavlova,2014;李亮,2015:40)。MLexT 对汉语的考察仅涉及普通话,而汉语不同历史时期该语义场的使用情况与普通话差异很大,仍需对其进行专门研究。

此前已有学者从不同角度对汉语 HARD、SOFT 类词[1]的历史演变进行过考察。如王力(1980:578—579)分析了汉语表达 HARD 概念名称的

---

[1] 行文中指称"硬""软"语义场的核心义"受外力作用后容易/不容易改变形状"时用 HARD、SOFT 表示,以便从形式上与成员"硬""软"相区别。

历史变化；王凤阳（2011：945）辨析了历史文献中"坚""刚""硬"三词词义的异同；徐时仪（2016b）建构了《朱子语类》中表达软硬反义概念词语的聚合网络；徐时仪（2016a）探讨了汉语不同历史时期软硬反义类聚的词义演变情况；汪维辉（2017a：381—389）考察了"硬"与"坚""刚"的历时替换过程；张相（1953：154—156）、太田辰夫（2003/1958：254—255）、李宗江（2016：180—181、204、214）、杨荣祥（2005：161—162）、李冬梅（2012）、吴福祥（2015：128—129）等学者讨论了"刚"的各种副词用法及其演变路径。

本章尝试借鉴 MLexT 的理论框架和研究方法来考察汉语"硬""软"语义场的历史演变情况。与国内已有的语义场演变研究相比，本章至少有三点不同。

其一，研究角度新。以往的研究多囿于汉语自身体系之内，这在一定程度上影响了对汉语词汇演变的个性特征、类型变异等问题的研究深度和广度，本章则从类型学角度考察"硬""软"语义场历史演变的跨语言共性和个性。

其二，采用新的理论框架来探讨汉语词汇系统的历史演变问题。本章借鉴 MLexT 基于参数及语义框架的方法，考察汉语"硬""软"语义场内部结构在不同历史时期的演变情况，尝试回答以下三个问题：①与国内分析词汇系统演变的方法相比，基于框架的方法有何优点和限制？②与英语、俄语等语言的词汇化方式相比，汉语 HARD、SOFT 概念的历时词汇化[1]策略具有哪些共性与个性特征？③与其他自然语言相比，利用历史文献考察出来的词汇系统具有哪些特点？其形成的原因何在？

---

[1] "词汇化"（lexicalization）主要有两种含义：第一，指共时现象，即概念编码成语言中的词来进行表达（the coding of conceptual categories），如 Talmy（1985，2000）从跨语言角度对运动事件的研究。第二，指历时现象，即原来的句法组合后来成为词汇单位，或不再具有句法能产性（Brinton and Traugott, 2005:19—22），如董秀芳（2011, 2017）的系列成果。两种现象既有区别又有联系。本章所用"词汇化"的含义为前者，但是从历时演化的角度来讨论的，即考察在汉语的不同历史时期，HARD 概念分别被编码成了什么样的语言形式。

其三，扩大研究范围，把符意学视角（semasiological perspective）和定名学视角（onomasiological perspective）的考察结合起来。[1] 国内已有的语义场演变研究（吕东兰，1998；谭代龙，2008；等等），大多数是从定名学视角讨论场内成员及其分布的历时变化情况；随着认知语言学对实词多义性研究的关注，渐有学者（蒋绍愚，2008；张立红，2013；等等）从符意学视角考察特定语义场成员在不同历史时期的语义衍生情况。至今鲜有学者将两条路子结合起来对某一语义场进行深度研究。但"只有将符意学和定名学的视角相结合，才能获得词汇变化的全貌"（Koch，2016：23）。MLexT主持的多个大型项目，如旋转动词（Rakhilina，2010）、疼痛谓词（Reznikova et al.，2012）、物理属性词等，都是将两个视角结合起来进行系统考察的。本章除了讨论汉语"硬""软"语义场内部结构的变化，还将分析场内各成员在不同历史时期语义衍生模式的跨语言共性和个性。

本章语料调查的范围包括汪维辉教授自建语料库[2]和中国基本古籍库[3]，以及《汉语大字典》《汉语大词典》《现代汉语方言大词典》《汉语方言大词典》等工具书。

---

[1] 符意学和定名学是词汇演变研究的两种主要视角：定名学研究一个特定概念的不同指称，是从意义到语言形式的研究路径；符意学则关注某一概念的语义关联和语义衍生，是从语言形式到意义的研究路径（参见 Traugott and Dasher，2002：25—26；Grondelaers and Geeraerts，2003：71）。

[2] 该语料库涵括了目前国内做汉语史研究常用的多种语料库，包括北京大学中国语言学研究中心（CCL）语料库、汉籍全文检索系统、二十五史全文检索系统、《大正新修大藏经》等公共电子资源库以及朱冠明、古月、郭锐等研发的个人语料库。在以上语料库的基础上，选取其中口语性较强、作者或创作时代较为确定的文献，按照文献语言所代表的时代进行了分期。

[3] 中国基本古籍库是中国有史以来最大的历代典籍总汇，但利用该库进行汉语史研究也存在一些问题：第一，该库的文献是按照著者、编者、辑者生活的年代，而非根据文献语言实际上所代表的时代来分期的。第二，收入的古籍，有一些是伪书，有一些在所属时代上有较大争议，还有一些语料的性质不纯、有较多后人改动或窜入部分。第三，收录的相当一部分文献都是纯文言性质的，不能反映出实际语言的变化情况。第四，一些口语性较强的文献没有收录。

第 2 节　定名学视角下汉语"硬""软"语义场的历史演变

本节先介绍 MLexT 通过跨语言调查确立的"硬""软"语义场的参数、语义框架、概念空间及收词标准；再据此考察汉语不同历史时期两个语义场的历史演变情况；之后，讨论采用语义框架来表征历时词汇系统方法的优点与限制，并分析汉语 HARD、SOFT 概念历时词汇化策略的共性与个性、汉语"硬""软"语义场词汇系统的个性特征及其成因等问题。

2.1　研究背景与理论基础

2.1.1　"硬""软"语义场的参数和框架

MLexT 是在莫斯科语义学派的基础上形成的，其主要研究思路是将莫斯科语义学派辨析同义词的方法与语法类型学家的研究方法相结合，通过跨语言比较来确定某语义场的典型框架（frame）和参数（parameter），采用基于语义框架的方法来表征不同语言的词汇系统，通过构建语义图（semantic maps）和划分词汇等级序列来体现各语言词汇系统的共性与差异（Rakhilina and Reznikova，2014）。

MLexT 的"参数"指具有区分特定语义场中不同成员作用的语义特征

(Rakhilina and Reznikova，2016：104)。[1]"硬""软"语义场的核心义是"受外力作用后不容易/容易改变形状",判断软硬的典型方法是触觉感受(Pavlova，2014)。"硬""软"语义场的参数主要与施力方式及受力物的形状变化相关,分为以下四种。

①施力方式：按压、抚摸、揉、捏、对折、弯曲等。

②施力主体：手、脚、牙齿、整个身体、工具等。

③受力物能否恢复原状。物体受外力作用后会出现三种可能：有弹性的物体可以自动恢复原状,如沙发；可塑性物体可以通过外力恢复原状,如橡皮泥；有些物体则不能恢复原状,如水果、石头。

④施力者能否陷入受力物内部。在判断物体软硬时,沙子、泥土、木材、食物等允许施力者陷入其内部；而像脸蛋、枕头、布料等物体,在正常情况下要保持自身的完整性,不允许外物破坏其表层并陷入其内部组织中（李亮，2015：111）。

"框架"指由参数组合而形成的典型场景。由于论元对场景起决定性作用,MLexT经常会选择一个典型的论元来指称整个框架（Rakhilina and Reznikova，2016：105）。根据Pavlova（2014）和李亮（2015：112—114）,"硬""软"语义场共有十个语义框架。

①食物：又分为"吃东西"和"触摸食品"两种情况。在"吃东西"子框架中,软硬程度指的是某种食物的口感；在"触摸食品"子框架中,施力者通过触摸拿捏等来感知食物的软硬程度。

②支撑面：这一框架是指用以充当人行走或站立的支撑面,包括水泥

---

[1] "参数"在语言学中多用在生成语法的"管约论"（Government and Binding Theory）中,"参数"标定一条语法原则在不同语言中体现的变化,其作用是把抽象的原则转化成具体的规则,它们通过与原则的相互作用可以形成语言中各种各样的结构（程工,1999：8）。 MLexT的"参数"指具有区分特定语义场中不同成员作用的语义特征。 但其与传统语义成分分析中的"义素"有所不同："义素"都是独立的语义特征,"参数"之间可能存在语义关联（Rakhilina and Reznikova,2016：104）。 在跨语言研究中,参数的价值主要体现在两方面：一是规避设计问卷时可能出现的漏洞；二是通过参数的共现情况,发现语义场内各个语义特征之间的关联（李亮,2015：8）。

面、冰面、地毯、沙滩、泥地、雪地等。施力方式通常是踩压，依靠脚与支撑面的接触来判断物体的软硬。

③家具：这一框架是按照成员的使用目的来划分的，其目的是支撑人的整个身体或身体的某部分。家具类的软硬通常是靠身体的某部分去感受。

④身体部位：指整个身体及身体的各个部位，包括腮帮子、嘴唇、指头、臀部等，甚至包括皮肤或者体内出现的肿瘤之类的物体。该框架仅考察身体部位跟按压动作相关的用法，其他情况如身体部位的柔韧性是否好、感觉某个部位是僵硬的等，都不纳入该框架的考察范围。这一框架的特点是接触身体部位时，接触者不可能陷入身体内部，并且互动后身体部位通常会恢复原来的形状。

⑤离散物质：这一框架包括沙子、土、粉、雪等。这些物质没有固定的形状、容易变形，对它们施力经常会导致陷到里面去，施力后它们也无法自己恢复原状。

⑥塑性物质：这一类物体可以较自由地变形，如橡皮泥、面团、泥团等，由于其变形程度取决于施力的大小，因此也有软硬之分。在这一框架内，主要的施力方式是按压，施力主体是手。

⑦碎性物质：这类物质都较硬，如石头、木头、冰等，受外力影响后它们易碎，不易变形。

⑧纺织品：这一框架包括各种纺织品和比较薄的片状物品（如一张纸、一块布）。从维度的角度来看，它们的共同点是厚度明显小于长度和宽度，因此比较容易对折。从功能的角度来看，纺织品大部分是衣服类，人可以将衣服穿在身上，用身体的感受来判断其软硬。"鞋"类也归入该框架。

⑨毛类物体：这一框架包含各种有凸出来的、毛茸茸的部分的物体，如体毛、头发、胡须、毛皮、松针等。这类物体的特点是，其软硬主要是通过"抚摸"而不是"按压"的动作来判断。

⑩条形物体：判断这个框架中物体的软硬时，需要对其施加"弯曲""对折"而非"按压"的力。属于此类的主要有绳子、柳枝、铁丝等物体。

值得注意的是，同一物体因其功用不同，导致接触它的方式有差别，从而会分属不同的框架。故在确定某一物体属于何种框架时，还需参考其所出现的具体语境。

除了以上所述的描述物体类型及与它进行互动的方式的框架之外，"软"语义场还有一个特殊参数，即积极/消极的评价。该参数在一些语言中能起到区别词语的作用。如尼日尔—刚果语系多贡亚语支 Tomo-Kan 语中的 hwèjí-hwèjí 指普通的"软"，bùrɛ́-bùrɛ́ 指积极评价的"软"（李亮，2015：111—114）。

2.1.2　"硬""软"语义场的概念空间及收词标准

2.1.2.1　"硬""软"语义场的概念空间

语义图模型是近年来语法类型学广泛使用的一种重要的语义分析方法。语义图模型中的概念空间（conceptual space）是通过跨语言比较建立起来的普遍的语义空间，语义图（semantic map）则是特定语言相关编码形式的多功能模式在概念空间上的实际表征，体现了不同语言对同一概念空间的不同切割方式（参见 Haspelmath，2003；Croft，2007；张敏，2010；吴福祥，2014；等等）。MLexT 采用语义图模型来表征词汇语义的跨语言共性和类型倾向（Koptjevskaja-Tamm et al.，2010；Rakhilina and Reznikova，2014；Rakhilina，2016；等等）。在 MLexT 的研究中，概念空间由节点和连线两部分组成，节点代表在不同语言中发现的框架，连线则表示某种语言用一个词来指称相关的框架（李亮，2015：11）。MLexT 认为，语义图模型可以直观地展示语义场的内部结构，用于比较相同语义场在不同语言词汇化策略方面的异同。同时，语义图还具有一定的预测能力：通过观察两个节点之间是否有关联，可以知道在不同的语言中哪些框架可能用同一个词来表示（Rakhilina and

Reznikova, 2014；李亮, 2015: 11；Koptjevskaja-Tamm et al., 2016）。

李亮在 Pavlova（2014）的基础上，将十种语言中该语义场核心成员框架的出现情况进行了合并和简化，由此构拟了"硬"语义场的概念空间，如图 1 所示。[1]

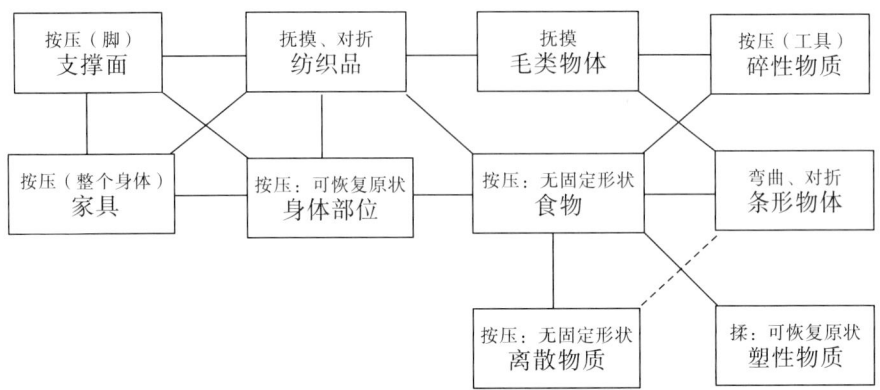

图 1　"硬"语义场的概念空间（李亮，2015）

李亮将"软"语义场的概念空间构拟为图 2。[2]

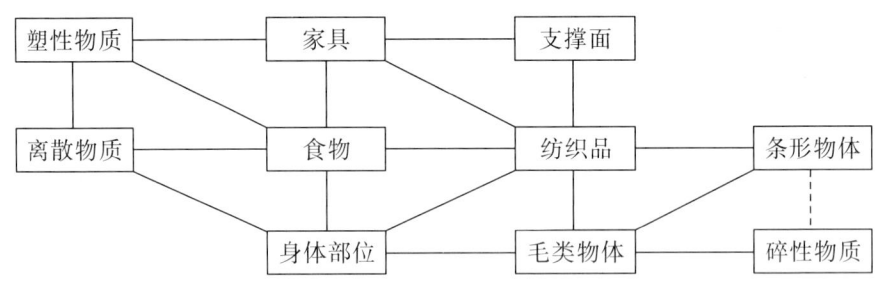

图 2　"软"语义场的概念空间（李亮，2015）

---

[1] 图中条形物体与离散物质之间的虚线，为笔者根据汉语的情况所加，原图没有。 详参 2.4.2。
[2] 图中碎性物质和条形物体之间的虚线，为笔者根据汉语的情况所加，原图没有。 详参 2.4.2。

2.1.2.2 "硬""软"语义场的收词标准

为了确保比较对象的同一性（identity），MLexT 在进行跨语言数据收集时设立了一些收词标准：如仅重点考察与触觉感受相关的 HARD、SOFT 语义框架，而排除依靠视觉获得的软硬信息，因其偶然性较大，难以穷尽性描述；在确定某词是否应该收入时，除了考察该词能够搭配的主体及该主体所属框架之外，还要考虑搭配后产生的意义是否完全符合该语义场的核心义；等等（李亮，2015：40—42、111）。

在确定语义场成员时，我们严格遵循 MLexT 设立的收词标准。如语料库中"坚实"尽管可以与大地、炭、金玉、木、方竹、佛顶骨、衣等搭配，但因各例中"坚实"不仅具有"坚硬"义，还含有"结实、抗破坏"义，故将其排除。同理，"硬实""强劲"等复音词也都未收录。再如"强"和"固"。《字汇·弓部》："强，木强，不柔和也。"《淮南子·主术训》："木强而斧伐之。""强"的该用法在《齐民要术》中多见，其他文献中用例不多。《齐民要术》中"强"既可与"〔蒜〕根、秋毛、地、土"等物体搭配，还可组成复音词"强硬""硬强"，分别用于修饰"疥"和"缯体"。由于这些组合在语义上偏重于"坚韧"义而非"坚硬"义，故以上词语都未收录。"固"为形声字，从囗，古声，本义指坚固。《玉篇·囗部》："固，坚固也。"清段玉裁《说文解字注·囗部》："凡坚牢曰固。"《左传·襄公十年》："晋荀偃、士匄请伐偪阳，而封宋向戌焉。荀罃曰：'城小而固，胜之不武，弗胜为笑。'"《庄子·胠箧》："然而巨盗至，则负匮、揭箧、担囊而趋，唯恐缄、縢、扃、镝之不固也。"可见，"固"虽也含有"坚硬"义，但其语义侧重于坚固、结实、抗破坏能力强等意义，故也将其排除。又如"柔韧"（亦写作"柔肕""柔忍""柔刃"等字形），语料库中可分别用来形容杞、竹、松、柏、木等可以作为木材的乔本植物，蒲苇、麻、〔营〕根等草本植物，箭、服、耟等用木材所制作的物体，以及帛、绢等纺织品，但这些搭配中的"柔韧"除了表示"柔软"义，还具有坚韧、有韧性之义,且判断"柔韧"典型的施力方式与"软"也不同,故本章将其排除。

2.2 汉语"硬"语义场的历史演变

本节分先秦至西汉、东汉至隋、唐宋、元明清四个时期,考察"硬"语义场成员及其语义框架的历史演变情况。

2.2.1 先秦至西汉的上古时期

上古时期,"硬"语义场的成员有"坚""刚""刚坚"三个,其中"坚"是该语义场的核心成员,出现频次较高,"刚"用例不多,"刚坚"仅出现了2例。

《说文·臤部》:"坚,刚也。从臤从土。"段注:"土刚也。'土'字今补。""坚"最初指土地坚硬,引申开来,任何物体只要具有内部组织紧密、在外力作用下不易改变形状的特性都可以称为"坚"。上古时期"坚"共出现在七个框架中,其中支撑面、纺织品、毛类物体三个框架中的用例都仅偶见,如例(1)(2)(3)。[1] 当土地、沙地等用于充当人、车等行走的支撑面时,属于支撑面框架,如例(1);当描述其难以犁或挖时,则属于离散物质框架,如例(4)。在这种情况下,土地通常被视为一个整体,不属于典型的离散物质(李亮,2015:141)。条形物体框架出现的物体有茎、苗、枝、稻薪等,如例(5)。在身体部位框架中,一般文献中"齿、角"与"坚"的搭配最为常见,如例(6),但这些并非该框架的典型成员。在《素问》《灵枢经》等医书中,"坚"不仅可以用来形容唇、耳、爪、皮肤、腹、肉等外在部位,还可以形容筋骨、肉肠、心、肺、肝、脾、肾等内在部位及体内出现的肿瘤等。如《灵枢经·刺节真邪第七十五》:"已有所结,气归之,津液留之,邪气中之,凝结,日以易甚,连以聚居,为昔

---

[1] 每例所属框架用"[ ]"标注在例句后;篇幅所限,每个框架仅举1例,下文同。

瘤，以手按之坚。"[1] 碎性物质框架中物体的种类最为多样，有冰、石、玉石、金、木、材、瓠等，如例（7）。

（1）夫子曰："车唯恐地之不<u>坚</u>也，舟唯恐水之不深也。"（《尸子·劝学》[2]）[支撑面]

（2）革欲其荼白，而疾浣之，则<u>坚</u>；欲其柔滑，而腥脂之，则需。（《周礼·冬官考工记·鲍人》）[纺织品]

（3）故月满则海水西盛，人血气积；肌肉充，皮肤致，毛发<u>坚</u>，腠理郄，烟垢著。（《灵枢经·岁露论第七十九》）[毛类物体]

（4）<u>坚</u>地欲直庇，柔地欲句庇。直庇则利推，句庇则利发。（《周礼·冬官考工记·车人》）[离散物质]

（5）子能使<u>藁</u>数节而茎<u>坚</u>乎？子能使穗大而<u>坚</u>均乎？（《吕氏春秋·士容论·任地》）[条形物体]

（6）示之其<u>齿</u>之<u>坚</u>也，六十而尽相靡也。（《战国策·楚策·或谓黄齐》）[身体部位]

（7）玉石之<u>坚</u>也，奚可刻？（《逸周书·周祝解》）[碎性物质]

《说文·刀部》："刚，强断也。"段注："强者，弓有力也，有力而断之也。……引申凡有力曰刚。"所谓"强断"，即在强力作用下宁断不弯之义。《字汇·刀部》："刚，坚也。"但"坚"和"刚"的词义却有细微差别："坚"表示的是结合紧密、凝聚力强、不易变形，"刚"表示的则是坚硬有力、不易弯曲；"坚"的反义词是内部组织疏松、易碎易裂的"脆"，"刚"的反义词是可以自由弯曲的"柔"；破坏坚物多用"碎""坏"之类

---

[1]《灵枢经》和《素问》的成书过程较为复杂，在流传中可能有后人的增补修缀。
[2]《尸子》一书南宋时已亡佚，至清代方被辑佚成书。许多学者对辑佚本《尸子》提出种种质疑，认为其是后人依托。据刘建国（2004：287）、寇志强（2018）等的考证，该书确为先秦典籍，并非伪书。此书的语料可能会有后人改动或羼入的部分。

的动词,"刚"状态的破坏所用的动词却是"屈""挠""折"之类表弯曲、断裂的词(参见王凤阳,2011:945)。表示 HARD 义的"刚"在上古时期尽管使用频次不高,但也可出现于五个框架中,见例(8)至(12)。其中例(8)中的"薇"为菜名。《诗经·召南·草虫》"言采其薇"条陆玑疏:"薇,山菜也。茎叶皆似小豆,蔓生。其味亦如小豆,藿可作羹,亦可生食。"例(9)"刚土"即硬土。例(10)"刚木"指木质坚硬的树木。

(8) 采薇采薇,薇亦刚止。(《诗经·小雅·采薇》)[食物]

(9) 垆埴冥色,刚土柔种。免耕杀匿,使农事得。(《吕氏春秋·士容论·辩土》)[离散物质]

(10) 又北二百里曰北岳之山,多枳棘刚木。(《山海经·北山经》)[碎性物质]

(11) 金刚则折,革刚则裂;人君刚则国家灭,人臣刚则交友绝。(《说苑·敬慎》)[纺织品]

(12) 木之所伤也,皆伤其枝,枝之刚脆而坚,未成伤也。(《灵枢经·五变第四十六》)[条形物体]

此期还出现了"刚坚"连文的两个用例。一例用于离散物质框架,《管子·地员》:"垆土之次曰五纑,五纑之状强力刚坚。"此例中"纑"通"垆"[1],指黑色坚硬而质粗不黏的土壤。一例见于北魏贾思勰《齐民要术》卷二"种麻第八"所引西汉晚期的农学著作《氾胜之书》:"种枲太早,则刚坚、厚皮、多节;晚则皮不坚。宁失于早,不失于晚。"此例中的"枲"无论归入哪个框架似乎都不典型(详参 2.4.1 的讨论)。

---

[1] 郭沫若等集校引汪继培曰:"'纑',即'垆'之借字。《说文》'垆,刚土也',《尚书释文》引作'黑刚土也',字亦作'卢'。《释名》'土黑曰卢,卢然解散也'。"

2.2.2　东汉至隋的中古时期

中古时期，“硬”语义场发生了三个方面的变化：已有单音词“坚”“刚”的用法有所扩展；出现了新的单音词“硬”，且其发展势头极为强劲；复音词除了“刚坚”继续沿用之外，又新出现了“坚硬”“坚强”“坚刚”“坚确”“刚强”等。

2.2.2.1　“坚”“刚”用法的扩展

中古时期“坚”新出现了两个框架，其中塑性物质框架的用例不多见，食物框架则出现了多种不同类型的物体，有冬瓜、瓠（指瓠瓜）、米、果、饭、〔木威〕子、餢飳（即发面饼）、干肉等，见例（13）（14）。“坚”在上古出现的框架在此时期用例的类型更为多样，像碎性物质框架有瓦、金铁、玉李玉瓜玉桃、柘（即柘木）等，条形物体框架有绳、绞（音 xiáo，指饰带）、萁（即豆秆）、枸杞根、稻薪、茎等，纺织品框架有韦布、纸等，毛类物体框架有髻、发根等。离散物质框架中出现了典型物体“土”，如《大戴礼记·易本命》：“是故坚土之人肥，虚土之人大。”支撑面框架新出现了“冰”，如汉刘珍《东观汉记·王霸列传》：“〔王霸〕白曰：‘冰坚可渡。’众大喜。……遂前，比至冰合可渡，上令霸护渡。”值得注意的是，纺织品框架的典型物体如韦布、兵服、裳韦、不借（即鞋子）、屦、箙（指兽皮做的装箭的袋子）、幂（指覆盖东西的巾、幔）等布料、衣物、鞋子与“坚”搭配时，更多表示“坚韧”义而不表示“坚硬”义。如汉史游《急就篇》：“裳韦不借为牧人，完坚耐事逾比伦。”唐颜师古注：“韦，柔皮也；裳韦，以韦为裳也。不借者，小屦也，以麻为之。其贱易得，人各自有，不须假借，因为名也。……言著此衣履屦者，必须完全坚韧、堪任事务、经历长久，乃得逾于等类不破坏也。”此期语料中也出现了家具与“坚”的搭配，如东晋佛陀跋陀罗共法显译《摩诃僧祇律》卷三：“卧床坐床缓坏者,应更织令坚。"(22/503b[1])但例中的"坚"表示"坚固"义。

(13)四五日,泹泹时,绳穿胶饼,悬而日曝。极干,乃内屋内。悬纸笼之,以防青蝇尘土之污。夏中虽软相著,至八月秋凉时,日中曝之,还复<u>坚</u>好。(《齐民要术》卷九"煮胶第九十")[塑性物质]

(14)果<u>坚</u>者得取洗,唼烂者不应取。(《摩诃僧祇律》卷十六,22/357c)[食物]

"刚"[2]上古已有的框架中,碎性物质框架用例的增加最为明显,有铁、金玉、玉、金、木等;条形物体框架中新出现了铁丝、条(即树枝),离散物质框架中出现了炭。"刚"此期新出现的框架仅有毛类物体和支撑面。前者如梁僧旻、宝唱等集《经律异相》卷五十:"三十四曰饿鬼,身长十里或五里,身毛刚利,悭不施食,实有言无。"(53/267c)后者如《周礼·冬官考工记下·车人》:"〔车〕行泽者反辀,行山者仄辀。"东汉郑玄注:"'侧'当为'仄'。山地刚,多沙石。"上古已出现的食物框架在此时期消失,因该框架的物体如〔酒〕曲、饭、杏酪粥等与"刚"搭配时,都表示"水分少、干、稠"义[3],而不表示"坚硬"义。

2.2.2.2 新出现的单音词"硬"

"硬"[4]又写作"鞕"[5],《广雅·释诂一》:"鞕,鏗也。"王念孙疏证:"各本'鏗'下俱脱'坚'字。"《玉篇·革部》:"鞕,坚也。亦作硬。"又《石部》:"硬,坚硬。"《集韵·映韵》:"鞕,《博雅》:'鏗也。'

---

[1] 本章引用佛经据日本大正一切经刊行会编《大正新修大藏经》,括号内斜线前、后的数字分别为所引佛经在《大正藏》中的册数和页码,a、b、c分别表示上、中、下栏。下同。
[2] 此期佛经中"刚"或写作"靬"。
[3] 参看汪维辉(2007:206)"刚"条。
[4] "硬"有不同的写法,文中在不需要区分字形时统一写作"硬"。
[5] "鞕"又有异体字"鞕"和俗讹字"輁"(参见《汉语大字典》,第4628页)。"鞕"还讹作"鞭"。

或从石。"还写作"䩕"[1]，唐慧琳《一切经音义》卷十三"不䩕"条："《韵英》云：'坚也。'俗作硬，或作䩕。"据慧琳《一切经音义》，在唐代"鞕"还是正体，"硬"和"䩕"是俗体。后来通作"硬"[2]，并沿用至今。据汪维辉（2017a：381—389）的考察，该词最早见于东汉医书中，到北魏的《齐民要术》里，已用得相当普遍，排除引书的用例，贾思勰笔下"硬"和"坚"的出现次数是26和57，接近1∶2。"硬"表示组织紧密、不易变形，综合了"坚""刚"两者的特性，兼表不弯曲和不柔软，故它的反义词是内部组织疏松、可弯可扁、可以变成任何形状的"软"。（王凤阳，2011：945）中古时期，"硬"的用例及所属框架见例（15）至（20）。其中食物框架的用例类型最多，有糖、蜜、米、〔枣〕皮、〔鱼、子鹅、子鸭〕肉、栗、干枣、〔木威〕子等。在身体部位框架中，"硬"既可描写肌肉、肤、小腹等身体部位，也可形容身体中郁结成的硬块，还可指马、牛等的蹄子。离散物质框架有土块、地等物体，碎性物质框架出现石、冰、檀木等。

（15）供厨者，子鹅百日以外，子鸭六七十日，佳。过此，<u>肉硬</u>。（《齐民要术》卷六"养鹅鸭第六十"）［食物］

（16）不如此而早耕，<u>块硬</u>，苗秽同孔出，不可锄治，反为败田。（《齐民要术》卷一"耕田第一"）［离散物质］

（17）酒尽出时，<u>冰硬</u>糟脆，欲似石灰。（《齐民要术》卷七"笨曲并酒第六十六"）［碎性物质］

（18）<u>书</u>有毁裂，䴡方纸而补者，率皆挛拳，<u>瘢疮硬厚</u>。（《齐民要术》卷三"杂说第三十"）［纺织品］

（19）骨髓生，血满，<u>肌肉紧薄鲜鞕</u>。（《伤寒论·平脉法》）［身体部位］

---

［1］ "䩕"又有俗讹字"䪨"，参见汪维辉（2017a：383）。
［2］ 明代另有写作"哽"的字形。如明单本《蕉帕记·闹钗》："你还要唠叨嘴哽，纵乱坠天花，教我怎生来听。"

（20）凡作林木，远者疏平，近者高密。有叶者枝柔，无叶者枝硬。（荆浩《画山水赋》）［条形物体］

2.2.2.3 中古"硬"语义场的复音词

东汉以后，随着汉语双音化进展的加快，"硬"语义场新出现了"坚硬""坚强""坚刚""坚确""刚强"等多个复音词，下文将按照其框架种类的多少依次列举各复音词的用例。

坚硬：

（21）〔饴偷〕若待熟始翻，杖刺作孔者，泄其润气，坚硬不好。（《齐民要术》卷九"饼法第八十二"）［食物］

（22）地恒润泽而不坚硬。（《齐民要术》卷一"耕田第一"）［离散物质］

（23）肉长尺半已上，皮骨坚硬，不任为脍者，皆堪为鲊也。（《齐民要术》卷八"作鱼鲊第七十四"）［身体部位］

（24）粗毛氍钦跋有五种不可事，何等五：寒时大寒，热时大热，粗涩坚硬，令人皮粗。（弗若多罗译《十诵律》卷二十七，23/198a）［纺织品］

（25）譬如铁虽坚鞭，入炉则柔软，随作何器。（鸠摩罗什译《大智度论》卷六十一，25/489b）［碎性物质］

（26）右十一味咬咀，以猪脂四升微火上煎，一沸一下，白芷黄即成膏，傅（敷）之，坚硬者，日可十易。（龚庆宣《刘涓子鬼遗方》卷五）［塑性物质］

（27）若待秋子成而落，茎既坚硬，叶又枯燥也。（《齐民要术》卷三"荏、蓼第二十六"）［条形物体］

坚强：

（28）夏月食水时；此二饼，得水即坚强难消，不幸便为宿食伤寒病矣。（《齐民要术》卷三"杂说第三十"）［食物］

（29）欲言匕首之利，荆轲势盛，投锐利之刃，陷坚强之柱，称荆轲之勇，故增益其事也。（《论衡·儒增》）［碎性物质］

（30）我今身体时热时寒，举身坚强，犹如铁砧。（《经律异相》卷五十，53/264b）［身体部位］

（31）其土黑坚强之地，种未生前遇旱者，欲得令牛羊及人履践之；湿，则不用一迹入地。（《齐民要术》卷二"旱稻第十二"）［离散物质］

坚刚：

（32）水之寒也，火之热也，金石之坚刚也，此数物未尝有言而人莫不知其然者，信著乎其体也。（徐幹《中论·贵验》）［碎性物质］

（33）初下酿，用黍米四斗。再馏，弱炊，必令均熟，勿使坚刚生减也。（《齐民要术》卷七"造神曲并酒等第六十四"）［食物］

（34）齿坚刚卒尽相磨，舌柔顺终以不弊。（《孔丛子·抗志》）［身体部位］

此外，还有"坚确"用于离散物质和身体部位框架。《齐民要术》卷五"种蓝第五十三"："栽时，宜并功急手，无令地燥也。……栽时既湿，白背不急锄，则坚确也。"《释名·释形体》："项，确也，坚确受枕之处也。""刚强"仅用于描写离散物质框架的山田、地和土。如《齐民要术》卷二"大小麦第十"："其山田及刚强之地，则耧下之。"上古出现的"刚坚"，此时期仅见用于离散物质和碎性物质框架。例如《水经注》卷二"河水二"："地广千里，皆为盐而刚坚也。"《全上古三代秦汉三国六朝文·全晋文·潘尼〈玻璃碗赋〉》:"刚坚金石,劲励琼玉。磨之不磷,涅之不浊。"

需要说明的是,"坚硬"和"坚强"用于身体部位框架时,既可形容人的肌肤、身、心下、腹中等部位,如例(30),也可描述鱼鳖的皮骨、虎豹的爪牙等,如例(23)。但它们与身体部位的筋骨、肌肉、骨节、百体、形体骨干等搭配时,更多表示"强壮"义而非"坚硬"义。例如晋葛洪《神仙传·彭祖》:"骨节坚强,颜色和泽,老而不衰。""坚硬""坚强"修饰叶、匏叶、〔蕨〕叶时,指其坚硬而不可食用,故将这些物体归入食物框架中。例如《齐民要术》卷二"种瓠第十五"引三国吴陆玑《诗义疏》云:"匏叶,少时可以为羹,又可淹煮,极美;故云:'瓠叶幡幡,采之亨之。'(河东及扬州常食之。)八月中,坚强不可食,故云:'苦叶。'""坚刚"主要用于描述质地较为坚硬的物体,如碎性物质框架的金石、铜柱、金、玉、石、铜、柏等及身体部位中的牙齿。

2.2.3 唐宋时期

唐宋时期,"硬"的用法继续发展,新出现了塑性物质(有膏、泥等)、毛类物体(有毳缕、虬、鬓、毫毛、发、羽等)、家具和支撑面四个框架,如例(35)至(38),但后两个框架的用例极少。已有框架用例的类型也更为多样,如食物框架出现了饼、餐物、山菜、饭、〔茶〕叶、菱、肉、猪血、蕨叶、药、丹、竹笋、粳粟米等,身体部位框架有人体的骨、手、肉、遍身、腰背项、疮、丁肿、乳结核、肿结、癖块及动物的骨、嘴、爪、蹄、壳、鳞等,碎性物质框架有石、〔椰子〕壳、〔石栗〕壳、〔海虾〕钳、铁、饭石、珠等,纺织品框架有瑞锦、绢、帽、鞋、靴、冠子、书、纸等,条形物体框架有枝条、枝、线、苗等。宋代,"硬"后新出现了带两字附加成分的结构,如硬纠纠、硬赳赳、硬剥剥等。这些三字结构都是形容词,后面的附加语素是加强"硬"的语义的(岳秀文,2013)。"硬"还用于民间俗语,如"踏着秤锤硬似铁"。宋代笔记中出现的以"硬"命名的杂手艺名"打硬"和戏名"硬鬼",更是当时口语的反映。

(35)捣好甘土，绢筛，水和作泥，<u>硬</u>软如坯瓦泥。(孙思邈《备急千金要方》卷三十九"胆腑方")［塑性物质］

(36)太原毯涩毳缕<u>硬</u>，蜀都褥薄锦花冷。(白居易《红线毯》)［毛类物体］

(37)漂泊离巢燕，弯跧负壳蜗。瘦嫌莞席<u>硬</u>，老觉画屏奢。(范成大《鼎河口枕上作》)［家具］

(38)本是生驹形不全，四蹄轻薄痛无偏。只因胎气生时怯，走骤惟忧踏<u>硬</u>田。(《司牧安骥集》卷六"蹄薄痛第八")［支撑面］

与"硬"的强劲发展相反，"坚""刚"的用法总体上呈现萎缩趋势。首先，一些中古出现的框架在此时期消亡了。如"刚"的支撑面和毛类物体框架。其次，一些中古用例类型较多的框架到此期用例减少。如"坚"的食物、条形物体、纺织品、毛类物体框架。但不可否认的是，"坚""刚"在衰落的同时，也有发展的一面：一是"坚"的碎性物质和身体部位框架、"刚"的碎性物质和纺织品框架的用例类型都更为多样；二是"刚"新出现了与身体部位框架中齿、骨、角、筋、牙、爪、蹄等的搭配。

与中古相较，唐宋时期"硬"语义场的复音词发生了三个方面的变化：一是新词的产生。此期新出现了"刚硬"，用于描写食物和身体部位框架。例如北宋张君房辑《云笈七签》卷七十七："〔四镇神丸〕若刚硬，更下蜜令柔，复捣三万杵，药成。"宋《古尊宿语录》卷三十："遇冤则亲传虚果当，刚硬齿牙生铁肠脏。"二是已有词语用法的扩展。其一表现为框架的增加。如"刚强"在中古仅用于描写离散物质框架，而此时期新增了毛类物体、纺织品和碎性物质三个框架。"坚强"在中古有身体部位、食物、离散物质和碎性物质四个框架，而此时期则共出现了七个框架。其二是已有框架出现物体种类的增加。如文献中与"坚硬"的搭配，离散物质框架有良田、地、土、土地、炭、霜、砂等；身体部位框架有腹、皮肤、乳痛、眼睑、皮肉、疽、〔鲎〕壳、肾、疮、虎骨等；食物框架有〔皂荚〕子、〔食〕物、脯肉、肉、生槐子、药、决明子等。三是已有词语用法的萎缩。如"坚确"在中古可用于离散物质和身体部位框架，在此时期仅见其用于修饰碎性物质框架的小石、金玉。

2.2.4 元明清时期

元明清时期，"硬"成为"硬"语义场的核心成员，使用频率最高，能用于所有框架中。"硬"带后附成分的类型更为多样，有硬邦邦、硬彭彭、硬捌捌、硬沙沙、硬铮铮、硬触触、硬支杀等。"刚""坚"的用法进一步萎缩。"刚"仅出现了与身体部位框架的齿、喙、爪牙和毛类物体框架的鬃、须、髯、鬣以及碎性物质框架的金、玉、石、木等搭配的用例。"坚"尽管仍可用于食物、身体部位、碎性物质、纺织品和离散物质五个框架中，但除了碎性物质和身体部位，其他框架的用例都不多，且其用法较为受限：或是与其他形容词组成并列结构，如例（39）的"坚脆"；或是用于对举格式中，如例（40）"坚腹"与"硬翅"对文。

（39）萧山方柿，皮绿者不佳，皮红而肉糜烂者不佳，必树头红而坚脆如藕者，方称绝品。（张岱《陶庵梦忆》卷七"鹿苑寺方柿"）〔食物〕

（40）此物名为恙虫，尖头铁齿，硬翅坚腹，入人膏肓，善食心肺。（清溪道人《禅真后史》第四十九回）〔身体部位〕

元明清时期，"硬"语义场的复音词中，"坚硬""坚确""坚刚""刚坚"的用法进一步发展，"坚强""刚硬"逐渐衰微，"刚强"则完全从本语义场消失。"坚硬"的框架种类最多，出现在除家具之外的九个框架中，其中支撑面和毛类物体两个框架是此期新增加的。例如明何汝宾《兵录》卷十二："翎花用坚硬鹅毛胶粘丝缠坚固。"清温达等纂修的《亲征平定朔漠方略》："小车四百余辆，装载米石，于四月初九日已自喀伦起程，竭力趱行。于地土坚硬处,一日止可行三十余里。""坚硬"其他框架的用例也大增,如离散物质框架出现的搭配有田土、土、土地、泥土、沙、沙石、沙土、土块、石子砂礓、版土、海沙、黑炭、木炭、煤等。此外,"坚确"新增了食物框架(如银杏、瓠瓜、果),已有的碎性物质框架用例也大增,有金石、小石、水晶、松石、冰、至金、木等;"坚刚"新增了条形物体和离散物质两个框架,后者的搭配类型很多,有岸土沉沙、江湖之底、深山之谷、地、沙衍之地、土、炭等;"刚坚"新增了条形物体框架。衰微的成员中,"坚强"减少了塑性物质和家具两个框架,而"刚硬"仅见与离散物质框架中的淤地、土搭配,"刚强"除了引用前代古书,未见新的用例出现。

2.3 汉语"软"语义场的历史演变

本节分先秦至西汉、东汉至隋、唐宋、元明清四个时期,考察"软"语义场成员及其语义框架的历史演变情况。

2.3.1 先秦至西汉的上古时期

上古时期,汉语"软"语义场的主要成员是"柔"。《说文·木部》:"柔,木曲直也。"段玉裁注:"凡木,曲者可直、直者可曲曰柔。""柔"本是一种木料加工方法,指把木材放在火上烤过之后,将直者弯而使之曲或将曲者矫而使之直的行为。后来此义写作"揉"(亦作"輮""煣")。"柔"则用来形容木材可曲可直的这种特性,并进一步引申指物体外形的可变性(王凤阳,2011:948)。在我们所调查的语料库中,表示"柔软、不坚硬"义的"柔"出现在离散物质、身体部位、碎性物质、纺织品、毛类物体和条形物体六个框架中。例如:

(41)坚地欲直庛,<u>柔地欲句庛</u>。直庛则利推,句庛则利发。(《周礼·冬官考工记·车人》)[离散物质]

（42）夫雌雄相接，阴阳相薄，羽者为雏鷇，毛者为驹犊，<u>柔</u>者为皮<u>肉</u>，坚者为齿角，人弗怪也。（《淮南子·氾论训》）［身体部位］

（43）荏染<u>柔木</u>，君子树之。（《诗经·小雅·巧言》）［碎性物质］

（44）<u>革</u>欲其深白，而疾浣之，则坚；欲其<u>柔</u>滑，而腥脂之，则需。（《周礼·冬官考工记·鲍人》）［纺织品］

（45）凡祭宗庙之礼，牛曰一元大武，豕曰刚鬣，豚曰腯肥，羊曰<u>柔毛</u>。（《礼记·曲礼下》）［毛类物体］

（46）《诗》云："马之刚矣，<u>辔</u>之<u>柔</u>矣；马亦不刚，辔亦不柔。"（《逸周书·太子晋解》）［条形物体］

例（41）"柔地"指易于犁的田地，在这种情况下，土地通常被视为一个整体，不属于典型的离散物质（李亮，2015：141）。例（42）"柔者为皮肉"意为柔软的是皮肉，此处的"皮肉"指动物的皮肉，也属于身体部位框架。值得注意的是，文献中皮肉、肌肤、身体、皮、角等与"柔"搭配时，多表示柔软、不坚硬之义，而筋、筋骨、体等与"柔"搭配，表示的却是柔韧性好之义，此类搭配不在本节的考察范围之内。例（43）"柔木"指质地柔韧之木。例（45）"柔毛"为古代祭祀所用之羊的别称。孔颖达疏："若羊肥，则毛细而柔弱。"例（46）"辔"指缰绳。"柔"在上古出现的六个框架中，只有身体部位框架用例的种类较多，其他框架的用例种类都不多见。此时期的文献中也有食物框架的"酒、汤"等与"柔"搭配的用例，但例中的"柔"表示"温和"义而非"柔软"义。如《诗经·小雅·桑扈》："兕觥其觩，旨酒思柔。"

表示柔软义的"软"[1]，字形本作"輭"。《玉篇·车部》："輭，柔也。软，俗。"《集韵·獮韵》："輭，柔也。或从欠。"或写作"輮"。唐慧琳《一切经音义》卷十八："诸史书多音'輮'为'耎'，作'柔輮'用。"

---

[1] "软"有不同的写法，文中在不需要区分字形时统一写作"软"。

《集韵·獮韵》:"輭,柔也。"《字汇·车部》:"輭,与'软'同。杨用修曰:'俗作"软",从欠,盖"反"字之误。'"由《玉篇》《集韵》等字书的记载可知,表示"柔软"义的本字当为"輭","软"是"輭"的俗讹字。字形还偶见写作"耎"。《汉书·王吉传》:"数以耎脆之玉体,犯勤劳之烦毒,非所以全寿命之宗也。"颜师古注:"耎,柔也。"先秦至西汉时期,"软"仅出现在身体部位和毛类物体框架中。例如《灵枢经·阴阳》:"血少气多则胻毛少,外踝皮薄而软。"[1]《书·尧典》:"鸟兽皆生耎毳细毛以自温焉。"

此期复音词"软弱""柔软"也有表示"柔软、不坚硬"义的用例。"软弱"仅出现在身体部位框架中。《灵枢经·根结》:"夫王公大人,血食之君,身体柔脆,肌肉软弱,血气慓悍滑利。""柔软"用于碎性物质框架。西汉陆贾《新语·资质》:"夫楩楠豫章,天下之名木也……在高柔软,入地坚强。"此外,旧题西汉郭宪撰的《汉武洞冥记》中还出现了两例"柔软",分别属于身体部位和条形物体框架。卷一:"〔神精香草〕一根百条,其间如竹节柔软,其皮如丝,可为布。"卷四:"帝所幸宫人名丽娟,年十四,玉肤柔软。"后代学者或有疑《汉武洞冥记》一书非汉代人撰,当为六朝人伪托,然亦未有确据,故暂时存疑。

2.3.2 东汉至隋的中古时期

中古时期,"软"语义场内部结构最显著的变化表现为三个方面:一是"软""柔软"迅猛发展,成为该语义场框架种类最多的两个成员;二是"柔""软弱"的框架类型及用例有所增加;三是出现了新成员"柔弱"。

"软"和"柔"古同义,后来逐渐分化:"柔"重在不刚,可曲可直,可编可绕;"软"则重在组织疏松,反义词是"坚"和"硬"(王凤阳,2011:948)。"软"在中古时期发展迅猛,新出现了食物、家具、离散物质、塑性

---

[1] 《灵枢经》的成书过程较为复杂,在流传中可能有后人的增补修缀。

物质、碎性物质、纺织品、条形物体七个框架，分别见例（47）至（53）。其中食物、纺织品框架的物体类型较多，食物框架中出现了饎（指蒸熟的饭）、饭、溲（指以液体调和粉状物）、豆、粟、鱼、肉、木耳、〔膏藤〕津汁、枣、竹笋、饭、粳米、丸、水等，纺织品框架中有茧、衣、天衣、叠衣、叶、布、树叶等；其余框架的用例类型都不多，如离散物质框架仅有土、地、青沙良地，家具框架仅见床褥、座，碎性物质框架只有玉李玉瓜玉桃、石脑，条形物体框架只有绳、弓、柳枝。已有的身体部位和毛类物体框架的用例大增，前者有体、身、腹、皮、〔牛〕皮、体肉、尸骸、象鼻、手足等，后者有头发、〔牛〕毛、羊毛、鹿胎毛、草、线、氎等。

（47）五升齑，用十枚粟。用黄软者；硬黑者，即不中使用也。（《齐民要术》卷八"八和齑第七十三"）［食物］

（48）我当某月某日在阿耆河岸上，庄严其处，施竖幢幡，行列宝树间，敷妙座细软快乐，设供肴膳，作斯大会。（东晋佛陀跋陀罗共法显译《摩诃僧祇律》卷十六，22/353a）［家具］

（49）宜高平之地，黄白软土为良。（《齐民要术》卷五"种竹第五十一"）［离散物质］

（50）如是思惟已，直入山头石内，如入软埿[1]，入已山还合。（鸠摩罗什译《大智度论》卷三，25/79a）［塑性物质］

（51）石脑故如石，但小斑色而软耳。（陶弘景《真诰·稽神枢》）［碎性物质］

（52）尔王者之子，生于荣乐，长于中宫，衣则细软，饮食甘美。（康僧会译《六度集经》卷二，3/8c）［纺织品］

（53）若绳软忕直，虽举未波罗夷，一切离忕波罗夷。（《摩诃僧祇律》

---

[1]　"埿"同"泥"，湿泥。《集韵·齐韵》："埿，涂也。通作泥。"

卷三，22/250b）[条形物体]

（54）其女头发，自然细软，如绀青色。（慧觉等译《贤愚经》卷二，4/357c）[毛类物体]

中古时期，"柔软"在"软"语义场的复音词中使用频次最高，可出现于食物、支撑面、家具、身体部位、离散物质、碎性物质、纺织品、毛类物体、条形物体九个框架中，见例（55）至（63）。这些框架中，身体部位框架的类型最多，既可指整个身体或各个部位如手足、手、指等，也可指皮肤或皮肤上长出的疱。纺织品框架主要与衣物搭配，如金缕衣、素衣、衣服，也与幡（指长条形旗子）、缯纩（缯帛与丝绵的并称）、树叶等非典型物体搭配。例如，三国吴康僧会译《六度集经》卷二："山半有树，树叶致厚而柔软也。"（3/6c）家具、支撑面和碎性物质框架的物体种类极少，离散物质框架仅有非典型物体"地"。值得注意的是，当土地、沙地等用于充当人、车等行走的支撑面时，属于支撑面框架，如例（56）；当描述其易于犁或挖时，则属于离散物质框架，如例（59）。

（55）附地剪却春葵，令根上蘖生者，柔软至好，仍供常食，美于秋菜。（《齐民要术》卷三"种葵第十七"）[食物]

（56）其地柔软，譬如天衣，行时足下，蹈入四寸，举足还复。（昙无谶译《悲华经》卷一，3/167c）[支撑面]

（57）座甚柔软，两边各十六座。（法立共法炬译《大楼炭经》卷四，1/294c）[家具]

（58）时王顶上生一肉疱，其疱柔软。（昙无谶译《大般涅盘经》卷十二，12/437c—438a）[身体部位]

（59）又法：岁常绕树一步散芜菁子。收获之后，放猪啖之。其地柔软，有胜耕者。（《齐民要术》卷五"种桑柘第四十五"）[离散物质]

（60）乐画园观中有两石，一者名昙，二者名善昙，广长各二千里，石

甚柔软。(西晋法立共法炬译《大楼炭经》卷四,1/294c—295a)[碎性物质]

(61) 寻以香水洗浴其人,令著柔软上妙衣服。(昙无谶译《悲华经》卷十,3/228b)[纺织品]

(62) 皮毛柔软[1]细,右旋不受尘。(竺大力共康孟详译《修行本起经》卷上,3/464c)[毛类物体]

(63) 莎萝草细大如发,一茎百寻,柔软香滑。(王嘉《拾遗记》卷十)[条形物体]

此期"柔"呈现出缓慢发展的态势,仅新出现了食物框架,有鹿肉、肉、丹、丸等。例如梁僧旻、宝唱等集《经律异相》卷四十八:"有王名曰安住,其妇受胎,欲得须具善柔鹿肉。彼王遣来,受其君教。"(53/255a)离散物质框架中出现了典型物体土、脂等。《释名·释首饰》:"脂,砥也,著面柔滑如砥石也。""柔"上古已有的框架中,身体部位、碎性物质、纺织品、毛类物体和条形物体等框架的用例种类更为多样,如碎性物质框架的物体有金、石、金玉、锡、木、枳棘(指枳木与棘木)等。

中古时期,"软弱"表示"柔软"义主要用于毛类物体和条形物体两个框架中,前者如《齐民要术》卷六"养羊第五十七":"秋毛紧强,春毛软弱,独用太偏,是以须杂。"后者如《齐民要术》卷十"藤":"《临海异物志》[2]曰:'钟藤,附树作。根软弱,须缘树,而作上下条。'"文献中也有"软弱"与身体部位框架的体、身、腰肢等搭配的用例,但表示的是"柔韧"义。例如《玉台新咏·少年新婚为之咏》:"腰肢既软弱,衣服亦华楚。"

此期新出现了"柔弱"表示"柔软、不坚硬"义,用于碎性物质和条形物体两个框架中。例如《拾遗记》卷一:"下有金井……井中之金柔弱

---

[1] 按:修饰"皮毛"时也写作"柔蝡"或"柔蠕"。《后汉书·鲜卑列传》:"又有貂、豽、鼲子,皮毛柔蝡,故天下以为名裘。"《三国志·魏书·鲜卑传》裴松之注中,此句写作"柔蠕"。
[2] 《临海异物志》是我国记载夷洲民(今台湾高山族)历史资料的最早文献,旧题三国吴沈莹撰,但据赵伍(1999)考证,沈莹当为吴末晋初人。

可以缄縢也。"西晋嵇含《南方草木状》卷中:"指甲花,其树高五六尺,枝条柔弱,叶如嫩榆。"

2.3.3 近代前期的唐宋时期

唐宋时期,"软""柔软""柔"三个成员经过剧烈的竞争,"软"取得了强势主导词的地位,"柔软"也是"软"语义场的主导词,但使用范围和出现频次都低于"软","柔"则总体上呈现萎缩趋势;复音词"柔弱""软弱"与中古时期相比,用法有所发展;此期又新出现了复音词"松软"。

我们选择了唐宋时期口语性较强的数十部文献进行统计,"软""柔""柔软"出现的框架类型及各框架中出现的物体如表1所示:

表1 唐宋时期"软"语义场"软""柔""柔软"的框架及其物体类型

框架类型	软	柔软	柔
食物	枣、秫、秋葵、酒、新食、馔、饭、饮食、泉、鱼肉、柿、酸馅、枣糕、肉、蔬、土槟榔	食、粳粮黍粟五味	
支撑面	地、路、大地、长安道	地、地土、路	
家具	茵席、座、座褥、床席、毡席、床	床、床褥、鞘(指褥垫)	
身体部位	手、足、纤腰、腕、尸体、身体、象鼻、齿、舌儿、肌肤、肢体、角、皮肉	手脚、身肉、身体、肌体、玉肤、支体、肉、尸、手、足、身、疮疱、肉疱	玉体、身、体、指、肌
离散物质	土、沙、尘、红尘、胭脂、渣滓	粉霜	
塑性物质	泥		
碎性物质	石、金、玉、银钩、珠、铅、琉璃、玉李、绿杨、木	石脑、赤砺石、石、木、树	铁、簪、木、树

续表

框架类型	软	柔软	柔
纺织品	锦靴、鞋、鲛绡、丝、线、袖、锦袍、褥、绫、毡毯、木绵、吴绵、叶、木皮、锦、衣、絮、罗袖、香罗、云裘、莱衣、褥、手巾、布	桑叶、叶、衣、布帛、衣服、白练（指白绢）	毯、丝、金缕、叶
毛类物体	草、毳（指鸟兽的细毛）、龙须、根、毛	草、发、金毛	鬓、发、草、毛、毛羽
条形物体	绳、玉鞭、弓、杖、藤条、柳、枝	柳、枝条、枝	条、枝、垂杨、柳、柳条、杨柳、蔓

由表1可知，唐宋时期，"软"已成为"软"语义场的强势主导词，十个框架都有用例，且多数框架里用例的种类都较为丰富。此期新增的支撑面框架的用例，如白居易《行简初授拾遗，同早朝入阁，因示十二韵》："马骄欺地软，人健得天凉。""柔软"的用法尽管也有所扩展，但仅表现为已有九个框架中物体种类的增加，其所能搭配的词语的种类和数量显然都少于"软"。"柔"的用法总体来看呈现萎缩趋势，最显著的表现是框架数量减少，由中古时期的七个框架减为此时期的五个；身体部位、纺织品等框架中物体的类型也明显减少。但"柔"的用法也有发展的一面，如出现了与铁、簪、毯、发、毛羽等新的搭配，条形物体框架的类型有所增多。

唐宋时期，"柔弱"新出现了与身体部位（如支体、体、手、肌肤）、离散物质（如地）、毛类物体（如草、芄兰〔草〕、〔羊〕毛等）三个框架搭配的用例，如例（64）（65）（66）。中古出现的框架，碎性物质框架在此时期未见用例；条形物体框架的用例类型更为多样，有翠条、茎、枝条、枝、披蔓、苗、桑根、枝干、梗、罗带、柳条等。此期"软弱"表示柔软义新出现了与身体部位框架的肌肤、手、体等搭配的用例,如例(67)。条形物体框架的用例更为多样,有枝条、条、杖、苦竹、天丝等;毛类物体框架新出现了与毫、鸡毛等的搭配。

(64)〔徐则〕至于五更而死,支体柔弱如生,停留数旬,颜色无变。(《隋书·隐逸传·徐则》)〔身体部位〕

(65)"坤,至柔而动也刚"孔颖达正义:"又地能生物,初虽柔弱,后至坚刚而成就。"(《周易正义·上经乾传》)〔离散物质〕

(66)"凡祭宗庙之礼……羊曰柔毛"孔颖达正义:"'羊曰柔毛'者,若羊肥则毛细而柔弱。"(《礼记正义·曲礼下》)〔毛类物体〕

(67)僧自此困惫,每睡见有一人,纯衣紫服,肌肤软弱如绵纩焉,意似相伴。(释赞宁《宋高僧传》卷十六)〔身体部位〕

此期又新出现了复音词"松软",仅见与食物框架的鲈鱼、庵罗果等搭配。例如宋寇宗奭《本草衍义》卷十八:"〔庵罗果〕其状亦梨,先诸梨熟,七夕前后已堪啖,色黄如鹅梨,才熟便松软,入药绝稀用。"

2.3.4 近代后期的元明清时期

元明清时期的"软"语义场中,"软"的使用频率最高,且参与构成了大量三音节复音词;复音词"柔软""软弱""松软"的用法进一步扩展;新出现了复音词"绵软";"柔"和"柔弱"则呈现衰落的趋势。

元明清时期,"软"仍是"软"语义场的强势主导词,在十个框架中物体的类型都很多,例多不备举。"软"还参与构成了大量的"ABC"和"ABB"式三音节复音词。"ABC"式有软兀剌、软厮禁、软答剌、软刺答等,"ABB"式如软怯怯、软茸茸、软搭搭、软冻冻、软温温、软囊囊、软绵绵、软农农等(徐时仪,2016a)。纺织品和身体部位框架中的一些物体常用"ABB"式的三音节词来形容。例如《西厢记诸宫调》卷五:"【风吹荷叶】只被你个多情姐,嗽得人困也、怕也!痛怜呜损胭脂颊。香喷喷地,软揉揉地,酥胸如雪。"清文康《儿女英雄传》第二十八回:"下了轿,只觉脚底下踹得软囊囊的,想是铺的红毡子。"与"软"不同的是,"ABB"式的三音节词语多具有褒义或贬义的感情色彩。

元明清时期,"柔软"十个框架都有用例,其中与塑性物质框架胶、湿泥等的搭配是此时期新出现的。如明薛瑄《读书录附续录》卷一:"观崖石每层有纹……意其初必柔软如湿泥,然及凝结之久,遂成坚刚。"离散物质框架出现了典型的物体煤、土。碎性物质框架的物体类型明显增多,有金、银、玉、镯钏、金针、木、杞柳、黑铅等。此期"软弱"新出现了与纺织品框架的叶、绵纸、缎面布等的搭配。例如明李诩《戒庵老人漫笔》卷一:"绵纸有软弱而声甚哑者。"此外,还可用于身体部位、条形物体、毛类物体三个框架中,其中条形物体框架的用例类型最多,有柯枝、枝蔓、枝、茎、丝缕等。"松软"新出现了支撑面、家具、离散物质、塑性物质、碎性物质、纺织品、条形物体七个框架,如例(68)至(74)。已有的食物框架新出现了饭、阳糕、水方糕等用例。如清曹庭栋《老老恒言》卷一:"有以米浸水,冬月冰之风干,煮饭松软,称老年之供。"从这些用例可以看出,"松软"除了具有"受外力作用后容易改变形状"的核心义之外,还具有"内部组织松散"的语义特征。

(68)阜湿地下多含水、松软,不任铁路与车之重。(徐建寅《兵学新书》卷十五"铁路")[支撑面]

(69)稳卧必得厚褥……每年以其一另易新絮,紧着身铺之,倍觉松软。挨次递易,则每年皆新絮褥着身矣。(曹庭栋《老老恒言》卷四)[家具]

(70)自店口以南,河墙被雨冲塌之处,各该营因沙土松软,旧墙旋修旋坏。(丁宝桢《丁文诚公奏稿》卷二)[离散物质]

(71)万叠蒙蒙香雪,看足嫩晴时节,红泥松软未全干,印出冶游纤屐。(曹亮武《南耕词》卷六"忆汉月·邓尉即事")[塑性物质]

（72）而硤亦有稍软者，如绿豆硤、黄香硤、油泥硤、雪红硤、黑砂硤、粉黛硤、硫磺硤、仓壳硤、片片膏硤，皆稍松软，但石散而碎，质轻而薄，矿亦平常然。（宋赓平《矿学心要新编》卷上编上）［碎性物质］

（73）薄薄棉可御寒，新棉色白最松软，旧棉色黑须复弹。（张应昌辑《清诗铎》卷二十一）［纺织品］

（74）扁辫用不堪紫色绒或青绿色织如大带子，微松软耳。（刘若愚《酌中志》卷十九）［条形物体］

此时期新出现了复音词"绵软"，用于食物、支撑面、家具、身体部位、纺织品、毛类物体、条形物体七个框架中，见例（75）至（81）。其中身体部位、纺织品和条形物体三个框架的物体种类较多，身体部位框架有猫肚、身体、奶（指乳房）、腹、脐带、肌肉、结肿等，纺织品框架有草纸、兜罗、棉绸、衣服、木棉等，条形物体框架有绳、〔瑞香〕根、条（指枝条）、麻竹、藤等，其他框架的用例都不多。

（75）糯米性温，米之绵软者。（徐文弼辑《寿世传真》）［食物］

（76）地铺重席，厚寸余，行之绵软无履声。（谢杰《使琉球录》卷下）［支撑面］

（77）床上厚铺绵软垫褥，令病者安卧。（杞庐主人等辑《时务通考》卷三十一"医学四"）［家具］

（78）手捻着香酥奶，绵软实奇哉。（冯梦龙《喻世明言·任孝子烈性为神》）［身体部位］

（79）舅舅说没有好洗白，到有匹好沙坝棉绸，把三四个箱子寻到了才寻出来。印月接来看时，果然厚实绵软。（《梼杌闲评》第十三回）［纺织品］

（80）有海滩所生之草，土名甘柯，草根盘结，枝叶丛生，且柔弱绵软，可以随波上下。（贺长龄编《清经世文编》卷一百二十"工政二十六"）［毛类物体］

(81)〔土余瓜〕生于山中，倒挂，绿叶，开黄花，按一年开一朵，结一薹，<u>梗藤绵软</u>，至十二年根成人形。（吴其濬《植物名实图考》卷二十三）〔条形物体〕

唐宋时期，"柔"参与构成了大量的复音词，如温柔、宽柔、纤柔、卑柔、阴柔、柔和、柔顺、柔善、柔媚、柔婉等。元明清时期，"柔"组成的复音词数量更多，如轻柔、娇柔、雅柔、幽柔、顺柔、柔腻、柔佳、柔懦、柔润等。随着语素化程度的加深，"柔"单表"柔软"义的用法进一步萎缩，仅用于纺织品、毛类物体、条形物体三个框架中，且这些用例或是沿用成词，如柔条、柔枝、柔翰、柔丝、柔叶等；或为惯常搭配，如与柳、杨的搭配；或是出于押韵的需要，例如明末清初袁于令《西楼记》第三十四出："晓风和，岸草柔。午云深，岭树幽。"例中"柔"与"幽"押韵。此外，仅见与韦、皮、茵（指成片的嫩草）、桑枝等的少量搭配。复音词"柔弱"在此时期也呈现衰落趋势，仅与条形物体框架的枝、条蔓、枝干、枝条、枝茎、茎、柯枝、竹枝、柳条、枝蔓、蜘蛛丝、菱丝等搭配。

2.4 相关讨论

2.4.1 采用语义框架来表征词汇系统历史演变的优点与限制

MLexT 主要通过考察语义场中各成员在语料库、词典等中的搭配限制来分析其语义上的差异，该做法与国内以语义场为单位、考察成员及其分布在不同历史时期变化的做法类似。那么，与国内的研究方法相比，采用 MLexT 的方法来表征词汇系统的历史演变具有哪些优点？两种研究方法对语料库的要求有何不同？下面分别讨论。

我们将汉语不同历史时期"硬""软"语义场的成员及其出现框架汇

总为表 2、表 3:[1]

表 2　汉语不同历史时期"硬"语义场的成员及其出现框架

时期	成员	食物	支撑面	家具	身体部位	离散物质	塑性物质	碎性物质	纺织品	毛类物体	条形物体
先秦至西汉	坚		+		+		+	+	+	+	+
	刚	+				+					+
	刚坚					+					
东汉至隋	坚	+	+		+	+	+	+	+	+	+
	刚		+			+					
	硬	+				+					
	坚硬	+			+	+	+	+			
	坚强	+				+					
	坚刚	+									
	坚确					+					
	刚坚							+			
	刚强										
唐宋	硬	+	+	+		+	+	+	+	+	+
	坚	+	+			+		+		+	+
	刚				+						
	坚硬										
	坚强	+		+							
	坚刚	+		+			+		+		
	刚强				+						
	刚硬	+			+						
	刚坚					+		+			
	坚确						+				

---

[1] 表 2、表 3 中各个时期的成员都按照其框架类型的多少依次排列。其中"现代"指现代汉语普通话。表 2 "现代"一栏的材料转引自李亮(2015: 141—144),但我们对文中的不当之处作了修改。其一,去掉了复音词"僵硬",因其指的是(肢体)不能活动[参见《现代汉语词典》(第 7 版),第 645 页],显然不符合收词标准。其二,在"硬"的框架类型中增加了离散物质。因典型的离散物质如"土""泥土""土块"等在历史文献及现代普通话中都可以被表 HARD 义词语修饰。表 3 "现代"一栏的材料来自李亮(2015: 121—126)的考察结果。

续表

时期	成员	框架类型									
		食物	支撑面	家具	身体部位	离散物质	塑性物质	碎性物质	纺织品	毛类物体	条形物体
元明清	硬	+	+	+	+	+	+	+	+	+	+
	坚	+			+	+		+	+		
	刚				+			+		+	
	坚硬	+		+		+	+	+	+		
	坚强				+						
	坚刚	+			+					+	
	刚坚					+					
	坚确							+			
	刚硬					+					
现代	硬	+	+	+	+	+	+	+	+	+	+
	坚硬	+	+		+			+	+		

表 3　汉语不同历史时期"软"语义场的成员及其出现框架

时期	成员	框架类型									
		食物	支撑面	家具	身体部位	离散物质	塑性物质	碎性物质	纺织品	毛类物体	条形物体
先秦至西汉	柔				+	+		+	+	+	+
	软				+						
	柔软							+			
	软弱				+						
东汉至隋	软	+			+	+	+			+	+
	柔软	+	+	+	+	+	+	+	+	+	+
	柔	+			+		+	+	+		
	软弱									+	+
	柔弱							+			+

续表

时期	成员	框架类型									
		食物	支撑面	家具	身体部位	离散物质	塑性物质	碎性物质	纺织品	毛类物体	条形物体
唐宋	软	+	+	+	+	+	+	+	+	+	+
	柔软	+	+	+	+	+	+		+	+	+
	柔			+	+		+		+	+	+
	柔弱				+					+	+
	软弱				+					+	+
	松软	+									
元明清	软	+	+	+	+	+	+	+	+	+	+
	柔软	+	+	+	+	+	+		+	+	+
	松软	+	+	+	+	+	+	+			
	绵软	+	+	+					+	+	+
	软弱				+						
	柔								+	+	+
	柔弱										+
现代	软	+	+	+	+	+	+	+	+	+	+
	柔软	+	+	+	+	+	+		+	+	+
	松软	+	+	+	+	+	+	+			
	绵软	+	+	+	+	+	+		+	+	+

由表2、表3可知，汉语不同时期"硬""软"语义场的词汇系统都有所不同，涉及三种不同类型的变化：[1]一是语义框架的变化，各语义框架不同时期所能搭配词语的数量不同。二是成员的变化，包括成员的出现、消亡及成员义域广狭的不同。三是语义场主导词的替换现象。先秦至隋，

---

[1] 墙斯（2016）根据MLexT的研究框架考察了汉语旋转动词的历史演变，指出不同历史时期的旋转动词发生了三种性质不同的变化：（1）语义框架的变化；（2）成员义域的不同；（3）成员的替换现象。

"坚"是"硬"语义场的主导词,唐代以后被"硬"和"坚硬"所取代。先秦时期,"柔"是"软"语义场的主导词,中古以后被"软"和"柔软"所取代。

以语义场为单位,通过组合能力、句法功能、使用频率等的变化来考察成员及其在不同历史时期的分布变化情况,是目前国内研究词汇系统历史演变较为常用的方法,代表性论著如蒋绍愚(2006)、谭代龙(2008)、贾燕子(2015,2017)等。与之相比,MLexT基于语义框架来表征词汇系统的方法更为细致、客观,可操作性更强(参见2.2、2.3),且可对不同时期甚至是不同语言的词汇系统进行多角度比较(参见2.4.2)。当然,该方法也存在以下不足:

其一,利用框架的方法来表征语义场,既可能会导致词项的指称范围出现重叠的情况,也会出现某些语义框架未被词语指称的情形(Koptjevskaja-Tamm et al.,2016:443)。

其二,"硬""软"语义场的十个框架不是按照唯一的标准进行分类的,有的是从用途划分的,如家具;有的是从材质划分的,如纺织品;有的是从物理属性划分的,如离散物质、塑性物质;有的是从形状划分的,如条形物体。[1]

其三,在语料分析时我们发现,即使有特定的语境,仍然会有少量物体,无论归入哪个框架都不典型。如与"刚坚"搭配的"枲",例见2.2.1。再如与"坚"搭配的"〔物〕核"。《释名·释天》:"亥,核也,收藏百物,核取其好恶真伪也。亦言物成皆坚核也。"

其四,同为植物,其不同部分却须归入不同的框架中,如树干、果实的硬壳、果核多归入碎性物质框架,枝、条、柯、茎、苗多归入条形物体框架,子、果实多归入食物框架,叶则或归入纺织品或归入食物框架。文献中还有"柯叶""枝叶""枝干"等并列连用的例子,其中"柯""枝"

---

[1] 按:此条不足是《语文研究》外审专家指出的。笔者认为,该划分方式与各语言性质形容词所能修饰的物体的多样性密切相关。

"干""叶"也须分别归入不同的框架。

国内已有的研究方法,对语料库大小的要求不高。一些研究甚至可以每个时期仅选取一两部有代表性的口语性文献,对某一特定语义场的历史变化进行考察,如吕东兰(1998)、杨振华(2016)等。采用 MLexT 的方法则要求语料库的容量一定要足够大。我们知道,词汇类型学的研究远远滞后于语法类型学,阻碍其发展的原因之一就是词项的出现频率低。语法标记在文本中的出现频率较高,一般来说,在 200 万—300 万字的语料库中就可以产生某一语法标记常见用法的所有相关语境。但是对于词汇来说,1 亿字的语料库不见得能涵盖其全部用法。对于一些出现频率较低的词语,甚至可能需要 10 亿字的语料库(Rakhilina and Reznikova,2014)。本文初稿仅对汪维辉教授自建的语料库进行了考察,结果各个时期"硬""软"语义场成员的数量及其语义框架的类型都偏少,后来笔者又在对中国基本古籍库进行全面考察的基础上对初稿进行了补充。即使如此,像"硬"语义场在上古时期的家具和塑性物质框架中没有词语指称,上古时期"刚"出现的五个框架都只发现了一两个用例;"软"语义场在上古时期食物、支撑面、家具和塑性物质框架中没有词语指称,上古时期"柔"出现的六个框架中,只有身体部位框架用例的种类较多,其他框架的用例都不多见,这些情况应该都是因上古文献数量有限而造成的。现有语料库容量较小的问题仅在上古时期表现得较为明显,其他时期的语料基本上够用,因此对我们的考察结果不会造成太大影响。

2.4.2 汉语 HARD、SOFT 概念历时词汇化策略的共性与个性

HARD、SOFT 概念表达的都是一种性状,一种语言中具有该性状的物体的多样性。MLexT 选取了与施力方式及受力物形状变化相关的四个参数,由这四个参数的组合而形成了十个语义框架。已有的共时研究证明,利用这十个框架可以清晰地表征不同语言"硬""软"语义场的内部结构,并可以此来比较各语言词汇化方式的异同。

如据李亮（2015：135—152）的考察，英语"硬"语义场共有三个核心成员：hard 多用于支撑面、家具、身体部位、食物、离散物质和碎性物质六个框架中，突出"本质上硬"这一特点；tough 的分布基本上与 hard 互补，经常修饰纺织品、毛类物体、食物和塑性物质四个框架，强调物体"本来应该是软的，但是由于某些原因而不软"的特征；firm 可用于支撑面、家具、身体部位和食物四个框架中，凸显物体组织构造的坚实紧密，经常具有积极义色彩。俄语"硬"语义场仅两个成员，tverdyi 客观描述物体的物理属性，用于支撑面、身体部位、食物、塑性物质和碎性物质五个框架中；zhestkii 强调接受者的感受，用于家具、身体部位、食物、纺织品、毛类物体、条形物体、塑性物质和离散物质八个框架中。又据李亮（2015：117—121）的考察，英语"软"语义场的核心成员是 soft，该词除了很少描写条形物体外，其他框架中都可以使用。supple 用于描述纺织品、毛类物体和身体部位三个框架的物体，表示因柔软、具有一定的柔韧性而容易改变形状之义。俄语"软"语义场的所有框架都可以用 myagkii 描述，但是在身体部位、食物、毛类物体和纺织品四个框架中 nezhnyi 也可以使用。当把英语、俄语"硬""软"语义场的情况反映到语义图上时，发现尽管两种语言在语义图上的分布不同，但各语义场的不同成员及其指称框架都处于一个毗连区域中。

我们感兴趣的问题，一是 MLexT 根据共时研究所设定的这十个框架，是否能涵括汉语不同历史时期语料库中出现的所有被 SOFT 义、HARD 义修饰的物体？因为 Pavlova（2014）曾明确指出，随着对更多种语言的考察，将来可能需要对某些已有框架作更进一步细分或新增一些新的框架。二是在 MLexT 已调查的语言中，离散物质和塑性物质属于非典型框架，不经常受到表 HARD 义的词语修饰，其余的八个框架相对更为典型，汉语不同时期各框架的典型程度是否与此完全一致？三是汉语各个时期"硬""软"语义场成员及其出现的框架反映到语义图上，是否都能出现在一个毗连区域中？

我们在对汉语不同历史时期"硬""软"语义场进行考察时，先利用字典辞书及已有研究成果，确定各个时期都有哪些成员，再分别穷尽性地检索出各个时期语料库中所有能被这些成员修饰的名词，之后把这些名词按照框架进行分类。我们发现，无论是用汪维辉教授自建语料库还是用中国基本古籍库，检索出来的所有名词基本上可以分类到十个框架中，[1] 而且不同时期"硬""软"语义场的成员及其出现框架都会发生一些变化（详参 2.4.1），这说明 MLexT 根据共时语言所构建的参数和框架也适用于历时描写。

从框架的典型程度来看，在汉语的不同时期，多数框架的出现情况与其他语言相同。如碎性物质、食物、身体部位等是典型框架，其所能搭配的词语及其中所出现的物体种类的数量都较多；塑性物质包含的物体种类很少，且仅能被"坚""硬""坚硬"几个核心成员所指称。但同时，汉语又呈现出与其他语言明显不同的两个特点：一是离散物质应该归入典型框架中，因其所能搭配的词语数量最多。二是其他语言中较为典型的家具和支撑面框架，在汉语史上的出现频率却较低。尤其是家具框架，在海量的语料库中仅找到几个用例。文献中"地、地土、土地、良田、路、沙滩、冰"等在各个时期与"硬"语义场成员的搭配很常见，但多数情况说的都是其难以犁、挖或耕种，凸显其可以让人、车、牲畜等行走的例子较少。我们推测，家具框架的用例较少，可能受到古人席地而坐的生活习惯的影响；离散物质框架的用例较多而支撑面框架的用例较少，应该与中国古代一直以农业为主，土壤的软硬以及土地是否易于犁耕备受人们关注有密切关系。

当我们把各个时期"硬"语义场所有成员的框架反映到语义图上时，发现多数核心成员可以出现在一个毗连区域中，但少数核心成员和几个非核心成员却有几处违背了语义图的"邻接性"（contiguity）或"连续性"

---

[1] "软"语义场中仅有"莲花""花"等极少数名词很难归入到十个框架中。例如西晋法立共法炬译《大楼炭经》卷四："水中亦有青红黄白莲华，柔软甚香好。"（1/296a）

(connectivity)原则[1],出现断裂的地方概括起来有以下两种情况:

其一,在李亮(2015:133—144)构拟的概念空间(图1)中,条形物体和离散物质之间没有连线,而汉语各期"硬"语义场核心成员如"坚""硬""坚硬"等基本上都同时具有这两个框架。

其二,在图1中,离散物质框架处于极其边缘的位置,它仅与食物框架有一条连线,而与其他九个框架都没有联系。但由表2我们可以观察到,从各语义框架所能搭配的词语数量来看,离散物质几乎是最多的,显然应该将其归入典型框架中。由于该框架在底图上的位置有误,导致框架类型较少的几个非核心成员的语义图出现断裂。如唐宋时期具有离散物质、纺织品、碎性物质、毛类物体四个框架的"刚强",元明清时期具有离散物质、条形物体和碎性物质框架的"刚坚",中古时期具有身体部位和离散物质框架的"坚确"。以上第一种断裂的情况较好处理,只需在条形物体和离散物质之间添加一条连线。连线添加后,所有核心成员在语义图上都处于毗连区域中了。第二种情况较为棘手,若将离散物质由边缘框架改为典型框架,需对李亮(2015:133—144)构拟的语义图底图作出较大修改。

当把每个时期"软"语义场中的所有成员及其出现的框架反映到概念空间上时,我们发现它们几乎都没有违背语义图的"邻接性"原则,绝大多数成员所出现的框架都处于语义图的一个毗连区域中(限于篇幅,各时期的语义图略去)。唯一例外的是东汉至隋的"柔弱",它出现在碎性物质和条形物体两个框架中,但在李亮构拟的概念空间中,这两个框架之间却没有连线。

造成以上情况的原因有以下几点。一是李亮(2015:141—144)对现代汉语普通话离散物质框架的处理有问题,尽管文中列举了"冻土层"与"硬"搭配的例子,但仍认为该框架在汉语中没有词语指称。这显然不符合汉语的实际情况,因为无论是在历史文献中,还是在现代普通话中,典

---

[1] 语义图的一个重要特性是邻接性或连续性,即任何与特定语言及/或特定构式相关的范畴必须映射到概念空间内的毗连区域(Croft, 2003:134)。

型的离散物质如土、泥土、土块以及非典型的离散物质如难以挖或犁的土地等，都可以被表 HARD 义的词语所修饰。二是目前 MLexT 对"软"语义场的研究所调查的语言样本数量还较为有限。三是李亮（2015：132—134、116）构拟的"硬""软"语义场的概念空间（即图 1、图 2），是在 Pavlova（2014）的基础上，将十种语言中这两个语义场核心成员框架的出现情况进行合并和简化而得来的。Pavlova（2014）的原图是一个由多个椭圆形交错构成的立体图，即十种语言中能用同一个词语指称的框架都用一个椭圆形圈起来。此图能准确表征各种语言该语义场的词汇化情况，但因过于复杂而不够直观。经过李亮简化后的图 1、图 2，尽管具有较为直观的优点，但其准确性、概括性和解释力都大大减弱。李亮（2015：115）也明确指出，该语义图本身并非唯一的可以按照 MLexT 所提供的数据设计的语义图，随着对更多种语言的考察，将来可能还需对其做部分调整。

对于"硬"语义场的概念空间，考虑到性质形容词本身比较复杂，目前所调查的语言样本数量还较为有限。再加上也不排除有这样的可能性，即由于文献材料的局限性，汉语每个时期该语义场非核心成员实际可以出现的语义框架，可能会比表 2 所显示的更多一些。故我们建议，最好先不急于构拟由节点和连线组成的概念空间。对于"软"语义场的概念空间，我们认为，根据汉语的情况，应该在碎性物质和条形物体之间添加一条连线，这样汉语不同历史时期"软"语义场所有成员在语义图上都处于毗连区域中了。

综合以上情况，我们认为，汉语 HARD、SOFT 概念的历时词汇化策略既具有跨语言的共性，也呈现出一些明显的个性特征。由此可见，不同语言的词汇现象具有内在的规律性，其变化并非杂乱无章，而是受一系列参数制约的。

2.4.3 汉语"硬""软"语义场历时词汇系统的个性特征及其成因

MLexT 根据成员的多寡，通常把不同语言特定语义场的词汇系统分为丰富—中等—贫乏三级。Pavlova（2014）通过跨语言比较，把"硬""软"语义场仅用一个词语来表示的语言称为贫乏系统（poor systems）的语言，如 Komi 语（仅有 choryd）、科米语（仅有 n'ebyd）；用两个词语来表示的语言称为中等系统（average systems）的语言，如俄语（有 tverdyi 和 zhestkii）、法语（有 mou 和 moelleux）；用三个及以上词语表示的语言称为丰富系统（rich systems）的语言，如韩语。与其他语言相比，汉语"硬""软"语义场成员的数量较多，显然属于丰富系统的语言。MLexT 的已有研究表明，词汇系统越丰富，成员对语义场的划分就越细，其中可以用来区分特定语义场中不同成员的参数就越多。比如俄语"硬"语义场的两个成员，tverdyi 强调物体不易变形的物理属性，zhestkii 则强调接受者接触到硬东西时引起的主观感受（Pavlova，2014）。因此，"是否强调接受者的感受"是俄语的特殊参数，而"本质上是硬的"与"本来应该是软的物体不软"则是在莫克沙语、英语等语言中出现的特殊参数（李亮，2015：132）。又如，积极/消极的评价是法语中起到区分词汇作用的特殊参数：法语中的 moelleux 用于形容让人喜欢、使人觉得舒服的软物体，而 mou 的搭配能力更强，经常描述人们不太喜欢的物体（李亮，2015：111—114）。汉语"软"语义场的成员中，"柔软"往往带有积极义感情色彩，强调使用者的感受是舒服的，故"积极的评价"这个特殊参数能起到将"柔软"与其他成员区别开来的作用。但除"柔软"之外，汉语"硬""软"语义场各个时期都还有多个成员，这些成员都仅对各语义场的基本参数敏感，所有跨语言发现的其他特殊参数在汉语中都起不到区别语义的作用，而且汉语对两个语义场的划分也没有发现其他能起到区别语义作用的特殊参数。为何汉语不同历史时期的"软"语义场会呈现出这种与其他自然语言不同的特殊性呢？其形成原因何在？

我们推测，此种情况的形成应该与汉语历时词汇系统的两个特点密切相关：一是单音词与双音词的对立。通常单音词比双音词使用频率高，出现的框架也更多，但其语义上并无差别。如"软"语义场的"柔弱""软弱""松软""绵软"与"软"相比，搭配范围要窄得多。二是多个同义复音词的共存。语言中的重码并不符合经济原则，这些同义复音词有不同来源：其一是顺应汉语词汇的双音化趋势产生的。像"刚坚""坚硬""坚刚""柔软"等都属此类。其二是时间差异形成的。如"坚刚""坚硬"在中古已经出现，在唐宋时期继续使用，而"刚硬"则是在唐宋时期新产生的；"柔软""软弱"在上古已经出现，"柔弱"则是在中古新产生的，"松软"在唐宋时期始见，"绵软"在元明清时期才开始使用。此外，文献语言可能会受到语体、方言地域、作者的个人创新等因素的影响。像用"坚强""坚确"来表示"坚硬"义应该与方言地域或作者的个人创新有关；"绵软"一词有以丝绵作比喻的形象色彩，故书面语色彩较浓，口语里很少用。以上情况也说明，只有全面考察语义场中单音词及复音词在不同时期的用法，才能准确呈现汉语该语义场词汇系统的历史演变情况。

同时，汉语"硬""软"语义场历时词汇系统表现出来的特殊性和复杂性，也引发我们进一步对其性质及其形成原因进行思考。显然，这个成员众多的词汇系统并非均质的，而是杂糅了古今、文白、地域、个人创新等不同的元素，这是其与其他自然语言词汇系统最大的区别。[1]造成该状况的原因在于，我们主要利用口语性强的历史文献来考察词汇系统的变化情况，但目前又难以做到把不同时期所有文献中的口语成分、书面语成分、方言成分等都区分出来。这是当前汉语词汇史研究尤其是语义场演变研究中普遍存在的问题。

---

[1] 汪维辉（2017c）指出，汉语口语中"硬"语义场可能一直是一个贫乏系统或准贫乏系统，至多是"中等系统→贫乏系统"，而没有存在过丰富系统。

第 3 节　符意学视角下汉语"硬""软"语义场的历史演变

3.1　"硬"语义场成员跨语言共时语义扩展的共性

3.1.1　MLexT 的研究成果

据 Pavlova（2014）、李亮（2015：144—152）的考察，"硬"语义场成员跨语言共时语义扩展常见的引申用法有如下一些。

3.1.1.1　积极义引申用法

硬物体不易改变形状与人性格刚强、意志坚定、不容易改变立场有相似之处。因此，HARD 在多种语言中都扩展表示人"（性格）刚强；（意志）坚定；（态度）坚决"等意义。如俄语的 tverdyi，英语的 tough、firm，韩语的 단단하다 都有该用法。此外，"硬"语义场的形容词还经常表示（做法、行为、状态等的）不容易变化、稳定可靠。如俄语的 tverdo 表示"坚决、明确、牢牢、稳当"等意义；俄语的 tverdye 引申为"固定的、巩固的"。

3.1.1.2　消极义引申用法

就像硬物体可能会给人带来不舒服的感觉一样，严肃的人不愿意妥协、不会让步，易给别人带来不好的感觉，"硬"语义场的形容词因此经常扩展指人（行为、性情、态度等的）严肃、固执、生硬等。如英语 hard 表示"无情的、冷酷的"，tough 指"粗暴的、严厉的、强硬的"，stiff 引申为"冷淡的、生硬的"。俄语则用 žestkij 来表示以上消极意义。由于硬物体加工起来比较困难，很多语言都用 HARD 来描述任务或工作的难度大。如英语的 hard、 tough、stiff 都有此种用法。

3.1.2 其他的相关研究

据 Perrin（2007）的考察，表示属性义的 HARD 在不同的语言中可能具有下面这些意义：

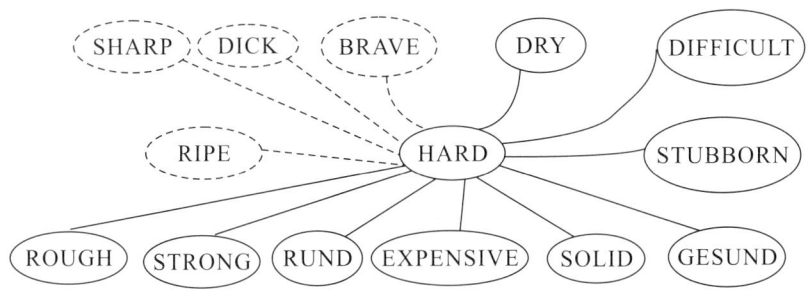

图 3　HARD 义共享的多义模式[1]（Perrin，2007）

据世界语言同词化[2]在线数据库 CLICS（Database of Cross-Linguistic Colexifications）[3]，与 HARD 同词化的节点有"强劲的，有力的""困难的""大声的"三个，其中 HARD 与"强劲的，有力的"同词化最为常见，共出现在 18 个语系（Families）的 19 种语言中，与"困难的"和"大声的"同词化分别出现在 9 个语系的 12 种语言及 9 个语系的 11 种语言中。

3.2　汉语"硬"语义场成员历时语义扩展的共性和个性

3.2.1　跨语言较为常见的语义扩展模式

与跨语言数据相比，汉语"硬"语义场成员历时语义扩展较为常见的

---

[1] 按：图中实线表示该语义关联较为常见，虚线表示不常见。
[2] "同词化"（colexification/colexify）指两个或两个以上的意义被编码或词汇化为同一个词汇形式（François，2008）。
[3] CLICS（1.0 版）提供了涵盖 64 个语系 221 种语言共 1280 个概念的同词化信息（Mayer et al., 2014）。

用法主要有以下几种。

3.2.1.1　表示（行为、性格、话语等的）刚毅、坚定、果敢

HARD 的基本语义特征可以分析为：［物体］＋［内部组织紧密］＋［受外力作用后不易改变］。当［受外力作用后不易改变］这一特征由物理属性域投射到行为域、言语域及抽象的才品域，并且凸显主体主观的积极评价色彩时，HARD 就扩展指人的"（性格）坚强、刚毅，（意志）坚定、不可动摇"等意义。这些意义是汉语"硬"语义场最常见的引申义，"刚""坚""硬""坚强""坚刚""刚坚""刚硬""坚确"等成员都有此用法。"刚"引申表示人（性格、气质等的）坚毅、果敢、刚直，春秋时期已较为常见。例如《尚书·皋陶谟》："刚而塞，强而义。"东汉郑玄注："刚，谓事理刚断。"《论语·公冶长》："吾未见刚者！"刘宝楠正义引郑玄注："刚谓强，志不屈挠。"后代该意义一直沿用。例如《西厢记诸宫调》卷一："相国夫人从来性气刚，深有治家风范。"从文献用例来看，表示此种意义时，"刚"单用的例子并不多，常组成并列式复音词如刚烈、刚猛、刚犷、刚毅、刚直、刚介、刚鲠、刚锐等。例如南朝宋刘义庆《世说新语·贤媛》："彼刚介，有才气，卿往不如不去。"句中"刚介"即刚强正直。"坚"引申表示"坚决，不改变；坚定，不动摇；坚强"之义，在上古时期已经出现，中古以来成为其常用义，多与"志、心、意、念、操、心意、志节、心志"等搭配，可作状语或谓语。例如马王堆汉墓帛书《战国纵横家书·苏秦谓齐王章（四）》："夏后坚欲为先薛公得平陵，愿王之勿听也。"《新序·节士》："又当盛暑，以旃厚衣并束三日暴，武心意愈坚，终不屈挠。""硬"到唐代开始引申指人性格刚强、意志坚定、有骨气。唐王梵志《贫穷田舍汉》："如此硬穷汉，村村一两枚。""硬"也可形容人本领强、有实力。例如宋华岳《翠微北征录》卷九："硬探，谓遴募胆勇材士，逼入贼境，必更探知虚实。"《西游记》第十七回："三藏道：'你手段比他何如？'行者道：'我也硬不多儿，只战个手平。'""硬"还可形容人有主见、不易动

摇。例如清李渔《十二楼》卷七："只怕能红的耳朵比小姐还硬几分，不肯听非礼之言，替人做暧昧之事。"

复音词"刚强""坚强""坚刚""坚确""刚坚""刚硬"都扩展出"（意志的）不可动摇，（性格的）刚毅果断"之义。"刚强"的该意义在春秋后期出现，后代沿用，多与"志、心性、秉性、性气"等搭配。例如《老子》第三十六章："柔弱胜刚强。"唐张籍《祭退之》："三次论诤退，其志亦刚强。""坚强"的此意义出现于战国时期，并沿用至今，常与"志意、禀气、志、意、念力、操行"等搭配。例如《荀子·不苟》："君子宽而不僈，廉而不刿，辩而不争，察而不激，寡立而不胜，坚强而不暴。"唐王建《寄李益少监兼送张实游幽州》："伟哉清河子，少年志坚强。""坚刚"表此义始见于《荀子·法行》："夫玉者，君子比德焉。温润而泽，仁也；栗而理，知也；坚刚而不屈，义也。"后代沿用，"胆气、节操、志节、意气、性情、天性、秉性、立志、志力、操履、性"等是其常见搭配。例如《金瓶梅》第八十回："维灵生前梗直，秉性坚刚，软的不怕，硬的不降。""坚确"表"坚定"义出现于战国时期。如《韩非子·外储说左上》："言而拂难坚确，非功也。"此用法一直沿用到明清时期。如《型世言》第三十九回："既复家于此，坚确自持，缄口深闭，盖有年所。""刚坚"的该意义最早见于东汉，董仲舒《春秋繁露》卷十七："故为天者，务刚其气；为君者，务坚其政；刚坚然后阳道制命。"此后文献中一直使用，但出现频次较低。如明郑真《荥阳外史集·陈刚小传》："其父母以家贫，复使习吏资，以为养刚坚志。""刚硬"的该意义在宋代出现，沿用至清代。如《朱子语类》卷八十七："今之廉介者，便多是那刚硬底人。"《红楼梦》第三十六回："薛姨妈道：'早就该这么着，那孩子模样儿不用说，只是他那行事儿的大方，见人说话儿的和气里头带着刚硬要强，倒实在难得的。'"

3.2.1.2 表示（行为、性格、态度、话语等的）固执、生硬、冷酷等

汉语"硬"语义场成员也可指人（行为、性格、态度、话语等）倔

强、固执、生硬、冷酷等。这些意义是 HARD［受外力作用后不易改变］这一特征由触觉域投射到具体的行为域、言语域或者抽象的才品域、心理域，并且突显主体主观的消极评价而产生的。"坚"表"固执"义，可作谓语和状语。例如《荀子·非十二子》："行辟而坚，饰非而好，玩奸而泽，言辩而逆，古之大禁也。"后秦鸠摩罗什译《妙法莲华经·方便品第二》："我知此众生，未曾修善本。坚著于五欲，痴爱故生恼。"（9/8b）"刚"表"刚直、倔强"义，在春秋时期已经出现，后代一直沿用。例如《左传·僖公二十七年》："子玉刚而无礼，不可以治民，过三百乘，其不能以入矣。"《三国志·魏书·荀彧传》："彧曰：'绍兵虽多而法不整，田丰刚而犯上，许攸贪而不治。'""刚强""刚硬""坚强"都扩展出"强直倔强、性气烈暴"之义。"刚强"的该意义在汉代始见。如《汉书·地理志》："康叔之风既歇，而纣之化犹存，故俗刚强，多豪杰侵夺，薄恩礼，好生分。"后代沿用。如《三国志通俗演义》卷三："玄德曰：'你守不的此城：你一者酒后刚强，鞭挞士卒；二者作事轻易，不从人谏。吾故不放心也。'""刚硬"的此种用法约始见于金代。如《刘知远诸宫调》第十二："十三年前，招女婿名知远，穷困难过。为人刚硬，性气乖讹。""坚强"表此义的用例不多。如明焦竑《老子翼》卷三："由此观之，则谓申韩原道德之意！亦奚不可予，性刚使气，患在坚强而不能自克也。"

"刚""硬"与嘴/嘴头、口、舌头、话、言辞等搭配，指声音的生硬或言辞的激烈强硬。"刚"的该用法在上古已经出现，后代一直沿用。例如《逸周书·官人解》："诚在其中，必见诸外，以其声，处其实，气初生物，物生有声，声有刚柔，清浊好恶，咸发于声。"《文心雕龙·檄移》："及刘歆之《移太常》，辞刚而义辨，文移之首也；陆机之《移百官》，言约而事显，武移之要者也。""硬"的此种用法在唐代始见，后代也一直沿用。例如唐陆余庆的儿子嘲父曰："陆余庆，笔头无力嘴头硬。"《西楼记》第三十二出："【前腔】显见真人命，休把舌头硬，你喝令动手何名姓。""坚强""刚硬"也偶见此种用法。如宋谢维新编《古今合璧事类备要·后集·台谏门》:"虽坚强之辩,不能为执事解也。"清李百川《绿野仙踪》第十三回:"审了一次,见铁头等语言刚硬,心中大怒。"宋代出现了"硬"与"心肠"的搭配,指人不易动感情、冷酷。如《朱子语类》卷六:"俗说'硬心肠',可以见。硬心肠,如何可以与他说话!"元明时期,"硬"的此种意义较为常见,可与心儿、心肠、肚肠、眼等搭配。如《全元散曲》:"【逍遥乐】我从来眼硬,不由人对景伤情,一哭一个放声。"元明时期,"坚硬""刚硬"也有此种用法。例如杂剧《月明和尚度柳翠》第二折:"比及个成材时架梁后,饶你便坚硬心肠似木头,我只着你磨做骷髅。"明郑若庸《玉玦记》:"剑呵,要学你心肠刚硬。"

3.2.1.3 表示(物体的)坚固、结实、遒劲有力等

表示物体的坚固、结实、遒劲有力等,也是汉语"硬"语义场成员较为常见的扩展。这些意义源于 HARD [物体] [内部组织紧密] 两个特征的凸显。《尔雅·释诂》:"坚,固也。"《一切经音义》卷三引《字书》:"坚,谓坚牢。"《诗经·大雅·行苇》:"敦弓既坚,四鍭既钧;舍矢既均,序宾以贤。"朱熹集传:"坚,犹劲也。""坚"的此种用法极为常见,可与车、城、屋、弓、铠甲、巢、铁瓮、履等具体物体以及敌、本、体质、劲节等抽象事物搭配,充当定语和谓语。例如,《韩非子·五蠹》:"万乘之国,莫敢自顿于坚城之下,而使强敌裁其弊也,此必不亡之术也。"《商君书·画策》:"故胜民之本在制民,若冶于金,陶于土也。本不坚,则民如飞鸟禽兽,其孰能制之?""硬"可指弓弩、风等的刚劲以及书法或行文的遒劲有力。这些用法始见于唐代。例如唐黄滔《九日》:"阳数重时阴数残,露浓风硬欲成寒。"杜甫《李潮八分小篆歌》:"苦县光和尚骨立,书贵瘦硬方通神。""硬"还可用于形容事理、人情等抽象事物的明确可信、牢固可靠等。如《朱子语类》卷一一七:"此样天理又是硬了。"《儿女英雄传》第二回:"如今调署了老爷,这是上头看承得老爷重,再不然,就是老爷京里的有甚么硬人情儿到了。"

"坚强""坚刚""坚确""坚硬""刚坚"都可形容物体、器物等的坚固耐用、结实有力。例如《东观汉记·马棱列传》："会稽车牛不务坚强，车皆以桃枝细箪。"《全唐文·晋少帝〈修省诏〉》："向者造作军器，破用稍多，但取坚刚，不须华靡。"宋包恢《敝帚稿略》卷三："若夫前乎，九里之城，素称坚确，姑仍旧贯，可也。"宋《急救仙方》卷三："石燕一枚，于坚硬瓷器内，以温水磨服之。"金佚名《地理新书》卷五："其穴下有古瓦器数十事，色青而刚坚。""坚强""刚硬"可形容抽象事物的强固有力。如《左传·成公九年》："勤以抚之，宽以待之，坚强以御之。"《朱子语类》卷五十二："看来这道理须是刚硬、立得脚住，方能有所成。""刚""坚强""刚硬"可指风的强劲。例如宋王质《滴滴金·晚眺》："风刚浪猛早收拾，天外暮云黑。"元吴师道《礼部集》卷十四："然风力坚强者，或鸷而少惠。"清施琅《靖海纪事》卷上："盖北风刚硬，骤发骤息，靡常不准，难以逆料。"

3.2.1.4　表示（身体部位的）强劲有力，（血气、体力的）健旺强盛等

　　该意义是［内部组织紧密］的特征由物体投射到人体而产生的，人体的强劲健壮与物体的坚固结实有相似之处。"坚""坚强""刚强"都可形容人身体、筋骨、骨节等的强壮结实。如《神农本草经·木部上品》："枸杞味苦，寒。主五内邪气，热中消渴，周痹。久服坚筋骨，轻身不老。"《史记·蔡泽列传》："夫人生百体坚强，手足便利，耳目聪明而心圣智。"清施端教辑《赋镜录》卷三："血气充实则肤体刚强，血气损伤则肤体羸病。""坚强"和"硬"都可指身体部位手、臂、拳头、手足等的强劲有力。[1] 例如《战国策·秦策三》："夫人生手足坚强，耳目聪明圣知，岂非士之所愿与？"元施惠《拜月亭记》第十折："臂硬常嫌弓力软，眼明尤识

---

[1]　韩语단단하다可以形容身体健壮（朴贤淑，2008：13）。

阵云高。""刚""刚强""坚强"都可指人血气、体力、脉象等的健旺强盛。如《诗经·小雅·北山》："旅力方刚,经营四方。"郑玄注："王谓此事众之气力方盛乎?"《荀子·修身》："血气刚强,则柔之以调和。"隋释慧远《大乘义章》卷五："九结之中,要取作意独立之者,以之为结,以独立者力坚强故。"

3.2.1.5 表示（做法、行为、状态等的）不容易变化、稳定可靠

"坚"常修饰动作动词,作状语或补语,表示"安定,稳定;牢牢、稳稳"等意义。这是［受外力作用后不易改变］的特征由物理属性域向行为域、状态域投射后产生的。作状语的用例如《庄子·天运》："其里之富人见之,坚闭门而不出。"《战国策·赵策·苏秦说李兑》："舍人曰：'君即不能,愿君坚塞两耳,无听其谈也。'"作补语的用例如《摩诃僧祇律》卷三十："时比丘作房舍,园民授砖。比丘取捉不坚,故落园民头上,破即便死。"（22/470a）

3.2.2 跨语言较为少见的语义扩展模式

汉语"硬"语义场成员的语义扩展中,跨语言比较少见或仅为汉语所独有的用法包括以下几点。[1]

3.2.2.1 表示（身体部位或头脑的）僵硬、不灵活

该意义是［内部组织紧密］［受外力作用后不易改变］两个特征同时由物体投射到人体而产生的,物体不柔软、不容易变形的特性与人的身体部位或头脑僵硬、不灵活有相似之处。汉语的"硬"语义场中,只有"硬""坚强""刚强"有此种用法。"硬"既可指骨节、舌头、腰、身体等的僵硬,也可形容人头脑、行为的死板。例如元朱凯《昊天塔孟良盗骨》

---

[1] 现代汉语"硬"还可表"不可推卸或改变的、没有伸缩余地的"之义,如硬指标、硬任务等,但该意义未见于古代汉语。

第四折："〔长老云〕：'兀那客官，怎这等硬头硬脑的？'"《朱子语类》卷九十六："天祺是硬截，温公是死守，旋旋去寻讨个'中'。""坚强""刚强"只可表示身体部位的僵硬。例如《老子》七十六章："人之生也柔弱，其死也坚强。"汉刘向《说苑·敬慎》："人之生也柔弱，其死也刚强。"

3.2.2.2 表示"强行地、执拗地，硬是、硬要，非分地，勉强地，竭力地、尽力地"等意义

当［受外力作用后不易改变］的特征由物理属性域投射到行为域，并强调接受者的感受，或者强调主体的主观感受时，就会衍生出"强行地、执拗地，非分地，勉强地、竭力地、尽力地"等意义。春秋时期，"刚"表示"强行地"之义的用例已出现，但直到中古时期，该意义的使用频次都不高。如《今文尚书·酒诰》："矧汝刚制于酒。"该句意为"你们要强行断绝饮酒"（周秉钧，2001：158）。唐宋时期，"刚""硬"先后分别引申出"硬是、硬要"义（张相，1953：154—156；太田辰夫，2003/1958：254）。例如唐寒山《人是黑头虫》："人是黑头虫，刚作千年调。"《朱子语类》卷三十一："如吃药，人不爱吃，硬强他吃。"（转引自吴福祥，2015：115）"硬"表示"竭力地、尽力地"之义，在唐代开始出现，宋代以来较为常用。例如《敦煌变文校注·燕子赋（一）》："硬努拳头，偏脱胳膊。燕若入来，把棒撩脚。"《朱子语类》卷一百六："假未得人，势亦著做。古人立事，亦硬担当着做，以死继之而已。""刚""硬"表示"勉强地、强行地、执拗地"之义，在宋代已较为常用。[1] 在元曲中，"刚""硬"与"强"对举表示此义的例子很多。例如曾瑞《【双调】蝶恋花·闺怨》曲："强解开闷套头，硬刹断愁羁绊，先擗掠凄凉两般。"元郑光祖《㑳梅香骗翰林风月》第二折："忙哀告膝跪着，强扎挣刚陪笑。"（转引自李冬梅，2012：146）"硬"与"强"对举还可表示"非分地，本不应该怎么样而怎

---

［1］英语 hard 和韩语 단단하다 都可以表示强行或执拗地做某事（朴贤淑，2008：12）。如 hard sell（强行推销）。

么样"之义。例如《初刻拍案惊奇》卷十四："只因此一去，有分教：雄边壮士，强做了一世冤魂；寒舍村姑，硬当了几番鬼役。"（转引自汪维辉，1993：110）性质形容词的基本句法功能是作定语和谓语（张国宪，2006：411—414），以上意义的"刚""硬"都仅用作状语，当看作副词，分别表示情态或方式义。

3.2.2.3 表示"偏偏，却；仅仅，只；恰好，正好；才，方才"等意义

自隋唐两代起，由形容词"刚"作状语进而发展为副词的语料数量相对可观。（李冬梅，2012）"刚"用作语气副词，表示事实跟所期待或希望的恰恰相反，意为"偏偏，却"。如隋炀帝《效刘孝绰忆诗》之一："忆睡时，待来刚不来。"（转引自张相，1953：154—156）唐白居易《惜花》："可怜夭艳正当时，刚被狂风一夜吹。"（《汉语大词典》补证条目）"刚"又用作表示量小义的限定副词，意为"仅仅，只"。如唐薛渔思《河东记·胡媚儿》："瓶口刚如苇管大，有人与之百钱，投之，铮然有声。"（转引自李冬梅，2012：146）"刚"还用作时间副词，表示"恰好，正好"和"才，方才"义。如唐孟郊《留弟郢不得送之江南》："刚有下水船，白日留不得。"（《汉语大词典》补证条目）宋苏轼《花影》："刚被太阳收拾去，却教明月送将来。"（转引自太田辰夫，2003/1958：255）"刚"以上几个意义的语法化演变路径当为：偏偏、却→仅仅、只→恰好、正好→才、方才（太田辰夫，2003/1958：254—255；吴福祥，2015：128）。[1]

3.2.2.4 转指牢固坚硬之物

"坚""刚""硬"都可转喻牢固坚硬之物。例如《诗经·大雅·烝民》："人亦有言，柔则茹之，刚则吐之。"元释行秀《从容庵录》卷三："两硬相击，必有一伤。""坚"的此种用法在四字格中很常见，如披坚执

---

[1] 对于"刚"时间副词的演化路径，李宗江（2016）、杨荣祥（2005）、李冬梅（2012）等学者持有不同看法。

锐（代指甲胄）、乘坚策肥（代指车）、摧坚逮远（代指坚固的东西）等。该结构中的"坚""刚""硬"已经变为名词。[1]

此外，"坚"可指（植物的种子）饱满、充实。《诗经·大雅·生民》："实发实秀，实坚实好。"唐孔颖达疏："其粒实皆坚成，实又齐好。""硬"与"命"搭配，迷信谓人命运凶险、多折磨；或谓人的生辰八字不好，易克死亲属或配偶。该意义自明代以来一直使用。例如《二刻拍案惊奇》卷三："所许陈家儿子年纪长大，正要纳礼成婚，不想害了色痨，一病而亡。眼见得丹桂命硬，做了望门寡妇，一时未好许人，且随着母亲、兄弟。""刚强""刚硬"可用于形容酒的味道苦涩粗淡。例如《齐民要术》卷七"笨曲并酒第六十六"："磨不求细；细者酒不断粗，刚强难押。"宋祝穆《方舆胜览》卷六十五："邦人酿酒，必用山后糯米及嘉鱼泉则味极甘，否则刚硬。"

3.3 符意学视角下汉语"软"语义场的历史演变

3.3.1 汉语"软"语义场成员跨语言较为常见的语义扩展模式

MLexT 的已有研究发现，"软"语义场形容词跨语言语义扩展较为常见的引申用法可分为积极义和消极义两种，下面分别介绍。

3.3.1.1 积极义引申用法

"软"语义场形容词积极义的引申用法与人们触摸柔软的物体时会产生舒服的感觉有关，具体用法如下。

3.3.1.1.1 （人的性情、行为等）善良、温和

就像柔软的物体易给人带来舒服的感觉一样，性格温和的人会让他人感觉相处起来很舒服。基于此种相似性，"软"语义场形容词可用于描述人的性情、行为等善良、温柔。如英语 soft smile（温柔的微笑），soft heart

---

[1] 对于此类结构中"坚""刚""硬"的词性，目前学界有四种不同的意见，详参宋亚云（2009）。

（好心）。在一些语言如俄语中，即使"软"与消极意义的行为如责备、批评等搭配，也会含有这些行为是出于好意、对对方没有伤害之义（李亮，2015：127）。汉语"柔"修饰体性、貌、色、肠、魂、态、情、姿等时，表示"温和、温顺、温柔"之义。例如《改并四声篇海·木部》引《对韵音训》："柔，顺也。"《左传·昭公二十六年》："君令臣共，父慈子孝，兄爱弟敬，夫和妻柔，姑慈妇听，礼也。"《荀子·君道》："请问为人妻？曰：'夫有礼则柔从听侍，夫无礼则恐惧而自竦也。'""软"与心肠、心性、心、肠、怀、意、德、性、脸、面等搭配，表示人善良，容易被感动。例如《官场现形记》第一回："究竟赵老头儿是个心慈面软的人，听了这话，连忙替他求情。"现代普通话及南京、成都、万荣、乌鲁木齐、南宁等地的方言仍保留"软"的此种用法（李荣，2002：3667—3668）。"柔软"描述心意、情性、心性、容貌、心、意时，表示"心地善良、与人为善"之义。例如唐玄觉《禅宗永嘉集·发愿文第十》："性行柔软，不求人过，不称己善，不与物诤，怨亲平等，不起分别。""柔弱"表示"柔和谦顺"义。如《淮南子·原道训》："是故清静者德之至也，而柔弱者道之要也。"

3.3.1.1.2 （光线、色彩、味道、声音等）不对感官产生强烈影响的、不刺激的、舒服的

由于接触柔软的物体不会产生很强烈的刺激，故当"软"语义场形容词从触觉域延伸到听觉域、视觉域和味觉域时，可以表示光线、色彩、味道、声音等不对感官产生强烈影响的、不刺激的、舒服的。如英语 soft lights（柔和的灯光）、soft colors（柔和的颜色）、soft music（轻柔的音乐）。该用法还可以进一步扩展指气候、环境等温和、宜人。如俄语 myagkii klimat（温和的气候），英语 soft wind（和风）。（李亮，2015：127）汉语中"柔"与声音（如声、音、啸歌、瑟）、光线（如光）、颜色（如绿、黄、蓝）、味道（如汤、酒、滋味）、气象（如风、天气、景气、春气、元气、气、云）、环境（如水、土）搭配，"软"与言辞（如语、言、语言）、声音（如音、声、歌声）、气象（如气、风、东风、香风）搭配，"柔软"与言辞（如言语、

口言、言辞、所语、巧说、辞、言、语)、声音(如音、声、乐、妙音、音声)、味道(如五味)、光线(如光)、气象(如风、暖风)搭配,都表示柔和、令人舒服的意义。例如《礼记·内则》:"父母有过,下气怡色,柔声以谏。"宋王安石《渔家傲》:"平岸小桥千嶂抱,柔蓝一水萦花草。"唐杨衡《游峡山寺》:"雨霁花木润,风和景气柔。"《摩诃僧祇律》卷六:"驴闻软爱语,即复说颂。"(22/276a)东汉安世高译《分别善恶所起经》:"恒以柔软言,忠至入人心。"(17/522b)刘宋畺良耶舍译《佛说观无量寿佛经》:"有八万四千光,其光柔软,普照一切,以此宝手,接引众生。"(12/344a)唐道宣《广弘明集》第二十七卷:"今欲养命,非粳粮黍粟五味柔软则无所资待。"(52/317b)北凉昙无谶译《悲华经》卷一:"是时寻有柔软暖风来触其身。"(3/174b)

3.3.1.1.3 动作轻盈,没有突然变化,从容不迫

由于接触软物体时,不会遇到突然的阻力,因此"软"语义场形容词会扩展出"平稳的、没有突然变化的"等意义。如俄语的 myagkaya(软)可以引申指平稳的、轻盈的、从容不迫的(李亮,2015:127)。英语的 soft steps(轻盈的脚步)。汉语的"软""柔软""绵软"也都有类似的用法。"软"表示"不用强硬的手段、只是平和地进行"之义。例如《水浒传》第十六回:"晁盖道:'吴先生,我等还是软取?却是硬取?'"例中"软取"指不用强硬的手段、平和地获取。《官场现形记》卷十九:"有的应该硬做,有的应得软商,面子上全是他一个,暗里却是拉达,又添了副钦差的一个心腹,两人作主。"句中"软商"指用软磨的手段商量。"柔软"谓处事随和。如北魏吉迦夜共昙曜译《杂宝藏经》卷三:"若解义理众事巧,为人柔软共行乐。"(4/463b)"绵软"表示动作轻柔。如明阳道生《真诠》:"大要在于,得中气从鼻通,息不可粗不可促,不可闭不可抑,出入往来务要绵软,亦不可著意为之。"在现代一些方言中,"软"有类似的用法。例如厦门方言"软"表示"和缓、轻松"义,"软工课"指轻松的活儿;福州方言"软"表示不费力的,"趁软钱""做软工"分别指挣不费力的钱、做

不费力的工作（李荣，2002：3668；许宝华、宫田一郎，1999：3315）。

3.3.1.2 消极义引申用法

"软"语义场形容词消极义引申用法与软的物体承受不起外加重力、容易变形有关（李亮，2015：127），具体情况如下。

3.3.1.2.1 意志薄弱、立场不坚定

由于软的物体在承受外加重力时容易变形，所以"软"语义场成员会发展出人不能坚持自己的立场、没有主张、不积极、意志薄弱等意思。如法语 mou 表示不积极的，英语 soft 表示意志薄弱、萎靡不振的（李亮，2015：127）。汉语"软"表示意志薄弱、不能坚持自己立场的意义自上古以来一直很常用。例如《摩诃僧祇律》卷十二："今作如是语，不相应时，此人皆性软可折伏者。"（22/328b）近代以来，"软"常与心、心肠、耳朵、眼、面等身体部位搭配，表示"不坚定、容易被感动或动摇"之义。如《西厢记诸宫调》卷一："早见女孩儿家心肠软，諕得颤着一团，几般儿害羞赧。"《红楼梦》第六十回："耳朵又软，心里又没算计，这又是那起没脸面的奴才们调唆的，作弄出个呆人，替他们出气！""软"还由此义项衍生出致使用法，表示"麻痹、软化"之义。如《西游记》第十九回："你莫诡诈欺心软我，欲为脱身之计。""软弱""柔弱"都可表示"意志薄弱、不坚强"之义，且该义位一直是这两个复音词自上古以来的主导义位。例如《战国策·楚策》："李园，软弱人也，仆又善之，又何至此？"《盐铁论》卷五："大夫曰：'刚者折，柔者卷。故季由以强梁死，宰我以柔弱杀。使二子不学，未必不得其死。'"

3.3.1.2.2 身体虚弱、没有力气

跨语言来看，表 SOFT 义的词常用于表示人的身体虚弱，或者表示因劳累、害怕等而导致的身体发虚、没有力气（李亮，2015：128）。如根据世界语言同词化在线数据库 CLICS，soft 与 weak（弱的、虚弱的、无力的）的同词化共出现在 7 个语系的 9 种语言中，像法语 moelleux（软的）又表

示无力的。汉语"柔"表"身体虚弱、无力"之义,多见于"肤脆骨柔""柔肤弱体""骨弱筋柔""柔筋脆骨""力尽筋柔"等四字格中。例如《颜氏家训·涉务》:"及侯景之乱,肤脆骨柔,不堪行步,体羸气弱,不耐寒暑,坐死仓猝者,往往而然。""软"与身子、身躯、足、脚、腿、手脚、胳膊、膝等搭配,表示身体暂时出现的发虚、发软症状。例如白居易《病中诗十五首·病中五绝句》:"目昏思寝即安眠,足软妨行便坐禅。"《金瓶梅》第七十九回:"西门庆道:'不怎的,只是有些头晕,起来身子软,走不的。'""绵软"与手足、腿、浑身、身体、目力、腕力等搭配,表示"无力"之义。例如清方成培《雷峰塔传奇》第二十二出:"我欲心似火好难降,浑身绵软,举步惊慌,心急急意忙忙,只求片刻相偎傍。""软弱"也偶见表示"身体柔弱"义。《西厢记诸宫调》卷二:"【柳叶儿】你肌骨似美人般软弱,与刀后怎生抢摩?""松软"表示"肢体软而无力"之义的用法,到现代汉语中才出现。例如:浑身松软,瘫倒在地。[转引自《现代汉语词典》(第7版),第1243页]现代普通话,以及湖南娄底,浙江苍南金乡、温州,福建福州、浦城、厦门、永安、三明、沙县、建阳、政和、松溪及建瓯等地的方言中,"软"仍表示"身体虚弱无力、疲劳"之义(李荣,2002:3668;许宝华、宫田一郎,1999:3315)。河北井陉的冀鲁官话、四川成都的西南官话中"柔"可表示缓慢、全身无力的样子(许宝华、宫田一郎,1999:4534)。浙江苍南金乡的吴语用"软"表示不振作。例如:做事干软下软下,全不像岁轻人(许宝华、宫田一郎,1999:3315)。

3.3.1.2.3 (质量、能力等)差的、弱的、微小的

SOFT 由经受不住外力的打击引申出(质量、能力等)"差的、微弱的、小的"等意义(李亮,2015:128)。汉语"软"表示"小的、微弱的"之义,多与炊、火、浪、水力等搭配。如《齐民要术》卷六"养羊第五十七":"常以正月、二月,预收干牛羊矢,煎乳第一好;草既灰汁,柴又喜焦;干粪火软,无此二患。"普通话中"软"指能力弱、质量差。如功夫软、货色软。乌鲁木齐也有该种用法,如:铁匠卖豆腐——人硬货软(李

荣，2002：3667）。"软弱"也可表示质量差，但用例不多。例如《三朝北盟会编·茅斋自叙》："阿骨打笑曰：'射得煞好，南朝射者尽若是乎？'仆答以'措大弓箭软弱不堪，如在京……'""绵软"引申出"能力差的、微弱的"之义。如宋李焘《续资治通鉴长编·神宗》："丁卯上批付张颉，广南兵员率多新募，人材绵软不知战斗。"宋史堪《史载之方》："六脉微而涩，肾脉绵软而沉，来迟去疾，如代脉相似。"值得注意的是，"柔"引申表示"软、弱"之义时，常与"刚"相对，但不含有任何消极意义。《说文·木部》："柔，木曲直也。"段玉裁注："柔之引申，为凡耎弱之偁。"《广雅·释诂一》："柔，弱也。"如《易·坤》："坤至柔，而动也刚。"孔颖达疏："柔，弱。"《国语·越语下》："四封之外，敌国之制，立断之事，因阴阳之恒，顺天地之常，柔而不屈，强而不刚，德虐之行，因以为常。"

当然，SOFT 也有一些引申义项在其他语言中较为常见，如在 CLICS 中，soft 与 smooth（光滑的）的同词化出现在 12 个语系的 16 种语言中，汉语中却没有此种用法。

3.4 汉语"软"语义场成员跨语言较为少见的语义扩展模式

汉语"软"语义场成员的语义扩展中，还有一些跨语言比较少见的用法：

汉语"软"语义场的"柔""软""柔软""软弱""柔弱"与身体部位的筋、筋骨、柳腰、腰肢、体等搭配时，都可以表示柔韧性好或灵活、灵巧义。[1] 例如《庄子·山木》："此筋骨非有加急而不柔也，处势不便，未足以逞其能也。"唐张泌《春夕言怀》："烟垂柳带纤腰软，露滴花房怨脸明。"东汉支娄迦谶译《佛说无量清净平等觉经》卷一："体柔软比丘尼，勇生行比丘尼，自净比丘尼。"（12/279b）宋无名氏《抛球乐·水龙吟令》："绣袂风翻凤举，转星眸、柳腰柔弱。"

"柔"与桑、荑、荔、薇等搭配，表示"草木始生的、幼嫩的"之义。

---

[1] 英语的 supple 修饰身体部位时，也表示灵活、柔韧性好之义。

如《诗经·卫风·硕人》："手如柔荑，肤如凝脂。"朱熹集传："茅之始生曰荑，言柔而白也。""柔荑"指柔软而白的茅草嫩芽。"柔"还可表示动物幼小。例如《全上古三代秦汉三国六朝文·全晋文·陆机〈七征〉》："剖柔胎于孕豹，宰潜肝乎蟄龙。"句中"柔胎"指豹的幼胎。古代还有"柔牷"一词，指祭祀时所用的毛色纯一的幼畜。"柔"转指柔软之物。《诗经·大雅·烝民》："人亦有言：柔则茹之，刚则吐之。""柔"又有"怀柔、安抚"义。《尔雅·释诂》："柔，安也。"《今文尚书·舜典》："柔远能迩，安劝小大庶邦。"孔安国传："柔，安也。"

第 4 节　结语

本章借鉴 MLexT 的理论框架和研究方法，从定名学和符意学两个视角考察了汉语"硬""软"语义场的历史演变情况，结论如下。

第一，定名学的视角，采用 MLexT 跨语言考察得出的参数及语义框架，对汉语"硬""软"语义场在不同历史时期的格局面貌进行了细致描写，并在此基础上与其他语言进行了比较，有以下发现：其一，尽管汉语"硬""软"语义场成员较多，但其历时词汇化策略完全符合词汇类型学的共时预测。由此证明，不同语言的词汇现象具有内在的规律性，无论历时还是共时的词汇化策略都并非杂乱无章的，而是受到一系列参数制约的。其二，与国内语义场的研究方法相比，MLexT 基于参数和语义框架的方法对词汇系统的表征更为详细、客观，且可进行跨语言的比较，但该方法对语料库容量有较高要求。其三，与英语、俄语等语言 HARD 概念的共时词汇化方式相比，汉语的历时词汇化策略既具有跨语言的共性，也呈现出一些明显的个性特征；与其他自然语言相比，汉语历时词汇系统呈现出非均质性的特征，表现为单、双音词的对立与多个同义复音词的共存。

第二，符意学的视角，通过将汉语"硬""软"语义场成员的语义扩展模式与已有的跨语言研究成果比较后发现：一方面，汉语"硬""软"语义场成员的历时语义扩展有不少是跨语言共时语义扩展常见的模式，如SOFT 义与"善良、温顺""柔和、令人舒服""处事随和、动作轻柔""意志薄弱、立场不坚定""差、弱、微小"等意义之间的语义衍生关系，这些演变模式即使在一些没有亲属关系的语言中也会经常重复出现。这显然是由人类既具有相同的生理机制、感知器官和经验体验，还具有相似甚至是相同的隐喻思维及认知方式导致的。另一方面，汉语"硬""软"语义场成员也有一些很特殊、个性很强的引申用法，如用 SOFT 义表示"柔韧性好、灵巧"之义，"柔"扩展出"幼嫩、幼小""怀柔、安抚"等意义；HARD 义用于"命硬"。此外，也有一些在其他语言中较为常见的引申模式，在汉语中没有出现。如 HARD 表示任务或工作的难度大；HARD 与 loud 的关联，像芬兰语 laulaakovaa"很硬地唱"，指大声地唱；SOFT 义与"光滑"义的同词化。以上这些个性较强的引申用法多与各民族的文化背景、生活习惯、思维方式等有关。

第三，将符意学和定名学的考察相结合，既可以使我们对特定语义场的历史演变情况有更全面的认识，又有助于我们揭示语义场成员基础义[1]与引申义之间的密切联系。MLexT 的多项研究都表明，词语的基础义和引申义之间具有密切的联系。语义场中不同的基础义框架会产生不同的引申义，而对引申义的研究也有助于基础义框架的分类。在基础义中对区别词项起作用的参数，在引申义中也往往会得到保留；如果基础义对某个参数不敏感，则其引申用法也不受该参数的制约（Rakhilina，2016；李亮，2015：190）。汉语的历史文献语料也证明了在其他语言中发现的这种关联

---

[1] MLexT 用"基础义"（basic meaning）而非"本义"这个术语来指称词语表示的物理属性义或运动义等较为常用且具体的意义，用"引申义"来指称词语通过隐喻、转喻等机制引申出来的较为抽象的意义。这是因为：一则，一些词语的本义已消失或其本义并非其常用义；二则，词汇类型学分析的重点不在于考察词语的本义，而在于找出特定语义场中词语基础义与引申义之间的关联（李亮，2015：9）。

共性。

例如,在"硬"语义场中,俄语 tverdyi 和 zhestkii 的基础义可以用"是否强调接受者的感受"这一参数来区分:tverdyi 描述客观物体的性质,而 zhestkii 强调接受者的主观感受。该参数在其引申义中也得以保留:tverdyi 表示客观叙述,不强调接受者的感受,发展出许多褒义用法,如表示(人)坚强的、果断的、(事实)确凿的、(价格等)稳定的、(分数)过硬的等;zhestkii 的引申用法都强调接受者的感受,表示给人带来不愉快感觉的、强硬的、严格的、难度大的等消极意义(Pavlova,2014;李亮,2015:144—152)。汉语该语义场成员的基础义对参数"是否强调接受者的感受"不敏感,既可以描述不强调接受者感受的积极义(例如《齐民要术》卷八"八和齑第七十三":"以檀木为齑杵臼。"贾思勰自注:"檀木硬而不染汗。"),又可以描述强调接受者感受的消极义(例如《朱子语类》卷八十四:"如将一碗干硬底饭来吃,有甚滋味!")同样,成员的引申用法亦不受该参数的制约,其引申义可以顺着两个不同的方向发展。例如:

(82)人生天地间,都有许多道理。不是自家<u>硬把</u>与他,又不是自家凿开他肚肠,白放在里面。(《朱子语类》卷九)

(83)某是自十六七时下工夫读书,彼时四旁皆无津涯,只自恁地<u>硬着力去做</u>。(《朱子语类》卷一百四)

例(82)强调"自家"的做法对"他"来说是强迫接受的,强调接受者的感受;例(83)只是描述主体坚强,无接受者可言,故可归入"不强调接受者感受"这一类。

又如,汉语"软"语义场的复音词"柔软"对"积极评价"这个特殊参数敏感,其基础义都带有积极义的感情色彩,因此它的引申义如"柔和、令人舒服,动作轻柔,灵活、柔韧性好"等也都具有积极义色彩。汉语"软"语义场的其他成员对"积极/消极评价"这个参数都不敏感,基础义上它们既可以表达褒义,又可以表达贬义,因此它们的引申用法也朝褒义、贬义两个方向发展。以"软"为例。"软"基础义中具有褒义色彩的用例,如《西游记》第六十九回:"几样香汤饼,数次透酥糖。滑软黄粱饭,清新菰米糊。色色粉汤香又辣,般般添换美还甜。""软"基础义中带有贬义色彩的用例,如清邵彬儒《俗话倾谈》:"有时落得水多、落得水少,其饭煮得太软太硬。""软"的积极引申义如形容人心地善良(如心软、心慈面软),表示柔和的、令人舒服的(如软语、软风);其消极引申义像表示身体发虚、没有力气(如两腿发软),形容意志薄弱、立场不坚定(如耳软)。

以上情况也说明,只有将符意学视角和定名学视角的考察相结合,才能使我们对汉语"硬""软"语义场的历史演变情况有更全面的认识。

第四,跨语言的视角有利于发现汉语词汇语义的跨语言共性与个性,还便于检视仅囿于汉语自身体系之内容易忽略的一些问题,引发我们对汉语词汇史的研究对象、研究目的、研究方法等问题进行反思。[1]

第五,利用汉语丰富的历史文献,通过对基于汉语类型学特征的词汇语义演变独特事实的描写和规律的揭示,可以修正、丰富和发展词汇类型学理论。

---

[1] 已有学者注意到汉语史研究中存在的这些问题,参见刁晏斌(2016)、汪维辉(2017b,2017c)等。

第 7 章　词汇类型学视角的汉语"吃""喝"类动词研究

第 1 节　引言

　　吃、喝是人类维持生命的最基本的活动。多数语言中表达吃喝意义的词汇均为基本词和常用词,[1]"吃""喝"类动词因而受到语言学家的较多关注。在汉语学界,刘复(刘半农)先生早在 20 世纪 30 年代就写过《释"吃"》一文,讨论汉语"吃"在古今南北用法中的差异及其多义性。此后,有多位学者从不同角度对汉语的"吃喝"类动词进行了研究。如崔宰荣(2001)、杜翔(2002)、尹戴忠(2011)等对"吃""喝"概念场历史演变的描写;吕传峰(2006)、张蔚虹(2010)、贾燕子(2013)等对"吃""喝"类动词历时替换的考察;梁冬青(2007)、平山久雄(2004)等对"吃""喝"来源的探求;解海江、李如龙(2004),吕传峰(2005),陈瑶(2013)等对"吃""喝"方言用法及演变层次的讨论;陶红印(2000),谢晓明、左双菊(2007),熊学亮(2009),徐宜良(2014)等对"吃""喝"语义特征和句法结构的分析。随着认知语言学、文化语言学及语法化研究的兴起,"吃"

---

[1] 如典型的阿姆哈拉语(亚非语系闪米特语族)动词词根都是三辅音的,而那些在话语中高频使用或者在概念上"基本"的动词却具有双辅音词根:/hd/"去"、/mt'/"来"、/k'm/"站"、/sm/"听到"、/st'/"给",以及动词/bl/"吃"和/t't'/"喝"(Newman and Aberra, 2009: 254)。

的多义性引发了更多学者从不同视角对其进行探索。如池昌海（1992），董为光（1995），熊金星、谢晓明（2006）等从文化视角对"吃"的多义性与汉民族文化的关系的解析；王占华（2000）、解海江（2006）、聂亚宁（2008）等从认知视角对"吃"的隐喻、转喻等语义演变模式的刻画以及杨一姝（2012）、李云彤（2013）等对"吃"的多义网络的建构；江蓝生（1989）、蒋绍愚、曹广顺（2005：392—397）等从语法化视角对"吃"表被动义、原因义等语法化过程的分析。尽管以上研究使我们对汉语"吃""喝"类动词的历史演变脉络、方言用法差异、句法语义特征及词义扩展途径等有了一定的认识，但由于缺乏跨语言视角和类型学视野，以往的研究对汉语"吃""喝"类动词演变的共性倾向和个性特征鲜有涉及。

普通语言学界已有多位学者对特定语言中"吃""喝"类动词进行过深入研究，如Gouffé（1966）、Williams（1991）之于豪萨语，Newman（1997）之于英语，Family（2008）之于波斯语，Pardeshi et al.（2006）之于亚洲语言，Bonvini（2008）之于尼日尔—刚果语系语言、Hénault（2008）之于印欧语系诸语言，等等。随着词汇类型学的兴起，加拿大学者Newman（2009）组织一批语言学家专门开展了"吃""喝"类动词的类型学研究，分别对Manambu语（Aikhenvald）、日语（Yamagushi）、朝鲜语（Song）、豪萨语（Jaggar and Buba）、阿姆哈拉语（Newman and Aberra）、印度—雅利安语支（Hook and Pardeshi）、阿萨巴斯卡语系（Rice）诸语言的"吃""喝"类动词进行了考察。这些成果为我们进行跨语言比较提供了极大便利。但需要指出的是，以上研究多数只关注"吃""喝"类动词的共时层面，历时层面的研究则相对较少。

类型学是对跨语言结构规律或模式的研究（Croft，2008：1），其主要目的是探讨人类不同语言之间的差异所受到的严格制约，揭示纷繁复杂的语言差异背后的系统性。语言类型学的研究历来比较关注语音和语法，词汇的类型学研究近十余年才逐渐兴起。根据Lehrer（1992：249）的经典定义，词汇类型学是"研究各种语言里如何将语义材料包装成词的特别方式"。其基本假设是，不同语言的词汇现象表面上看是杂乱无章、没有规律的，但通过系统的跨语言比较可以发现，语言中丰富的词汇现象在一定程度上是可以解释和预测的。近十多年来，莫斯科词汇类型学研究小组、荷兰马普心理语言学研究所语言与认知小组、俄罗斯科学院语言学研究所、法国国家科学研究中心等机构开展的调研工作，使得词汇类型学的研究取得了显著进展。截至目前，词汇类型学尽管尚未形成一整套成熟完善的理论体系，但 Koch（2001a）、Koptjevskaja-Tamm et al.（2007）、Koptjevskaja-Tamm（2008，2012）、Evans（2010）等均一致主张，词汇类型学的研究主要有三个关注焦点：一是定名学视角，即考察某一（些）概念的词汇化和在特定概念场的切分方式；二是符意学视角，即考察某一（些）概念的语义关联和语义衍生；三是词汇和语法互动视角，即考察某一（些）概念的语法编码和句法行为。从业已完成的大型词汇类型学研究项目来看，尽管不同机构所从事项目的理论基础和研究方法有所不同，但多数都围绕以上焦点进行。

本章拟参照"吃""喝"类词语的已有成果，借鉴词汇类型学的理论框架，从定名学、符意学、词汇与语法互动三个不同的视角，观察汉语"吃""喝"类动词在历时演变及共时分布中所呈现的跨语言共性与个性特征，以尝试为汉语词汇的共时和历时研究提供新的研究范式。

第 2 节 "吃""喝" 概念的词汇化与范畴化

本节从定名学的角度讨论"吃""喝"概念的词汇化与范畴化方式，先考察汉语的情况，再基于跨语言材料来审视其共性倾向和个性特征。

2.1 汉语"吃""喝"概念的词汇化与范畴化

2.1.1 汉语"吃""喝"概念的词汇化

根据历史文献的用词情况,汉语不同时期表征"吃""喝"概念的主导词[1]如表1所示:

表1 汉语不同时期表征"吃""喝"概念的主导词

词项 \ 时代	先秦至隋	唐至清代中叶	清末至今
"吃"类词	食	吃	吃
"喝"类词	饮		喝

先秦至隋,汉语中用于表达"吃""喝"概念最常用的词语是"食"和"饮"。"食"的对象为固体和半流体食物。如在《十三经新索引》中,"食"的受事有"肉、粥、菜果、酿酱、果实、菽、鸡、麦、羊、麻、犬、黍"等(解海江、李如龙,2004)。"饮"的对象多是"水、清泉、玉浆、酒、茶、汤"等液体。"吃"大约产生于汉魏时期[2],唐代用例逐渐增多。至迟到晚唐五代,口语中"吃"已经取代"食""饮"成为表达吃喝义的主导词(贾燕子,2013)。与"食""饮"不同的是,"吃"的对象既可以是食物,也可以是液体。如寒山、拾得诗中"吃"的受事有"肉、猪肠、酒、鱼、饭、糊饼"等,敦煌变文中出现了"水、河水、茶、酒、琼浆"等液体。大约到元代,新出现了"喝",用于表示以液体为受事的吃喝行为。[3] 不过在元明及清代前期的文献中,喝液体最常用的仍是"吃",清中叶以后,"喝"才得到了较快的发展。普通话中,"吃"表示吃食物,

---

[1] 主导词指表征某一概念的几个词语中最常用的那个词,该词多具有义域广、使用频率高、句法功能强的特点。
[2] 最初写作"喫",约在宋代出现了"吃"的写法,此后两个字形长期并用。
[3] "喝"另有写作"哈""呵""嗑"等的字形(吕传峰,2006)。

"喝"表示喝液体,两者成为同级词[1]关系。

据《汉语方言解释地图》的地图 47"饮食动词"(岩田礼,2009:254—255),现代汉语方言中"饮食动词"的类型可以分为两大类:"X-X"系(A)和"X-Y"系(B),前者以同一动词表示"吃"义与"喝"义,而后者则以不同动词表示。根据动词的类别,A 系又分为三类,B 系分为七类。A 系基本上分布于南方;B 系多分布于北方,但也分布于浙江南部至广东、广西的南方地区。其分布的大致情况见表 2:

表 2 现代汉语方言表征"吃""喝"概念主导词的分布情况[2]

	类别	分布地域
A 系	"吃—吃"型	主要分布在浙江、上海等吴语区,江西北部、西部和东部的赣语区,湖南中部和东部的湘语区
	"食—食"型	以福建为中心,也分布于浙江南部、江西南部及广东东部和西部等地区
	"咥—咥"型	集中分布在浙江、福建、江西的交界处,如玉山、江山、广丰、遂昌、松阳、龙泉等地
B 系	"吃—喝"型	主要分布在黑龙江、山东、河南、河北、江苏西北部、陕西、青海、宁夏等的官话区,山西的晋语区及安徽东南部的徽语区
	"吃—饮"型	主要分布在广东地区
	"食—饮"型	集中存在于广东,也散布在其他地区,如浙江温州、安徽宿松等地
	"食—啉"型	仅限于福建、台湾和广东
	"食—喝"型	分散在浙江、福建、广东等南方地区
	"食—啜"型	零散地分布在福建、湖南、广东、海南等地区
	"[tai]—喝"型	只出现在山东半岛和辽东半岛

---

[1] 同级词指某概念场中处于同一层级的两个或两个以上的词。同级词在概念场中一般呈现句法、语义或语用上的互补分布。

[2] 表 2 的分布地域参考《汉语方言解释地图》的地图 47 和《汉语方言地图集》(词汇卷)084—086。按:此表仅列出了方言中表征"吃""喝"概念的主导词出现地域较多的情况,一些仅见于一两个方言点的较为特殊的情况没有列入。如"吃""喝"义用同一个词表示的 A 系中,还有西宁、岷县用"喝",龙山用"歹゚",新田、嘉禾用"叶゚",江华用"[xai⁵¹]"。

2.1.2 汉语"吃""喝"概念的范畴化

我们把由"吃""喝"概念构成的区域称为"吃喝"概念场。汉语不同历史时期"吃喝"概念场的情况见表3（改编自蒋绍愚，2015：394—395）。

表3 汉语不同历史时期的"吃喝"概念场

表3.1 先秦至隋

主体：人		主体：鱼、鸟	
对 象	词 项	对 象	词 项
饭	食、饭、餐、啖/噉	虫、粮、水	嗒/啑
粥、羹	歠/啜		
水、酒	饮		
方 式	词 项	方 式	词 项
少吃	尝	（无）	（无）
不咀嚼	吞、嚥（《礼记》：毋嚥羹）		
一口吃下	嚃（《礼记》：毋嚃羹）		
使……吃	哺/餔、啖/噉、食、萎/餧[1]		

表3.2 唐至清代中叶

主体：人		主体：鱼、鸟	
对 象	词 项	对 象	词 项
饭	喫/吃、食	虫、粮、水	喫/吃
粥、羹	喫/吃		
水、酒	喫/吃、饮		

---

[1] 记录"喂"字形的时间顺序大致为：萎→餧→餵→喂、偎→喂（刘君敬，2011：59—63）。

续表

方　式	词　项	方　式	词　项
少吃	尝	（无）	（无）
不咀嚼	吞		
无节制	噇（饭、酒）		
使……吃	餵/喂		

表 3.3　清末至今

主体：人		主体：鱼、鸟	
对　象	词　项	对　象	词　项
饭、粥	吃	虫、粮	吃
水、酒	喝	水	喝
方　式	词　项	方　式	词　项
少吃	尝	（无）	（无）
不咀嚼	吞		
略饮少许	抿		
使……吃	喂		

如表3所示，汉语不同历史时期"吃喝"概念场的切分会因主体、对象、方式的不同而有所不同。如先秦至隋，根据饮食对象"饭""粥、羹""水、酒"的不同分为三类；根据饮食主体"人""鱼、鸟"的不同分为两类。唐至清代中叶，以上区别都消失了，无论对象和主体是什么，都合为一类。清末至今则根据对象种类的不同又分为两类。再如，任何时期都有一些专门的词语来描述吃喝的不同方式，但显然，词语的数量、意义在不同时期会有所不同。[1]

---

[1] 当然，表3仅反映了汉语不同历史时期"吃喝"概念场的概貌，还可以整理出更为详细的列表。

2.2 "吃""喝"概念词汇化和范畴化的跨语言审视

2.2.1 "吃""喝"概念词汇化的跨语言审视

跨语言看,"吃""喝"概念的词汇化主要有两种不同的情况。

第一,有些语言把"吃""喝"视为一个概念,用一个词来表示。一些语言中涵括了吃、喝意义的词作为上位词,仅限于在正式的书面语体中使用。如英语的 consume"消费"和 ingest"摄食"(Newman,2009:3),朝鲜语的中朝合璧词 sepchwi ha-"消费或吸收"(Song,2009:200)。在更多的语言中,包含了吃喝意义的词具有口语化的基本词地位,如孟加拉语的动词 kha(Amberber,2009:58—59),新几内亚 Manambu 语的 kə、Iatmul 语的 ki-、Ambulas 语的 ka(Aikhenvald,2009:102),尼日尔—刚果语族祖鲁语的 dla(Newman,2009:3),澳大利亚瓦尔皮里语的 ngarni,巴布亚卡拉姆语的 ñb-(Aikhenvald,2009:104—105),等等。

第二,有些语言把"吃""喝"看作两个概念,分别用不同的词表示。多数语言中"吃""喝"是同级词关系。如英语的 eat 和 drink,非洲尼日尔—刚果语族诸语言的"吃"与"喝"(Bonvini,2008:287)。有些语言中"喝"是"吃"的下位词。像朝鲜语中所有喝的东西都可以用"吃"来表示,如 wuyu-"牛奶"既可用 masi-"喝",也可用 mek-"吃"(Song,2009:199—200)。日语不同的动词"吃"(hamu、tabu、kuu 和 kurau)在其历史演变过程中都表示过"喝"的行为(Yamaguchi,2009:181)。还有少数语言中有"喝",但没有与"喝"概括性对应的"吃"。如古尔语支 Mooré 语"吃喝"词汇场的成员有:dí"吃(不能咀嚼的东西)"、lélem"舔"、kaghlé"嘎吱嘎吱地咀嚼"、wäbé"咀嚼、放牧、(让动物)吃草"、nyü"喝"、fõõghé"吸收"、dumi"咬、叮"、möghé"吮吸"、vélé"吞"(Bonvini,2008:270)。

从构词形式上看,"吃""喝"既可能是单纯词,也可能是复合词或复合语素。如在澳大利亚的 Mayali 语中,动词 ngu"吃"是单纯词,而 bo-ngu

"喝"则是双语素形式，源自 bo "液体" 和 ngu "吃"。在与 Mayali 语有亲缘关系的 Gun-gurrng 语中，动词 yak-wa "吃，喝" 是复合词，由 yak "没有，无" 和 wa "跟随" 组成，其字面意思是 "没有跟随"（Newman，2009：4）。还有少数语言中没有专门表示 "吃" "喝" 意义的词语，如在北美阿萨巴斯卡诸语言中，"吃" "喝" 的意义用并入语素 sa- "放进嘴中" 与各种分类动词词根相结合来表达（Rice，2009：114）。

2.2.2 "吃" "喝" 概念范畴化的跨语言审视

人们在摄取食物的过程中，可以采取不同的方式，也可以涉及不同种类的物质。该活动如何被范畴化，在不同的语言中往往会有所不同。那么，该概念场被切分的方式是否具有系统的一致性呢？通过已调查的跨语言材料的比较可以发现，"吃喝" 概念场往往根据几个不同的维度或参数进行切分，按照其常见性等级，这些参数可大致排列为：

吃的方式＞被吃食物的种类或质地＞吃者主体的不同、吃的时间、被吃食物的状态或数量

亚马逊南部阿拉瓦的 Jarawara 语有多个描述 "吃" 方式的动词：-kaba- "涉及多次咀嚼地吃（如吃肉、鱼、甜玉米）"，jome-na- "需要很少或根本不需要咀嚼地吃（如吃橘子或香蕉，也用于吞咽药丸）"，komo-na- "吐出籽地吃"，bako-na- "用吸的方式吃（如吃西瓜、甘蔗）"（Aikhenvald，2009：106）。英语也有多个动词表示吃的不同方式：chew "咀嚼"、chomp "大声地咀嚼、反复咀嚼"、crunch "嘎吱嘎吱地咀嚼"、gnaw "咬"、nibble "一点点地咬、咬"、pick "少量地吃、挑肥拣瘦地吃"、peck "啄"、sip "啜饮"、slurp "饮食出声"、suck "吸"、lap "舔食"、bite "咬、啃"（Rice，2009：121；Amberber，2009：59）。

因吃者主体不同而被范畴化的例子，如非洲尼日—刚果语族古尔语

支 Fongbe 语的动词 ɖù 有"吃；咀嚼，啃，咬，叮；吸收"多个意义，当其表示"叮、咬"义时，施事只限于蚊子；若其他种类的昆虫为施事，则用动词 mɛ̀；当蛇为施事时，会优先选用 ś（Bonvini，2008：274）。关注"吃"时间不同的语言，如切瓦语（班图语系）的-fisula"吃早餐"、-gwetsa ntsamilo"吃上午点心"（Bonvini，2008：269）。

澳大利亚迪尔巴尔语 Girramay 方言根据被消费食物的种类，有三个特定的及物动词"吃"：rubima-"吃鱼"，burnyja-"吃肉"和 nanba-"吃蔬菜"（Aikhenvald，2009：106）。在澳大利亚沃尔皮里语中，除 ngarni"摄食、吃、喝"之外，还有动词 yilyi-wirrpi-rni"喝、吸、舔舐（袋鼠的血液、脂肪等）浓的或热的液体"，kuuny-nga-rni"吃、喝蜂蜜"，kunykuny-nga-rni，"吸取、吮吸花蜜"（Wierzbicka，2009：77—81）。班图语系切瓦语的动词"吃"，根据食物质地的不同分为-monyola"吃软的或易折断的东西（如香蕉、稠粥等）"，-kukuta"吃硬的或者听起来很硬的东西（如苹果、青玉米等）"，-bubuda"啃、蚕食、吃硬的东西（如骨头、玉米、硬肉等）"（Bonvini，2008：269）。北美阿萨巴斯卡诸语言中大多数的吃喝表达式，通过结合分类动词词根和状语前缀来关注吃喝对象质地、状态、数量等的不同。如纳瓦霍语的"吃""喝"动词有不少于 15 个的动词词根系统（详参 Rice，2009：120）。

现在，我们来看汉语"吃""喝"概念的历时词汇化与范畴化方式，与以上跨语言共时研究所揭示的共性倾向之间的关系。由表 1 可知，汉语"吃""喝"概念的历时词汇化有两种不同的情况，或者用一个词语来表示，或者用两个不同的词语来表示。当用一个词语来表示"吃""喝"概念时，该词属于基本词；当用两个词语分别表示时，两词是同级词关系。从表 3 可以看出，汉语"吃喝"概念场历时范畴化的参数中，最常出现的是吃喝动作的方式，其次是动作对象的种类，因动作主体的不同而被范畴化的频次最低。显然，汉语"吃""喝"概念历时词汇化和范畴化的方式与跨语言共时研究所揭示的共性倾向高度符合，即"吃""喝"概念历时词汇化所采用的方式是在共时词汇化中更为常见的方式;"吃喝"概念场历时范畴化所依据参数的出现频次与这些参数在共时平面表现出来的常见性等级相一致。

此外,如表2所示,汉语不同方言表达"吃""喝"概念的词语呈现复杂、交错的分布状态,该现象也具有一定的共性。跨语言看,一些在地理上、谱系上或文化上关系极为密切的语言,在"吃""喝"概念词语的使用上却常会有所不同,像澳大利亚和新几内亚诸语言就存在此类现象。以澳大利亚诸语言为例,澳大利亚北部沙漠边界谱系群亚帕次语群的一些语言会用一个词语表示吃喝义(如瓦尔皮里语的 ngarni 和 Ngardi 语的 ngarnanta),但来自同一个次语群的 Warlmanpa 语却用两个不同的词语表示。邻近的语言只有 Mudbura 语和 Walmatjarri 语用一个词语表示吃喝义(Mudbura 语用 nga-nyja、Walmatjari 语用 nganyja),同一次语群的其他语言都采用两个词语。在马宁里达次语群的四种语言中,只有两种语言用一个词语表示吃喝义:那一卡拉语有 bara "吃,喝,咬",还有 dja "吃,喝";Burarra 语用 bay "吃,喝;咬,吸(烟)"(Aikhenvald,2009:105、91—108)。

第3节 "吃""喝"类动词的语义扩展

汉语"吃""喝"类动词在历史演变或共时分布中出现了哪些语义扩展(semantic extensions)?我们应该如何将其分类?它们的意义是如何改变的?哪些语义关联模式在不同语言中反复发生?哪些关联模式极少发生或为汉语所独有?本节我们尝试从符意学角度考察"吃""喝"类动词的多义衍生模式,并据此对上述问题作出初步回答。

Newman(1997,2009)根据吃喝行为的经验现实,构建了一个解释力极强的框架来阐发"吃""喝"动词各种隐喻扩展的动因(motivation),包括三个方面：①基于施事的扩展；②基于受事的扩展；③基于施事和受事的扩展。下面，我们将借助 Newman 的框架来讨论以上问题。

3.1　基于施事的语义扩展

"吃""喝"动词的一些隐喻扩展被吃喝过程中施事的某些特性所驱动。首先，在此过程中施事被看作是一个具有强烈"内化"的形象——把食物和饮料吸入了体内。此外，还有伴随着吃喝行为的感官体验，包括与食物接触后口腔味蕾产生的愉悦的感觉和消化后的满足感，以及在某些情况下（如饥荒时为了生存而吃）所产生的不愉快体验。我们可以把这些基于吃喝者角色而产生的语义扩展统一称为"内化"（internalization）（Newman，2009：8）。

3.1.1　愉快地吸入、吸烟等

"吃""喝"动词可以扩展指摄取非食物和饮料的其他物质（如空气、香烟等）进入身体。古代汉语有"食气""食风""饮风"的说法。例如西汉《淮南子·地形训》："食肉者勇敢而悍，食气者神明而寿，食谷者知慧而夭。"南朝梁陶弘景《真诰·协昌期》："吞魔食鬼，横身饮风。"其中的"食气""饮风"都指呼吸新鲜空气。[1] 现代海口方言仍说"食风"。19 世纪的文献中开始出现"吃烟"的用例，像《儿女英雄传》中有 30 例之多（谢晓明、左双菊，2007），可见此说法在当时极为常见。但到普通话中，"烟"只能与"抽、吸"组合。42 个方言点中，厦门、梅县、福州、东莞等 7 个方言点用"食烟"，建瓯方言用"馌[2]烟"，其他方言都说"吃/喫烟"（陈瑶，2013：20）。历史文献中没有发现"喝烟"的用法，在湖南常

---

[1]　有意思的是，"吃""喝"与"风"搭配时意义却发生了改变。如"吃东西风"（《祖堂集》）、"喝风"（《原本老乞大》）、"喝西北风"（普通话）都喻指没有东西吃、挨饿。
[2]　"馌"本义指给在田间耕作的人送饭。《说文·食部》："馌，饷田也。"《诗经·豳风·七月》："同我妇子，馌彼南亩。"在闽北的建瓯方言中"馌"表"进食"义。

德及湖北恩施、天门方言中这样的说法很常见（徐宜良，2014）。

跨语言看，一些语言用"吃"表示"吸（烟）"义，如巴布亚新几内亚恩加语的 nengé "吃"（Lang，1975：178，转引自 Newman，2009：9—10）。也有一些语言"吃""喝"用一个词语表示，该词语同时也表示"吸（烟）"义。如新几内亚 Manambu 语的 ki-、Ambulas 语的 ka、Burarra 语的 bay 及 Djapu 语的 luka（Aikhenvald，2009：105）。但更多的语言是用"喝"来表示"吸（烟）"义。如豪萨语的 shaa（Newman，2009：10）、阿姆哈拉语的 tʼətʼtʼ（Newman and Aberra，2009）、普卢瓦特语的 wún（Elbert，1972：210）、日语的 nomu（Yamaguchi，2009：179）、朝鲜语的 masi-（Song，2009：203）、法语的 boire，以及非洲卡塞姆语的 ñò、proto-Gbaya 语的 *no、恩巴恩迪语的 nyō（Boyeldieu，2008：308），等等。还有少数语言"吃""喝"都可以表示"吸（烟）"义，但语义有所不同。如非洲 Beja 语的 gʷʔa"喝、吸（烟）"和 gʷiham"小口吃，吞下，吸（烟）但没有吸入"（Boyeldieu，2008：308）。

3.1.2　情感或思想上的满足、享受

汉语的"食""饮""吃"都可用于表达情感或思想上的满足、享受。如古代"食"常与"禄""俸""国""采""税""征"等搭配，指享用俸禄、封邑的租赋或税收；"饮"可与"泽""惠""德""恩德"等组合，谓享受恩泽、恩惠。现代还有"饮誉"一词，指享有盛名。"吃"的该用法在普通话及方言中很常见。如普通话说"吃甜头""吃回扣""吃空额"等。方言中，万荣说"吃贿"、忻州与太原说"吃贿赂"、武汉说"吃钱"、牟平说"吃小篓儿"、建瓯说"馇冤柱"都指受贿。普通话中的"吃香、吃得开"、南京方言的"吃得干"、黎川方言的"吃得过"都表示受欢迎。普通话说"吃马屁"、福州方言说"食褒"指喜欢听好话（李荣，2002；解海江，2006）。

在很多语言中"吃"都可以表达享受和满足的意义。如阿姆哈拉语的 bəll"吃"可用于"吃赌博"（赢得打赌）、"吃工资"（接受工资）、"吃赔偿"

(接受赔偿)、"吃贿赂"(接受贿赂)、"吃奖杯"(赢得奖杯)等(Newman and Aberra, 2009: 262—263)。豪萨语的 ci"吃"可组成"吃考试"(通过考试)、"吃王权"(获得王权)、"吃益处"(获益)、"吃奖杯"(赢得奖杯)、"吃成功"(获得成功)、"吃钱"(贪污钱财)、"吃野心"(实现野心)等(Jaggar and Buba, 2009: 235—237)。据 Gouffé(1966)、Bonvini(2008)和 Pardeshi et al.(2006),"吃"与"享受"之间的一词多义在非洲和亚洲语言中很常见。如 Fongbe 语、祖鲁语、中非萨拉—邦戈—巴吉尔米语的"吃"都有快乐、享受的意义;Fongbe 语和杜阿拉语的"吃"都有"获利"义。也有一些语言用"喝"表达情感上的满足。如法语的 boire"喝"扩展表示"享受,细细品味、心醉、着迷"义(Boyeldieu, 2008: 312)。豪萨语的 shaa"喝"引申出"欣赏、享受"义,如"喝幸福"指玩得很开心(Jaggar and Buba, 2009: 242)。阿姆哈拉语的 t'ət'-"喝"也有"享受、接受"义,如"喝太阳"指享受阳光,"喝奶油"指非常满足(Newman and Aberra, 2009: 268)。

在以上情况下,食物、饮料进入体内的源域映射到实体进入一个人的财产范围或情感领域的目标域,主语由于接收了另一实体而有所获益。同时,与吃喝有关的积极的感官体验也与全面理解该隐喻用法密切相关,即伴随着吃而产生的令人愉快的味觉映射到伴随着由于拥有新财产(俸禄、赋税、贿赂等)、新情感(恩德、称赞、声誉等)而产生的愉悦的体验。

3.1.3 经历不愉快

汉语的"食""饮""吃"也有表示不愉快体验的用法。例如:

(1) 自我徂尔,三岁食贫。(《诗经·卫风·氓》)
(2) 自古皆有死,莫不饮恨而吞声。(江淹《恨赋》)
(3) 却笑吃亏隋炀帝,破家亡国为谁人?(杜牧《隋苑》)

例（1）"食贫"谓过贫苦的生活。但"食"表示不愉快体验的用例较少。"饮"此种用法的例子要多一些，除了例（2）的"饮恨"，还有"饮贫""饮气""饮冤"等说法。"吃"在晚唐五代派生出"遭受、挨"义，此义在近代汉语中很常用。如"吃亏"［例（3）］、"吃杖"（敦煌变文）、"吃辛苦"（《朱子语类》）、"吃官司"（元曲）、"吃冷"（《西游记》）、"吃苦头"（《何典》），等等。"吃"的该用法在普通话和大部分方言中都有保存，如普通话说"吃惊""吃苦""吃批评""吃罚单"等。方言中如苏州"吃搁头"指吃批评、受处分，哈尔滨"吃挂落儿"指受连累，武汉"吃拼"指受欺负，上海、苏州"吃夹当"指夹在中间受冤枉气（李荣，2002；解海江，2006）。

跨语言看，"吃"与"不愉快体验"之间存在较为普遍的语义关联。如"吃"在 koyukon 语、阿萨巴斯卡语中有"生气"义，在法语、俄语、Kirundi 语中有"痒、使发炎"义，在卡塞姆语、朝鲜语中有"被羞辱"义，在法语、拉丁语、Mwotlap 语中有"被打、挨打"义，在卡塞姆语、Fongbe 语中有"羞愧"义，等等。此外，像汉语一样，卡塞姆语、Mooré 语、Fongbe 语、阿干语、富拉尼语、杜阿拉语、基隆迪语、刚果语、萨拉—邦戈—巴吉尔米语、巴西葡萄牙语、豪萨语及朝鲜语的"吃"都扩展表"遭受"义。如朝鲜语的 mek-"吃"可用于"吃批评""吃罚球""吃高温（指中暑）"等（Song，2009：211）；在豪萨语中，"吃某人的荣誉"指侮辱某人，"吃某人的信任"指背叛某人，"吃某人的脸"指羞辱某人，"吃某人的尊严"指冒犯某人（Jaggar and Buba，2009：238—239）。也有一些语言用"喝"表达不愉快的体验。如法语的 boire"喝"有"接受、遭受，忍受、受苦"义，可以构成固定搭配如"遭受打击、蒙受奇耻大辱、被雨淋湿、感冒、落满灰尘、上年纪"等（Boyeldieu，2008：312）；豪萨语的 shaa"喝"引申出"经受、遭受、忍受"义，可与"麻烦""倒霉""严重的损失""训斥""重负"等搭配（Jaggar and Buba，2009：241—242）。"吃""喝"之所以可以表示不愉快的体验，是因为摄食不健康、不卫生的东西会对我们的身体造成不同程度的伤害，因而对这些"坏"食物进行内化的结果通常是不愉快的。

3.1.4 吸收

普通话中"吃"有"吸收（液体）"义。例如：宣纸很吃墨/这块布不吃染料。在此种用法中，"吃"的主语要求是一个无生命的物体（如纸、布、地），宾语要求是某种液体（如墨、染料、水）。方言中，西安、上海、武汉、扬州、萍乡、金华等的"吃"，厦门、海口的"食"均有此种用法（李荣，2002；解海江，2006）。豪萨语和朝鲜语的"吃"也用于（织物）吸收（染料）。另有一些语言用"喝"表示"吸收"义。如豪萨语表示吸收义时，shaa"喝"比 ci"吃"更常用。shaa"喝"的该用法要求主语是汽车、裤子、长袍、衣服等无生命的物体，该物体的状态由于吸收的行为而发生了某种变化；宾语是某项活动或某种物质实体（多为液体），它们是导致主语发生变化的源头或原因。例如 mootàa taa shaa guugàa"汽车喝擦亮"，义为汽车是闪亮而有光泽的（Jaggar and Buba，2009：243、249）。阿姆哈拉语的 tʼətʼt'"喝"表"吸收"义时，主语是兽皮、发动机、衣物、门、植物等无生物，宾语是油、水、油漆、奶油等液体（Newman and Aberra，2009：262—263）。法语的 boire"喝"也有该种用法。从扩展动因看，吸收义显然是由人从身体外部摄取食物或饮料到嘴巴中的源域投射到纸、布等物体吸收液体的目标域而产生的。

3.1.5 理解、体会

普通话中"吃（不/得）透""吃（不/得）准"中的"吃"表示"理解、体会"义。"吃"是身体对食物所提供营养的吸收过程，而"理解、体会"则是思想上对事物本质了解、掌握的过程，两者之间有明显的相似性。阿拉伯语和法语的 boire"喝"都有"理解"义，Boyeldieu（2008：311—312）认为，该意义的扩展源自"思想上吸收"。

3.2　基于受事的语义扩展

基于受事的语义扩展关注吃喝过程中受事(即被消费的食物、饮料)发生了什么。食物和饮料最显著的变化是,它们从视线中消失了,变成了难以见到的身体的一部分。对食物而言,更重要的是,它们经过相当粗暴的处理(被嚼碎)后转变为了可消化的颗粒,"吃"因此尤其适合作为破坏意象的来源(Newman,2009:15—16)。

3.2.1　进入

(4) 又有铁甲小船,所以缠护炮台,四面伏击,最为灵活坚利。惟食水过深,不能远越重洋。(薛福成《应诏陈言疏》)

(5) 铣刨时吃刀不可过浅。(普通话)

进食即食物进入体内,汉语的"食""吃"由此派生出某物体进入另一物体的意义。例(4)"食水"指船身入水的深度,借指船的载重量。该意义,普通话说成"吃水"。例(5)"吃刀"指切削金属时刀具切入工件。方言中,扬州、上海、杭州、宁波、萍乡的"吃",厦门、广州的"食"都有此义。上海还说"吃肉",指削水果皮时,皮去得太多,刀切入果肉(李荣,2002;解海江,2006)。

3.2.2　侵吞、吞没

(6) 谢十拔箭走,追射之,中其背,饮矢之半,偾而死,获所乘马。(《金史·太祖本纪》)

(7) 他们一年之中,吃没那无名氏的钱不少呢。(《二十年目睹之怪现状》第十五回)

例（6）的"饮"表示"吞没、隐没"义，类似的用法还有"饮羽""饮刃"等。近代汉语晚期"吃"扩展表示侵吞、吞没义，如例（7）。"吃"的该意义在一些方言中仍有保留。如宁波说"吃没"、上海说"黑吃黑""吃没"（李荣，2002；解海江，2006）。卡塞姆语、Fongbe语、班巴拉语的"吃"也有"吞没、吞噬"义，都多用于比喻义中（Bonvini，2008：276、278、287）。"饮""吃"吞没义的产生，显然是基于食物、饮料从视线中消失了，变成难以见到的身体的一部分这样的事实。

3.2.3 耗费、消耗

如果受事是力量、精力等，则"吃"表"耗费、消耗"义。如普通话及上海、杭州、西安、黎川等方言中说"吃力"[1]，海口、福州、厦门说"食力"，建瓯说"馆力"，都表示"费力"义；普通话及上海、忻州等方言中的"吃劲"指很费劲。方言中，"吃"的这一意义还可以与燃料、能源搭配。如苏州、扬州、上海的"吃料"，海口、厦门的"食料"都指费材料；扬州"吃油"指做菜时耗油多；厦门"食油"指（汽车等）耗油量大（李荣，2002；解海江，2006）。在日语中，"吃"表"耗费、消耗"义时，其受事仅限于特定的物质，如燃料、能源、金钱或时间。在此情况下，这些物质不仅仅是被消耗了，还包含有它们的供给是"浪费"的意思，因为它们或是被过度使用了，或是超过了一个人能负担得起或者预期的范围（Yamaguchi，2009：184）。卡塞姆语、Fongbe语、Mooré语、萨拉—邦戈—巴吉尔米语、豪萨语的"吃"都有"耗费、消耗，浪费、花费"义，多与时间、金钱、财产等搭配。朝鲜语、阿姆哈拉语的"吃"指（汽车等）消耗燃料。

---

[1] 按：扬州、杭州、上海、金华说"吃力"还指累、疲劳（李荣，1999；解海江，2006）。

3.2.4 除去、消灭

普通话"吃"表示除去对方的棋子、消灭对方的意义多见于弈棋和军事用语中。例如：拿车（jū）吃他的炮。萍乡、柳州、牟平、西宁、贵阳等方言中的"吃"，福州、雷州、梅州等方言中的"食"都有该用法。卡塞姆语、Fongbe 语、富拉尼语、萨拉语、萨拉—邦戈—巴吉尔米语、巴西葡萄牙语、豪萨语、阿姆哈拉语和日语中的"吃"都有打败、战胜的意义。像萨拉—邦戈—巴吉尔米语的"吃"多用于比赛中击败对手，巴西葡萄牙语的"吃"用于在象棋或跳棋中打败对方（Bonvini，2008：282—284）。

以上"耗费、消耗""除去、消灭"都含有"破坏"义。跨语言看，很多语言中"吃"的语义扩展都与"破坏"义有关。如英语的 eat into "腐蚀、侵蚀"，祖鲁语的 dla "吃"扩展出"侵蚀、生锈、腐蚀、磨损"义（Newman，2009：16）。Manambu 语的 kə "吃、喝"表示"淹死、烧毁、摧毁、消灭"义（Aikhenvald，2009：93—97）。Fongbe 语、Mooré 语、富拉尼语、基隆迪语、萨拉—邦戈—巴吉尔米语、豪萨语、阿姆哈拉语、纳瓦特尔语、日语、朝鲜语和 Manambu 语的"吃"都有"折磨、伤害、破坏"义，豪萨语、阿姆哈拉语、Mwotlap 语、Manambu 语的"吃"都有"烧毁"义。该类隐喻扩展涉及从食物被嚼碎的源域投射到各种其他域，在这些域中，一些实体（对应于源域中的吃者）对其他实体（对应于被吃的东西）施加了破坏性的影响。

3.3 基于施事和受事的扩展

动词"吃""喝"的有些语义扩展同时建立在基于施事和受事两个方面，较为典型的例子如"食言"和性交义。汉语早在《尚书》中就有"食言"的说法，并一直沿用至今。[1]

"吃"可以作为性交概念的一个来源。如汉语建瓯方言"馘"有交合

---

[1]《尚书·汤誓》："尔无不信，朕不食言。"对"食言"理据的分析参见 Newman（2009：18）。

的意义（李荣，2002；解海江，2006）。Rumu 语的 nana"消费、吃、喝"与 tu"肠子"连用表示"性交"义（Newman，2009：19）。在因纽特语中，动词化词缀-tuq 根据其前面出现名词的不同，可以分别表示"吃、喝，反复做某事，性交"等意义（Hénault，2008：297）。在澳大利亚的 Yir-Yoront 语，美洲的西班牙语和葡萄牙语，非洲的豪萨语、祖鲁语及几种土著语中，"吃"都可以表示"做爱、性交"义（Gouffé，1966；Bonvini，2008；Newman，2009）。性交既包括内化的意义（即性交作为一种生理上愉悦的感觉可以被内化），又包括破坏的意义（即施事在性征服过程中对受事产生了破坏性的影响），因此该隐喻扩展同时基于施事和受事两个方面。当然，正如 Song（2009：207）所说，是基于施事的内化还是基于受事的破坏，两个方面是相伴而生的，注意力的焦点决定了更突显哪个方面，或者是两个方面都关注。

3.4 "吃""喝"类动词的语法化

汉语的"吃""喝"类动词中，只有"吃"发生过语法化。据江蓝生（1989）考证，"吃"表被动的用例最早出现在唐五代，在宋元话本、元明白话小说以及明代拟话本中使用十分频繁。"吃"被动标记的用法是由"蒙受、遭受"义发展而来的，其句法演变过程为："吃＋名"（如"吃杖"）→"吃＋动"（如"吃捆"）→"吃＋名＋动"（如"吃箭穿"）。近代汉语中"吃"由"蒙受、遭受"义还进一步演化出表致使义和表原因的用法（蒋绍愚、曹广顺，2005：395）。"吃"的以上语法化用法在普通话和方言中没有传承下来。

跨语言看，与动词"做""要""去""来"等不同，"吃""喝"类动词很少发生语法化（Hook and Pardeshi，2009：153）。目前见到较多报道的是"吃"作为被动标记的用法。在僧伽罗语、朝鲜语、现代希腊语、卡利亚语、朱昂语等语言中，动词"吃"与从动词派生出来的（deverbal）或像动词（verb-like）的宾语结合使用，可翻译为被动句。例如：

（8）Kikilil　amajagan　maerun　kae：va.（印欧语系的僧伽罗语）
　　　小鸡　　孩子工具　　死亡　　吃
　　　小鸡被孩子杀死了。

Haspelmath（1990：41）认为以上语言中的"吃"都已用作被动标记，Næss（2009：34）则认为此种用法的"吃"都已语法化为施事受到影响或遭遇不幸的标志。豪萨语的动词 ci"吃"和 shaa"喝"都可以用于该结构。例如：

（9）yaa　　　ci/shaa　　duukàa.（乍得语系的豪萨语）
　　 他被动态　吃/喝　　　打动名词
　　 他被毒打。

例（9）中"吃""喝"的区别在于，用 shaa 表示"一般的遭受"，用 ci 表示"严重的遭受"。"吃""喝"此种用法的典型特征是要求选择动名词作为宾语，如该例中的动名词 duukàa 基于动词 dòokaa"殴打、鞭打、击打"而产生。Newman（2009：13—14）指出，尽管以上例子可以分析为（无施事的）不幸被动式（adversative passive construction），但"吃""喝"的此种用法与它们带名词表遭受义的用法并没有太大不同。我们赞同 Newman 的分析，因为以汉语被动标记"吃"的语法化过程为参照，朝鲜语、僧伽罗语等语言中"吃"表示"遭受"的实词义还很明显，其语法化程度显然很低。

除了用作被动标记，"吃"还有语法化为动词后缀的用例。如 Chepang 语（藏缅语族、尼泊尔）的动词后缀-je?，既表示完成或终结的意义，又具有"对整体情境满意和高兴"的意义 Caughley（1982：97）。把该词称为"情境情感"（situational emotive）后缀，并认为它是由动词-je?"吃"扩展而来的。与"吃"相比，"喝"的语法化更为少见。据 Jaggar and Buba（2009：

243—245),豪萨语的 shaa"喝"可语法化为程度动词(a degree verb),表示"有规律地、频繁地、许多地"等量的意义,其后可出现动词、动名词和表示活动的名词,如喝笑、喝哭、喝来、喝观看、喝战争、喝冲突。

第 4 节 "吃""喝"类动词的形态句法特征

本节尝试从词汇与语法互动的角度考察"吃""喝"类动词所具有的形态句法特征,主要关注致使结构、及物和不及物交替、宾语的语义类型等问题。

4.1 "吃""喝"类动词的致使结构

跨语言的事实表明,"吃""喝"类动词表达致使结构(causativisation)[1] 有三种不同的形式:词汇型、形态型和分析型(Amberber,2009:53)。此处我们仅讨论形态型致使结构的特殊性及古今致使化策略的转变两个问题。

4.1.1 "吃""喝"类动词形态型致使结构的特殊性

已有的研究表明,早期汉语中曾经存在过形态型致使结构,该结构主要通过附加词缀、辅音屈折、声调变化等形态手段来表达致使范畴。如关于"吃""喝"类动词的形态型致使方式,目前主要有以下几种看法[2]:第一,加*s-前缀。如梅祖麟(1989)将"食"构拟为"*djək>dźjək"、将"饮"构拟

---

[1] 国内对致使结构有许多不同的称谓,如致使句、使役句、使动用法、使动范畴等。
[2] 也有学者持其他看法,参见冯英、曾晓渝(2004),金理新(2005),洪波(2009)等。

为"*sdjəks>zï"。[1] 第二，加* -s 后缀。谢·叶·雅洪托夫（1969：113）指出，"饮""食"二词均赖是否有-s尾区别自动与使动。[2] 第三，用去声破读表示。周法高（1962）、王力（1965）、潘悟云（1991）等多位学者都认为"饮""啖"有自动和使动之分，去声破读表示使动。此前已有多位学者注意到，上古汉语的形态型致使式多用于不及物动词和形容词，很少用于及物动词。在可以构成形态型致使的及物动词中，"吃""喝"类动词最为常见。如据方文一（2004）考察，出现使动用法的词语《左传》共154个、《诗经》共86个，其中及物动词用作使动的《左传》仅19个、《诗经》仅10个。在《左传》有使动用法的及物动词中，"食""饮"的出现频次最高，都在20例以上（姚庆保，2002）。[3]

跨语言看，许多有形态型致使范畴的语言限制该结构仅可用于不及物动词。不过其中有些语言可放宽这一限制，会允许少量及物动词用于形态型致使结构中，这些及物动词通常包括"吃""喝"类动词。如在阿姆哈拉语、帕劳语（南岛语族）、德拉威语、僧伽罗语和马里科帕语中，"吃""喝"动词和其他一些动词（包括 smoke "吸烟"、lick "舔"、know "知道"等感知动词）是一组特别需要采用形态致使形式的及物动词（Dixon, 2000：56；Næss, 2007：63—64）。据 Guerssel（1986），亚非语系柏柏尔语有一个能产的形态致使模式，即通过致使前缀 ss-由不及物动词派生致使形式。但有一些被称作"吃类"的动词（包括 ttc "吃"、sw "喝"、jjawn "饱食"和 tted "吸"等）例外，它们是及物动词却可以被致使化，有违柏柏尔语的致使模式（转引自 Amberber, 2009：50）。亚非语系阿姆哈拉语中有两个多产的形态致使前缀：a-和 as-，前缀 a-仅能用于不及物动词，前缀 as-

---

[1] 梅祖麟（2008）又将"食"的构拟改为"*N-ljək>*djək>dɛjək"，将"饮"的构拟改为"*s-ljəks>*ljəks>zï"。
[2] 早期的使动词就是形态型致使的隐性表现形式，后来随着汉语形态手段的消失，使动用法成为句法手段。
[3] 《左传》中使动用例数在5—10例之间的及物动词有"衣、朝、服、属"四个，其他的用例更少。参见姚庆保（2002）。

既可用于及物动词也可用于不及物动词。但例外的是，该语言中有10个左右的及物动词，包括bəlla"吃"、t'ət'ťa"喝"、lasə"舔"、t'əbba"吸"、k'əmməsə"品尝"、wať'ə"吞咽"等，它们除了可以用前缀as-构成致使式，也可以像不及物动词一样用致使前缀a-，Demoz（1964）把这些词语统称为"摄食"类词语（转引自Amberber，2009：47—48）。更多的例子可参阅Amberber（2009）、Næss（2007，2009）。显然，上古汉语及物动词的使动用法中，"食""饮"的出现频次最高，该现象具有一定的跨语言共性。

4.1.2 汉语"吃""喝"类动词致使化策略的转变

通过历史文献的考察，我们发现汉语"吃""喝"类动词的致使化方式在古今发生了较大转变。先秦西汉时期，"吃""喝"类动词最常见的致使形式是用祥吏切的"食（sì）"和於禁切的"饮（yìn）"表达的形态型［如例（10）（11）］[1]；分析型仅见到由表示使令义的"使"作致使词构成的使令式致使句，且用例很少［如例（12）］。

（10）晋侯<u>饮</u>（yìn）赵盾酒，伏甲，将攻之。（《左传·宣公二年》）

（11）更持去，以恶食<u>食</u>（sì）项王使者。（《史记·项羽本纪》）

（12）观从<u>使</u>子干<u>食</u>（shí），坎，用牲，加书，而速行。（《左传·昭公十三年》）

东汉以后，"食""饮"的形态型致使式逐渐减少，最晚到隋朝时已趋于消亡了；分析型致使式则随着致使词的增加逐渐多样化。例如：

（13）<u>逼我使食</u>，我甚愁恼。（慧觉等译《贤愚经》卷三）

（14）自今已后随意所欲，亦不饮酒，亦不<u>教人使饮</u>酒。（沮渠京声译

---

［1］ 例（10）（11）中的"饮（yìn）"和"食（sì）"通过语音变化的形态手段来表示"给/让……喝/吃"的使动义。

《佛说八关斋经》）

（15）酒肉独自抽，糟糠遣他吃。（王梵志《思量小家妇》）

（16）招庆拈问保福："将饭与人吃，感恩则有分，为什摩却成不具眼去？"（《祖堂集·丹霞和尚》）

例（13）在使令动词"逼"之后、表示结果的谓语"食"之前又附加了一个致使词"使"。例（14）中有两个致使标记"教"和"使"，与一般的致动式相比，多了一个致使词"使"。以上两种特殊的致使式都是在中古佛经文献中新兴的复合分析型致使结构。[1] 例（15）（16）的致使词分别由"遣"和"与"充当。普通话中，"使""令""让""叫""要""给"等都可以充当致使词（牛顺心，2007），"吃""喝"类动词分析型致使结构的形式更加多样。而且在普通话及各方言中，"吃""喝"类动词的致使形式都以分析型为主，区别仅在于致使词的不同。

据已有研究，藏缅语的"吃""喝"类动词主要采用附加词缀和辅音屈折的方式来构成形态型致使式。附加致使词缀多采用附加 *s-前缀。如北部羌语荣红话中 tɕʰə "吃、喝"：ɕtɕi "喂"（前缀受词首辅音的影响变为舌面音 ɕ）；曲谷羌语中 tʰə "喝"：stə "喂"（黄成龙，2014）。也有附加其他黏着成分的，如怒语（阿侬）aŋ^{55} "喝"：sɿ^{31}aŋ^{55} "使喝"（杜若明，1990）。采用辅音屈折形式的如傈僳语，其浊音声母是自动，清音声母是使动，如do^{33} "喝"：to^{33} "使喝"；dza "吃"：tʃua^{55} "使吃"（戴庆厦，1981）。还有语言采用松紧元音或声调变化的方式。前者如载瓦语的 tso^{31} "吃"：tso̠^{31} "使吃"，后者如拉祜语的 tsa^{53} "吃"：tsa^{31} "使吃"（戴庆厦，1981）。但现代藏缅语动词的形态型致使只是一种残存现象，自动和使动的对应只出现在少数词中，已不具备普遍意义。绝大多数动词通过分析形式来表示以前由形态手段表示的意义。部分语言如哈尼语、白语、纳西语等，其动词致

---

[1] 例（13）（14）转引自牛顺心（2007），牛文把它们分别称为强化使令式和强化致动式。

使范畴的形态特征已完全消失，只用分析形式。目前，保存自动词、使动词对立的藏缅语族语言除嘉绒语外，都是形态形式与分析形式并存，而且分析形式的使用更加广泛（杜若明，1990）。以上藏缅语的研究成果使我们认识到，汉语"吃""喝"类动词的致使表达策略由上古以形态手段为主到近现代以分析方式为主的转变，在汉藏语系诸语言中具有显著的共性。

4.2　及物和不及物交替（alternants）

从语义构成看，上古汉语的"食"和"饮"均可分为及物和不及物两个变体：不及物的"食$_{intr.}$""饮$_{intr.}$"既表示动作，也隐含了对象"饭""水/酒"，是上古汉语表达"吃饭""喝水/酒"事件的基本形式；[1] 及物的"食$_{tr.}$""饮$_{tr.}$"只表示动作，不隐含对象。[2]"食$_{intr.}$""饮$_{intr.}$"最常见的形式就是"V"。例如《国语·晋语九》："襄子将食$_{intr.}$。"《诗经·小雅·湛露》："厌厌夜饮$_{intr.}$，不醉无归。""食$_{intr.}$""饮$_{intr.}$"由于表达的是一个事件，所以可以居于句首，表示话题或时间。表示话题的用例，如《吕氏春秋·尽数》："饮$_{intr.}$必小咽，端直无戾。"表示时间的用例，如《左传·昭公二十八年》："唯食$_{intr.}$忘忧。""食$_{tr.}$""饮$_{tr.}$"最常见的组合出现在"V+N$_{受事}$"中。"食$_{tr.}$"的受事是"饭"以外的其他固体或半流体食物，"饮$_{tr.}$"的受事是"水、酒、汤、药"等可以喝的液体。例如《左传·文公十七年》："臣闻齐人将食$_{tr.}$鲁之麦。"《孟子·滕文公下》："夫蚓，上食$_{tr.}$槁壤，下饮$_{tr.}$黄泉。"在先秦西汉文献中，"食$_{intr.}$"的例句较多，"食$_{tr.}$"例句不多；"饮"的情况则相反，"饮$_{tr.}$"的用例远多于"饮$_{intr.}$"。

类似现象也见于其他语言，这些语言有两个不同的动词表示吃喝意义，一个是及物动词，另一个是不及物动词。例如：Kiribatese 语的 kana

---

[1] 在一些语言中，"吃""喝"类动词即使带有不及物的形态标记，该类动词在语义上仍是及物的。所以"吃""喝"类动词在不及物使用时也会被解读为带了一个隐含的宾语。不及物动词"吃"最典型的解读是"吃饭"，而无宾语的"喝"更多情况下是指"喝酒"，也可指"喝水"（Amberber，2009：54；Næss，2009：35—36）。

[2] 此段对"食"的分析及举例都引自蒋绍愚（2011）。

"吃$_{tr.}$"与 am'arake"吃$_{intr.}$"、nima"喝$_{tr.}$"与 mooi"喝$_{intr.}$",兰戈语的 càmmò "吃$_{tr.}$"与 cèm"吃$_{intr.}$"、màttò"喝$_{tr.}$"与 m̍tô"喝$_{intr.}$"(Newman,2009:4—5)。但在英语和许多其他语言中,都是"吃""喝"的同一个词位(lexeme)既可用于及物结构,也可用于不及物结构。在这些语言中该模式只适用于包括"吃""喝"在内的一小部分动词,此类动词因此被称为"伪不及物"(pseudo-intransitive)、"不稳定"或"复合及物"(ambitransitive)动词。[1] 这是一个在普遍语言中都可以找到的模式:如果带两个参与者的动词只有一个子集可以发生及物或不及物交替,"吃"和"喝"通常是其中之一(Næss,2009:28—29)。

4.3 汉语"吃""喝"类动词宾语的语义类型

唐宋元时期,动词"吃"的宾语在语义上都是受事。明清时期,"吃"所带宾语的语义范围开始扩大,新出现了工具宾语如"吃癞碗"(《水浒传》)、处所宾语如"吃过十来处好酒肆"(《水浒传》)、来源宾语如"管山吃山,管水吃水"(《朴通事》)、方式宾语如"吃独食"(《醒世姻缘传》),但是这些类型的宾语都不常见。普通话及各地方言中,"吃"带处所、工具、方式等非典型宾语[2]的数量有所增多。"吃+N$_{处所}$"结构如普通话中说"吃馆子""吃食堂""吃大排档"等,方言中如万荣说"吃摊子"、梅州说"食食堂"、厦门说"食菜馆"、福州说"食馆店"、建瓯说"馇炒馆店""馇食堂"(李荣,2002;解海江,2006)。"吃+N$_{工具}$"结构中的 N 可以是做饭的用具、吃饭的餐具、盛食物的容器等,如"吃大碗""吃火锅""吃罐头""吃筷子"。"吃+N$_{方式}$"结构如"吃派饭""吃西餐""吃小灶""吃零嘴"。在这些表方式的 N 中,有些是指烹饪的方式,如小

---

[1] 一些语言中及物动词也可以不带宾语,这些语言中的"吃""喝"动词普遍具有在及物和不及物句法框架之间交替的能力。

[2] 以动词的必选论元受事作为宾语的是典型宾语;以工具、方式、处所、来源等可选论元作为宾语的统称为非典型宾语。

灶、西餐；有些则是"吃"这一行为的方式，如派饭、零嘴。方言中如济南、牟平说"吃小灶"，南京说"吃小锅"指享受特殊优惠待遇。"吃＋N来源"结构如"吃老本""吃父母""吃救济""吃劳保"等。方言中，长沙"吃轮供"指父母丧失劳动力后，由已分家的子女轮流供养；厦门"食厝骸、食厝税"指依靠出租房子生活；萍乡"吃息钱"指靠利息生活；雷州"食租"指依靠地租过活，"食祖公骨"指败家子依靠祖辈的遗产过活（李荣，2002；解海江，2006）。总的来看，"吃"带受事宾语一直占有绝对优势，而带其他非典型宾语的数量都极为有限，且具有不同程度的熟语性质。如在"中文十亿词语料库"中，"吃"所带非典型宾语的数量仅占带宾语数量的 2.8%（1140 次/40340 次）（陈蓓，2014：31—32）。元明以来，动词"喝"一直以带受事宾语为主，普通话中"喝"后仅出现了少量的非典型宾语，如"喝大杯"。

普通话中能带非典型宾语的动词数量很少，如据陈蓓（2014：32）考察，《动词用法词典》（1999）的 1223 个动词中，能带非典型宾语的动词数量只占动词总数的 5.53%。已有的跨语言调查发现，非典型宾语在汉藏语系的载瓦语、越南语、苗语、壮语、泰语等分析型语言中也有出现，但在阿尔泰语系、印欧语系等屈折型语言中暂未发现。如藏缅语族载瓦语的 khɔi^{31} tshan^{55} tsɔ^{31} "吃快餐"，越南语的 an bat to "吃大碗"、ǎn hoa hông "吃红"（吃回扣）、ǎn lòi "吃利息"；苗瑶语族苗语的 nongx milzhet "吃大碗"（孙天琦，2010；陈蓓，2014：104—110）。由此可见，"吃"带非典型宾语的现象应该与汉语作为"孤立—分析"型语言的类型特征密切相关。

第 5 节　结语

本章借鉴词汇类型学的理论框架及研究成果，从人类语言词汇普遍性与差异性的角度来讨论汉语的"吃""喝"类动词。主要结论如下：

第一，汉语"吃""喝"概念历时词汇化和范畴化的方式与跨语言共时研究所揭示的共性倾向高度符合，即"吃""喝"概念历时词汇化所采用的方式是在共时词汇化中更为常见的方式；"吃""喝"概念场历时范畴化所依据参数的出现频次与这些参数在共时平面表现出来的常见性等级相一致。汉语不同方言表达"吃""喝"概念的词语呈现出复杂、交错的分布状态，该现象在其他一些地理上、谱系上或文化上关系极为密切的语言中也常出现。

第二，汉语"吃""喝"类动词丰富的语义扩展可以分为基于施事、基于受事、同时基于施事和受事三类。跨语言看，"吃""喝"类动词表示"愉快地吸入、吸烟""情感或思想上的满足、享受""经历不愉快"等语义衍生模式在多种语言中反复出现；而"吃""喝"类动词表示"侵吞、吞没""吸收""理解、体会"的演变模式在汉语之外的其他语言中较少出现；许多语言中"吃"的语义扩展都与破坏义有关。"吃""喝"类动词语义扩展的动因来自"吃""喝"行为的经验现实和认知加工。"吃""喝"类动词很少发生语法化，但近代汉语"吃"的语法化程度很高。

第三，汉语致使表达策略由上古以形态型手段为主到隋唐以来以分析型手段为主的转变，在汉藏语系诸语言中具有显著的共性。上古汉语及物动词的形态型致使结构中，"食""饮"的出现频次最高，以及动词"食"和"饮"同时具有及物和不及物两种用法，这些现象也具有一定的跨语言共性。而动词"吃"不仅能带典型的受事宾语，还能带处所、工具、方式、来源等非典型宾语，该现象在形态发达的综合型语言中暂未发现，可看作汉语作为"孤立—分析"型语言的个性特征。

第 8 章　汉语运动事件词化类型的历时演变
——基于古今对译语料的考察

第 1 节　引言

Talmy（2000：118—120）提出，汉语的运动事件词化类型，从古代的路径融合模式（path-conflation pattern）转变为现代的副事件要素融合模式（co-event-conflation pattern）。就是说，上古汉语是动词构架型（verb-framed/V 型），路径由主要动词编码；现代汉语是附加语构架型（satellite-framed/S 型），路径由附加语编码，而主要动词往往用来编码副事件信息（如方式、致使等语义要素）。如下面古今对译的例子所示：

（1）a. 有蛇自泉宫出，入于国。（《左传·文公十六年》）
　　b. 有大蛇从泉宫爬出来，一直爬到鲁国首都的城门内。（冯作民译《白话左传》，岳麓书社 1989 年版）

上古汉语路径由主要动词"出""入"表达，但到了现代译文中，相应的路径则改由趋向补语"出来""到"表达，主要动词"爬"则用来表达方式信息。

自 Talmy（2000）以来，汉语运动事件词化类型的历时演变问题一直备受关注。Peyraube（2006：133）认为，公元 10 世纪前后，汉语就完成（achieve）了从 V 型向 S 型的转变。然而，这一论断难以令人信服，因为这一时期仍然存在大量的 V 型结构（Shi and Wu，2014）。若要对一种语言在某一时期的类型学地位作出更加准确的界定，我们至少需要区分演变的三个阶段：初始阶段（initial stage）、扩散阶段（expanding stage）和成熟阶段（full-fledged stage）。类型转变的"完成"应该是在成熟阶段。然而，10 世纪前后的汉语中，S 型结构（即动趋式）顶多只能说是处在扩散阶段，远未达到成熟的阶段。[1]

Shi and Wu（2014）从语言使用（language use）倾向的角度作了考察。作者从汉语史四个阶段（上古、中古、近代、现代）分别随机摘取了 180 个运动事件情节（episode）表达作为语料样本，对其编码结构进行了统计，并与典型的 S 型语言（英语）和 V 型语言（西班牙语、土耳其语）作了比较分析。各项统计数据显示，汉语从古至今的确表现出从 V 型向 S 型演变的趋势，但现代汉语 S 型语言的特征很不典型。不过，这项调查至少还有以下两方面有待改进：第一，所用四个时期的语料是随机摘取的。随机抽样的做法有优势，但也会带来一定程度的负面影响。随机抽样语料只能大致上说明历史演变的倾向，但是，要弄清楚面对相似情节时，不同时期汉语使用者所采用的编码结构有何种差异，抽样语料就显得没有优势了。第二，现代汉语的样本数据主要参考了 Chen and Guo（2009），而该文献考察的重点在于单音形式，没有考虑双音形式。我们知道，现代汉语的双音节词，在众多范畴的表达上都占有非常重要的地位，运动表达也不例外。此外，还有一些重要的表达形式，如"着"字结构，该文献也未能涉及。这

---

[1] 需要指出的是，Peyraube（2014：58）对其 2006 年的观点作了温和的修正："Around the 10th century, the shift from a V language to a S-language was, if not completed, at least much more consequent, and Chinese became a predominantly satellite-framed language."（10 世纪左右，汉语由 V 型语言变为 S 型语言，即使此时尚未完成，至少也可说是水到渠成了，此后汉语就成为 S 型占据主导地位的语言了。）

样的样本数据,难以展示现代汉语运动表达的全貌。

为了更加准确、全面地展示出古代汉语和现代汉语运动表达倾向的差别,我们需要建立一个更加优质、适当的语料库。有鉴于此,本章选取一定数量的古代汉语文本与相应的现代译文语料,制成古今汉语对译平行语料库,据此作进一步考察。

近年的研究,尤其是 Slobin 等学者的研究(Berman and Slobin,1994; Slobin,1996,2000,2004,2006;Özçalışkan and Slobin,2003;Ibarretxe-Antuñano,2004;Strömqvist and Verhoeven,2004;Guo et al.,2009),通过多方面的调查,揭示出语义要素在语篇中的分布倾向与词化类型呈现出较强的相关性,即特定的词化模式影响言者对运动事件的概念化以及概念要素在语篇结构中的组织。这为我们重新检视汉语运动表达类型演变提供了一条极具启发性的思路。沿着这条思路,Chen and Guo(2009)调查认为,现代汉语既不是 S 型语言,也不是 V 型语言,而是对等型构架语言(equipollently-framed language/E 型)。其论据有两个:一是路径编码形式和方式编码形式具有同等的语法权重(same grammatical weight),二是语义要素在语篇中的分布倾向既不接近英语,也不接近西班牙语。若是这样,汉语的历史似乎展示了从 V 型到 E 型转变的过程。然而,这两条论据将词化类型学(Talmyan 思路)和语篇类型学(Slobinian 思路)混在了一起。正如我们所主张的,词化类型学和语篇类型学严格来说并不必然相关,我们不能仅凭语义要素在语篇中的分布倾向就作出汉语是 E 型语言的判断。这两条思路应该予以区别,分开考察。因此,词化结构的使用倾向和语篇结构的分布倾向都在我们的调查范围之内。本章主要围绕以下两个问题展开:第一,上古汉语和现代汉语在叙述类似的运动场景时,采用的形态句法结构有怎样的差别?第二,基于古今汉语对译语料的调查,汉语运动表达类型及其演变有何理论贡献和启示?

第 2 节　调查方法

2.1　语料选取

古今对译平行语料，在呈现上古与现代汉语类似场景表达的异同上，具有更为直观的优势。正如 Slobin（2005：128）所言："翻译任务为我们提供了一个展示语言最大可能性的窗口，因为翻译任务促使译者去寻找一切可能的策略与源头语言对应。"

尽管 Talmy（1985，2000）一再强调，在考察运动表达类型时，调查对象应是最具代表性的语料，即口头语体或口语性强的（colloquial in style）语料，而非书面的（literary）或生硬不自然的（stilted）语料。我们认为：第一，完整的语言系统是由多种语体协同构成的，应当分开看，不宜只看口头语体；第二，囿于现实条件，古代汉语纯口头语体的语料已经无从获得，可资利用的只能是基于视觉的书面语料。因此，为了保证古今汉语的比较具有对等性，只能选取书面语料。我们在选取语料样本时遵循以下原则：第一，尽量择取口语性强的语料，从而尽可能地反映出语言的时代面貌；第二，尽量选取叙述性情节，以便尽可能地保证事件叙述的连续性和完整性。

上古汉语的语料样本跟 Shi and Wu（2014）所选相同，作者从上古汉语中后期（公元前 5 世纪中期至前 3 世纪中期）的六部文献中，随机择取了 180 个情节（episode）作为上古的语料样本。一个情节是指这样的叙述片段：位移动体从一个定点开始并持续移动，经过若干介质性背景以后，直到另一预期达到的定点、新的情节开始（plot-advancing event occurs）为止（Özçalışkan and Slobin 2003：206）。确定了上古汉语语料样本以后，我们择取了与之对应的现代汉语译文作为现代语料样本。大致做法是：查阅与上古文献相对应的现代汉语今译文本，找出相应的运动事件情节的编码形式。今译文本尽量挑选那些读起来比较符合现代汉语口语语感的本子。

调查主要针对自移表达（autonomous motion），其他类型的运动表达（如致移运动）这里暂未涉及。语料版本信息详见下表。

表1　上古汉语语料及其今译文本信息

上古文本	今译版本	情节数	大致时段
《论语》	钱逊《〈论语〉读本》，中华书局2007年版	6	450 B.C.—250 B.C.
《左传》	冯作民译《白话左传》，岳麓书社1989年版	76	
《孟子》	杨伯峻译注《孟子译注》，中华书局1960年版	7	
《韩非子》	陈明、王青译注《韩非子全译》，巴蜀书社2008年版	33	
《吕氏春秋》	廖名春、陈兴安译注《吕氏春秋全译》，巴蜀书社2004年版	34	
《晏子春秋》	王连生、薛安勤编著《晏子春秋译注》，许嘉璐主编《文白对照诸子集成》，广西教育出版社、陕西人民教育出版社、广东教育出版社1995年版	24	
		180	

需要说明的是，在选取现代译文时，我们意识到有些句子读起来带有一定的书面语体色彩，甚至受上古原文影响，但这种句子所占比例极其有限。我们选取的译本基本上都是面向普通读者而非学术研究者的，译者在翻译时应会尽量选择通俗的口语性的句子。我们为每一部上古文献找了四至六种现代译文进行比较，结果发现，译者总会自觉或不自觉地使用一些读起来带有书面语色彩的句子。这可能是受到了原文的影响。因此，我们只能挑选其中一本读起来最符合口语语感的译文作为调查样本。这种情况恐怕也适用于上古的文本。上古的文本也不可能完全是怎么说就怎么记，

比如《左传》，也肯定保留了一些书面语色彩的词句。我们相信，这类表述在叙述运动场景的时候是不可避免的，不该排除在调查之外。

与此相关的是另一更为宏观的问题：这些翻译文本之间是否具有同质性和可比性？无疑，译者的语言使用会表现出个人风格特点，从而可能导致相互之间出现表述上的差异。但是，我们认为这并不会影响整体结论。因为：第一，翻译文本在古今对应性上具有其他类别文本所不具备的优势。就目前的研究手段来说，翻译文本仍然是被普遍接受的最优文本。古代原文和现代译文是基本对应的，古今作者面对的是基本一致的事件情节，语境和语体风格上具有对应性。第二，每个时代有其整体的语言使用习惯，这是由语言的群体规约决定的，这种习惯决定了使用该语言的人必须遵守并体现共有的语言规范。在对一些基本、常用概念域的表达上，一般人都会遵守这一规范。运动事件就是这样的基本概念域。而我们所要调查的，正是这种语言规范的基本面貌。事实上，下文的统计数据显示，我们按照统一的标准选择的这些上古的不同文本和现代的不同译者的文本，反映了语言的实际使用情况。

2.2 语料转写

我们把随机抽样得到的语料素材进行了转写和标注，包括各类相应的表达形式（动词、附加语、状语、名词、介词等）和语义要素（方式、路径、动体、背景、行为等），形成相应的数据库。

本章涉及的语义要素界定如下。运动（Motion）：运动本身（以抽象形式存在）；动体（Figure）：发生运动的物体（entity）；背景（Ground）：动体运动的参照物（reference object）；路径（Path）：动体相对于背景位移的路径或所处的位置；方式（Manner）：位移如何进行；致因（Cause）：导致位移发生的外部原因。

涉及的词汇形式界定如下。运动动词（motion verb）指的是编码整体位移（translational motion）义的动词，如"跑进"之"跑"和"进"、"驾车"之"驾"通常含有位移之义，所以算运动动词。本章所说的方式动词和路径动词均为运动动词的子类。

中立动词（neutral verb）分为两类：第一类（N$_A$）指既不表达方式也不表达路径信息的运动动词，像英语中的 go/move、土耳其语中的 git/hareket et（Özçalışkan and Slobin，2003：261）、上古汉语的"行"，Beavers et al.（2010：362）称之为纯粹运动动词（pure motion verbs）；第二类（N$_B$）指的是通常不编码整体位移而只编码行为样态义的动词（Chen and Guo，2009；史文磊，2014a），如"哭""负"等。有趣的是，有一些 N$_B$ 类中立动词在特定的句法组合中可以表达位移运动的方式信息，例如"哭而过市"之"哭"（《左传》）、"负书而行"之"负"（《韩非子》）等，我们也将这类形式纳入考察范围。

附加语（satellite）是指在句法树中与核心动词（或动词词根）处于同一节点下、具有平级关系（sister relation）的，除了名词短语和介词充当的补语之外的语法类别（Talmy，1991：486，2000：101—102）。附加语和核心动词是附属与核心的关系。例如英语的动词小词（verb particles，如 get out 之小词 out）、德语的动词前缀、汉语的动词补语（如"跑过"之补语"过"）。对于附加语所包含的子类，学界有不同意见（参见史文磊，2011）。就汉语而言，我们将动词之后的"向、往"等形式也算作附加语。

综合动词（synthetic verb），Kopecka（2009）称之为 hybrid-conflation verb，指的是方式和路径同时融合在一个词形中的动词。一般来说，方式和路径信息不会同时融合到同一动词中，换言之，二者在选择语言编码形式上呈现出互补分布的倾向（Rappaport Hovav and Levin，2010）。但是，也的确有一些动词会同时融合方式和路径，我们把这类动词称为综合动词。上古汉语中有不少综合性动词，兼表方式和路径（史文磊，2014b），如"涉、济、奔、亡、登、坠、逾"。现代汉语中有一些双音节动词，也表现出这种倾向，如"撤退""出动""进伐"等。我们把只表路径信息的归入路径动词，把既含路径又含方式的，归入方式动词。"东、南"用作动词兼表路径和背景（东＝向东行、南＝向南行），归入路径动词，这是上古汉语的特点。关于综合动词的历时演变，下文会详细讨论。

除了上文提及的 V 型和 S 型等词化模式之外，本项调查还涉及以下词化模式。对等构架型（E 型）指的是编码方式和编码路径的形式拥有同等的语法地位。对等构架的界定应基于形态句法结构特征，而非语篇分布倾向。上古汉语语料中有少量对等型结构（58 例，占 17.26%），例如，"趋出"中"趋"和"出"的语法地位相当，因为中间可以插入连词"而"，形成"趋而出"。另如"趋入""走出""驰往""突出""驱车前往""驾驶君主的车子出去"等。

双路径型（double-path pattern/DPP），Kopecka（2009）称之为 mixed pattern[1]，指的是主要动词和附属成分都表达路径的结构。例如，现代汉语语料中的"回到""前往""离开""来到""出来"。

词项表中词项之后的下标数字用以区分不同意思。走$_1$＝奔跑，走$_2$＝逃跑，走$_3$＝离开，走$_4$＝步行；跑$_1$＝奔跑，跑$_2$＝逃跑；赶$_1$＝急行，赶$_2$＝驱赶；掉$_1$＝掉落，掉$_2$＝掉转；坐$_1$＝臀坐，坐$_2$＝乘坐；冲$_1$＝直闯，冲$_2$＝冲撞。

另需说明一点，形之于书面的语言终究不能跟平常聊天用的口语完全一致，译者总会偶尔用上一些偏离口语的结构或组合。有些情况体现出书面语言经过相对较长的时间的构思，也有些情况反映出现代翻译受到古代语言异化[2]的影响。如下诸例所示，现代译文用"爬跃"这样临时拼合的结构对译原文的"逾"，将原文的"……而去"直接用在译文中，都是受原文影响而显得比较文言的用法。

---

[1] 严格来说，mixed pattern 这个名称不够贴切，mixed 是把不同类型的东西混合在一起，但这里说的是路径的"双"编码策略。

[2] 这里说的"归化"与"异化"指的是语法结构的归化与异化，不涉及文化层面。

(2) 公阖门而请，弗许。<u>逾</u>于北方而队，折股。（《左传·哀公十七年》）

庄公关起门来要求议和，可是石圉不肯接受。当庄公<u>爬跃</u>北墙时摔断了腿骨。（冯译）

(3) 又辞而<u>去</u>。（《吕氏春秋·先识览》）

白圭再次辞谢而<u>去</u>。（廖、陈译）

我们只能尽量寻找口语化程度高的翻译文本，将原文的异化效应降到最低。

第3节 词化结构的分布倾向

3.1 自移事件词化结构类型统计分析

我们统计了古今对译语料中所用的自移运动事件词化结构类型，得到汉语在这两个时期的运动事件编码结构的基本情况，如下表所列。

表2 上古汉语与现代译文运动事件词化结构类型[1]

上古汉语	现代汉语							
	V型	S型	DPP	综合型	E型	其他	无	
V型	98	44	71	4	0	7	2	226+6=232（69.05%）

---

[1] DPP指主要动词和附加语都编码路径信息的结构类型，例如"回到、前往、离开、来到、出来"。综合型（synthetic/hybrid pattern）指同时编码方式和路径信息的动词，例如上古汉语中的"奔（逃离）、逾、坠、走$_2$"，现代译文中的"撤退、出动、进伐"。"其他"指难以归类的结构，例如上古汉语中的"追楚师、挟辀以走、涉江、越于车下"，现代译文中的"长驱疾驰、四上四下、投水自杀、转身"。

续表

上古汉语	现代汉语							
	V型	S型	DPP	综合型	E型	其他	无	
E型	7	41	4	1	8	1	0	62－4＝58（17.26%）
S型	0	1	0	0	0	0	0	1（0.3%）
综合型	1	13	0	2	0	3	1	20－1＝19（5.65%）
其他	1	9	1	1	0	17	0	29－3＝26（7.74%）
总数	107（31.94%）	108（32.24%）	76（22.69%）	8（2.39%）	8（2.39%）	28（8.36%）	3	上古总数＝336 现代总数＝335

上表中，横栏从左向右是上古汉语各种结构类型在现代译文中对应的结构类型的数目。例如，上古的 V 型结构在现代译文中依然用 V 型结构的有 98 例。右侧竖栏是上古各类结构的总数，下侧横排是现代译文中各类结构的总数。现代译文与上古原文在事件的概念单位的切分上有少数不是一一对应的，例如：

（4）{王遂出}。{及坎欿} → {于是周襄王就前往周地坎欿}（《左传·僖公二十四年》冯译）

{入自皇门}，{至于逵路} → {从黄（皇）门攻入大路上}（《左传·宣公十二年》冯译）

以上几例上古原文中用" {} "括起来的前后两段表述，句法上是相互独立的动词谓语小句，时间上有比较明显的先后顺序和边界，参照点也不一致。我们将其界定为两个不同的概念事件。这些结构在现代译文中用一个动趋式谓语句来对译，整合为一个概念事件。另有少数古代一个动词结构到现代译文分为两个的情况，例如：

(5) 入→ {走在前面} {先进去} (《左传·僖公三十年》冯译)
　　至于郢 {走了十日十夜} {走到楚国的都城郢} (《吕氏春秋·开春论》廖、陈译)

在我们的古今对译语料中，上古 1 个 V 型结构在现代改用 2 个结构的出现 1 次，上古 2 个 V 型结构到现代改用 1 个结构的出现 7 次，因此上古 V 型结构的数目应在现代译文的数目上减 1 加 7（即加 6）。上古 1 个 E 型结构在现代改用 2 个结构的情况出现 4 次，因此上古 E 型结构数目应减 4。上古 1 个综合型结构在现代改用 2 个结构的情况出现 1 次，因此上古综合型结构数目应减 1。上古 1 个"其他"结构在现代改用 2 个结构的情况出现 3 次，因此上古"其他"结构数目应减 3。另外，上古有 3 例运动事件编码结构在现代译文中没有使用相应的运动事件编码结构，即上表"无"类，因此现代译文结构总数不计"无"类。

就其主要而言，上古汉语运动事件方式信息编码策略，到现代汉语阶段有以下几方面的变化值得关注。

I. $V_{方式}$（+于）→$V_{方式}$＋$Sat_{路径}$

上古汉语有不少编码方式的动词表现出综合性的倾向，后面可以直接带背景，或使用不显示具体路径的"于"介引背景。这些形式到现代译文中往往都改用了动趋式（S 型结构）。如下诸例所示，上古汉语"逾、济、奔、涉、投、走"等形式，到现代译文中往往代之以"爬上、渡过、逃到、掉下来、奔向"等。

(6) <u>逾</u>垣而走。(《左传·僖公五年》)
　　当他<u>爬上</u>墙正准备逃跑时……(冯译)
(7) 秦伯伐晋，<u>济</u>河焚舟。(《左传·文公三年》)
　　秦穆公率军征讨晋国，一<u>渡过</u>黄河就烧毁船只。(冯译)

(8) 三踊而出。遂奔齐。(《左传·宣公十八年》)

　　一连跳跃三次，才再逃到齐国去。(冯译)

(9) 涉于乐氏，门于师之梁。(《左传·襄公二十六年》)

　　全军又渡过乐氏小河，攻打郑都的师之梁门。(冯译)

(10) 王闻群公子之死也，自投于车下。(《左传·昭公十三年》)

　　灵王在知道各公子死亡以后，竟自己从车上掉下来。(冯译)

(11) 渴马见囿池，去车走池。(《韩非子·外储说右下》)

　　干渴的马见到囿中的水池，就离开车子奔向水池。(陈、王译)

Ⅱ. $V_{方式}+V_{方式} \rightarrow (Adv_{方式}+) V_{方式}+Sat_{路径}$

上古汉语有几例两个方式动词连用的结构，到现代译文中往往改用 S 型结构。如下所示：

(12) 其右提弥明知之，趋登。(《左传·宣公二年》)

　　所幸赵盾的车右提弥明知道了这项阴谋，于是就赶紧跑到朝中去。(冯译)

(13) 晏子避走，立乎门外。(《晏子春秋·外篇第七》)

　　晏子走开，站在门外。(薛译)

Ⅲ. $V_{中立B}(+连词)+V_{方式} \rightarrow V_{方式}+着+V_{方式}$

上古汉语另有 B 类中立动词和方式动词连用的情况，组成比较松散的并列结构。这些结构到现代译文中有的改用了"着"字主从结构。例如：

(14) 颍考叔挟辀以走。(《左传·隐公十一年》)

　　颍考叔用两手拉着车辕跑。(冯译)

(15) 捉发走出。(《左传·僖公二十八年》)

　　用手抓着头发走出来。(冯译)

Ⅳ. V$_{方式}$（＋连词＋V$_{路径}$）→Adv$_{方式}$＋V$_{方式}$（＋V$_{路径}$）

另有上古汉语只用方式动词而现代译文增添副词性成分（adverbial）的情况，例见下文，此处不赘。

Ⅴ. V$_{路径}$→V$_{路径/指向}$＋Sat$_{路径/指向}$

路径动词单用是上古汉语运动表达最为主流的结构。路径动词单用有一类变化，是到现代译文中改用了主要动词和补语都编码路径的动趋式，即混合型结构。如下诸例所示：

（16）<u>去</u>之，终身不反。（《吕氏春秋·离俗览》）
　　　<u>离开</u>舜终生也未回去。（廖、陈译）

（17）[晏子]至舍，不辞而<u>入</u>。（《晏子春秋·内篇杂上第五》）
　　　到了住处，没吱声就<u>进去</u>了。（薛译）

Ⅵ. 并列结构改用动趋结构

上古汉语有一些路径动词并列结构，到现代译文中改用了动趋结构。有以下几种情况。

Ⅰ. V$_{路径}$＋连词＋V$_{路径}$→V$_{路径}$＋Sat$_{路径}$

（18）诸侯之师<u>还</u>郑<u>而南</u>，至于阳陵。（《左传·襄公十年》）
　　　诸侯联军<u>回到</u>郑国，当他们路过郑地阳陵时……（冯译）

Ⅱ. V$_{路径}$，V$_{路径}$→V$_{方式}$＋Sat$_{路径}$

此类变化指的是，上古两个路径动词连用，表达序列事件，到现代译文中则整合为一个动趋式，主要动词编码方式，趋向补语编码路径。例句如下。

(19) 楚渠门，<u>入</u>，及大逵。(《左传·桓公十四年》)

诸侯联军放火焚烧郑国都城的城门，而<u>攻进到</u>郑国的宽大车道。(冯译)

(20) <u>入</u>自皇门，<u>至</u>于逵路。(《左传·宣公十二年》)

从黄（皇）门<u>攻入</u>大路上。(冯译)

Ⅲ. V$_{路径}$，V$_{路径}$→V$_{路径}$＋Sat$_{路径/指向}$

同样是"V$_{路径}$，V$_{路径}$"改用动趋式，但还有一种情况，是现代译文动趋式的主要动词和趋向补语都编码路径。例句如下：

(21) 公<u>还</u>，<u>及</u>方城。(《左传·襄公二十九年》)

当鲁襄公<u>回到</u>鲁国方城。(冯译)

(22) 孟孙<u>归</u>，<u>至</u>而求麑。(《韩非子·说林上》)

孟孙氏<u>回来</u>之后索要小鹿。(陈、王译)

Ⅳ. V$_{路径}$＋V$_{路径}$→V$_{方式}$＋Sat$_{路径}$

还有一种情况，是上古汉语路径动词连用，到现代译文改用主要动词编码方式的动趋式。例如：

(23) 象<u>往</u><u>入</u>舜宫，舜在床琴。(《孟子·万章上》)

象便向舜的住房<u>走去</u>，舜却坐在床边弹琴。(杨译)

下面来看词化结构类型的转变趋势。为了检验古今汉语在运动事件编码结构类型分布上的差异度，我们对上古和现代汉语两组样本数据的构成比作了卡方检验。[1] 结果显示，古今汉语在运动事件词化类型分布上表现

---

[1] 两组统计样本分别为：上古汉语（V 型 232 例、S 型 1 例、E 型 58 例、综合型 19 例、DPP 0 例、其他 26 例）和现代汉语（V 型 107 例、S 型 108 例、E 型 8 例、综合型 8 例、DPP76 例、其他 28 例）。

出显著的差异（$X^2=269.562$ $df=4$，$p<0.001$）。这意味着从上古到现代译文，自移事件编码结构的分布发生了显著变化。我们可以从以下几大方面进行观察：

第一，V型结构的演变。

从上表的统计数据来看，上古汉语在编码运动事件时使用最多的结构类型是V型结构（占全部结构类型的69.05%，$n=232$）。然而，到现代汉语中，V型结构所占比例显著降低（31.94%）。

第二，S型结构的演变。

S型结构从古到今表现出显著增多的趋势，在全部结构类型中的占比从0.3%增至32.24%。在我们的上古汉语语料中，只有下例"东走"可以看成S型结构。

(24) 师延<u>东走</u>，至于濮水而自投。（《韩非子·十过》）
　　　师延<u>向东逃走</u>，到达濮水而投水自杀。（陈、王译）

该结构表达的是［－有界］类路径，即朝向某个参照点发生的位移运动。相关研究已经指出，不少典型的V型语言也可以使用S型结构，却受到［±有界］这一语用因素的限制，即表达［＋有界］事件时强制性使用V型结构，而表达［－有界］事件时才可以使用S型结构，如西班牙语（Aske，1989；Slobin，2004；Beavers et al.，2010）、希腊语（Papafragou et al.，2007）都是如此。上古汉语似乎也表现出V型语言的限制，即只有［－有界］类事件才可以使用S型结构编码，并且用例极少。

S型结构和V型结构所占比例的转变，很大程度上是由于路径编码形式句法地位的转变。处于不同的句法位置（V/V_1还是V_2/V_3）是判定现代汉语路径动词是主要动词还是附加语的重要标准，也是判定汉语古今词化结构类型演变的重要参项。近代汉语中，路径动词在V/V_1位置时倾向于识解为主要动词，路径动词在V_2/V_3的位置时，就倾向于识解为已经语法化了的附加语（史文磊，2014b；Shi and Wu，2014）。我们对古今对译语料中路径动词的句法位置作了统计，如下表所示：

表3　上古汉语和现代译文路径/指向动词句法位置分布[1]

	单音形式		双音形式		指向动词（单音）	
	V/V$_1$	V$_2$	V/V$_1$	V$_2$	V/V$_1$	V$_2$/V$_3$
上古汉语	95.64%（263）	4.36%（12）	0	0	94.44%（17）	5.56%（1）
现代汉语	47.41%（128）	52.59%（142）	100%（39）	0	25%（20）	75%（60）

区分句法位置之后我们发现，单音形式所处的句法位置古今差异很大。从上表的数据来看，上古汉语路径动词只有单音形式，且绝大多数都独立使用（V型结构），出现在V$_2$位置上的只是极个别情况（主要是如下几例："走出、逃归、趋过、突出、流出、驱入、退入、往入"），而且这种结构可以在中间断开或者插入连词（如"趋过—趋而过"），所以这些路径动词依然应该判定为主要动词（E型结构）。而到了现代汉语阶段，单音形式中占据V$_2$的路径动词已经超过了半数（52.59%），并且这些V$_2$基本都可以判定为补语或附加语（史文磊，2014a；Shi and Wu，2014）。而且其中出现了"专职"附加语"开"。

指向动词只有单音形式（"往、来、去"），其所处句法位置的古今演变倾向和单音的一般路径动词类似。上古汉语语料中绝大多数指向动词独立使用或占据V$_1$，只有1例居于V$_2$（"驰往"），但其语法地位和上文分析的"趋过"之"过"一致，依然是主要动词。到现代汉语译文中，出现在V$_2$/V$_3$的位置充当补语的用例已经多达75%。

由上可知，汉语编码路径（包括指向）的附加语范畴从古至今经历了一

---

[1] 上古汉语路径动词独立使用既包括"入成周"之"入"这样的词项，也包括"哭而过"之"过"这样的词项。

个从几乎不存在[1]到非常显赫的重大变化过程。而这个变化对于汉语运动事件词化类型的历时转型而言是极其关键的,因为它为路径的编码提供了趋向补语这样一个逐渐显赫的语法范畴(史文磊,2014b),推动了类型的转变。

举例来说,上古汉语用一个单音路径动词,到现代译文则改用动趋式,添加编码方式的主要动词,路径信息降格为附加语编码。如下诸例所示:

(25) 有蛇自泉宫出,入于国。(《左传·文公十六年》)
有大蛇从泉宫爬出来,一直爬到鲁国首都的城门内。(冯译)

(26) 昔者大王居邠,狄人侵之,去之岐山之下居焉。(《孟子·梁惠王下》)
从前太王居于邠地,狄人来侵犯。他便避开,搬到岐山之下定居下来。(杨译)

(27) 共王驾而自往,入其幄中。(《韩非子·十过》)
楚共王驾起车亲自前往,走进他的帐幕。(陈、王译)

(28) [叔孙氏]于是撞西北隅而入。(《韩非子·内储说下》)
于是他们冲开了包围圈的西北角攻了进去。(陈、王译)

(29) 陷西北隅以入之。(《吕氏春秋·先识览》)
攻破季氏院墙的西北角冲了进去。(廖、陈译)

(30) 比至于国者,四下而趋。(《晏子春秋·外篇第七》)
等到赶回国都,四上四下。(薛译)

上举一系列演变实例证明,从上古汉语到现代汉语有一个明显的变化倾向,即通过动趋式的 V_1 增添方式信息。这种变化意味着,汉语从古到今运动事件方式信息编码的丰富性和事件表达的生动性,通过这种策略得到了大大的增强。

---

[1] 如果采取附加语的宽式定义,上古汉语确实存在为数不多的路径附加语成员,如介词"自"。

Slobin（1996，2000）通过对 V 型语言（如西班牙语、土耳其语、法语、意大利语、葡萄牙语、希伯来语）和 S 型语言（如英语、德语、荷兰语、俄语、塞尔维亚-克罗地亚语）翻译文本的调查发现，当 S 型语言翻译成 V 型语言时，原文中的各类方式信息往往被删除，改用单独的路径动词。如下例所示，英语原文中用 walk in，主要动词编码方式，附加语编码路径，而西班牙语和土耳其语则删掉了原来的方式信息，只用了相应的编码路径信息的动词（西班牙语 cruzó "cross" 和土耳其语 girip "enter"）。

（31）a. 英语原文：…she walked in…（McCullers）
　　　b. 西班牙语译文：…ella cruzó el umbral（="she crossed the threshold"）
　　　c. 土耳其语译文：…iceri girip…（="inward sentering"）
　　〔引自 Slobin，2000：124（20）〕

然而，当 V 型语言翻译成 S 型语言时，译者似乎觉得，原文只用路径动词的情况在表达上显得很单调，所以往往要增添方式动词，从而使表达更加生动。如下例所示，现代法语原文只用了路径动词 entra "enter"，而翻译成荷兰语时则被改成了方式动词 stapte "step" 和编码路径的附加语 binnen "into" 组合。

（32）a. 法语原文：…lorsque le comte de Buondelmonte entra dans sa chambre.（Sand）
　　　　　　　"…when the Count of Buondelmonte entered his room."
　　　b. 荷兰语译文：…toen graaf de Buondelmonte zijn kamer binnen stapte.
　　　　　　　"…when the Count of Buondelmonte stepped into his room."
　　〔引自 Slobin，2000：125（22）〕

更为有趣的是，对比古今法语，我们发现，法语在历史上表现出与汉语相反的演变趋势。如下例（33a），古代法语原文用了方式动词 fuiez "逃跑"，凸显当时情形的极度危险，而现代法语译文（33b）将该结构改用了路径动词 partez "离开"对译，删掉了方式信息。

(33) a. Beaus sire, car vos en alez! <u>Fuiez de ci</u>, alez la fors!
　　　Dear sir, for you away go! Flee from here, go outside!
　　"亲爱的先生，因此您开行！逃跑从这里，行向外！"
　　"亲爱的先生，请您赶紧离开！赶紧从这里<u>逃开</u>，到外面去！"
　　［古代法语原文——引自 Kopecka，2009：423（12）］

　b. Mon beau monsieur, retirez-vous! <u>Partez d'ici!</u> Dehors!
　　　My dear sir, take your leave! Leave! Outside!
　　"我亲爱的先生，离开！<u>离开</u>！外面去！"
　　"我亲爱的先生，离开！离开！外面去！"
　　［现代法语译文——引自 Kopecka，2009：424（12′）］

再如下例（34a），古代法语原文用主要动词 sailli "跳"编码方式，用附加语 fors "向外"编码路径，同时还用了副词性成分 lués "急速地"来进一步强调方式信息。而到了现代法语译文（34b）中，只是用了一个路径动词 sortit "出"来对译，两类方式信息全部被删略了。

(34) a. Et quant cil en ot fait son plain,
　　　And when the-one 3SG.PST make 3SG.POSS fill,
　　　且　当　此人　3SG.PST 做 3SG.POSS 填满，
de la cuve sailli lués fors.
3SG DET bath jump right-away out.
3SG DET 浴缸 跳 急速地 出来
　　"当他已经满足之后，他从浴缸中<u>急速地跳了出来</u>。"
　　［古代法语原文——引自 Kopecka，2009：424（13）］

b. Et quand il eut eu tout ce qu'il voulait, il sortit de la cuve.
   And when 3SG have everything that want, 3SG exit from det bath.
   "当他已经满足之后,他出了浴缸。"
   〔现代法语译文——引自 Kopecka,2009:424（13'）〕

上古汉语像"东、南"等表示自然方位的词可以用作路径动词,表示向该方位移动。这种用法在现代汉语中多改用 PP＋V 类 S 型结构,路径信息改由附加语表达。例如:

(35) 吾欲观于转附、朝舞,遵海而南,至于琅琊。(《晏子春秋·内篇问下第四》)
　　 我想到转附山和朝舞山去游游,然后沿着海岸向南走,一直到琅琊山。(薛译)
(36) 遂徒行而东,耕于海滨。(《晏子春秋·内篇杂上第五》)
　　 就徒步向东方走了,在海边种田为生。(薛译)

上古由两个路径动词组成的联合结构到现代译文改用动趋式,主要动词和趋向补语分别编码方式和路径。例句如下:

(37) 象往入舜宫,舜在床琴。(《孟子·万章上》)
　　 象便向舜的住房走去,舜却坐在床边弹琴。(杨译)

上古汉语有一定比例的 E 型结构,如"趋而归",其中路径也由主要动词编码。到现代汉语译文则改用了 S 型结构。

(38) 晏子入坐……遂趋而归。(《晏子春秋·内篇杂上第五》)
　　 晏子进屋坐下……于是就跑回家。(薛译)

再如，上古汉语"逾"是一个综合性动词，同时表达方式和路径信息。到现代汉语译文中改用了 S 型结构。

(39) 逾垣而走。(《左传·僖公五年》)
　　　当他爬上墙正准备逃跑时……(冯译)

从上述演变实例可以看出，上古汉语中由主要动词编码的路径信息，到现代译文中则倾向于改由附加语编码。

第三，E 型结构的演变。

E 型结构的使用比例下降，从上古汉语的 17.26% 降至现代汉语的 2.39%。例见下文"方式和路径共现"。

第四，双路径型结构的演变。

现代汉语较为常见的双路径型结构（22.69%）在上古汉语中极少。这种结构中主要动词和附加语都编码路径信息，如"退回、回到、来到、离开、出来"等。从现代译文及其所对应的上古原文来看，现代新生的双路径型结构在上古汉语中的对应形式主要是 V 型结构。例如：

(40) 少师归。(《左传·桓公六年》)
　　　随少师回到随国以后。(冯译)

从跨语言的普遍倾向来看，V 型语言和 S 型语言的重要区别之一就是，在编码运动事件时，V 型语言倾向于使用由路径动词独立构成的 V 型结构（如下例希腊语之 pige "去"），只有在必要的时候才使用提及方式信息的结构，且这种结构往往是松散型和半紧凑型结构（即像"他骑上自行车，然后到了车站""他骑着自行车到了车站"之类的结构），而 S 型语言则更倾向于使用提及方式信息的结构，且这种结构多是紧凑型结构。

举例来说，现代希腊语是 V 型语言，该语言缺乏像英语那样的采用紧凑型结构（如 Mary drove to Venice）编码结果类运动事件（resultative motion）的句法结构。该语言中有三类策略可用来编码相应的运动事件，如下所示：

(41) I   Maria pige   sti Venetia me   to aftokinito /odigontas.
　　 DET   Mary   去.PST   到 Venice   凭借着 DET 车   /驾驶.GER
　　 "玛丽开着车来到了威尼斯。"

　　 ［希腊语——引自 Papafragou et al.，2007：148（5）］

(42) I   Maria pire   to   aftokinito ke   pige   sti Venetia.
　　 DET   Mary   取用.PST DET 汽车   CONJ 去.PST   到   Venice
　　 "玛丽取出车，然后来到了威尼斯。"

　　 ［希腊语——引自 Papafragou et al.，2007：148（6）］

(43) I   Maria pige   sti   Venetia.
　　 DET   玛丽   去.PST   到   威尼斯
　　 "玛丽来到了威尼斯。"

　　 ［希腊语——Papafragou et al.，2007：148（7）］

第一类是半紧凑型的，用主要动词编码路径，用动名词形式（gerund）、介词短语或其他修饰性成分编码运动方式；第二类是松散型的，将运动事件拆分成两个独立的小句，然后用连词衔接来编码；第三类是紧凑型结构，只用主要动词编码路径，方式信息完全被删除。不过根据 Papafragou et al.（2007：147—148），这三类结构在选择和使用的偏好上有所不同。前两类提及方式的编码策略对希腊语母语者来说显得冗长拖沓，因此他们的首选是后一类只编码路径的紧凑型结构。

现代译文在编码运动事件时使用最多的结构类型是 S 型结构（占 32.24%），其次是 V 型结构（占 31.94%），另新生了一些 DPP 结构（占 22.69%）。现代汉语的 S 型结构主要是动趋式，属于紧凑型结构。此类结构的大范围使用，使得汉语编码方式信息的频率大大提高。

第五，综合型结构的演变。

综合型结构，即主要动词同时编码方式和路径（如上古汉语中的"奔""逾""涉""投""走"），从上古汉语的 5.66% 降至现代汉语的 2.39%。上古汉语的综合型结构在现代译文中较多地被 S 型结构取代了（19 例中的 13 例）。如下例所示：

（44）上古汉语原文　　　　现代汉语译文
　　　奔→　　　　　　　a. 逃往；逃来；逃到……去
　　　　　　　　　　　　b. 出逃到；亡命到

上古汉语中的"奔"，到现代译文中大多被 S 型结构取代了。这里可以分为两种类型，（a）类是典型的 S 型结构，（b）类有些不同，其在前的方式动词是双音节形式。

综上，一方面汉语从古到今在运动事件编码结构类型上表现出诸多显著差异，另一方面现代汉语表现出并不属于典型的 S 型语言的特点。尽管 S 型结构的使用比例发展到现代汉语已经增至 32.24%，但仍然未占据主导地位，而是跟 V 型结构的使用比例基本持平（31.94%∶32.24%）。并且，这两种类型的结构在编码自移事件的子范畴（subtypes of autonomous motion）上看不出明显的偏好（bias）。

基于对以上数据的观察和分析，我们认为，现代汉语应当归入平行融合系统或并用型系统中（parallel system of conflation）（Talmy，2000：66），即 V 型和 S 型结构势均力敌，难分主次。由此，汉语的历史演变并非像 Talmy（2000：119）所主张的那样从 V 型语言变成 S 型语言，而是从以 V 型为主的语言变成平行或并用模式（parallel-pattern）的语言。详参下文"讨论"部分。

3.2　方式和路径共现事件编码结构类型统计分析

上文主要分析了一般类型上的自移运动事件编码结构类型的分布情

况。这难免给我们留下一个问题，既然不同类型语言的母语使用者在表达方式和路径上有不同的倾向，那么当同时表达方式和路径的时候，情况是怎样的？方式和路径共现的编码结构是区分运动事件词化类型的重要参数。当需要同时提及一个运动事件的方式和路径信息时，S 型语言和 V 型语言在选择何种句法结构上表现出不同的倾向性。

我们统计了上古汉语同时提及方式和路径时所用的结构类型，及其对应的现代译文中所用结构的类型，如下表所示：

表 4　上古汉语同时提及方式和路径的结构及其在现代译文中的对应结构[1]

上古汉语	现代汉语							
	V 型（V$_{中立B}$+着+）V$_{路径}$	S 型 V$_{方式}$+Sat$_{路径}$	E 型 V$_{方式}$/V$_{中立B}$+V$_{路径}$	综合型 V$_{方式}$+V$_{路径}$	混合型 V$_{路径}$+Sat$_{路径}$	序列句 {S$_1$} {S$_2$}	其他	总数
V 型 Adv$_{方式}$+V$_{路径}$	1	1	0	0	0	0	0	2
S 型 Adv$_{路径}$+V$_{方式}$	0	1	0	0	0	0	0	1
E 型 V$_{方式}$/V$_{中立B}$（+连词）+Sat$_{路径}$	8	34	5	0	3	3	3	56
综合型 V$_{方式+路径}$	1	7	0	1	0	0	3	12
序列句 {S$_1$} {S$_2$}	0	1	0	0	0	1	0	2
总数	10	44	5	1	3	4	6	73

[1] 本表"其他"指无法归入所列类型的结构，如"载他鼎以往→用车载着鼎送给齐君"（《吕氏春秋·季秋纪》廖、陈译）。

表 4 统计数据显示，如果需要同时提及方式和路径信息，上古汉语倾向于使用 E 型结构来编码（77%，$n=56$），其他的结构类型只有个别用例。上古汉语的 E 型结构主要有三类：第一类是"$V_{方式}$＋连词＋$Sat_{路径}$"，如"趋而出"，第二类是"$V_{中立B}$＋连词＋$Sat_{路径}$"，如"缒而出"，第三类是"$V_{方式}$＋$Sat_{路径}$"，如"走出"。这三类结构的使用比例都比较低，极有可能是因为像法语、希腊语等语言那样，受到了 V 型语言结构类型的限制。而使用 $V_{中立B}$ 结构，实际上是为了补偿当时方式信息编码策略不足而采取的一种办法。

到了现代汉语译文中，这些结构大多都改用了 S 型结构（60%，$n=44$）。

我们又对现代汉语译文中同时提及方式和路径信息时所用的结构类型及其在上古原文中的对应结构进行了统计，结果如下表所列：

表 5　现代汉语同时提及方式和路径的结构及其在上古原文中的对应结构[1]

现代汉语	上古汉语						
	V 型 ($Adv_{方式}$＋$V_{路径}$)	S 型 $Adv_{路径}$＋$V_{方式}$	E 型 $V_{方式}/V_{中立B}$（＋连词）＋$Sat_{路径}$	综合型 $V_{路径＋方式}$	序列句 {S_1}{S_2}	其他	总数
V 型 $V_{中立B}$＋着＋$V_{路径}$	6	0	4	0	0	1	11
S 型 $V_{方式}$＋$Sat_{路径}$	37	1	35	7	3	10	93
E 型 $V_{方式}/V_{中立B}$＋$V_{路径}$	2	0	7	0	0	0	9

[1] 本表现代汉语译文"其他"指"乌馀以其众出→乌馀就率领全军出动"（《左传·襄公二十七年》冯译）(行为动词"率领"和综合性动词"出动"连用结构)之类少数无法归入前述结构类型的用法。

续表

	上古汉语						
混合型 $V_{中立B}$＋着＋$V_{路径}$＋$Sat_{路径/指向}$	1	0	2	0	0	0	3
现代汉语	V型（$Adv_{方式}$＋）$V_{路径}$	S型 $Adv_{路径}$＋$V_{方式}$	E型 $V_{方式}$/$V_{中立B}$（＋连词）＋$Sat_{路径}$	综合型 $V_{路径+方式}$	序列句 {S_1} {S_2}	其他	总数
综合型 $V_{路径+方式}$	3	0	0	1	0	1	5
序列句 {S_1} {S_2}	1	0	5	0	1	1	8
其他	0	0	1	0	0	0	1
总数	50	1	54	8	4	13	130

从表 5 数据我们可以明显地看出，现代汉语在同时提及方式和路径信息时所用的结构类型主要是 S 型结构（占 72%，$n=93$）；而现代译文同时编码方式和路径信息的结构在上古汉语的来源主要有两类，一类是 E 型结构（占 42%，$n=54$），如下例所示：

(45) 范昭趋而出。(《晏子春秋·内篇杂上第五》)
　　范昭快步走了出去。(薛译)

另一类是 V 型结构（占 38%，$n=50$）。从下例可以窥见一斑：

(46) 去之岐山之下居焉。(《孟子·梁惠王下》)
　　他便避开，搬到岐山之下定居下来。(杨译)

综上，当需要同时编码方式和路径的时候，上古汉语以采用 E 型结构为主，现代汉语以采用 S 型结构为主。

归纳起来，上古汉语方式和路径并提的编码结构到现代译文中的变化主要有如下几类：

Ⅰ. $V_{方式}$ ＋连词＋$V_{路径}$ → $V_{方式}$ ＋$Sat_{路径}$

这种变化指上古汉语用连词连接的前后两个动词所编码的事件内容同时发生，属于同一概念事件，到现代译文中改用动趋式。如下诸例所示：

(47) 田成子去齐，<u>走而之燕</u>。(《韩非子·说林上》)
　　田成子离开齐国，<u>逃往燕国</u>。(陈、王译)
(48) 再拜稽首，请身而去，遂<u>走而出</u>。(《晏子春秋·内篇谏上第一》)
　　晏子恭敬地行礼，请求辞职离去，于是就<u>跑出</u>门外。(薛译)

Ⅱ. $V_{方式}$ ＋$V_{路径}$ → $V_{方式}$ ＋$Sat_{路径}$

这是指上古汉语没有连词连接的方式动词和路径动词组合，到现代译文中改用动趋式。如下诸例所示：

(49) 闻君至，喜，捉发<u>走出</u>。(《左传·僖公二十八年》)
　　一听说君主来了就很高兴，用手抓着头发<u>走出</u>来。(冯译)
(50) 于是公子从其计，疾<u>走出</u>门。(《韩非子·内储说下》)
　　男子就照她的说法，飞快地<u>跑出</u>门去。(陈、王译)

Ⅲ. $V_{中立B}$ ＋连词＋$V_{路径}$ → "着"字结构

上古汉语用 B 类中立动词和路径动词组成的句法结构在现代汉语译文中对应"着"字结构。极个别的对译为非运动动词，如"用车载着送给"；大多数对译为 V 型结构，如"哭着过市场""领着孩子去海上""赶着车就走了"。

(51) 夫人姜氏归于齐，大归也。将行，<u>哭而过市</u>。(《左传·文公十八年》)

鲁文公夫人姜氏，回到齐国以后就不再回来，当她临走时<u>哭着过市场</u>。(冯译)

(52) [晏子]遂<u>鞭马而出</u>。(《晏子春秋·内篇谏上第一》)
<u>赶着车就走</u>了。(薛译)

Ⅳ. V_{中立B}＋连词＋V_{路径}→V_{致因}＋Sat_{路径}

(53) 夜，[烛之狐]<u>缒而出</u>。(《左传·僖公三十年》)
于是他就在当夜<u>用绳子把自己吊到城外</u>。(冯译)

Ⅴ. V_{路径}＋V_{中立A}→V_{方式}＋Sat_{路径}

(54) 因伴遗其书周君之庭而<u>急去行</u>。(《韩非子·内储说下》)
叔向假装把信遗失在周君的大庭上，<u>急忙走开</u>了。(陈、王译)

现代译文只有极个别的用例是将上古汉语的并列结构改用为更加松散的序列事件句结构，例如：

(55) 齐庆克……与妇人蒙衣<u>乘辇而入</u>于闳。(《左传·成公十七年》)
齐国的庆克……某日他男扮女装和一个宫女<u>坐上小车进入</u>齐宫的小巷内。(冯译)

上古汉语有用序列事件句的前后两个分句分别编码方式和路径信息的例子，现代译文也有用序列事件句来对译的情况。但有趣的是，现代译文中的后一个分句往往会改用 S 型结构，添上编码方式信息的主要动词。如下诸例所示：

（56）子都拔棘以<u>逐之</u>，<u>及</u>大逵，弗及，子都怒。（《左传·隐公十一年》）

公孙阏竟拔出戟来<u>追逐</u>颖考叔，一直<u>追到</u>大马路也没追上，因此使公孙阏大发脾气。（冯译）

（57）墨子闻之，自鲁往，<u>裂裳裹足</u>，日夜不休，十日十夜而<u>至</u>于郢。（《吕氏春秋·开春论》）

墨子听说，就从鲁国出发，<u>他撕开衣裳裹脚，日夜不停，走了十日十夜走到</u>楚国的都城郢。（廖、陈译）

上古汉语"逐之，及"在现代译文中改用"追逐颖考叔，一直追到"来对译。例（57）"至"之前的叙述没有出现典型的方式类运动动词，因此不是典型的编码运动方式的分句，但是现代译文还是在前后分别添上了方式动词"走""走到"（"走了十日十夜走到"）与之对应。

从跨语言的普遍性来说，根据句法结构的松散和紧凑程度，我们可以将同时提及方式和路径信息的句法编码结构（syntactic packaging）分为三类：紧凑型（tight syntactic packaging），如下例英语之"主要动词＋附加语"单句结构；半紧凑型（semi-tight syntactic packaging），如下例土耳其语和日语之主从句（matrix-subordinate）结构；松散型（loose syntactic packaging），如下例英语用两个独立的句子编码的结构（Özyürek et al.，2005；Allen et al.，2007）。

（58）He [rolls down] the hill.

[英语——Allen et al.，2007：23（3）]

(59) a. [Yuvarlan-arak]　　cadde-den　　[in-iyor].
　　　　roll-CONN　　　　　street-ABL　descend-PRS
　　　　"(He/she/it) descends on the street while rolling."
　　　　[土耳其语——Allen et al., 2007: 23 (4a)]
(60) b. [Korogat-te]　　saka-o　　[ori-ru].
　　　　roll-CONN　　　slope-ACC　descend-PRS
　　　　"(He/she/it) descends the slope while rolling."
　　　　[日语——Allen et al., 2007: 23 (4b)]
(61) He [went down] the hill. And he [was rolling] at the same time.
　　　　[英语——Allen et al., 2007: 23 (5)]

　　Allen et al.（2007：34）的调查结果显示，英语（S 型语言）成人使用者在同时提及方式和路径时高比例地使用紧凑型结构（78%），而土耳其语和日语（V 型语言）成人使用者则优先使用半紧凑型结构（土耳其语：94%；日语：97%）。

　　因语言结构类型的差异，紧凑型或半紧凑型结构在不同的语言中包括不同的子类。现代汉语的动补结构跟英语"主要动词＋附加语"结构类似，宜归入紧凑型结构；现代汉语的"着"字结构类似于日语和土耳其语中的主从句或分词句，归入半紧凑型结构；上古汉语的双核心动词结构（如"趋而出、驰往"）是英语、日语等语言所没有的，它们跟现代汉语的动补结构相比要松散一些，可以归入半紧凑型结构。根据松散和紧凑程度，我们将上文表 4 和表 5 中的各类结构重新归并后得到三种类型的使用比例。结果显示，上古汉语在同时提及方式和路径时使用的半紧凑型结构占 77%（E 型，$n=56$）、紧凑型结构占 20%（V 型，$n=2$；S 型，$n=1$；综合型，$n=12$）、松散型结构占 3%（序列句，$n=2$），半紧凑型结构占绝对优势，这种使用倾向跟土耳其语和日语更接近；现代汉语译文在同时编码方式和路径时使用的紧凑型结构占 76%（S 型，$n=93$；综合型，$n=$

5；其他，n=1），半紧凑型占18%（V型"着"字结构，n=11；E型，n=9；混合型，n=3），松散型结构占6%（序列句，n=8），紧凑型结构占绝对优势，这种使用倾向跟英语更接近一些。

第4节 语义要素的分布倾向

接下来我们对运动事件各语义要素（方式、路径及背景）在语篇中的分布倾向进行统计分析。我们分别统计了上古语料和现代译文中用来编码各类语义要素的词项，得其类数（type）和例数（token），如下表所列。

表6 上古汉语动词例数和类数[1]

序号	词项	频次	序号	词项	频次	序号	词项	频次	序号	词项	频次
方式动词（26类，共77次）											
1	走$_1$	12	8	登	3	15	避	1	22	突	1
2	趋	11	9	投	3	16	驰	1	23	踊	1
3	奔	7	10	坠	3	17	从	1	24	越	1
4	驱	5	11	走$_2$	3	18	飞	1	25	撞	1
5	逾	5	12	驾	2	19	济	1	26	追	1
6	涉	4	13	亡	2	20	蹶	1			
7	乘	3	14	逐	1	21	逃	1			
路径动词（23类，共275次）											
1	入	47	7	之	16	13	退	3	19	复	1

[1] 同一词的不同写法选用一个字形代表（逾/踰→逾；队/坠→坠；反/返→返）。本表数据统计所依据的上古语料样本与Shi and Wu（2014）一致，但Shi and Wu（2014）并未将N_B类中立动词列入表中，我们这里考虑到该类动词是上古汉语编码运动事件方式信息的重要策略之一，也将其列出一并考察；下文的方式动词、路径动词例数比例等统计数据也作了相应的修改。

续表

序号	词项	频次	序号	词项	频次	序号	词项	频次	序号	词项	频次
2	出	45	8	归	15	14	适	3	20	即	1
3	至	30	9	及	15	15	南	2	21	起	1
4	去	24	10	如	11	16	上	2	22	升	1
5	过	21	11	返	10	17	东	1	23	遵	1
6	还	18	12	下	6	18	赴	1			
指向动词（2类，共18次）											
1	往	14	2	来	4						
中立动词A（N_A：1类，共9次）											
1	行	9									
中立动词B（N_B：14类，共17次）											
1	鞭	2	5	扶	1	9	哭	1	13	绁	1
2	衣	2	6	负	1	10	饰	1	14	捉	1
3	载	2	7	歌	1	11	挟	1			
4	操	1	8	将	1	12	携	1			

表7 现代译文动词例数和类数[1]

序号	词项	频次	序号	词项	频次	序号	词项	频次	序号	词项	频次
方式动词（单音：38类，共110次；双音：20类，共28次）											
1	走₄	28	20	乘	1	1	亡命	5	11	撤退	2

---

[1] 表中动词是与上古运动动词对应的现代译文中的各类动词。上古语料无双音词项，现代译文区分单音词项和双音词项。如果两个语素已经凝固成词，成为一个单位而无法分离，那么就作为一个词项统计，如"进军、经过、路过、逃跑、追逐"之类；如果两个语素不同义，且能够区分出不同的功能，那就分开统计，如"跳跃、出逃"之类。"开"与"离"单独列出，尽管"离开"在现代汉语中已结合凝固，但是"开"还可以出现在其他动词后面，表达路径信息，例如"避开"，是典型的补语（参看史文磊，2014a）。"方式动词"中最右边一栏为综合动词（10类，12次）。

续表

序号	词项	频次	序号	词项	频次	序号	词项	频次	序号	词项	频次
2	逃	14	21	冲₁	1	2	逃跑	2	12	翻越	2
3	跑₁	10	22	穿	1	3	追逐	2	13	出动	1
4	渡	6	23	窜	1	4	步行	1	14	出发	1
5	攻	4	24	打	1	5	驾驶	1	15	出走	1
6	爬	4	25	倒	1	6	流亡	1	16	进兵	1
7	赶₁	3	26	躲	1	7	跳跃	1	17	进伐	1
8	驾	3	27	跟	1	8	行走	1	18	进军	1
9	跳	3	28	溜	1	9	巡行	1	19	凯旋	1
10	驰	2	29	跑₂	1	10	追赶	1	20	追击	1
11	登	2	30	侵	1						
12	掉₁	2	31	摔	1						
13	飞	2	32	投	1						
14	驱	2	33	跃	1						
15	折	2	34	越	1						
16	搬	1	35	转	1						
17	奔	1	36	追	1						
18	避	1	37	钻	1						
19	沉	1	38	坐₂	1						
致移动词（7类，共7次）											
1	拔	1	3	带	1	5	拉	1	7	押	1
2	冲₂	1	4	吊	1	6	驶	1			
路径动词（单音16类，共270次；双音5类，共39次）											
1	到	78	7	过	12	12	退	3	1	进入	13
2	回	41	8	往	12	13	走₃	3	2	经过	10
3	出	35	9	下	9	14	归	1	3	路过	9
4	开	22	10	上	8	15	起	1	4	返回	5

续表

序号	词项	频次	序号	词项	频次	序号	词项	频次	序号	词项	频次
5	离	21	11	入	6	16	至	1	5	到达	2
6	进	17									
指向动词（2类，共80次）											
1	来	46	2	去	34						
中立动词（N_A：1类，共2次）											
1	行	2									
中立动词（N_B：单音：5类，共5次；双音：2类，共2次）											
1	掉$_2$	1	3	送	1	5	坐$_1$	1	1	攻打	1
2	丢	1	4	站	1			2	征伐	1

4.1 方式信息语篇分布倾向调查

基于以上统计数据，下文先考察方式信息的语篇分布倾向。

4.1.1 方式动词类数

我们对上古汉语及其现代译文中所用方式动词的类数进行了统计，如下表所示：

表8　上古汉语及其现代译文所用方式动词类数

	上古汉语	现代译文	
词化类型	?	?	
方式动词类数	26	58	
		单音 38	双音 20

上表数据显示，总体来看，从上古汉语到现代汉语所使用的方式动词的类数明显增多。上古汉语样本中的方式动词都是独立使用的单音词项，

现代译文中的方式动词则分为单音和双音两类。单就单音动词来看，古今类数的差异已经显示出现代汉语中的方式动词明显比上古增多（38∶26）。再结合现代译文中检得的20类双音方式动词来看，古今汉语的差异度就更为显著了。这意味着现代汉语方式动词表现出范畴成员更为开放（open）的特点。这些双音形式已经凝固成词，宜视为独立的词项。[1] Chen and Guo（2009）曾对9部现代汉语小说的180个情节进行抽样调查（与本章样本所调查的情节数目相同），统计得到的方式动词有41类，尽管这跟我们对现代译文统计的单音方式动词数据（38类）差不多，但是如果将双音动词词项考虑进来，那就相差很大了（41∶58）。遗憾的是，Chen and Guo（2009）没有调查双音词项的情况，这不符合现代汉语的实际情况。因为我们知道，现代汉语双音动词的使用是比较普遍的。

方式动词类数的增多无疑强化了方式信息表达的多样性和细节性。以上演变意味着，方式动词在上古汉语中是一个相对封闭的词类（closed class），到现代汉语中则发展成了相对开放的词类（open class）。根据Talmy（2000，2009），方式动词在S型语言中是相对开放的范畴，而在V型语言中则是相对封闭的范畴。据此，上古汉语更加接近V型语言，现代汉语更加接近S型语言。

4.1.2 方式动词例数

我们对上古汉语及其现代译文中所见方式动词、路径动词和中立动词的例数作了统计，如下表所示。

---

[1] 它们已经是双音节韵律模式，后面一般不再像单音动词那样可以跟编码路径的补语形成动趋式，但也有个别例外，如"凯旋到湫地"（《左传·庄公十九年》"还，及湫"冯译），"巡行到石邑山中"（《韩非子·内储说上》"行石邑山中"陈、王译）。

表 9　上古汉语及其现代译文所见运动动词例数比例[1]

	方式动词	路径动词	中立动词	总数
现代英语	51%	27%	20%	N/A
现代汉语	30.26%（138）	67.76%（309）	1.97%（9）	456
土耳其语	30%	59%	7%	N/A
上古汉语	20.37%（77）	72.75%（275）	6.88%（26）	378

对古今汉语两组样本进行的构成比卡方检验结果显示，古今汉语在这三类动词的例数分布上差异显著（$X^2=20.427$，$df=2$，$p<0.001$）。

从历时变化来看，古今汉语在方式动词例数的使用上差异比较显著（20.37%：30.26%）。不过，单纯从方式动词使用比例的跨语言比较来看，现代汉语和土耳其语的比例非常接近，跟英语的差距较大。这似乎支持现代汉语带有 V 型语言倾向的论断，而不支持现代汉语是 S 型语言的论断。

4.1.3　副词性方式编码成分

除了使用主要动词编码方式之外，副词性成分也是汉语用来编码方式信息的重要手段。对比古今汉语在副词性方式编码成分使用上的差异，可以进一步显示出二者在运动事件方式信息编码的丰富性和表达性方面的差异。副词性成分可以分为副词和"着"字结构两种类型，下面分别讨论。

表 10　上古汉语及其现代译文副词性方式编码成分

	副词		"着"字结构	
	修饰方式动词	修饰路径动词	修饰方式动词	修饰路径动词
上古汉语	50%（4）	50%（4）	0	0
现代汉语	96.43%（27）	3.57%（1）	56.25%（9）	43.75%（7）

如上表数据显示，汉语编码方式的副词性成分大致可以分出两类，一类是副词，一类是"着"字结构。下面依次讨论。就方式副词的使用例数

[1]　英语、土耳其语数据引自 Özçalışkan and Slobin(2003:261)。

而言，古今汉语表现出显著的差异。从上表的数据可以看出，上古汉语仅仅用了 8 例，而到现代译文中则增至 28 例，增加了 2.5 倍。方式副词使用比例的显著增加，大大增强了现代汉语在编码运动事件时方式信息的表达性和丰富性，强化了现代汉语的 S 型语言倾向。上古汉语语料所见方式副词及其现代汉语对译例如下：

(62) 因佯遗其书周君之庭而<u>急</u>去行。(《韩非子·内储说下》)
　　叔向假装把信遗失在周君的大庭上，<u>急忙</u>走开了。(陈、王译)
(63) 于是公子从其计，<u>疾</u>走出门。(《韩非子·内储说下》)
　　男子就照她的说法，<u>飞快地</u>跑出门去。(陈、王译)

上古汉语语料所无而现代对应译文增加方式副词的例子如下：

(64) [晋太子圉] 遂逃归。(《左传·僖公二十二年》)
　　于是晋太子圉，就<u>偷偷地</u>从秦国跑回晋国。(冯译)
(65) 其右提弥明知之，趋登。(《左传·宣公二年》)
　　所幸赵盾的车右提弥明知道了这项阴谋，于是就<u>赶紧</u>跑到朝中去。(冯译)
(65) 夏，莒人入向，以姜氏还。(《左传·隐公二年》)
　　同年夏季莒人攻打向国，<u>硬</u>把姜氏强拉回去。(冯译)

上古汉语和现代汉语的方式副词在直接修饰方式动词还是直接修饰路径动词的使用倾向上有显著差异。上表统计数据显示，上古汉语的方式副词直接修饰方式动词和直接修饰路径动词的倾向相差不大，且用例都很少；但是现代译文则表现出明显的一边倒趋势，即绝大多数方式副词都用来直接修饰方式动词，而只有极少数用来修饰路径动词（96.43%：3.57%）。上引诸例都是直接修饰方式动词。Özçalıskan and Slobin（2003：

266）调查发现，副词性方式成分在 V 型语言（土耳其语）和 S 型语言（英语）中的功能表现出不同的倾向。S 型语言中的副词性方式成分主要用来直接修饰方式动词，从而进一步提高方式信息的表达性和多样性，进一步强化人们对运动方式的关注；而 V 型语言中用来直接修饰方式动词的副词性方式成分要相对少得多，它们更倾向于用来描述非方式（non-manner）动词或路径动词，这说明 V 型语言中副词性方式成分的首要功能是用来补偿方式信息表达的不足。而古今汉语在这方面体现出的显著差异恰恰表明，现代汉语运动事件编码中方式信息的表达性和丰富多样性通过在方式动词上叠加方式副词的形式得到进一步的强化，其 S 型语言倾向得到了大大的加强。

下面看"着"字结构的使用。"着"字结构是上古汉语所无而现代汉语特有的一类编码运动方式的副词性成分，其功能是附着在某一主要谓词性成分上，将其转变为从属性的副词性成分，同时具有强调方式信息并使之前景化的功能。[1] 在我们的语料库中，这类成分对应的上古汉语原文结构基本上都是 B 类中立动词和另一运动动词组合的联合结构，中间往往有连词连接，例如"挟辀以走"等例；只有 1 例是中立动词和运动动词直接组合的，即"捉发走出→用手抓着头发走出来"。从上表的数据来看，现代译文中"着"字结构修饰方式动词的比例略高于修饰路径动词的比例。而当我们考察其所对应的上古原文结构的时候发现，"着"前动词在上古汉语中的对应形式只有 3 例是和方式动词搭配的，其余 13 例全都和路径动词搭配。从这个角度我们可以说，上古汉语在"$V_{中立B}$＋（连词）＋$V_{运动}$"结构中使用 B 类中立动词极有可能是为了弥补当时汉语在方式信息表达上的不足（V 型语言的典型特征），而现代汉语与之对应的"着"字结构的使用则在一定程度上是为了进一步凸显方式信息。这是因为，现代译文中相应的"着"字结构已经有 56.25%（9 例）直接与方式动词搭配使用。如下

---

[1] 学界对于"V_1＋着＋V_2"这种结构的属性有不同看法，我们建议将"V_1＋着"界定为具有动名词属性的副词性成分，同时它还具有强调方式信息并使之前景化表达的功能。具体细节我们将另文讨论。

例中的"歌而过孔子"，原文的中立动词直接与路径动词搭配，而现代译文中的"着"字结构则直接与方式动词搭配。

(67) 闻君至，喜，捉发走出。(《左传·僖公二十八年》)
一听说君主来了就很高兴，<u>用手抓着头发走出来</u>。(冯译)
(68) 楚狂接舆歌而过孔子。(《论语·微子》)
楚国的狂人接舆唱着歌走过孔子的车旁。(钱译)

根据 Slobin（2006）的跨语言统计，S 型语言和 V 型语言在方式信息表达的优先程度方面有倾向性差异。综合几条论析可知，与上古汉语相比，现代汉语无论是在副词性成分的总体使用比例还是直接修饰方式动词的使用比例上，都有显著的差异，表现出从 V 型向 S 型转移的倾向。

综上，现代汉语与古代汉语在方式动词的类数、使用频率以及副词性方式成分上都表现出诸多差异。

4.2 路径信息语篇分布倾向调查

下文分析路径信息语篇分布倾向。

4.2.1 路径动词类数

我们统计了上古汉语及其现代译文中所见路径动词的类数。如下表所列：

表 11　上古汉语和现代译文的路径动词类数

	路径动词类数	
	单音节	双音节
上古汉语	23	0
现代汉语	16	5

单音形式的古今比较。S 型语言路径动词的类数相对封闭，V 型语言则相对开放。我们对上古汉语语料进行统计，得到的路径动词有 23 类，都是单音形式；现代汉语译文路径动词分单音和双音两类，单音动词 16 类。在 16 类现代译文单音路径动词中，"开"严格来说不能算动词，因为它只能位于动词之后作补语，如"避开、离开、走开"，不能独立用作核心动词或占据动趋式之 V_1 的位置（史文磊，2014a）。"入"在现代译文中尽管常见，却是比较文言的用法，且反映译文在一定程度上受了原文的影响，如"驱入于师→驾车直驰入郑军中"、"入→躲入、侵入、攻入、退入"，分别见于《左传》《韩非子》《吕氏春秋》的译文。"往"主要用于"前往"这种固定的双音结构中。"至"1 见，即"至于中流→至江心"（《吕氏春秋·恃君览》，廖、陈译）也在一定程度上受了原文的影响。"归"1 见，用于固定结构，"及高梁而还→当大军进伐到高梁时，就班师而归"（《左传·僖公九年》，冯译）。由此可见，现代汉语中真正常用的路径动词并不多，只有有限的几类。Chen and Guo（2009）对现代汉语的抽样统计检得路径动词 13 类，综合这些因素的影响，如果只就单音形式而言，现代译文所用路径动词类数与该文献统计的情况基本一致。古今比较来看，现代汉语所用路径动词成员类数跟上古汉语相比有所减少，表现出封闭化倾向。

但是，现代译文中还有双音形式的路径动词 5 类（进入、经过、路过、返回、到达），这些词项在现代汉语中的使用频率并不低。尽管它们有的是以单音路径动词作为构词语素构造而成的，但是它们在语义和语用方面与其中的单音语素不相等，宜单列。双音路径动词已经是双音节韵律模式，它们一般都是单独使用，很难再跟方式动词组合共现，其效应是双音路径动词无法用在动趋式中充当补语或附加语。在它们出现的句子中，甚至一般不再提及副词性成分编码的方式信息。[1] 综上可知，双音路径动词的产生和使用是现代汉语与上古汉语的一项重要区别。从运动事件词化类型的角度衡量，

---

[1] 我们的现代译文语料中只有 1 例："争先入公家→争着先进入宫廷"（《吕氏春秋·开春论》，廖、陈译）。

这种双音路径动词结构符合典型的 V 型结构标准，其使用在很大程度上阻碍了汉语从 V 型向 S 型演变的步伐，增添了汉语 V 型结构的比重，某种程度上维护了汉语的 V 型语言倾向。

4.2.2 路径动词例数

如表 9 所示，尽管现代汉语中路径动词的使用比例从上古汉语的 72.75% 降至 67.76%，但是下降并不显著。其使用比例仍然要比土耳其语（59%）高。这似乎意味着，现代汉语在这方面仍然具有 V 型语言的特点。

在描述运动事件时，S 型语言更依赖于方式动词（英语中，方式：路径＝51%：27%），而 V 型语言则更依赖于路径动词（土耳其语中，方式：路径＝30%：59%）。表 9 统计结果显示，现代汉语译文使用方式动词的比例要远远低于使用路径动词的比例（30.26%：67.76%）。路径动词的使用比例从古到今有所下降（72.75%＞67.76%），但是变化不大，而且从跨语言比较来看，现代汉语路径动词的使用比例也高于 V 型的土耳其语（67.76%：59%）。从这两项参数来衡量，现代汉语表现出 V 型语言的倾向。

当然，比较上古汉语语料和现代译文我们发现，从上古到现代，汉语方式动词的使用比例的确表现出上升的趋势（20.37%＞30.26%），而路径动词的使用比例则表现出下降的趋势（72.75%＞67.76%）。从古今比较来看，汉语运动事件词化类型也确实表现出背离 V 型的演变倾向。至于从跨语言比较来衡量现代汉语为何更接近于 V 型语言，需要作出进一步的分析和解释。值得注意的是，在表 9 的四种统计数据中，上古汉语在方式动词和路径动词的使用比例这两项参数上表现出最强的 V 型语言倾向，这是颇值得将来的类型学研究关注的现象和问题。

4.3 致因信息编码

本项调查中，上古汉语语料主要选择了自移（autonomous）类运动事件，因此前文的上古汉语词项表中（表 6）没有致因类运动动词。但是，现代译文中多出了 7 例致因（caused）动词结构，即"拔、带、拉、押、冲$_2$、吊、驶"。如下诸例所示：

（69）a. 以姜氏还→硬把姜氏强拉回去（《左传·隐公二年》）
　　　b. 以大宫之椽归→带回郑国大宫的椽木（《左传·桓公十四年》）
　　　c. 拔棘以逐→拔出戟来追逐（《左传·隐公十一年》）
　　　d. 撞西北隅而入→冲开了包围圈的西北角攻了进去（《韩非子·内储说下》）
　　　e. 缒而出→用绳子把自己吊到城外（《左传·僖公三十年》）
　　　f. 执樊仲皮，归于京师→并且逮捕了樊皮押回京城（《左传·庄公三十年》）
　　　g. 驱车至于茆门→把车驶到了雉门（《韩非子·外储说右上》）

从上引诸例来看，上古原文的句法结构可分为三类。第一类（a）（b），表达位移运动伴随动体（"姜氏、大宫之椽"）的"以"字结构与后面的运动动词在现代译文中整合为致移动趋式。第二类（c）（d），连谓结构的前项动词谓语（"拔、撞"）是后项动词编码的位移运动施行的前提，前项动词在现代译文中改用了致移动趋式。第三类（e）（f）（g），连谓结构前后两项动词谓语整合为致移动趋式。其中出现了 3 例"把"字句（a）（e）（g），这是进一步确认致移动趋式的形式标志。通过致移动趋式（S 型结构）来凸显致因信息，是现代汉语 S 型语言倾向增强的证据。

4.4　背景信息编码

接下来我们讨论背景信息语篇分布倾向的历时演变。我们统计了上古汉语及其现代译文中携带背景成分的事件数量。如下表所示。

表 12　各语言 [±背景] 之运动事件[1]

	现代英语	西班牙语	现代汉语	上古汉语
[+背景]	96%	81%	75%（244）	60%（196）
[−背景]	4%	19%	25%（83）	40%（131）

Slobin（1996）的研究发现，S 型语言提及背景的概率要明显高于 V 型语言，如上表现代英语和西班牙语的对译语料所显示的（96%：81%）。如下面两例所示，英语小说原文中涉及两个参照背景（refer to two grounds），而在西班牙语译文中则只剩下一个。

(70) a. 英语原文：

He strolled across the room to the door…

b. 西班牙语译文：

Se　　dirigió　　a　　la　puerta…

3SG　　go　　　　to　　DET door

"He went to the door."[Slobin，1996：211（15）]

(71) a. 英语原文：

…she moved out into the sun and across the stony clearing…

b. 西班牙语译文：

…la　muchacha　salió　al　claro　rocoso…

…DET　girl　　　　exit　　to　clearing stony…

"…the girl exited to the stony clearing…"[Slobin，1996：211（16）]

我们对古今汉语对译语料作了调查，如上表所列。统计数据显示，现代译文在提及背景的事件数目方面明显高于上古汉语（75%：60%）。对古今汉语这两组数据进行构成比卡方检验，结果显示，古今汉语变化显著（$X^2 =$

---

[1]　英语和西班牙语数据来自 Slobin（1996：201）。

16.003，df＝1，p＜0.001）。从下面所举的例子可以清晰地看出，上古汉语本未具体指明背景信息，而到了现代译文中就往往要给出具体的背景信息。

（72）由余<u>归</u>……遂<u>去</u>之秦。（《韩非子·十过》）
由余<u>回国</u>……便<u>离开</u>戎国<u>来到</u>秦国。（陈、王译）

（73）晏子<u>入坐</u>……遂<u>趋而归</u>。（《晏子春秋·内篇杂上第五》）
晏子<u>进屋坐下</u>……于是就<u>跑回家</u>。（薛译）

尽管从上表的统计数据我们可以看出，现代汉语跟上古汉语相比表现出显著的增加背景信息的倾向，增加的比例跟从西班牙语到现代英语增加的比例也基本一致，但是，有一个现象却需要作出解释，即现代汉语携带背景的比例还没有 V 型的西班牙语多（75%：81%）。为此，我们对各语言携带背景的数目作了进一步区分，得到了下表数据。

表 13　携带不同数目背景的运动事件[1]

	背景数/事件			
	0 个	1 个	2 个	3 个及以上
现代英语	4%	61%	26%	9%
西班牙语	19%	73%	8%	0%
现代汉语	25%	70%	4%	1%
上古汉语	40%	58%	2%	0%

上表的统计数据显示，从西班牙语到英语，数目增加的是携带 2 个和 3 个及以上背景的运动事件编码结构，而携带 1 个背景的运动事件数目并未增加，反而减少了。从上古汉语到现代汉语，显著增加的是携带 1 个背景的运动事件数目，携带 2 个和 3 个及以上背景的运动事件的增加并不明显。

---

[1]　英语和西班牙语数据来自 Slobin（1996：207）。

出现这种差异，很可能是由汉语和英语各自的结构特性决定的。现代英语有发达的小词（particle）和介词系统，可以将多个"小词/介词＋背景"结构累加于同一个主要方式动词之上，如此一来，英语自然就会较多地出现一个事件携带多于 1 个背景的编码结构。这就是上表数据中英语在携带 2 个和 3 个及以上背景上表现出优势的原因。现代汉语没有像英语那样发达的小词和介词系统，更多的是使用动趋式结构。动趋式结构一般只携带 1 个背景，因此从古至今，汉语在携带 1 个背景的使用比例上表现出显著增多的趋势，而在携带 2 个和 3 个及以上背景方面并未表现出明显的变化。汉语和英语在这方面的差异可以从下面的例子看出来，英语可以用附加语 off through、out of 和 back onto 将 3 个背景累加到同一个主要方式动词 march 上，而现代汉语译文则是将其拆分为三个动趋式，分别携带 1 个背景与之对应。

（74）a. 英语原文：

And they marched off through the crowd of curious Muggles, out of the station and back onto the side road where the old Ford Anglia was parked.（Harry Potter and the Chamber of Secrets. by J. K. Rowling, Scholastic Press 1999：70）

b. 汉语译文：

他们快步穿过好奇的人群，走出车站，回到停在辅路上的那辆老福特安格里亚车旁边。（马爱新译，《哈利·波特与密室》，人民文学出版社 2000 年版）

总而言之，如果说从西班牙语到英语，其携带背景多寡的差异能够体现出二者之间的类型学差异，那么从上古汉语到现代汉语，其携带背景多寡的差异自然可以成为二者类型学区分的一项参数。同时，我们在根据携带背景比例来判断一个语言系统的运动事件词化类型倾向时，应该充分考虑语言自身的结构个性，作出合理分析。

第5节 讨论

5.1 重新评估汉语运动事件词化类型的历时演变问题

上文选取了上古汉语 180 个编码运动事件的情节及其在现代汉语中的译文作为语料样本，对上古汉语和现代汉语在运动事件词化类型方面表现出的古今差异作了详细的调查分析。调查结果可以归纳为：

(75) a. 方式：方式动词类数增多；方式动词例数增多；副词性（尤其是直接修饰方式动词的）方式编码成分增多；
    b. 路径：单音路径动词类数减少；路径动词例数比例减少；单用或占据 V_1-V_2 结构之 V_1 的路径动词例数减少；
    c. 致因：编码致移事件的动词结构（动补式 S 型结构）增多；
    d. 背景：携带背景的运动事件例数比例增多；
    e. 编码结构类型：结构类型分布古今差异显著；V 型结构减少；S 型结构增多；混合型结构增多；
    f. 方式和路径共现编码结构：半紧凑型结构减少；紧凑型结构增多。

综合汉语在以上各方面表现出的古今差异，我们没有理由不承认，古今汉语在运动事件词化类型上发生了显著的变化。然而，从类型学上来论，如何界定？这值得再讨论。

正如本章开头所言，针对运动事件编码类型的研究，有两条思路需要区别：一是基于形态句法结构倾向的，即 Talmyan 类型学；一是基于语篇分布倾向的，即 Slobinian 类型学。尽管大量的研究已经证明，词化类型对语义要素的语篇分布具有重要的影响，但本章的调查结果显示，这两条思路并不严格对应，宜区别对待。试图把两种类型学调查混在一起的研究，应该规避。这意味着，当我们在谈论运动表达类型的时候，我们应当分清楚是哪种类型学。

从词化结构类型学而言，上古汉语是一种典型的 V 型语言，因为 V 型结构是主导编码策略（占 69.05%），只有 1 例 S 型结构（0.3%）。上古汉语同时也遵循"越界限制"，就像西班牙语那样。现代汉语则表现出既不是 V 型语言也不是 S 型语言的倾向，因为 V 型结构和 S 型结构所占比例势均力敌（31.94%∶32.24%），并且没有表现出子范畴表达的偏向。

Talmy（2000：66）在划分出主导词化类型之外也承认："一种语言在表征同一类运动事件时，可以采用不同的融合类型，且基本上都是常用的。"他将这种类型称为平行融合或并用型系统（a parallel system of conflation）。现代希腊语就是这样一种语言。该语言在表征自移运动事件时，既可以使用 V 型结构，也可以使用 S 型结构，两者在接受度上差不多。例如，现代希腊语中既有加在方式/致使动词上的路径附加语，如：etreksa mesa (s-to spiti) "I ran in (-to the house)"，也有携带方式/致使附加语的路径动词，如：bika (trekhondas) (s-to spiti) "I entered (the house) (running)"。英语在表达状态改变时，也是平行框架型语言（Talmy，2000：240—241）。例如，英语有表示状态改变的附加语 shut，如 I kicked the door shut，也有表示状态改变的动词 shut，如 I shut the door with a kick。Talmy（2000：241）声称，跟英语不同，现代汉语（普通话）是远比英语更加典型的附加语构架型语言，在运动表达和状态改变表达范畴上，都是如此。

然而，本章的调查结果并不支持这一论断。基于本章的调查，我们认为，就自移运动事件而言，现代汉语应该归入平行框架。这主要是基于以下几点原因：①S 型结构和 V 型结构在现代汉语中都很常用。这不但符合母语者的语感，也得到了本章统计数据的支持。对于绝大多数汉语母语者而言，说"跑进了校园"和"进了校园"并无显著区别。②这两种类型并无显著的子范畴表达的区别。如果有的话，现代汉语可以归入分裂融合系统（a split system of conflation），但调查结果不支持这一论断。

前文指出，路径附加语从古到今经历了显著的变化，其在上古几乎见不到，但在现代汉语中却成为流行的表达策略。然而，这并不足以证明现代汉语就是 S 型构架的语言。理由如下：①并非所有的路径附加语都用于典型的 S 型结构中。22.69%（76 例）的路径附加语是用在双路径格式中的。②路径附加语用于 S 型结构中的情况约占 32%，跟 V 型结构基本持平。

综合以上因素，现代汉语只能归入平行框架型语言中。汉语从古到今的演变，只能是从 V 型向平行构架型的演变。这与以往的主流观点（Li，1993，1997；Talmy，2000；Peyraube，2006；Shi and Wu，2014）不同。

从语篇分布倾向来看，上古汉语表现出典型的路径编码显著语言（path-salient language）倾向，以及方式编码不显著型语言（manner-insignificant language）倾向。就背景表达而言，上古汉语是背景编码不显著的语言（ground-insignificant language）。从方式的语篇分布倾向来说，现代汉语依然是方式编码不显著而路径编码显著的语言；就背景编码来说，现代汉语依然是背景编码不显著的语言。

5.2 运动表达的域间变异问题

Talmy（2000：64）声称："一种语言一般只采用一种融合类型来编码一种运动事件，采用另一种融合类型编码另一种运动事件。"这可以称为分裂型或互补型融合系统。

我们的调查结果同样显示出，词化类型存在域间变异（domain-specific variation）现象。就自移运动事件编码而言，上古汉语倾向于 V 型表达，但现代汉语则表现出 V 型和 S 型都很常用的特点。关于这一点，柯理思（2003）已经讨论过。因此，当我们讨论运动事件编码类型的时候，应该明确讨论的是哪一表达范畴。

5.3 类型的转变和承续

在跨语言调查的过程中我们发现,汉语在一些语用参数上的表现既不同于典型的 S 型语言(如英语),也不同于典型的 V 型语言(如西班牙语)。这需要我们从汉语的个性中去寻找答案。

近代汉语以来,动趋式逐渐成为汉语越来越显赫的语法范畴(刘丹青,2011;史文磊,2014b)。其发展,一方面大大地推动了汉语 S 型结构的增多(包括自移事件和致移事件),但同时又在一定程度上限制了汉语的类型演变。其表现之一是汉语和英语、西班牙语在携带背景数目方面表现出的差异。尽管现代汉语在携带背景的比例上表现出比上古汉语明显增多的趋势,但是从跨语言比较来看,却比英语和西班牙语都要少。原因在于现代汉语大量使用动趋式来编码运动事件,这种结构很难将多个背景累加串联在同一小句之内的谓语上。动趋式还产生了大量的混合型结构(表10),如"退回、回到、来到、离开、出来"等。这种结构中的主要动词和附加语同时编码路径信息,既不是典型的 S 型构架,也不是典型的 V 型构架。

双音化是汉语历史演变的另一重要特点。近代汉语以来,双音节韵律模式得到了广泛的应用,对汉语的说话节奏、词法、句法等各个方面都产生了深远的影响(冯胜利,2013)。就汉语运动事件词化类型的历时演变而言,双音化既扮演了推动类型演变的重要角色,同时也是阻碍类型演变的因素。推动方面,如增加了方式动词的类数和例数(表6),增强了汉语运动方式信息表达的丰富性和生动性;再如为动趋式的发展提供了韵律上的条件,从而推动了词化类型的演变。阻碍方面,如增加了双音节路径动词的类数和例数(表8)。双音节路径动词只能单用作主要动词而不能出现在动趋式 V_2 的位置上,是典型的 V 型结构。

还有一项演变拖了转型的后腿,即前文已经提到的双音形式的路径动词。从表 11 的数据可以明显看出来,双音路径动词在上古汉语中基本上见不到,而现代汉语译文中则出现了 5 类 39 例。

另外,现代汉语路径动词(包括指向动词"来、去")单用作主要动词的比例尽管跟上古汉语相比明显降低,但是这种典型的 V 型结构依然在延续使用(20%, $n=63$)。

因此,无论是从现代共时层面还是从历时发展层面来考量,一种语言运动事件编码类型上所体现出来的倾向,很大程度上是该语言的形态句法结构系统的合力所赋予的(Beavers et al., 2010;史文磊,2011;Fanego, 2012)。正是因为语言在形态句法(以及韵律)等各方面的特性,同属 V 型或 S 型的语言,内部也表现出使用倾向上的差异,如 Allen et al.(2007)对日语和土耳其语的研究,Spring and Horie (2013) 对英语和汉语的研究。从这个角度来看,现代汉语在语言使用倾向上表现出一些既不同于典型的 S 型语言(如英语)也不同于典型的 V 型语言(如西班牙语)的分布特点(Slobin, 2004;Chen and Guo, 2009),正是因为受到了汉语自身的形态句法结构的限制。[1]

目前侧重于形态句法结构演变的研究(如 Li, 1993;Peyraube, 2006)关注的焦点在寻找推动汉语运动事件词化类型转移的形态句法机制上(如动趋式的语法化、双音化等),却往往忽视了演变过程中另一股阻碍转移的力量,即维持或延续既有词化类型(typological maintenance)的形态句法结构。我们的调查发现,在历时演变过程中,这两股力量并存。汉语的运动事件词化类型,正是在这两股力量的竞争中逐渐发生了变化。

第 6 节 结论

本章基于古今对译语料的调查,详细展示了在描述相似的运动事件情

---

[1] 但是,这并不意味着现代汉语就是所谓的 E 型语言(参看 Shi and Wu, 2014)。

节时，古今汉语在词法、句法以及语义要素的语篇分布等方面的差异。调查结果对深入认识汉语运动事件编码类型具有较为重要的参考价值。人类语言编码运动事件的类型跟路径、方式等概念要素表达的显著度有着较强的对应关系，形成一个对应连续统。基于前文讨论，现代汉语和古代汉语可以分别在这个连续统中找到自己的大体位置，如表 14 所示：

表 14　运动事件词化类型与概念要素分布倾向的对应性

词化类型	S 型	并用型	V 型
路径显著度	低	<<<	高
方式显著度	高	>>>	低
语言	现代英语 现代德语	古代法语 现代汉语	现代法语 古代汉语

就词化类型而言，现代汉语是一种并用型语言。历时来看，现代汉语处在从 V 型语言向 S 型语言转变的中间状态。就语篇类型而言，汉语从古至今路径显著度越来越低，但仍是相对显著的；方式显著度越来越高，但仍是相对贫乏的。

第9章 汉语吴方言的"处所成分—指示词"演化圈

第1节 引言

　　Jespersen（1917）提出了著名的关于否定词演变的"叶斯柏森演化圈"（Jespersen's Cycle）：当单一的否定词不足以表达否定意义时，常用其他成分来强化；随着语言的演变，强化成分逐渐取代否定词，最终在句子中独立起否定作用。百年以来，语言演变中的"循环演化圈"和"循环演变"（cycling change/cyclical change）在语音、语法诸多领域发挥出重要的作用，详参 van Gelderen（2016）和 Bouzouita et al.（2019）等的相关论述。

　　本章基于吴方言的语言事实，提出存在一个"处所成分—指示词"的循环演化圈。

　　吴方言存在处所词与指示词同形的现象。潘悟云、陶寰（1999：45）指出吴方言的处所词与指示词关系密切，例如"荡""搭""许/亨（许儿）"等词既是处所词，又有指示词的功能。关于两者之间的关系，潘悟云、陶寰（1999：59）认为吴方言存在"处所词虚化作指代词的普遍规律"，也就是说他们认为指示词的功能是直接从处所词发展而来的。但是这种观点有待商榷：一方面，跨语言的研究表明，至今尚未报道过这样的演变。根据 Heine and Kuteva（2002）对世界语言语法化路径的总结，并没有"处所词＞指示词"的语法化链条。Heine and Kuteva（2007）讨论指示词的可能来源时，也并没有指出处所词可以发展为指示词。另一方面，Diessel（1999，2003，2014）、Plank（1979）、Woodworth（1991）、张敏（2006）等甚至认为指示词具有语义原生性，根本不可能从非指示性的词汇成分发展而来。[1] 所以，我们并不认同他们的看法。

那么吴方言处所词和指示词的关系是如何构建的呢？这是本章所要着重探讨的问题。我们发现在吴语中，存在一个"处所成分—指示词"演化圈：由"指示语素＋处所成分"构成的处所指示词，删略其中的指示语素，使得处所成分具有整个处所指示词的功能，于是其发展成了新的处所指示词；之后，该处所指示词又可以演变为基本指示词，于是形成了循环演化圈。吴语的处所词和指示词也正是在这个演化圈中发生关系的。

本章第2节介绍指示词的界定及其构成规则，第3节讨论在处所指示词中通过删略指示语素使处所成分发展成了新的处所指示词，第4节考察处所指示词到基本指示词的演变，第5节总结了"处所成分—指示词"循环演化圈，第6节余论从语言类型学的角度考察了指示词的词汇更新问题。

本章所引材料均随文注明出处，无出处者均为笔者调查所得。现对本章所使用到的符号作统一说明：上标"="表示同音字；下文词前的"*"表示构拟形式，句子之前的"*"表示不合语法。

---

[1] 关于指示词是否为原生性范畴，学界有较大争议。Heine and Kuteva（2007：84—85）等持"非原生论"观点的学者认为，指示词并非原生性的范畴，有可能是从其他的词汇性成分发展出来的。不过这个问题颇为复杂，需要专文讨论。

第 2 节　指示词及其构成方式

2.1　指示词的界定

关于"指示词"（demonstrative）的内涵，Diessel（1999）、陈玉洁（2010：5）等都认为，指示词不是依据句法功能划分出来的范畴，它是一个语义和语用功能上的聚合类。

陈玉洁（2010：7）将指示词定义为："是一个以指示为基本功能（直指是它的典型指示功能），以距离意义为核心意义的语法范畴，形式上既包括以封闭性词类出现的各类独立的代词、副词、形容词等，也包括已经虚化的指示成分，甚至可能是黏着语素。"我们基本接受陈玉洁的定义，不过我们认为"虚化的指示成分"可以看成指示词的语法化，未必要算在指示词的基本用法当中。

Lyons（1977：646）根据句法表现，把指示词分为指示代词、指示形容词和指示副词三类。Diessel（1999）基本上沿用了 Lyons（1977）的分类框架，不过分析得更加详细。Diessel（1999：58）指出，指示词可以出现在四种句法环境中：①处于动词和附置词（adposition）的论元位置，这是"代名词性指示词"；②限定名词而组成名词短语，这是"形容词性指示词"；③作为动词的修饰语，这是"副词性指示词"；④出现于系词句或者无动句中，这是"认定性指示词"（identificational demonstrative）。这些处于不同句法环境的指示词具有不同的句法属性，Diessel（1999）把它们分别称作"指示代词"（demonstrative pronouns）、"指示限定词"（demonstrative determiners）、"指示副词"（demonstrative adverbs）和"指示标识词"（demonstrative identifiers）。

有一点需要特别说明：部分研究者认定的"指示词"只限于形容词性的指示词（指示限定词）和/或名词性指示词（指示代词），这与本章的界定不同。

2.2 指示词的"双层结构"

Bhat（2004：153—154）指出，包括指示词、疑问词、不定代词在内的代形式（pro-forms）具有一个双层结构（dual structure）。对于指示词而言，这个双层结构在语义上包括两部分：指示（deixis）意义和本体（ontology）意义。本体意义指的是指示词所指对象的类别，指示词的本体意义主要有个体（包括指人、指事物）、处所、时间、性状、方式、程度、数量等（Diessel，2003；陈玉洁，2010：33；盛益民，2011）。因此，根据本体意义的不同，指示词又可以分为处所指示词、个体指示词、时间指示词、性状方式指示词、程度指示词和数量指示词等。

有的语言或方言的指示词，其指示意义和本体意义融合于同一个语素表达，我们把这样的指示词称为"简单指示词"，如英语的 here、there；有的语言或方言的指示词，其指示意义和本体意义分别由不同的语素表达，如普通话的"这里""那里"，我们称之为"复合指示词"。

汉语方言的指示词主要表现为"复合指示词"。[1] 请先看下面三个汉语方言点的指示词系统：

---

[1] 部分晋语、闽语等方言的简单指示词来源于复合指示词的合音。

表 1　北京话、吴语绍兴话、粤语广州话指示词表

		个体	处所	时间	性状方式	程度
北京话	近指	这—个	这—里	这—时	这—样、这—么	这—么
	远指	那—个	那—里	那—时	那—样、那—么	那—么
绍兴话	近指	葛—个	葛—头	葛—卯	是[1]葛—套	介
	远指	亨—个	亨—头	亨—卯		
广州话	近指	呢—个	呢—度	呢—耐	咁	咁
	远指	嗰—个	嗰—度	嗰—耐		

其中绍兴话的"介"和广州话的"咁"都是用一个语素来表达指示意义和本体意义，是简单指示词；而其他的指示词的指示意义和本体意义分别由不同的语素表达，北京话的"这/那"、绍兴话的"葛/亨"、广州话的"呢/嗰"都是指示语素，而"个""里""头""卯""套"等都是表达本体意义的语素。

根据指示语素的构词能力，可以将其分为"基本指示语素"和"非基本指示语素"两类。基本指示语素其实指的是一个语言或方言中可与多类词语或多种后缀连用，用于多个本体类别的语素（陈玉洁，私人交流）。一般来说，基本指示语素常常与本语言/方言的个体指示词相对应；句法属性上，在有的语言中表现为指示代词，在有的语言中表现为指示形容词（刘丹青，2008：399—400；陈玉洁，2010：11）。像北京话的"这""那"，英语的 this/that，苏州话的"该_这""归_那"（石汝杰，1999），广州话的"呢_这""嗰_那"（张双庆，1999）等，都是基本指示语素。非基本指示语素无构词能力或构词能力有限，例如根据本人调查，浙江长兴吴方言的指示语素"许"只能用于处所近指词"许囊_{这里}"[ho？⁵nəŋ¹³]中，不能构成其他

---

[1]　"是"是吴语表示强调的前缀，相关问题请参潘悟云、陶寰（1999）和盛益民（2014）的讨论。在吴语中，这个表示强调的前缀主要用于人称代词，具体请参游汝杰等（1995），陈忠敏（1996），以及陈忠敏、潘悟云（1999）的讨论。

复合指示词，所以"许"可以归为非基本指示语素。

第3节　从处所成分到处所指示词

3.1　处所指示词删略指示语素

对于处所指示词而言，汉语方言基本上采用"指示语素＋处所本体语素"这种方式构成。能充当处所指示词本体语素的成分主要有两类：一类是方位词，如"里""上""下""边"等，例如普通话的"这里"、天津话的"那哈儿"（"哈"本字为"下"）、浙江萧山话的"辬=浪=头这里"（"浪"本字为"上"）等；另一类是处所后置词或处所量词，例如"埮""块""搭"等。下文把方位词和处所词统称为"处所成分"。

Diessel（1999：150）指出，无指示义的词汇性成分作为指示词的组成部分，如果指示语素删略了，那么这个词汇性成分就具有了指示功能。由于汉语方言中的处所指示词是由"指示语素＋处所本体语素"构成的，如果删略指示语素，那么指示功能就会转移到原本充当本体语素的处所成分上，于是这些处所成分就发展成为新的处所指示词，独立用于指示空间处所。其过程可表示如下：

删略指示语素
指示语素＋处所成分 → 处所成分（＝处所指示词）

下面主要讨论吴语中这种通过删略指示语素而使得处所成分发展为新的处所指示词的演变途径。关于删略问题，请参吴福祥（2023）的讨论。

3.2　吴语的具体例证

盛益民（2012a）已经具体讨论了吴语中处所词"许"通过由"指示语

素+许"构成的复合指示词省略指示语素而发展成为处所指示词的案例。下面以本体成分为纲,介绍更多吴语的相关例证。

3.2.1 ～里

以方位词"里"作为本体成分,在汉语方言中非常常见。

盛益民(2012b)指出,在绍兴_柯桥_话中,处所近指词在部分老派中是"益⁼里_这里_"[ii?³/e?³li⁵³],在大部分老派和中派中则是"里"[li⁵³]。基于三点理由,我们认为"里"[li⁵³]来源于部分老派的"益⁼里_这里_"[ii?³/e?³li⁵³]删略其中的指示语素"益⁼"[1]:第一,"里"原本为方位词,没有指示功能,只可能来源于复合指示词删略其中的指示语素;第二,与处所近指词对应的处所远指词为"亨⁼里",可见"益里"是与其对应的形式,是更规则的形式,而"里"单独表示指示词是后起的现象;第三,"里"[li⁵³]的语音形式与"益⁼里_这里_"[ii?³/e?³li⁵³]的后半部分相同,正好是删略指示语素的形式。所以,在绍兴_柯桥_话中,处所本体成分"里"发展成了新的处所指示词。下面是绍兴_柯桥_话处所指示词"里"的例子:

(1) 里是柯桥,亨头_那里_是绍兴。(这里是柯桥,那里是绍兴。)
(2) 渠_他_是伢_我们_里人。(他是我们这里人。)

由于"里—亨头"是不对称的形式,因此在绍兴_柯桥_话的部分新派中,"里"又被与"亨头"对称的"益头"所代替了。

根据我们的调查,绍兴柯桥区柯岩、华舍、湖塘等镇以及诸暨_枫桥_等方言也能说"益里/葛里"和"里",这是相同现象,不再赘述。

---

[1] 绍兴_柯桥_话的近指词"益⁼"[ii?⁵/e?⁵]本字是"个"。绍兴市区的形式是"个"[kii?⁵/ke?⁵],柯桥话的"益⁼"[ii?⁵/e?⁵]是"个"[kii?⁵/ke?⁵]脱落[k-]声母的形式。下文余姚话的"呃"[e?⁵]也是"个"脱落了[k-]声母。

3.2.2　～上

钱乃荣（2009/1999）、刘丹青（2003：195）指出，在苏南、上海的吴语区，表方位的后置词"上"弱化为了"浪⁼"［lɔ̃/lã/lɒŋ］或"让⁼"［ȵiã］等，而区别于"上"的正规读音［zɔ̃/zã/zɒŋ］。其中不少方言用"浪⁼/让⁼"作为处所指示词的本体成分，如金坛的"志浪"［tsɿ⁵³lɒŋ³¹］、宝山_{霜草墩}的"特浪"［dəʔ²lɔ̃²³］、吴江_{黎里}的"葛浪"［kəʔ²lã⁵¹］等（钱乃荣，1992：978）。

根据胡明扬（1992：49），海盐方言的处所近指词有"辩浪_{这里}"［gəʔ⁸lɔ̃⁶］、"浪_{这里}"［lɔ̃⁶］和"浪塔_{这里}"［lɔ̃⁶tʰaʔ⁷］等。其中，海盐的"浪"本字也是方位后置词"上"。跟绍兴_{柯桥}话的情况一样，其中的"浪（上）"［lɔ̃⁶］表示处所指示是"辩浪（上）"［gəʔ⁸lɔ̃⁶］删略指示语素"辩"的结果。"浪塔"这一形式表明，在"浪"变成处所指示词之后，又带上了另外的处所词"塔⁼"。

常州话处所近指词有个形式是"让⁼［ȵiã⁵⁵］海⁼（点）"，例如：

(3) 嫑走从鉴海点走，太危险咧。（别从这儿走，太危险了。）（郑伟，2012：221）

常州话的方位词"上"与"让⁼"同音，例如"街上"的"上"就音［ȵiã］，可见"让⁼"的本字应该就是"上"。郑伟（2012）就认为指示词"让⁼（上）"来源于方位词"让⁼（上）"。我们认为，"让（上）"用于指示处所，也正是由处所指示词删略指示语素而来的。

3.2.3　～横（里）

在吴语中，"横"有相当于"边"义的方位后置词用法。例如在绍兴话中，"上边"和"下边"分别说"上横头"和"下横头"。

在宁波、台州一带，也用方位词"横"作为处所指示词的本体成分，例如宁波话的"荡横里这一带"［dɔ̃ ɦuã li］（吴新贤，1996：37）、舟山乡下话的"荡横这儿"［dɔ̃²² ɦuã⁴⁴］（方松熹，1993：5）、黄岩话的"搭横这儿"［tɐʔ³ ɦuã⁵¹］（钱乃荣，1992）等。而奉化肖王庙处所近指词为"荡□这儿"［dɔ̃²³ uã⁴⁴］[1]，我们认为［uã］本字就是方位词"横"。"横"中古音韵地位是匣母二等平声字，应该为浊声母，之所以读零声母，主要是因为处于高调域中。朱晓农（2005）等就指出，部分吴语的［ɦ-］声母只是音系上的处理而已，并不代表实际发音。因此，当"横"与阴调相配时，也就读成了零声母。

根据笔者调查，浙江余姚阳明话的处所近指词为"□里这儿"［uaŋ⁴⁴li³¹］，处所远指词是"呃头那儿"［eʔ⁵ dɤ³¹］，例如：

(4) □［uaŋ⁴⁴］里是余姚，呃头是慈溪。（这里是余姚，那里是慈溪。）

在肖萍（2011）的余姚话材料中，处所近指词也是"□［uaŋ⁴⁴］里"，而处所远指词是"□［gē¹³］头"，下面是书中"□［uaŋ⁴⁴］里"的例子：

(5) 侬隉站得□［uaŋ⁴⁴］里等哪啊。（你站在这里等着。）（肖萍，2011：281）

(6) □［uaŋ⁴⁴］里葛人和税全部吃噎⁻这个水。（这里的人全喝这个水。）（肖萍，2011：281）

我们认为余姚话"□"［uaŋ］的本字也正是"横"。由于旧余姚浒山一带还存在"呃⁻横里"［eʔ⁵ ɦuã⁴⁴ li⁴⁴］的说法（孙雨哲，私人交流），所以"横里这儿"［uaŋ⁴⁴li³¹］应当是"呃⁻横里"删略指示词的结果。

---

［1］感谢北京大学硕士许帆婷女士惠告奉化方言的材料。

3.2.4 ～荡

潘悟云、陶寰（1999）指出"荡"是吴语地区非常重要的处所词。有的吴语用"荡"作为处所指示词的本体成分，例如根据钱乃荣（1999）的材料，江阴的处所远指词为"果荡"[kɜɣ⁵²dʌŋ³³]、上海的处所近指词为"辩荡"[gəʔ⁸dɒ̃²³]。

部分吴语中，"指示词＋荡"发生了删略。例如曹志耘等（2000：361）指出，遂昌方言的处所近指词可以说"乙荡[1]_{这里}"[iɪʔ⁵dəŋ¹³/iɪʔ⁵dəŋ⁰]，也可以说"荡"[dəŋ¹³]。例如：

（7）是在赫荡，弗是在（乙）荡。（在那里，不在这里。）（曹志耘等，2000：440）

很明显，"荡"[dəŋ¹³]是"乙荡"[iɪʔ⁵dəŋ¹³]删略指示词"乙"的形式。

"荡"发展为新的处所指示词之后，在部分方言中又加上了其他标示处所本体意义的成分。例如奉贤话的"荡摊"[dɒ̃²²tʰɛ³⁴]，宁波的"荡头"[dɒ̃²⁴dæɣ⁴⁴]（以上据钱乃荣，1999），宜兴的"荡家"[dʌŋ ko]，松江的"荡堆"[dã tɛ]，黄岩的"荡里"[dō lij]（以上据潘悟云、陶寰，1999），舟山及其乡下的"荡眼"[dɒ̃²²ŋɛ⁴⁴]、"荡垹"[dɒ̃²²tʰɐʔ⁵]、"荡横"[dɒ̃²²ɦuã⁴⁴]、"荡向"[dɒ̃²²ɕiã³⁵]（方松熹，1993：5），都是各方言相当于"这里"的处所、方向指示词。

3.2.5 ～垹

处所词"垹"见于《集韵》入声盍韵德盍切，义为"地之区处"。这

---

[1] 原文写作"荡˭"，本章一律改为"荡"。

个处所词广泛地使用于吴方言中(潘悟云、陶寰,1999)。

按反切折合,"埯"在浙江天台方言中应该音[tæʔ⁵],按照天台话的小称变调规则,正好音[tE³¹](戴昭铭,2003)。作为处所后置词,小称形式"埯"[tE³¹]在天台话中的用法非常活跃,例如:

(8) 东乡埯人讲话有滞各式个。(东乡一带的人说话有点特别。)
(9) 到乃姆埯去。(到你妈处去。)

"埯"在天台话中也可用于构成处所指示词的本体语素,例如"这里"说"吤═埯"[køʔ⁵tE³¹],"那里"说"解═埯"[ka⁴²⁵tE³¹]。天台话的处所近指词"吤埯"可以删略指示语素"吤"用"埯"[tE³¹]指示处所,例如(戴昭铭,2003):

(10) 埯,埯,埯,相看着也孬?(这儿,这儿,这儿,看见了吗?)
(11) 等记下有军队摸从埯过。(等会儿有军队从这儿经过。)

"埯"从标明处所本体意义的成分发展为新的处所指示词。

根据曹志耘等(2000:418),浙江庆元方言的处所近指词主要说"舌═搭这里"[tɕieʔ³⁴ʔdaʔ⁵],但同时也能说"搭"[ʔdaʔ⁵](本字是"埯"),例如(曹志耘等,2000:440):

(12) 坐在狭═搭,弗是坐在搭。(在那里,不是在这里。)

比较两个词形,很明显可以看出庆元方言的处所近指词"搭"来源于"舌═搭"删略指示语素"舌═"。

浙江富阳场口方言的"搭"(本字也是"埯")也经历了类似的演变过

程。倪妙静（2013）指出，富阳_场口_方言的处所远指词是"搭"［tæʔ⁵］。根据我们调查，情况确实如此，例如：

(13) 葛里是富阳，搭是绍兴。（这里是富阳，那里是绍兴。）

根据我们的调查，富阳大部分地区处所远指词是用"尔带_那里_"［n³³ta⁴²］，同时这个指示词又可省略其中的指示语素"尔"而用"带"［ta⁴²］指示处所。因此，我们怀疑场口方言的早期的形式是"*尔搭"，而"搭"正是其省略"尔"的形式。

3.2.6　~块

用处所量词"块"作为处所指示词的本体成分，也广泛见于汉语方言当中。

钱曾怡（1988）指出吴语嵊州长乐话的处所近指词"介块"［ka⁴⁴kʰuE⁵³］也可以说"块"［kʰuE⁵³］。很明显，"块"是"介块"删略指示语素"介"的形式。嵊县志编纂委员会（1989：550）指出，嵊州崇仁话的处所近指词为"块"，处所远指词为"蓬块"。根据我们的实地调查，嵊州崇仁话既可说"块"［kʰue⁵⁵］，也可以说"介块"［ka³¹kʰue⁵⁵］，例如：

(14)（介）块是嵊县，蓬块是新昌。（这里是嵊县，那里是新昌。）

很明显，"块"就是"介块"省略指示语素的形式。

浙江苍南蛮话的处所近指词可以说"阿□"［a⁰kʰɯ⁴⁵］或"□"［kʰɯ⁴⁵］（陶寰，2015：51）。陶寰（私人交流）告知，"阿□"［a⁰kʰɯ⁴⁵］的后字就是"块"，而前字可能本字是"许"。所以蛮话中表示近指的处所指示词"块"［kʰɯ⁴⁵］来源于"许块"删略其中的指示语素"许"。

3.2.7 其他本体成分

吴语浙江金华话的处所近指词"格汏⁼"[kə²⁴da²⁴]可以删略为"汏⁼"[da²⁴],"汏⁼"从标明处所本体意义的成分发展为了新的处所指示词,例如(曹志耘,1996:51):

(15)汏凉些,末汏热些。(这儿凉,那儿热。)
(16)匠⁼咱们汏好些。(咱们这儿好一点。)

根据笔者调查,安徽泾县_{云林}吴语的处所近指词可以说"伊⁼磕⁼儿"[i⁵⁵kæ³³n³],也可以说"磕⁼儿"[kæ³³n³],例如:

(17)(伊⁼)磕⁼儿是泾县,么磕⁼儿是宣城。(这儿是泾县,那儿是宣城。)

"磕⁼儿"就是"伊⁼磕⁼儿"删略指示语素"伊⁼"的形式。

3.2.8 小结

在本节中,我们通过大量吴语的材料证明,吴语中存在处所成分发展为处所指示词的演变。这种演变主要是以下面的方式进行的:处所成分原本作为标明处所本体意义的成分与指示语素共同构成处所指示词,当删略指示语素之后,表达本体意义的处所成分就承担了整个处所指示词的功能,于是发展成了新的处所指示词。

本节讨论到的材料可以总结列表如下:

表 2 吴语处所指示词删略指示语素的情况

方言区	方言点	原式	删略式	后加处所	指示距离
太湖片	常州话	——	——	让⁼（上）海点	近指
	海盐话	辫⁼浪⁼ [gəʔ⁸lɔ̃⁶]	浪⁼（上）[lɔ̃⁶]	浪⁼塔⁼ [lɔ̃⁶tʰaʔ⁷]	近指
	富阳场口话	——	搭	搭面	远指
	绍兴柯桥话	益⁼里 [iiʔ³li⁵³]	里 [li⁵³]	——	近指
	嵊州话	介块 [ka⁴⁴kʰuE⁵³]	块 [kʰuE⁵³]	——	近指
	余姚话	——	——	横里 [uaŋ⁴⁴li³¹]	近指
台州片	天台话	吖⁼埭 [køʔ⁵tE³¹]	埭 [tE³¹]	——	近指
婺州片	金华话	格⁼汏 [kəʔ⁴da²⁴]	汏 [da²⁴]	——	近指
处衢片	遂昌话	乙⁼荡 [iiʔ⁵dɔŋ¹³]	荡 [dɔŋ¹³]	——	近指
	庆元话	舌⁼搭 [tɕie ʔ³⁴ʔda²⁵]	搭 [ʔda²⁵]	——	近指
宣州片	泾县话	伊⁼磡⁼儿 [i⁵⁵kæ³³n³]	磡⁼儿 [kæ³³n³]	——	近指

诸暨方言的材料更能证明这种演变方式的存在。根据孟守介（1994）用指示语素加处所后缀"头"的形式构成处所指示词，近指是"葛⁼头"，远指是"某⁼头"。在诸暨方言中，处所近指词"葛⁼头"可以删略指示语素"葛⁼"而用"头"来指示处所，例如（孟守介，1994）：

（18）头来咚做何哉？（这里在干什么？）

于是在诸暨话中出现了很有意思的类型特点：用处所词缀"头"指示处所。

由此可见，处所指示词省略指示语素这种演变在吴语中具有极大的作用力。

3.3 演变的特点及条件

3.3.1 演变的特点

从表2中我们可以看出，吴语处所指示词删略指示语素具有以下特点：主要是表示近指的处所指示词发生了删略，远指发生删略的例证较少（较确切的例子是富阳话）。

沈家煊（1999：167—168）、陆丙甫（2001）等都认为汉语中表近指的"这"是无标记的，而表远指的"那"是有标记的，这是汉语与英语在指示词上的一项重要的类型差别。在使用频率上，徐丹（1988）也指出"这"是位于第10位的常用词，而"那"位于第182位，相差很大。我们认为这种使用频率上的巨大差异就与汉语中性指示多用近指有关。

陈玉洁（2011）区分了两种类型的直指环境："中性指示"和"距离指示"。中性指示指的是仅实现指示功能，不附加距离区别等语义特征的指示；而距离指示则附加了距离区别。部分汉语方言有专门的中性指示词，例如苏州话，在不需要区分距离远近和表达回指时，主要使用中性指示词"辂"（陈玉洁，2011）。而大部分的汉语方言都没有专门的中性指示词，于是在表达中性指示时就需要在近指词和远指词中作出选择。不同的语言在该问题上会有不同的选择：汉语方言基本上选用近指词来表达中性指示，而英语等语言则选择远指词表达中性指示。[1] 正因为大部分汉语方言选择近指词表达中性指示，因此汉语中近指词是更加无标记的形式。

潘悟云、陶寰（1999）也发现，吴语表示上下文照应时，主要使用近指词。请看下面上海话的例句，回指只能用近指词"迭⁻"：

（19）从前有个富翁……迭个富翁买了一样古董……啥人晓得迭样古董

---

[1] 英语的中性指示主要用that，这也是Lyons（1977：647）认为英语中远指词是更加无标记的形式的原因。

是假个……迭个卖古董个人老早勿晓得跑到啥地方去了。

所以作者认为：吴语"中性化以后的形式只落实在近指代词上，远指代词如非刻意强调，不用来指代上下文中出现的事或物"。回指环境是典型的中性指示语境，可见，相对于远指词，吴语的近指词是更加无标记的形式。

正因为吴语中近指词是更加无标记的形式，使用频率更高，而且近指词多用于不需要区分远近的中性指示语境，所以一旦处所指示词发生省略指示语素的现象时，一般也更倾向于发生在近指词上。而处所远指词的删略则可能有其他方面的原因，比如富阳话的第二人称是"尔"[n]，与远指词同音，所以可能是为了区别两者才发生远指语素省略的现象。当然，富阳话的情况还需要进一步深入地调查研究。

3.3.2　演变的条件

前面主要讲删略指示语素时在近指、远指上的选择，指示语素的删略还需要具备一些条件。吴语为指示语素的删略提供了很好的条件，主要有以下几点：

首先，大部分吴语的基本指示词都不能单用，基本上都是附着词（clitics）。刘丹青（2008：399—400）、陈玉洁（2010：9）指出，大部分吴语、粤语的基本指示词不能独立充当论元，是指示限定词，而不是指示代词。请看以下材料：

（20）广州：呢*（个）系槟榔。（这是槟榔。）
（21）绍兴：迲*（个）是啥西？（这是什么？）

大部分吴语的指示词是一个类似于附着词的形式，语音上依附于之后的宿主（host）。而语法化的研究表明，附着词发生删略是具有跨语言普遍性的演变现象（Hopper and Traugott，1993）。

其次，处所成分都是不弱化的形式。在北方官话中，处所指示词的本体成分基本上都是轻声的形式，例如"这里""这哈儿"等词中的"里""哈儿"都读轻声，因此不会发生省略指示语素的现象。而从上文的讨论中我们可以看出，吴语的处所成分基本上并没有弱化。因此，在省略指示语素后，可由处所成分承担整个处所指示词的功能。

同时，吴语中也广泛存在用"量名"结构表示定指的现象（请参石汝杰、刘丹青，1985；潘悟云、陶寰，1999；盛益民等，2016）。盛益民等（2016）、盛益民（2017）区分了准冠词型定指量名结构和准指示词型定指量名结构，后者正是来源于"指量名"结构删略指示词［另参王健（2013，2014），王健、顾劲松（2006），陈玉洁（2007）等文的讨论］。吴语处所指示词省略指示语素与"指量名"结构删略指示词具有相同的演变机制。[1] 当然，处所指示词的删略是词汇现象，其发生并不要求存在"指量名"结构删略指示词的现象。

第4节 从处所指示词到基本指示词

处所成分发展为处所指示词之后，在部分吴方言中进一步发展出了基本指示词的功能。从处所指示词到基本指示词是具有跨语言共性的演变路径，下面具体讨论。

4.1 吴语处所指示词到基本指示词的演变

在讨论之前，首先要确定几条区分基本指示词和处所指示词的标准：①基本指示词可指示的本体成分不限于空间范畴，如果可指示时间、性状方

---

［1］ 感谢刘丹青先生和胡建华先生向笔者指出这一点。

式等非空间范畴，那么肯定已经不再是处所指示词了。②处所指示词可以单用，而吴语的基本指示词多是限定性的，必须加量词才能充当论元成分。③处所指示词可以加定语标记修饰名词，而基本指示词则不能加定语标记。

4.1.1 删略而来的处所指示词发展为基本指示词

本节主要讨论由删略指示语素形成的处所指示词发展为基本指示词的例证。

在本章 3.2.4 中我们已经指出，吴语的处所指示词"荡"是由处所指示词"X荡"省略其中的指示语素发展而来的。在宁波等部分方言中，"荡"又进一步发展出了基本指示语素的功能。宁波话的基本指示词语素"荡"不能单独使用，不过可以组成复合指示词指示处所、个体和时间，例如（吴新贤，1996：35—38）：

(22) 荡头呒没姓张人家个。（这儿没有姓张的人家。）[处所]

(23) 荡只箱子是我个，葛只箱子是其他个。（这只箱子是我的，那只箱子是他的。）[个体]

(24) 荡枪青菜交关贵。（这段时间青菜非常贵。）[时间]

在常州话中，"荡"可以指示个体、时间和性状方式等诸多语义，不过比较有意思的是，"荡"在常州话中已经不再具有指示处所的功能了，而且"荡"也不能指示复数个体，即没有"荡星这些"的说法。例如：[1]

(25) * 荡/* 荡海是常州。[处所]

(26) 荡个/* 荡星是我家亲眷。（这个/这些是我家亲戚。）[个体]

(27) 他忙上一上半天，一脚忙到荡歇才歇。（他忙了一上午，一直忙

---

[1] 本章部分材料引自郑伟（2012），原文使用"宕"这个字形，本章统一改为"荡"；部分例句由华东师范大学郑伟教授提供，特申谢忱。

到这会儿才休息。)[时间]

(28) 荡个佬做不来事。(这么做不行。)[性状方式]

根据我们的调查,舟山话的"荡"也发展成了基本近指代词,它能构成复合指示词指示处所、个体和时间,例如:

(29) 荡眼是舟山,该眼是宁波。(这里是舟山,那里是宁波。)[处所]
(30) 荡间房子侬□住 [daŋ],该间房子伢□ [daŋ]。(这间房子你住,那间我们住。)[个体]
(31) 荡眼都拨你,该眼伢留□ [te]。(这些都给你,那些我们留着。)[个体复数]
(32) 荡腔(里)咋话怎么样?(最近怎么样?)[时间]

常州_{湟里}话的老派中,由处所指示词删略而来的"让="(本字为"上")又发展为基本指示词语素,它可以组成指示处所、个体和性状方式的复合指示词,例如(郑伟,2012):

(33) 嫒走让海点走,太危险咧。(别从这儿走,太危险了。)[处所]
(34) 让个东西顶好还是囥辣则。(这个东西最好还是藏起来。)[个体]
(35) 让佬个做法勿来事。(那样的做法不行。)[性状方式]

在常熟话中,近指词用"里"[li⁰]。郑伟(2008)认为指示词功能的"里"就来源于处所成分的"里"。我们认为常熟话的指示词"里"也是处所指示词省略指示语素而来的,绍兴_{柯桥}话、诸暨_{枫桥}话可作为这种推测的有力旁证。常熟话的"里"发展出了基本指示词的用法,可以用来指示处

所、个体和时间，例如：[1]

(36) 里浪是啥地方？（这儿是什么地方？）［处所］
(37) 里个面盆渠用过歇哉。（这个脸盆是他用过的。）［个体］
(38) 里点物事赶紧拿开。（这些东西赶紧拿开。）［个体复数］
(39) 恁你阿是里辰光过来？（你怎么这会儿过来呀？）［时间］

4.1.2 平行演变：未发生删略的处所指示词发展为基本指示词

吴语广泛存在从处所指示词发展为基本指示词的现象。上一节所举是经过删略而来的处所指示词的演变，下面介绍不经过删略的处所指示词发展为基本指示词的现象，这是平行语法化的例证。

根据我们的调查，富阳(春江)话的"尔带"[n³³ta⁴²]就经历了从处所指示词到基本指示词的演变。"尔带"原本是处所远指词，同时"尔"可省略，例如：

(40) 葛里是富阳，（尔）带是杭州。（这里是富阳，那里是杭州。）

"（尔）带"也可以用于指示个体和时间，可见其也发展出了基本指示词的功能，例如：

(41) 葛本书我个，（尔）带本书尔个。（这本书是我的，那本书是你的。）［个体］
(42) 葛些是我驮来咯，（尔）带些勿是。（这些是我拿来的，那些不是。）［个体复数］

---

[1] 感谢华东师范大学袁丹老师提供常熟话的材料。

(43)（尔）带个时光渠他还是小人。（那个时候他还是小孩子。）[时间]

再如，根据我们的调查，余姚_{阳明}话的处所指示词"呃⁼头"[e?⁵dɤ³¹]也经过了类似的演变。先来看"呃⁼头"的处所指示词用法，例如：

(44) 横里是余姚，呃头是慈溪。（这里是余姚，那里是慈溪。）[处所]

"呃头"还可以用作基本指示词用来指示个体，例如：

(45) 呃本书是我个，呃头本书侬个。（这本书是我的，那本书是你的。）[个体]
(46) 呃眼我驮拿来浪咯，呃头眼勿是。（这些是我拿来的，那些不是。）[个体复数]

再如，根据我们的调查，平湖_{独山港}方言的处所远指词"葛⁼头"也发展成了基本指示词。平湖_{独山港}方言在处所指示中用"葛⁼浪_{这里}"[ke?³lɔ̃⁵⁵]和"葛⁼头_{那里}"[ke?³dəɤ⁵⁵]的对比形式进行区分，例如：

(47) 葛浪是平湖，葛头是海宁。（这里是平湖，那里是海宁。）[处所]

"葛⁼头"还可以指示个体、时间。平湖_{独山港}方言在基本指示词上形成了"葛⁼"与"葛⁼头"的对立。例如：

(48) 要葛本书，勿要葛头本。（要这本书，不要那本。）[个体]
(49) 葛头点书任⁼你顶最喜欢何里本？（这些书你最喜欢哪一本？）[个体复数]
(50) 葛头个辰光我勒上海。（那个时候我在上海。）[时间]

4.1.3 演变的机制和动因

这里我们主要尝试回答"处所指示词如何发展为基本指示词"的问题。

吴语之所以能发生这种演变,与吴语存在"处所指示词+量词+名词"这样的领属结构有密切的关系。上文已经指出,在不少吴语方言中存在定指的"量名"结构,而吴语领属结构的一种构成方式就是"定语+量名结构"[1],因此处所指示词也可以作为定语,表达"这里/那里的这个/那个东西"这样的处所领属。请看下面的例子:

(51)上海:<u>个搭只公园</u>勿好孛相,<u>哀面搭只</u>好。(这个公园不好玩,那边那个好。)(潘悟云、陶寰,1999:29)

(52)绍兴:<u>益头间屋</u>是伢爷爷手里传落来咯,<u>亨头间屋</u>是伢爹自造咯。(这边的这间房子是我爷爷时传下来的,那边那间房子是我爸自己造的。)

部分吴语方言处所指示词还能用于"处所指示词+数词+量词+名词"的结构当中,例如:

(53)上海:<u>辮面两间房间</u>(这两间房间)、<u>埃面四本书</u>(那四本书)(刘丹青、刘海燕,2005:107)

(54)崇明:<u>葛墩/港墩/埃墩两本书</u>是哈人啊?(那边两本书是谁的?)(刘丹青、刘海燕,2005:100)

(55)宁波:荡件衣裳料作无没<u>该厢一件</u>好。(这件衣服材料没有那边那一件好。)(汤珍珠、陈忠敏、吴新贤,1997:19)

---

[1] 具体例证可参见石汝杰、刘丹青(1985)对苏州话以及盛益民等(2013)对绍兴话等的讨论。

处所指示词正是由"处所指示词＋（数）量词＋名词"这种领属结构演变为基本指示词的。演变的条件如下：在句法上，"基本指示词＋（数）量词＋名词"与"处所指示词＋（数）量词＋名词"这两种形式具有相同的表层结构，都是"X＋量词＋名词"，具有重新分析的可能性；而在语义上，"处所指示词＋量词＋名词"这种领属结构的领有者并非有生名词，而是一种不典型的领属结构，这也为演变提供了条件。

而"处所指示词＞个体指示词"的演变也符合语义演变的规律。个体的存在都是以空间作为依托的，对个体远近的指示其实蕴涵着对空间距离的指示。贝罗贝、李明（2008）指出，大部分语义演变遵循如下规律：如果"新义 $M_2 \supset$ 源义 M_1"，那么常常会发生"$M_1 > M_2$"这样的语义演变。由于"对个体远近的指示（M_2）$\supset$ 对空间距离的指示（M_1）"，所以处所指示词可以发展为个体指示词。而正如本章 2.2 所指出的，个体指示词又常常是语言中的基本指示词，因此当处所指示词发展为个体指示词时，表明它也发展成该方言的基本指示词了。

4.2　从处所指示词到基本指示词具有跨语言共性

4.2.1　跨语言的平行例证

从处所指示词发展为基本指示词是一条具有重要类型学意义的跨语言、跨时代的广泛可见的演变路径（参见 Heine and Kuteva，2002：172、294；Heine and Kuteva，2007：84—86）。在 Heine and Kuteva（2002）一书中，就有"here（这儿，处所近指词）＞demonstrative（基本指示词）"和"there（那儿，处所远指词）＞demonstrative（基本指示词）"这两条语法化路径。需要说明的是，Heine and Kuteva（2002）、Heine and Kuteva（2007）并未将"副词性指示词"包含在"指示词"之内，这与本章的界定不同。

先来看处所近指词发展为基本指示词的例证。在 Hausa 语中，处所近指词 nân 发展为基本词近指，例如：

(56) Hausa（引自 Heine and Kuteva，2002：172）

 a. yānà nân.

  他：是 这儿

  "他在这儿。"

 b. dāwàr nàn

  高粱：伴随格 这

  "与这株高粱"

再如 Buang 语中，处所近指词 ken 发展成了基本指示词，例如：

(57) Buang（引自 Heine and Kuteva，2002：173）

 a. Ke mdo ken.

  我 住 这儿

  "我住在这儿。"

 b. Ke mdo byaŋ ken.

  我 住 房子 这

  "我住在这个房子里。"

再来看处所远指词发展为基本指示词的例证。Baka 语的处所远指词 kɔ̀ 也发展成了远指基本词，例如：

(58) Baka（引自 Heine and Kuteva，2002：294）

 a. wósòlò kɔ̀ kɔ̀!

  站：在 仅仅 那儿

  "站在那儿！"

b. ma　　nyì　bo　kɔ̀　ode.
　　一：单　知道　人　那　否定
　　"我不知道那个人。"

再如 Hausa 语的 cân 从处所远指词发展成了基本指示词，例如：

(59) Hausa（引自 Heine and Kuteva，2002：294）
　　a. Audù　　yānằ　　　　　cân.
　　　Audu　三人称：阳性：系动词　那里
　　　"奥杜在那里。"
　　b. dabbōbin　　　cân
　　　动物们　　　那
　　　"那些动物们"

这种演变不仅见于其他语言，也见于汉语及周边语言中。洪波先生（私人交流）认为，古汉语表示远指的基本指示词"彼"就是从处所指示词发展而来的。"彼"最主要的功能是指示处所，例如：

(60) 息壤在彼。(《战国策·秦策二》)［处所］

同时，也可以作为基本指示词指示个体、性状方式等，例如：

(61) 彼兵者，所以禁暴除害也。(《荀子·议兵》)［个体］
(62) 以德若彼，用力如此，盖一统若斯之难也！(《史记·秦楚之际月表序》)）［性状方式］

4.2.2 演变机制的异同

我们发现，吴语和世界其他语言在"处所指示词＞基本指示词"的演变机制上有同有异。

相同之处主要表现在演变过程上：都经历了"处所指示词＞基本指示词"的演变。Heine and Kuteva（2007：84）认为，这个演变并不涉及去语义化（desemanticization），主要发生了去范畴化（decategorialization）。从语义上来说，不管是处所指示词还是指示个体的基本指示词，本质上都是对空间的指示，表达的是空间的意义；而在范畴地位上，不管是副词变为限定词或者代名词变为限定词，都是一种去范畴化的表现。

不同之处表现在演变条件上：由于汉语和其他语言处所指示词的句法属性不同，因此演变要求有不同的句法槽。世界上大部分语言的处所指示词都是副词性的（如英语的 here、there），而且这些副词性的成分还可以直接修饰名词，所以处所指示词可以在"处所指示词＋名词"或者"名词＋处所指示词"这样的修饰结构中演变为限定性的基本指示词。Heine and Kuteva（2007：84）就指出，从副词性的处所指示词发展为指示限定词（demonstrative determiner）的主要途径是：处所指示词从修饰名词性短语以指示空间距离（例如 the house here/there）发展为名词性的限定词（例如 this/that house）。而汉语方言中的处所指示词基本上都可以独立充当论元，因此是指示代词，而非指示副词；另一方面，吴语指示词不能直接修饰名词，中间必须加量词。这势必导致吴语处所指示词演变为基本指示词要求有不同的句法条件。上文已经指出，吴语是在"X＋（数）量词＋名词"的句法槽中发生重新分析的。吴语的处所指示词正因为能进入这个句法槽，才具有发生演变的可能。

这也提示我们注意：相同的语义演变，其实可以具有非常不同的演变内涵。

第 5 节　总结:"处所成分—指示词"循环演化圈

5.1 "处所成分—指示词"演化圈

上文通过具体的案例,论述了处所成分发展为指示词的演变。吴语处所指示词的演变,可以总结为以下几个阶段:

阶段一:指示语素 D_1 ＋处所本体成分 L。这是演变的起始阶段。

阶段二:处所指示词 L'。"指示语素 D_1 ＋处所本体成分 L"通过省略其中的指示语素 D_1,用其中的处所本体成分 L 单独承担整个处所指示词的功能,于是 L 就成了新的处所指示词,记为 L'。删略之后的处所成分 L' 已经不同于原本的处所成分 L 了,L' 已经发展成带有指示意义的语素了。

阶段三:处所指示词 L' 发展成了基本指示词 D_2。在有的方言中,处所指示词 L' 或者并未发生演变,仍然保持原形,或者进一步发生了双音化,在其后又加上了处所本体成分 L。从理论上说,"$L'+L$"这种处所指示词的词形与阶段一的"D_1+L"完全相同,也可以发生省略指示语素的演变,不过我们暂时没有发现相关的例证。而在另一些方言中,处所指示词 L' 则发展成了可以指示个体、时间等其他本体意义的基本指示词,可以把这个新的基本指示词记为 D_2。

阶段四:新产生的基本指示词 D_2 又可以加上其他处所本体成分 L,形成"D_2+L"这样的处所指示词。这样又回到了阶段一的状态,于是就发展成了循环演变圈。

以上对四个阶段的描述可以用下图来表示:

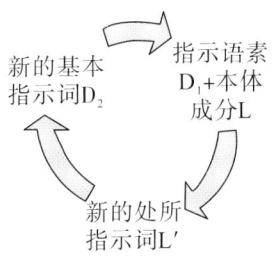

图 1　"处所成分—指示词"循环演变圈

由于指示语素 D_1 可以是原生性的，不一定从处所指示词发展而来，因此这个循环圈也是开放性的。下面将图 1 改变如下：

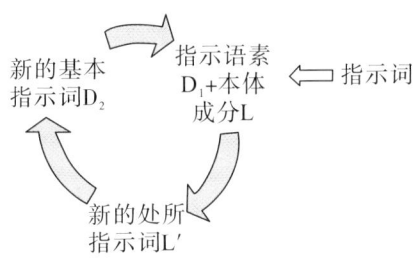

图 2　"处所成分—指示词"循环演变圈更新版

这种演变可能是包括吴语在内的中国境内的语言和方言指示词更新所采用的主要的方式，具有重要的类型学意义。本章主要以吴语作为对象进行讨论，吴语之外其他语言和方言的相关演变，我们将另文讨论。

5.2　新昌方言：演化圈的一个具体案例

"处所成分—指示词"演化圈代表的是一个历史演变过程，由于缺乏可靠的方言历史材料，只好诉诸共时状况；但在共时状态中，也较难找到各个阶段共存的情况。但幸运的是，我们调查到的浙江新昌方言在共时状态中就存在演化圈的前三个阶段，这为演化圈的构建提供了重要的材料支持。

新昌县位于浙江绍兴市的南部，新昌方言属于吴语太湖片的临绍小片。新昌处于南北吴语的交界地带，方言兼具南、北吴语的特点。新昌_{大市聚}方言的近指词是"葛⁼"［keʔ⁵］，远指词是"□"［mɛ⁰］和"蒙⁼"［məŋ⁰］[1]；处所近指词可以说"葛畚⁼"［keʔ⁵sɛ⁵³］或"畚⁼"［sɛ⁵³］，处所远指词只能说"□畚⁼"［mɛ¹³sɛ³¹］或"蒙畚⁼"［məŋ³³sɛ³¹］。例如：

（63）（葛）<u>畚</u>是新昌，蒙畚/□畚是嵊州。（这里是新昌，那里是嵊州。）

"畚⁼"在新昌话中有处所后置词的用法，例如"哪畚⁼"就是"哪里"的意思，"［伱_{你们}屋落_下来］畚⁼"就是"你们家下来处"的意思。很明显"畚⁼"指示处所是"葛畚⁼"删略指示语素"葛"的结果，它从标明处所这个本体语义的语素发展成了处所指示词。

同时，在新昌_{大市聚}话中，处所指示词"畚⁼"又进一步发展出了基本指示词的功能，可以用于指示个体、时间和性状方式，例如：

（64）<u>畚</u>个是伢爹驮_拿来个。（这个是我爸拿来的。）［个体］
（65）<u>畚腔尔来蒙</u>在做直⁼介？（这会儿你在干什么？）［时间］
（66）尔要<u>畚</u>样做。（你要这样做。）［性状方式］

但是由于"畚"是从处所指示词发展而来的，加之其仍可单用以指示处所，因而在新昌话中它排斥与处所本体成分搭配来指示处所，也就是说新昌话中不能说"畚畚"或"畚里"。

从"畚"的案例中我们可以看到，新昌话共时状态下"畚"存在演化圈的前三个阶段，如下图所示：

---

［1］有的发音人认为"蒙"比［mɛ⁰］更远，而有的发音人认为两者没有远近之分。

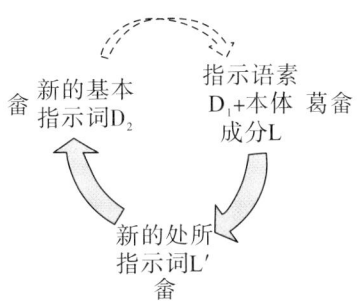

图 3　新昌方言"处所成分—指示词"循环演变圈

如果新昌话的"畓"后能加处所成分了,那么就又回到了阶段一,就可以进行新一轮的演变了。

虽然新昌话共时状态下只有演化圈的前三个阶段,但新昌话的情况已经完全为演化圈的存在提供了重要的证据。

第 6 节　余论:从语言类型学看指示词的词汇更新

最后,我们打算从类型学的角度讨论指示词的词汇更新现象。

6.1　词汇更新方式之一:强化成分发展为指示词

"更新"〔Hopper and Traugott(2003)称为"renewal",Lehmann(2002)称为"renovation"〕指用较自主的单位取代较虚化或弱化的单位起同样或类似的语法作用。

在西方文献中报道的指示词词汇更新的方式,主要是强化成分发展为指示词。Traugott(1982:245)、Hopper(1991:31)、Hopper and Traugott(1993:129)、Diessel(2014)等甚至都认为,这是指示词来源于其他词汇性成分的唯一可能性。也就是说,他们都认为这是指示词发生词汇更新的唯一手段。

当指示词弱化之后，常用其他的成分来强化其指示义。如果这个弱化的指示词删略了，那么强化成分就有可能发展成为新的指示词。例如在通俗拉丁语中，ecce（看哪！）被用来强化已经弱化的指示词 ille，之后指示词删略，强化成分变成了指示词，其过程可表示如下："Vulgar Latin ecce ille＞Old French cest cel＞French ce"（Hopper and Traugott，1993：129）。再如，根据 Brugmann（1904：123），Swiss German 中原本用来强化已经弱化了的指示词 der 的形式 selb "ipse"，在不少德语方言中发展成了指示词（转引自 Diessel，1999：167）。当强化成分发展成了新的指示词，那么更新就完成了。

Lehmann（2002：21）将这种词汇更新的方式称为"强化导致的更新"（renovation by reinforcement）。"叶斯柏森演化圈"也是强化导致的更新的一种表现形式。

6.2　词汇更新方式之二：本体成分发展为指示词

在中国境内的语言和方言中，由于指示词主要使用"指示语素＋本体语素"的方式构成，因此指示词出现了新的更新方式，即复合指示词删略指示语素，由本体成分发展成为新的指示词。

上文已经提到了吴语处所指示词词汇更新的情况，下面介绍其他汉语方言和中国境内民族语指示词词汇更新的相关现象。

6.2.1　处所指示词

除了吴语，晋语及陕西的中原官话也发生了处所指示词删略指示语素的现象。

在山西、陕西的晋语和中原官话的不少方言中，"搭""搭儿"[1] 等由处所近指词的本体成分发展为新的处所指示词。

---

[1] 晋语的"搭"与吴语的"塎"是否有同源关系，则需要进一步研究。

先来看晋语的情况。杜克俭、李延（1999）指出，在山西临县方言中，处所近指词可以说"这搭ᵣ"[tṣəʔ⁴tɚ⁴⁴]，也可以说"搭ᵣ"[tɚ⁴⁴]，例如：

（67）你过这搭儿/搭儿来。

两位作者明确提出，临县方言的"搭ᵣ"[tɚ⁴⁴]是"这搭ᵣ"[tṣəʔ⁴tɚ⁴⁴]的删略说法，两者在用法上没有区别。

陕西绥德话、佳县话的处所近指词可以说"这搭ᵣ"[tṣəʔ⁵tɚ³]，也可以说"搭ᵣ"[tɚ³]（邢向东，2006：49；黑维强，2011）。下面是绥德话的例子（引自黑维强，2011）：

（68）你的镢头在搭儿叻。（你的锄头在这儿呢。）

黑维强（2011）就认为"搭ᵣ"是"这搭ᵣ"省略指示语素"这"的形式。"搭ᵣ"从标明处所本体意义的成分发展成了新的指示词。而据邢向东（2002：565），陕西神木方言的处所近指词可以说"这搭ᵣ搭ᵣ"[tṣəʔ⁵nʌɯ³nʌɯ⁰]，也可以说"搭ᵣ搭ᵣ"[nʌɯ³nʌɯ⁰]。很明显，"搭ᵣ搭ᵣ"也是"这搭ᵣ搭ᵣ"删略指示语素"这"的形式。例如：

（69）搭儿搭儿放电视机，那搭儿放衣柜。
（70）把书包搁在搭儿搭儿些儿。

再来看关中方言。陕西凤翔话的处所近指词可以说"这搭"[tṣʅ³¹ta⁵³]，但是更常用的形式是"搭"[ta⁵³]，例如（张永哲，2011：50）：

（71）你到搭来，我给跟你说个话。

陕西凤县和宝鸡方言中，处所近指词既可以说"这搭"[tʂʅ³¹ta⁵²]，也可以说"搭"[ta⁵²]（孙立新，2002）。很明显，不管是凤翔的"搭"[ta⁵³]，还是凤县和宝鸡的"搭"[ta⁵²]，都来源于"这搭"删略指示语素"这"。

在部分方言中，删略后的新指示词"搭/搭ᵣ"还可以加上别的本体成分，例如佳县的"搭ᵣ起"[tɚ³tɕʰi⁰]，吴堡的"搭ᵣ价"[tɚ³tɕia⁰]，清涧和延川的"搭ᵣ起"[tɚ¹tsʰʅ⁰]（以上根据邢向东，2006：49），等等。

此外，侯精一（1999：390）指出，平遥方言的处所近指词可以说"这底下"[tsʌʔ³⁵tei⁵³xa³⁵]，也可以说"底下"[tei⁵³xa³⁵]。很明显，"底下"是"这底下"省略指示语素"这"的形式。

6.2.2 个体指示词

个体指示词是指示人、事物等的指示词。个体指示词的主要构成方式是指示语素加上个体量词等表达个体本体意义的成分。

对于个体指示词而言，其演变的过程可表示如下：

删略指示语素
指示语素＋个体本体语素→个体本体语素（新的指示词）

张永哲（2011）指出陕西凤翔方言的个体近指词的单数形式主要是"个"[kE⁵³]、"这"[tʂE⁴⁴]和"这个"[tʂʅ³¹kE⁵³]，个体远指词的单数形式主要是"拐"[kuE⁵³]、"呦"[uE⁴⁴]和"兀拐"[u³¹kuE⁵³]。比较"这个"[tʂʅ³¹kE⁵³]和"个"[kE⁵³]、"兀拐"[u³¹kuE⁵³]和"拐"[kuE⁵³]的语音就能发现，"个"和"拐"分别由"这个"和"兀拐"删略指示语素而来；而"这""呦"则分别来自"这个""兀拐"的合音。在凤翔方言中，"个"和"拐"从个体本体语素发展成了个体指示词。

再如扶风方言的个体远指代词可以说"兀个"[u³¹kɤ⁴²]，也可以说"个"[kɤ⁴²]（毋效智，2005：272）。"个"[kɤ⁴²]来源于"兀个"删略指示语素"兀"，"个"从指示个体的本体语素发展为个体指示词。

贝罗贝、李明（2008）认为汉语史中具有指示作用的"个"也来源于"指示语素＋个"删略其中的指示语素。我们知道，在汉语包括吴语、粤语、湘语、赣语、客家话等的东南方言中，广泛使用指示词"个"（赵日新，1999；汪化云，2008），这些方言的指示词"个"是否都来源个体指示词删略指示语素后的功能扩展，则有待于进一步的研究。

6.2.3 时间指示词

时间指示词是指示时间的指示词。时间指示词主要通过指示语素和表示时间的本体语素构成。

对于时间指示词而言，其演变的过程可表示如下：

删略指示语素
指示语素＋时间本体语素→时间本体语素（新的指示词）

根据我们的调查，宁海方言的时间近指词可以说"葛抢=_{这会儿}"[keʔ⁵tɕʰiaŋ⁴⁴]，也可说"抢="[tɕʰiaŋ⁴⁴]。很明显，"抢"是"葛抢"省略指示语素"葛"的形式，它从标示时间本体成分的语素发展为时间近指词。

绍兴_{皋埠}话的时间近指词可以说"葛卯_{这会儿}"[keʔ³mɒ⁵⁵]，也可以说"卯"[mɒ⁵⁵]，很明显"卯"是"葛卯"删略指示语素"葛"的结果。而绍兴_{柯桥}话的点时间近指词为"歇卯"[ɕi³³mɒ⁵⁵]或"信=卯"[ɕin³³mɒ⁵⁵][1]，绍兴_{孙端}话的点时间近指词为"卯头"[mɒ⁴⁴dɣ²²]，比较绍兴城区的"葛歇卯""葛卯头"等，就可以知道"歇卯"和"卯头"很有可能来源于"葛歇卯""葛卯头"删略指示语素"葛"（也请参盛益民，2012b）。

吕叔湘（1980）指出丹阳方言指示时间的"让=/娘= 收=_{这会儿}"中的"收="是"时候"的合音，而"让=/娘="的来源待考。蔡国璐（1995：295）指出丹阳方言时间近指词说"格娘= 收="[kæʔ⁵nie¹¹se¹¹]，时间疑问

---

[1] 绍兴_{柯桥}话的入声字"歇"在部分词中读舒声，例如"呆歇_{待会儿}"[ɕi]，这种现象在上海等地也存在。而"信="是"歇"受"卯"鼻音声母影响增生鼻韵尾的形式。

词为"哪娘⁼收⁼"[lo/o³³ȵie⁵⁵se³³],可见在丹阳方言中"娘⁼收⁼"用于表达时间这个本体意义。吕叔湘说的"让/娘收"很有可能来源于时间指示词"格娘⁼收⁼"的删除。

6.2.4 性状方式指示词

性状方式指示词是指示性状、方式的指示词。性状方式指示词主要的构成方式是指示语素加上表示性状方式的本体成分。

对于性状方式指示词而言,其演变过程可表示如下:

删略指示语素
指示语素＋性状方式本体语素 → 性状方式本体语素(新的指示词)

6.2.4.1 汉语方言的具体例证

邢向东(2014)指出,陕西吴堡方言指示性状方式的近指词既可以说"这底"[tʂəʔ²¹tɕe²¹³],也可以说"底"[tɕe²¹³]。文章明确指出,"这底"省去了指示语素"这",而由"底"承担了整个性状方式指示词的功能。

请看吴语常山方言的指示词系统(曹志耘等,2000:418):

表 3 常山方言的指示词系统

	近指	远指
个体	乙⁼个 ieʔ⁵kʌʔ⁰~ ieʔ⁵kɛ⁰	目⁼个 moʔ³⁴kʌʔ⁰~ moʔ³⁴kɛ⁰
处所	乙⁼里 ieʔ⁵lʌʔ⁰~ ieʔ⁵lʌʔ⁵	目⁼里 moʔ³⁴lʌʔ⁰~ moʔ³⁴lʌʔ⁵
性状方式	养这样 iã⁵²	目⁼养那样 moʔ iã⁵²

从表中可以看出,常山方言指示词主要是通过指示语素"乙⁼""目⁼"加上本体成分的方式构成的,但是在指示性状方式的指示词中,"养⁼"(本字或为"样")与"目⁼养⁼"是不对称的形式。我们怀疑指示性状方式的近指词原本为"*乙养⁼",而"养⁼"[iã⁵²]很可能来源于"*乙

养⁼"删略指示语素"乙⁼"。

再来看资兴_{兴宁}土话的指示词系统（卢小群、李郴生，2005）：

表4 资兴土话的指示词系统

	近指	远指
个体	个_{这} kei⁴⁴	挥⁼_{那} fei⁴⁴
个体复数	个下_{这些} kei⁴⁴ xo²¹⁵	挥⁼下_{那些} fei⁴⁴ xo²¹⁵
处所	个啷（子）_{这里} kei⁴⁴ laŋ⁴⁴（tsei）	挥⁼啷（子）_{那里} fei⁴⁴ laŋ⁴⁴（tsei）
时间	个会子_{这会儿} kei⁴⁴ fei²¹⁵ tsei⁴⁴	挥⁼会子_{那会儿} fei⁴⁴ fei²¹⁵ tsei⁴⁴
性状方式	样_{这样} liaŋ⁴⁴	挥⁼样_{那样} fei²¹⁵ liaŋ⁴⁴

其中"样"表示"这样"，"挥样"表示"那样"，例如：

（72）该下人一下要样，一下要挥样。（这些人一会儿要这样，一会儿要那样。）

（73）到的样格年纪还去做事。（到了这样的年纪还要去做事。）

资兴_{兴宁}土话的指示词系统都是通过"指示语素＋本体语素"的方式构成的，近指语素是"个"，远指语素是"挥"。但是指示性状方式时则呈现"样—挥样"的不对称性，所以指示性状方式的"样"很可能来自"*个样"这样的形式省略了其中的近指语素"个"。

6.2.4.2 民族语的具体例证

类似的现象也见于中国境内的民族语当中。

毛宗武、蒙朝吉（1986：34）指出，畲语相当于"这样"的指示性状方式的近指词可以说[ne³aŋ²tu¹]，也可以说[aŋ²tu¹]。很明显，[aŋ²tu¹]来源于[ne³aŋ²tu¹]省略其中的指示语素[ne³]。

再请看喜德彝语的指示词系统（据陈士林、边仕明、李秀清，1985：125）：

表 5　喜德彝语指示词表

	近指	远指
个体	tsʰʅ⁴⁴ 这	a³³ dʐʅ⁴⁴ 那
处所	tʰi⁵⁵ 这里	a³³ di⁵⁵ 那
	tsʰʅ²¹ tɕo²¹ 这里	a²¹ tɕo²¹ 那里
时间	tsʰʅ⁴⁴ lɔ³³（ko³³）这会儿	a³³ dʐʅ⁴⁴ lɔ³³（ko³³）那会儿
性状方式	ɕi²¹ 这样	a²¹ dʐʅ²¹ ɕi²¹ 那样

我们认为指示性状方式的［ɕi²¹］是从［tsʰʅ²¹ɕi²¹］这样的形式删略指示语素而来的。证据如下：第一，从喜德方言内部来看，指示词主要是由"基本指示语素＋本体语素"的方式构成的。在指示性状方式的成分中是不对称的。而［ɕi²¹］是喜德彝语表达性状方式的本体成分，在对应的疑问词中，［kʰɯ²¹ɕi²¹］就表示"哪样"的意思（陈士林、边仕明、李秀清，1985：124）。因此，表"这样的"［ɕi²¹］很可能是从［* tsʰʅ²¹ɕi²¹］这样的形式删略指示语素而来的。第二，其他的彝语方言的指示词都是由"指示语素＋本体语素"的方式构成的，例如三官寨彝语指示性状方式的指示词有［tʂʰʅ²¹sʅ²¹］"这样"、［a⁵⁵sʅ²¹/na⁵⁵sʅ²¹］"那样"（［na］是汉语借词）（翟会锋，2011：46）。所以，喜德彝语的性状方式近指词［ɕi²¹］来源于复合指示词删略指示语素。

6.3　小结

通过以上两小节的讨论，我们发现指示词的构成方式的类型差别，直接导致了指示词的不同更新方式：对于简单指示词而言，主要是强化成分发展为指示词。这是印欧语指示词的主要更新方式。而对于复合指示词而言，则是本体成分发展为指示词。中国境内的语言和方言指示词的更新主要就使用这种方式。

中国境内的语言和方言与印欧语具有非常不同的类型特点。通过加强对中国境内的语言和方言的研究，必能发现更多不同类型的语言演变方式。这也是中国境内的语言和方言的研究具有理论创新的重要表现，这方面的研究很值得今后进一步深入。

第 10 章　让步条件连词到让步连词的语义演变

第 1 节　引言

　　古汉语里连词"虽"连接的小句,既可以是假言命题,如例(1),这种语境中的"虽"相当于现代汉语的"即使";也可以是真言命题,如例(2),这种语境中的"虽"相当于现代汉语的"虽然"。

(1) <u>虽</u>速我讼,亦不女从。(《诗经·国风·行露》)
(2) <u>虽</u>有兄弟,不如友生。(《诗经·小雅·常棣》)

　　这种同一词形具有这两种功能的词,汉语历史上还有"即""自""便""虽复""虽则""虽即""遮莫""即使"等。这些连词,汉语学界一般统称为推拓连词或让步连词[1](如马建忠,1983/1898;杨树达,1984;王力,1989;柳士镇,1992;席嘉,2010),或称为纵予连词和让步连词(如太田辰夫,2003/1958;吴福祥,1996)。我们参考 König(1985,1988,1998)、Haspelmath and König(1998)和 Kortmann(1997)等学者的相关论述,根

---

[1] 当然,根据连词所连接命题的虚实,学者再细分为表实让和表虚让的连词。尽管有此细分,但一般都统称为让步连词。

据连词连接命题的真假性，把具有让步功能的连词分为两类：让步条件连词（concessive conditional connective）和让步连词（concessive connective），连接假言命题的连词称为让步条件连词，连接真言命题的连词称为让步连词。之所以选择这两个术语，是基于以下的考虑：①"让步条件"这一说法反映了连词所连接的小句本身以及小句之间的语义特征，即小句本身的条件性、小句之间语义的让步性；②从连词内部历时语义演变的角度看，"让步条件连词"这个术语更能体现其过渡性特征，即更能体现其和条件连词、让步连词的关系。

对于汉语让步功能连词的来源，有不少学者进行了研究，如太田辰夫（2003/1958），王力（1980/1958，1989），向熹（1993），吴福祥（1996），蒋冀骋、吴福祥（1997），刘百顺（2008），池昌海、凌瑜（2008），张丽丽（2009），徐朝红、蒋冀骋（2010），郑丽（2010），席嘉（2010）等。如前所述，由于以往对这类连词命名的不确定，这些研究名为探讨让步连词的来源，其实大部分揭示的是让步条件连词的来源，如池昌海、凌瑜（2008），郑丽（2010），席嘉（2010：261）等。就我们目前调查的文献来看，以往的研究中，对让步条件连词和让步连词之间的关系，特别是同一形式的具有让步条件和让步这两种功能的词，它们之间是同音形式（homonymy）还是有动因的多义关系（the motivated polysemy），未见有学者探讨。同时，尽管在现代汉语普通话里，我们比较难发现让步条件连词和让步连词的关系，但是从汉语历时演变的角度，我们能够发现两者的密切关系：让步条件连词发展演变为让步连词。

基于此，本章关注的问题是：①汉语让步条件连词和让步连词这两个范畴的特征是什么？②两个范畴之间存在怎样的源流关系？③两个范畴之间如果存在演变，其演变的动因和机制是什么？这种演变模式是否具有跨语言的共性？本章考察汉语历史语言和方言材料，概括出汉语"让步条件连词＞让步连词"演变模式。我们将这种演变模式放在人类语言演变的背景下考察，从跨语言的角度来看这种演变模式是否具有语言的共性特征，并考察了让步条件连词向让步连词的演变过程中，连词的形态（形式）变化。在此基础上，运用普通语言学理论解释让步条件连词向让步连词演变的原因。

第 2 节　汉语让步条件连词、让步连词的演变

2.1　汉语史中让步条件连词、让步连词的演变

根据现有的研究材料，同一形式的见于汉语史且具有让步条件和让步两种功能的连词有"虽""即""自""便""虽复""虽则""虽即""遮莫""即使"等。尽管这些语法项用作让步条件连词或让步连词的时间不一样，作让步连词的功能程度不完全一致，甚至它们在汉语史上发展的命运也不完全一样，但是它们在让步功能上的演变路径是相同的。

2.1.1　上古汉语：虽、自、即

让步连词"虽"是从其副词功能虚化而来的（蓝鹰、洪波，2001：249；张玉金，2011：350；等等）。"虽"是汉语史中较早同时具有让步条件和让步两种功能的连词。例如：

(3) 虽杀臣，不能绝也。（《墨子·公输》）
(4) 呜呼，有王虽小，元子哉。（《尚书·召诰》）

例（3）"虽"连接的是假言命题，"杀臣"是还没有发生的情况，是未然假设的，"虽"为让步条件连词；例（4）"虽"连接真言命题，"王小"是事实，"虽"为让步连词。在汉语历史发展过程中，连词"虽"都有让

步条件和让步两种功能,只是到近代汉语时期,其让步条件功能逐渐弱化。[1] 表现在两个方面:①从语体上看,"虽"的让步条件功能多用于带有文言色彩的语体中,这是典型的上古汉语让步条件功能的遗留;②从数量上看,"虽"的让步连词功能的使用数量明显地超过了让步条件连词功能。[2] 因此,我们可以说,连词"虽"发展演变到近代汉语时期,主要是作让步连词的功能,让步条件连词的功能趋于消亡。在现代汉语标准语里,"虽"只有让步连词的功能。[3]

"自"作推拓连词,与"虽"同(杨树达,1986:240)。上古汉语时期,"自"有让步条件和让步两种功能。例如:

(5)兵者,圣人所以讨强暴,平乱世,夷险阻,救危殆。自含齿戴角之兽见犯则校,而况于人怀好恶喜怒之气?(《史记·律书》)

(6)乐正子春之母死,五日而不食,曰"吾悔之。自吾母而不得吾情,吾恶乎用吾情?"(《礼记·檀弓下》)

例(5)中的"自含齿戴角之兽见犯则校",根据语境当属假设未然的情况,并以此来类比人之性情,"自"当为让步条件连词;例(6)中的"吾母而不得吾情"是对已经发生的事实的陈述,属于已然既定的条件,"自"作让步连词。

但是到近代汉语时期,"自"就只作让步连词,相当于"虽然"。例如:[4]

---

[1] 据张玉金(2011:350)考察,战国时期两种功能的"虽"存在地域的差别:两种功能的"虽"在楚简、秦简中都可以见到,只不过楚简中表假设让步的"虽"多一些,而秦简中表事实让步的"虽"多一些。

[2] 据席嘉(2010:229)考察,关于虚让和实让的比例,《敦煌变文集新书》为5:137,《祖堂集》为0:98,《金瓶梅》为10:76,《红楼梦》为6:525。

[3] 在吕叔湘主编的《现代汉语八百词》,北京大学中文系1955、1957级语言班编写的《现代汉语虚词例释》中,"虽"都只列有让步连词的用法,而没有让步条件连词的用法。

[4] 例(7)(8)引自江蓝生、曹广顺(1997:461)。

(7) 今年渐向熟，庶几民不流。书生自无田，与众同喜忧。（唐彦谦《和陶渊明贫士》）

(8) 自世尊种种方便，教化难陁不得。（《敦煌变文集》卷四《难陁出家缘起》）

(9) 师父，我自持斋，却不曾断酒。（《西游记》第十九回）

"即"在上古可用作假设条件连词，如例（10）；同时也可以用作让步条件连词，如例（11）。

(10) 即欲有事，如何？（《左传·昭公十二年》）
(11) 即有军役，未尝倍太山、绝清河、涉渤海也。（《战国策·齐策一》）

例（11）当不是简单的条件句，因为"即"所连接的前后分句语义相悖，不是顺承关系。按照一般情况，有了"军役"，那么就会"倍太山、绝清河、涉渤海"，而这里是"未尝倍太山、绝清河、涉渤海"。同时，"即"引导的小句"有军役"，是一种假设未然的情况，因此"即"当是让步条件连词。"即"的这种用法至两汉时期增多，并且其功能进一步增强，"即"能位于小句主语的前面。例如：

(12) 羽闻之，谓海春侯大司马曹咎曰："谨守成皋。即汉欲挑战，慎毋与战，勿令得东而已。我十五日必定梁地，复从将军。"（《汉书·项籍传》）

至近代汉语时期，"即"产生让步连词的用法。例如：

(13) 殿下！国王位即尊高，煞鬼临头无逃死处。（《敦煌变文集》卷四

《太子成道经》）

（14）王即情偏宠，其如命不长。（《敦煌变文集》卷六《欢喜国王缘》）

例句中的"即"用于真言命题。如例（13）"国王位尊高"叙述的是一种事实；例（14）"王情偏宠"，根据上下文可知：欢喜王对"容仪窈窕，玉貌轻盈"的夫人"偏宠"，故两句中的"即"相当于"虽然"。

从以上对"虽""自""即"的考察发现，从时间上看，尽管不能离析"虽""自"作让步条件连词和让步连词的先后顺序，但是"即"在上古汉语时期作让步条件连词，而到近代汉语时期才有让步连词的用法，两种功能的先后顺序是明显的。根据语法化的时间先后规则，我们推测这两种功能的关系应当是：让步条件连词＞让步连词。

2.1.2　中古汉语：便、虽复、虽则

连词"便"与"即"演变的方式类似，在时间域的基础上进一步演变为条件连词的用法，至中古时期"便"新产生连词用法（柳士镇，1992：255；徐朝红，2008；张丽丽，2009）。例如：

（15）拘律陀念曰："吾师临终，嘱授弟子，令吾成济，今便委弃，义所不安。"（《中本起经》，4/154a）

（16）求乞小弟一命，便死不朽也。（《魏书·杨昱传》）

以上"便"连接的小句均是假言命题。从前后小句的语义关系来看，例（15）"便"前后分句的语义是顺承的，"便"为条件连词；而例（16）"便"前后分句的语义相悖，"便"为让步条件连词。

"便"让步条件的功能一直沿用到近代汉语。例如：

（17）便与先生应永诀，九重泉路尽交期。（杜甫《送郑十八虔贬台州司户

伤其临老陷贼之故阙为面别情见于诗》）

（18）莫道千金酬一笑，<u>便</u>明珠、万斛须邀。（柳永《合欢带》）

（19）好歹只顾拿来，<u>便</u>走不动，扛也扛将来。（《水浒传》第三十九回）

在近代汉语里，"便"又有可以理解为让步功能的用法。[1] 例如：

（20）<u>便</u>留春甚乐，乐了须悲。（辛弃疾《婆罗门引·用韵答赵晋臣敷文》）

（21）近日花边无旧雨，<u>便</u>寂寞、何曾吹泪。（张炎《真珠帘·梨花》）

"虽复"当是连词"虽"附加词缀"复"组合而成的双音节连词。中古的"虽复"继承了"虽"作让步条件连词和让步连词两种功能，但以作让步连词为主。例如：

（22）<u>虽复</u>天地融烂，形处其中，终不热恼，无所伤损。（《出曜经》，4/656a）

（23）此等比丘，<u>虽复</u>心精，无表容貌。（《中本起经》，4/155c）

例（22）中的"虽复"为让步条件连词，例（23）中的"虽复"为让步连词。近代汉语的"虽复"基本上只作让步连词。例如：

（24）不是不许，依教悟入，依教想解，只是虚妄。是故佛告阿难，<u>虽复</u>忆持，十方如来十二部经，清净妙理如恒河沙，只益戏论，当知依教想解无益。（《祖堂集·五冠山瑞云寺和尚》）

（25）庚寅中，高地好施功。<u>虽复</u>有微旱，水与去年同。低地得微熟，

---

[1] 以下例句引自张丽丽（2009）。

中高最是丰。野兽连群走,高低路并通。(《全唐诗补编·全唐诗续拾》卷五十一《六十甲子歌》)

"虽则"连用,已见于上古汉语时期,但是此时的"虽则"不是连词。中古汉语时期的"虽则"能作让步条件连词,如例(26);同时也能作让步连词,如例(27)。

(26) 夙夜反侧,克心自论,父子兄弟,累世蒙恩,死惟结草,生誓杀身,<u>虽则</u>灰陨,无报万分。(《三国志·薛综传》)
(27) 是故鲁僖遭旱,修政自救,下钟鼓之县,休缮治之官,<u>虽则</u>不宁,而时雨自降。(《后汉书·郎顗传》)

但是至近代汉语,"虽则"基本只作让步连词,如《敦煌变文集》中8例"虽则",均作让步连词(吴福祥,1996:273)。例如:

(28) 此间<u>虽则</u>人行义,彼处多应礼不殊。(《敦煌变文集》卷一《王昭君变文》)

综上,中古时期的三个连词"便""虽复""虽则"呈现这样一个特点:"便"在中古用为让步条件连词,而到近代汉语时期才产生让步连词的用法;"虽复""虽则"在产生之初,均具有让步条件和让步两种功能,但是到近代,让步条件功能消亡,而基本只保留了让步功能。

2.1.3 近现代汉语:虽即、遮莫、即使

"虽即"是由连词"虽"和"即"同义复合而成的双音节连词(吴福祥,1996:273)。"虽""即"均有让步连词和让步条件连词的功能,连词"虽即"形成之初的唐代,沿用了这两种功能。例如:

(29) 阑入禁苑者，徒一年。禁苑，谓御苑，其门有籍禁。御膳以下阑入，<u>虽即</u>持杖及越垣，罪亦不加。(《唐律疏议》卷七《卫禁》)

(30) 公谓曰："吴武陵至是粗人，何以当其科第？"礼部曰："吴武陵德行<u>虽即</u>未闻，文笔乃堪采录。名已上榜，不可却焉。"(《云溪友议》卷下)

至五代以后，"虽即"一般只作让步连词，如：

(31) <u>虽即</u>寿年长远，还无究竟之多；虽然富贵骄奢，岂有坚牢之处。(《敦煌变文集》卷五《维摩诘经讲经文》)

"遮莫"是近代汉语里非常特殊的连词。说其特殊，是因为：第一，"遮莫"字形复杂，除写作"遮莫"外，还可写作"折莫""者莫""折么""者么""者末""折末""折摸""者磨""遮不"等形式；第二，"遮莫"是近代汉语里常用的、多功能的连词，能作条件连词、让步条件连词、让步连词等，使用时间从唐代一直到清代。唐代的"遮莫"有让步条件和让步两种功能，但以作让步条件连词为主。例如：

(32) <u>遮莫</u>姻亲连帝城，不如当身自簪缨。(李白《少年行》之三)
(33) 直饶珠宝如山岳，<u>遮不</u>绫罗满殿堂；煞鬼忽然来到后，阿谁能替我无常？(《敦煌变文集》卷五《妙法莲华经讲经文》)
(34) 小道人道："小牌上有言在前，<u>遮末</u>是高手也要饶他一先，决不自家下起。"(《二刻拍案惊奇》卷二)

例句中的"遮莫"等引导的小句表示假设让步，主句表示结果或结论并不受小句的影响而改变，"遮莫"当是让步条件连词。同时，"遮莫"也可以用于趋于真实的子句里，义同"尽管"，为让步连词。例如：

（35）芒鞋竹杖布行缠，遮莫千山更万山。（苏轼《次韵答宝觉》）

（36）者莫是结就蜘蛛网，土炕芦席草房，那里有绣帏罗帐，您孩儿心顺处便是天堂。（王实甫《破窑记》第一折）

再看"即使"。太田辰夫（2003/1958：309）认为"即使"用作纵予连词的上限不明，池昌海、凌瑜（2008）认为"即使"在明代初步语法化为连词，并进一步分析了"即使"的语法化过程及其动因。而我们在唐宋时期的语料中，检索到一些例子，例如：

（37）即使卿等儿侄有才，亦须依例进奉。（杜佑《通典》卷十七《选举五》）

（38）即使周公果有是书，亦已不传于后世。（《欧阳修集》附录四《问进士策一》）

明清时期，"即使"逐渐成为一个常用的让步条件连词，并且常和"亦""也"组成"即使……亦……""即使……也……"结构。例如：

（39）即使是我打死，亦无死罪之律。（《醒世恒言》第二十九卷）

"即使"发展演变到现代汉语，能用于实言句（邢福义，1985），例如：

（40）张学海每次路过秦妈妈的草棚棚，即使明知秦妈妈到厂里去了，他也要走进草棚棚，去找秦妈妈。（周而复《上海的早晨》第一部）

以上例句中的"即使"置于实言命题前，"秦妈妈到厂里去了"是"明知"的，是已经发生的事实，"即使"相当于"虽然"。

近现代汉语的"虽即""遮莫""即使"都有让步条件和让步两种功能，所不同的是，"虽即""遮莫"的让步条件功能逐渐消亡，到后来只剩下让步功能；而"即使"自产生起一直以让步条件功能为主，让步功能的解读至现代汉语时期才产生。

纵观以上我们对汉语历史中同一形式的具有让步条件和让步两种功能的词的探讨，根据这两种功能产生的时间先后顺序，可以分为两类：①两种功能时间先后顺序明确的连词，即先有让步条件的功能，后有让步功能。这类连词突出表现在"即"类连词如"即""即使"等，另有连词"自""便"等。在我们调查的文献里，近代汉语时期的"即使"毫无例外地用于假言命题中，为典型的让步条件功能；但是在现代汉语中，在一定条件下可以理解为让步功能。②两种功能时间先后顺序虽然不明确，但是随着语言的发展演变，其让步条件功能逐渐消亡而让步功能沿用的连词。这类连词突出表现在"虽"类连词。如"虽""虽复""虽则""虽即"的让步条件功能逐渐消亡，而让步功能继续沿用，其中"虽""虽则"的让步功能一直沿用到现代汉语标准语里。由此，我们可以推测汉语历史语法的让步条件和让步功能之间有派生的关系，其演变路径为："让步条件＞让步"。

2.2　汉语方言中让步条件连词、让步连词的使用情况

前文探讨了汉语历史上存在"让步条件＞让步"这样一条可能的语义演变路径。为了得到更多汉语事实的支持，我们将考察范围扩大到现代汉语方言。据初步调查，汉语方言里这类连词有下列形式。

Ⅰ. 末（[məʔ¹²]）。上海话的"末"是一个多功能词，能表示假设关系、转折关系[1]、因果关系（钱乃荣，1997：190—191；徐烈炯、邵敬

---

[1] 钱乃荣列的这个关系，所作的注释是："＜连＞表示转折关系（虽然……但是）：海滨公寓好末好，忒贵｜我去末去个，勿是正式代表。"按照我们分类的标准，"末"是用在实言句里，相当于"虽然"，"末"是让步连词。　参钱乃荣、许宝华和汤珍珠（2007：305）。

敏，1998：189；钱乃荣、许宝华和汤珍珠，2007：305）。"末"能作让步条件功能连词，如例（41）；也能作让步功能连词，如例（42）。[1]

（41）勿浇水<u>末</u>，种子也会发芽个。（即使不浇水，种子也会发芽的。）
（42）白莲泾个地方我去<u>末</u>去过个，已经记勿清了。（白莲泾这地方我虽然去过，但是已经记不清楚了。）

Ⅱ. 即管（尽管）。广州方言中的"即管（尽管）"（高华年，1980：175）、上海话的"尽管"（钱乃荣，1997：195）能作让步条件连词和让步连词。如高年华（1980：273）所举例句：

（43）<u>即管</u>翻风落雨，佢都会将啲米送上门嚟。（尽管/即使刮风下雨，他都会把那些米送上门来。）

例句中的"即管"根据所处语境不同，可对译为让步条件连词"即使"、让步连词"尽管"。又如（例句由贝先明先生提供）：

（44）<u>即管</u>你有天大嘅胆你都唔可以咁冲动。（即使你胆子再大你也不可以这么冲动。）
（45）<u>即管</u>你话你唔饿，但系你都要食啲嘢。（虽然你说你肚子不饿，但是你也要吃点东西。）

Ⅲ. 做（$[tso^{21}]$）。漳州方言中的连词做$[tso^{21}]$（黄淑芬，2008，2010），可以用于让步分句中，如：

---

[1] 例句均引自钱乃荣（1997：190—191）。

(46）<u>做</u>我讲甲嘴涸伊吗怀听。（即使我讲得嘴干他也不听。）

(47）天<u>做</u>伊落雨，我嘛着出去。（尽管天下雨，我也要出去。）

根据语义，例（46）中的"讲得嘴干"是一种夸张的说法，因此"做"所连接的分句是一种假言命题，"做"当为让步条件连词。例（47）可以是一种实言的语境，"做"当是让步连词。

Ⅳ. 就是。益阳方言中的"就是"，能作让步条件连词和让步连词（夏俐萍，2014：240）。例如：

(48）<u>就是</u>他不听尔阿话，尔也打不得他。（虽然他不听话，你也不能打他。）

(49）<u>就是</u>阿天塌起下来，我也要去。（就算天塌下来，我也要去。）

如前所述，由于汉语学界以往对让步功能的连词没有细分为让步条件连词和让步连词，以致很少见到方言材料里有把连词的这两种功能分开描写的。但是，随着调查研究的深入，相信能在更多的方言里发现同一连词具有让步条件和让步两种功能。

语法化研究表明，在共时平面，一个语言形式具有两个或两个以上相关意义时，它们之间很可能存在历时上的演变关系。同时，共时的语言状态（state）可视为语言历时演变进程中的一个阶段（stage）（Croft，2003）。那么上举"末"等连词同时具有让步条件和让步两种功能这一共时平面上的变异（variation）所体现的正是其历时平面上演变（change）的不同阶段。根据前文对历史语法中"虽"等连词的探讨，汉语方言"末"等连词的语义演变路径也可以概括为："让步条件＞让步"。

2.3 小结

通过以上考察，我们发现"让步条件＞让步"这样的语义演变链条，既存在于汉语的历时演变过程中,也存在于汉语的共时平面上;既包括普通话如"即使"等,也包括方言如上海话的"末"等。那么,从汉语中观察到的"让步条件＞让步"的语义演变的模式只是一种为汉语所特有的演变模式,还是反映了语言的共性而具有跨语言的特征? 下面,我们考察让步条件连词和让步连词这两个范畴在不同区域、不同谱系语言里的使用情况。

第 3 节　跨语言的演变模式

理论上,一个特定的语法或语义演变可能是一种语言独有的演变模式,也可能是跨语言反复出现的演变模式。研究表明:"让步条件＞让步"语义演变模式不是汉语所特有的,而是跨语言反复出现的演变模式,具有语言共性特征。

3.1　国内少数民族语言使用情况

国内少数民族语言,特别是藏缅语族语言,这种同一词形的具有让步条件和让步两种功能的词有白语的 [li^{55}]、藏语的 [$nɛ^{14}$]、基诺语的 [$nœ^{33}lœ^{33}$](盖兴之,1986:75、114)、傈僳语的 [(bɛ) gɯ^{44}](徐琳、木玉璋、盖兴之,1986:72)、桑孔语的 [$a^{33}ŋa^{55}$] (李永燧,2002:207)、波拉语的 [jaŋ^{55}a^{31}] (戴庆厦、蒋颖、孔志恩,2007:240)、撒拉语的 [də](林莲云,1985:115)等。下文 a 类为让步条件连词,b 类为让步连词;原著中引例调值记录由符号改为数字。

白语(徐琳、赵衍荪,1984:96)[li^{55}]:

（50）a. ŋa^{55} ke^{55}jĩ^{44} tshe^{44} la^{42} tua^{42} li^{55}， me^{55}jĩ^{44}
我们 今天 磨 了 不得 即使， 明天
tshe^{44}ta^{44} mɯ^{55} no^{33} pɛ^{21}ua^5.
磨上 它 助 阵得了

"即使我们今天磨不完，明天再磨上一阵得了。"

b. mo^{21} lao^{42}tõ^{55} mo^{42}fa^{55} jĩ^{21} la^{42} li^{55}， si^{55}tso^{42} a^{31}tɕɛ^{44}
他 劳动 模范 个 了 也， 可是 一点
li^{55} ja^{35} tshõ^{55}
也 不 骄傲

"他虽然是劳动模范了，但是一点也不骄傲。"

白语中的[li^{55}]既可以单独使用，即可以放在第一分句的末尾连接第二分句，如例（50a）；同时为了加强语气，也可以在第一分句的末尾用了连词[li^{55}]的同时，在第二分句的前面用连词[si^{55}tso^{42}]，形成框式结构，如例（50b），和汉语中的"虽然……但是……"类似。

藏语（金鹏，1983：109）[nɛ^{14}]：

（51）a. khɛ^{14} siʔ^{54} se^{55}ra^{12} taŋ^{55}nɛ^{14}， ŋa^{12}jɛ tʂo^{12}ki^{54}jĩ^{14}.
"就是下雹子，我也要去。"

b. ŋa^{12} phøʔ^{12}pa^{54} jĩ^{14}nɛ^{14}， phøʔ^{12} kɛʔ^{54} chõ^{55}nɛ ɕɛ̃^{54}ki^{54} mɛʔ^{12}.
"虽然我是藏族，但藏话一点也不会。"

[nɛ^{14}]加在前一分句的后面，有三种意义：一是表示先提出假设再转入反面的转折关系；二是表示先让步，承认事实，再转入反面的转折关系；三是表示先说出条件再转入反面的转折关系（金鹏，1983：109）[nɛ^{14}]。的第一种意义属于典型的让步条件功能，如例（51a），[nɛ^{14}]属于让步条件连词；第二种意义属于典型的让步功能，如例（51b），[nɛ^{14}]属于让步连词。

此外，属于壮侗语族的壮语，其［ha:n²］（或［ɕou⁶ɕuɯn³］）（"尽管""即使"）（韦庆稳、覃国生，1980：51）也可以用作让步条件连词和让步连词。上面列举的这些语言，其让步条件连词和让步连词都使用同一个形式来表达。语法化研究表明，这种同一形式表达两种功能，两种功能之间很可能存在派生关系（drived），结合汉语历史语法的现象，其衍生的方向当为"让步条件＞让步"。

3.2 国外语言使用情况

为了开展对语言共性的细致研究，我们要求语言取样有代表性，具体说，就是没有语系、地区或类型的偏向（Comrie，2010/1981：13）。由此，在探讨汉语及我国境内少数民族语言让步条件和让步之间的语义关系之后，我们把视角转向欧洲语言。König and van der Auwera（1988）通过分析70种语言样品，发现"让步条件＞让步"这种语义演变的趋势在这些样品中都能见到：几乎所有的语言都有一种可以用作让步条件和让步的结构。也就是说，在这些语言里大量的从让步条件到让步的连续统可以被清晰地揭示出来。Kortmann（1997）则明确表示副词性主从关系连词内部存在这样一条语义演变路径："条件连词＞让步条件连词＞让步连词"。英语为我们提供了一个典型的事实：英语中的though，在莎士比亚时代是一个让步条件连词，如例句（52），而在现代英语里则明确是一个让步连词，如例句（53）（Haspelmath and König，1998：568）。

（52）I will speak to it though hell itself shuold gape and bid me hold my peace.（Shakespeare，Hamlet I.II）[1]

"即使地狱它会对我打哈欠并吩咐我静默不言，我还会跟它说。"

（53）THOUGH is not the only concessive connective in English, though it

---

［1］ 例句转引自König（1985b：8）。

is a very frequent one.

"'即使'不是英语中唯一的让步连词,即便它是很常用的。"

欧洲其他语言还有西班牙语的 aungue、芬兰语的 vaikka、立陶宛语的 tegul、高地索布语的 byrnjež、荷兰语的 al、德语的 ob、撒丁语的 mancari、马耳他语的 ghadli 等,这些语言中的连词,都具有让步条件和让步两种功能。例如(Haspelmath and König,1998:589—590):

西班牙语的 aunque:

(54) a. <u>Aunque</u>　　llueva,　　　　salgo.
　　　　though　　　rain:SUBJ　　　I:go.out
　　　　即使　　　　雨:虚拟语气　　我:出去
　　　　"Even if it is raining, I am going out."(subjunctive)
　　　　"即使在下雨,我仍然出去。"

　　b. <u>Aungue</u>　　llueve,　　　　salgo.
　　　　though　　　rains:IND　　　I:go.out
　　　　虽然　　　　下雨:陈述语气　我:出去
　　　　"Although it is raining, I am going out."(indicative)
　　　　"虽然在下雨,我仍然出去。"

芬兰语的 vaikka:

(55) a. <u>Vaikka</u>　sata-isi(-kin),　　lähde-mme　　ulos.
　　　　though　　rain-COND-even　　go-1PL　　　outside
　　　　即使　　　下雨—条件—甚至　去—方位　　外面
　　　　"Even if it rains, we will go outside."
　　　　"即使下雨,我们将出去。"

b. Vaikka   sat-oi (-kin),   lähd-i-mme   ulos.
   though   rain-PST-even   go-PST-1PL   outside
   虽然   下雨—过去时—甚至   去—过去时—方位   外面

"Although it rained, we went outside."
"虽然下雨，我们还是出去了。"

上面所举的这些连词，都是同一形式既能用于让步条件句，又能用于让步句的。小句的类型依靠语气等来区分：当这些词用于让步条件句时，小句用虚拟语气或其他动词的形式；而当这些词用于让步句时，小句用陈述语气。综上，欧洲语言同样存在一种让步条件功能向让步功能语义演变的模式。

第 4 节 语义演变过程中形式的变化[1]

从非位（etic）[2]和比较（comparative）的视角来看让步条件连词到让步连词的演变，我们发现，不仅语义呈现规律性的演变，而且其形态也呈现规律性的变化。König 和 Kortmann 等研究表明，在让步条件连词向让步连词演变的过程中，不只是语义发生变化，而且有可能通过添加类同或强调小词（如 also、even、too）等方式而使形态发生变化。

副词性从属连词（adverbial subordinator）形态的复杂性和其语义的多样

---

[1] 在西方语言学界，词形的变化一般称为形态的变化（morphological change）。汉语属于缺少形态变化的语言，故我们称为形式的变化（formal change）。

[2] etic（非位）和 emic（位），这对术语是用来代表研究语言学数据的两条对立的路子。"非位"的路子是对语言的各种物理模式加以描写，尽量不考虑它们在语言系统中的功能。相反，"位"的路子充分考虑了各种功能关系，建立了一个由抽象对立单位组成的封闭系统作为描写的基础。参 Crystal（2011：126）。

性、句法的多样性成反比（inverse）（Kortmann，1997：340，2001：846）。这就是说，一个副词性从属连词形态复杂性越低，它的多功能性越高，反之亦然。这可以通过下面两个表格体现出来（Kortmann，1997：114）：

表 1 形态复杂的从属连词的单功能和多功能项的比例

	monofunctional	polyfunctional
Multi-word ASs（895＝100%）	684（76.5%）	211（23.5%）
Polymorphemic ASs（1432＝100%）	1001（69.9%）	431（30.1%）

表 2 形态简单的从属连词的单功能和多功能项的比例

	monofunctional	polyfunctional
One-word ASs（1148＝100%）	614（53.5%）	534（46.5%）
Monomorphemic ASs（611＝100%）	297（48.6%）	431（51.4%）

从表1我们可以看出，副词性从属关系词无论是由多个词构成还是由多语素构成，其语义单功能的比例要高于多功能的比例；从表2可以发现，无论是由单个词构成还是单语素构成的从属连词，其语义多功能的比例要高于单功能的比例。

纵观汉语史，语法项的形态与其语义、句法功能也是成反比的，如单音节连词"若"属于典型的多功能词，可作并列连词、选择连词、承接连词、递进连词、条件连词等。但是当"若"和其他词组合成双音节词后，如"假若""倘若""设若""若使""若苟""若果"，一般用作假设连词，其语义、功能就相对单一了。

又如上海话中单音节的"脱"既可以是介词，也可以是连词；"脱"与"仔"组合成双音节"脱仔"后只能是连词。连词"脱"可以出现在句首，而"脱仔"不可以（徐烈炯、邵敬敏，1998：188）。换言之，双音节的"脱仔"相对单音节的"脱"语义单一、句法功能受限制。例如：

(56) 我脱我阿妹一道去。

(57) 饭钿脱仔车钿一塌刮子三十只洋。

(58) 脱伊，我连闲话都勿讲。

(59) *脱仔伊，我连闲话都勿讲。

例（58）中的"脱伊"是介词短语，可以在主语后面谓语动词前面出现，也可以提到主语的前面；而"脱仔"是连词，必须在两个名词之间出现，无法提前，所以例（59）不能成立。

让步连词和其他副词性关系的标记（如目的、时间、原因、让步条件等）相比，让步连词的典型特征是有一个相当明显的语源（etymology），无论其是由自由语素还是黏着语素组成的，其本质上是复杂的，它们的构成成分在形式和意义上是很容易辨别的（König, 1985a）。就让步条件和让步这两个范畴来说，两个范畴里的成员前者派生出后者的过程中，也存在形态复杂的情况，并且伴随形态的增加，语义和功能趋于减弱或单一。

汉语中让步条件连词演变为让步连词，词形发生变化，典型的是"虽"类连词。单语素连词"虽"从上古一直沿用到近代汉语时期，都有让步条件和让步两种功能，尽管这两个功能在使用数量上有变化，但是"虽"的多功能性是存在的。当单语素连词"虽"和其他一个或两个语素组合成新的连词时，其功能趋于单一，即使是多功能，也只是形成之初的时候有，即多功能使用的时间不长。例如：

两个语素的"虽"类连词：虽＞虽然、虽说、虽则、虽自、虽是、虽故、虽或、虽使、虽复、虽即、然虽

连词"虽"本身具有让步条件和让步两种功能，通过附加词缀等方式构成新的连词，新词词形复杂，语义功能单一。"虽"类多音节让步连词在近代汉语时期的基本功能是让步功能，如"虽然""虽是""虽说""虽故""然虽"等属于典型的让步连词；"虽则""虽使""虽令""虽复"等产生之初沿用了"虽"的两种功能，但是后来让步条件功能逐渐消亡，保

留的是让步功能。

三个语素的"虽"类连词：虽＞虽说是、虽则是、虽然道

"虽说是""虽则是""虽然道"这三个连词是在双音节的让步连词的基础上附加"是""道"而成的，让步功能进一步强化，没有其他功能。此外，还有一个典型的让步连词"尽管"也是形态复杂后，语义功能单一。不管"尽管"是以何种方式形成的双音节连词，单语素的"尽"是一个多功能的虚词这是可以确定的，其功能中就包括让步条件和让步两种。例如：

（60）<u>尽</u>道有些堪恨处，无情。任是无情也动人。（秦观《南乡子》）

（61）〔贼〕冲开门进来，唬得那赵寡妇娘女们战战兢兢地关了房门，<u>尽</u>他外边收拾。（《西游记》第八十四回）

但是"尽管"只有让步功能，例如：

（62）归巢的鸟儿，<u>尽管</u>是倦了，还驮着斜阳回去。（刘大白《秋晚的江上》）

形态较汉语丰富的欧洲语言，让步连词形态越复杂，语义功能越趋于简单更是常见。König的系列论文谈到让步连词的五种来源，其中两个重要的来源都涉及形态的复杂化：①让步关系和全称量词（universal quantifier）之间关系密切，许多语言中的让步连词包含一个用作全称量词或自由选择量词的成分；②许多语言里，让步连词由条件连词、让步条件连词、时间连词和一个类同或强调的小词（如also、even、too）构成。焦点小词主要附在动词或关联词上面。在世界语言里，这种类型可能是最常见的（König，1985a，1985b，1988）。也就是说，通过添加全称量词、焦点小词（focus particle）等方式使连词形态复杂、语义功能趋于简单而形成让步连

词，如英语的 although、albeit、forall，德语的 beiall、allerdings，俄语的 vsë-taki（all-thus），这些让步连词都是通过添加全称量词 all 而形成的。英语的焦点小词 even（甚至），德语的焦点小词 auch（也）、gleich（同样），芬兰语的焦点小词-kin（也），添加在连词上分别形成了英语的让步连词 even though/even so、德语的让步连词 wenn… auch/wenn… gleich、芬兰语的让步连词 jos-kin/sitten-kin。

当然，在语义演变过程中也有形态没有发生变化的，如前文我们论述的汉语的"虽""自""即使"等，少数民族语言如白语的［li^{55}］、藏语的［ne^{14}］等。欧洲语言里量级让步条件句（scalar concessive conditionals）也有两种主要的类型：①由条件句加量级焦点小词组成；②标记量级让步句的主从连词也标记让步句（Haspelmath and König，1998：584），即语义功能变了，其形态没有变化。

第 5 节　演变模式的解释

作为典型的虚词，连词是连接词、短语、分句或句子，表达特定句法关系与逻辑关系的词。连词不能独立充当句法成分，其功能是用在语言单位之间起连接作用。所以，要探讨连词语义演变的情况，就要把连词置于其连接的语言单位中讨论，考察语言成分在语言交流使用过程中对连词有怎样的影响。因此，在探讨让步条件连词向让步连词语义演变的原因之前，我们先看它们连接的小句的特征。

5.1　小句的特征

让步条件连词引导的小句既有条件句特征，同时也有让步句特征，所以有些语法学家把让步条件句（concessive conditionals）归到条件句（conditionals），而有的把它归到让步句（concessives）（König，1988：148），Haspelmath and König（1998：567）也认为，基于两者共同的特征：副词性小句（adverbial clause）所确认的不协和的背景以及主句的真实性，让步条件句常常被称为假设让步句或只称为让步句。如前所述，汉语学界一般把让步条件句归到让步句，但这种统而概之的方法，无论是从词法上还是从句法上看，都没有把握好各自的特征，更不可能从系统的角度分析两者之间的源流关系。

基于语义标准，让步条件句和让步句，这两类句式前后分句中有一个不相容的蕴涵（implication）或暗示（suggestion），这是让步句和让步条件句的共性，也是经常把这两类句式归在一起的重要原因。但是让步句能衍推[1]先行句和结果句，而让步条件句只能衍推结果句而不能衍推先行句，这是这两类句式语义上最大的不同。两类结构的句法格式，可以概括如下：

让步条件句：
　　典型形式：即使 p，q
　　衍推形式：q
　　隐涵（implicature）：（x）（如果 x，那么~ q）

让步句：
　　典型形式：虽然 p，q
　　衍推形式：p，q
　　预设（presupposition）：如果 P，那么~ q

---

[1] 衍推（entailment）原为形式逻辑术语，现常用于语义学研究，指一对句子之间存在这样的关系：第一个句子为真，则第二个句子必真。例如"我能看见一条狗"和"我能看见一只动物"，不可能断言第一句而又同时否定第二句。最近的语义学讨论中，衍推成为与预设对立的概念，因为各个句子中任何一个为假都会引起不同的后果。例如，如果"我能看见一条狗"为假，衍推的概念要求"我能看见一只动物"或真或假；但预设的概念要求第一个句子为假时第二个句子必真。例如"他已不再买录像带"预设"他买过录像带"。参戴维·克里斯特尔（2000：127—128）。

由让步条件连词引导的小句是假设的,并且是一组条件小句(protases)对应一个结果句(apodosis),这组条件小句通过含有量级成分的词即让步条件连词等指定,也就是通过一个极值来表达(scalar expression)。[1] 由让步连词引导的小句是真实的,并且一般是一个条件小句(protasis)对应一个结果句。正因为如此,König 认为条件句(包括一般条件句和让步条件句)不能衍推其从属小句,而让步句能衍推它们的从属小句,如果条件句失去其假设特征,那么它就演变为让步句了(König,1985a:273)。让步条件句演变为让步句唯一变化的是:必须从让步条件句中一组条件子句(protases)中选定一个条件句(conditionals),同时这个条件句必须是真实的(factual character)(König,1988:158)。正因为如此,量级(scalarity)是让步条件句的语义特征,而不是让步句的语义特征,因此并不是所有的让步连词都包含一个量级的成分。Haspelmath and König(1998:567)也认为,两种结构类型之间真正的紧密关系被语义演变的一般倾向性所揭示:让步条件句倾向于发展为真正的让步句,并成为让步句历史发展中的重要来源之一。

综上所述,我们把让步条件句和让步句的特征列表如下:

表 3 让步条件句和让步句的特征比较

	子句真实性	子句量级性	衍推前件	衍推后件	主句真实性	分句间语义不相容性
让步条件句	−	+	−	+	+	+
让步句	+	+	+	+	+	+

---

[1] 需要说明的是,本章所讨论的让步条件句和 König 系列论文讨论的让步条件句所指并不完全相同。König 系列论文里的让步条件句包括量级让步条件句(scalar concessive conditionals)、选言让步条件句(alternative concessive conditionals)和全称让步条件句(universal concessive conditionals),而本章所讨论的让步条件句只涉及量级让步条件句,这是让步条件句的典型范畴,König 所概括的让步条件句的特征自然适合量级让步条件句。量级让步条件句的一组条件是通过极值表达,选言让步条件句是通过析取词(disjunction)来表达,全称让步条件句的条件是通过一个自由选择量词(a free-choice quantifier)来表达。

从上表我们可以看出，让步条件句和让步句的差别主要是子句是否为假定性的，如果在适当的语境里，其假定性消除，变为真实性，那么引导其句式的连词也就发生了变化，即从让步条件连词变为让步连词了。

5.2 演变的原因

功能语言学派认为，语言的作用是交流，语言的发展演变总是基于语言的使用。句法演变导源于语言使用，是语言实现信递（communication）功能的产物，句法演变是由交际双方的互动和信递策略所促动的。功能学派采用的本质上是一种"基于语言使用"（use-based）的研究模式。

从来源上看，从句的连接标记的产生是由说话者表达清晰性和提供信息的欲望（desire）促使的（motivated），特别是说话者给听话者根据语境解释从句的引导（directions）(Halliday and Hasan，1976)。如上所述，让步条件句包含了一组条件，而让步句只有一个条件，那么说话者为了表达的清晰性，在一定的语境下，小句的量级逐渐消除而变为一个真实条件。

让步条件句失去其假设特征就变为让步句了。那么，在演变过程中，是什么促使让步条件句失去其假设性的呢？我们认为，是基于语言使用，通过语境的吸收（absorbtion of context）而使其假设性逐渐失去。这个语境包括两个方面：一是先行语的内容在前文的语境（the preceding context）里出现，二是根据一般的背景知识明确地被给定。例如：

（63）呜呼，有王虽小，元子哉。（《尚书·召诰》）

（64）黄帝曰："夫为天下者，则诚非吾子之事。虽然，请问为天下。"小童辞。（《庄子·徐无鬼》）

例（63）中的"王小"根据背景知识确定为真实的情况；例（64）中"虽"引导的小句为指代词"然"，"然"回指前分句的内容。也就是说，由于语境的影响，两句中的"虽"引导的小句均为客观事实，"虽"可理解为让步连词，相当于"虽然"。

连词"虽"，在古代汉语时期，要根据具体的语境甄别它是让步条件连词还是让步连词；但在现代汉语里，"虽"已成为一个独立的让步连词，而不需要依赖语境去辨别。例如：

（65）这个小集子虽不热闹，但是街道都很宽大。（引自《现代汉语虚词例释》，第 400 页）

现代汉语的"即使"等词用于实言句，邢福义（1985）特别强调"'即使'实言句的成立依赖于特定的语境"，"'即使'实言句必须在特定的语境中才具有明晰性。如果脱离特定语境，孤零零地说'即使 p，也 q'，往往会被认为是假言的，或者是真假不定的"。具体的语境使"即使"所引导的小句具有真实的特征，相当于"虽然"。例如：

（66）他是有才干的，眼下即使技术还不够成熟，大家还是乐意选举他。

当然，现代汉语"即使"等词能否演变为完全的让步连词，还有待于语言发展演变的进一步观察。但是跨语言研究表明，当一种演变模式具有跨语言的特征，那么具有同样特征的演变，即使还没有发展，也是可以预测的。如此，现代汉语主要用作让步条件连词的"即使"之类的词，是有可能演变为让步连词的。[1] 语义演变，一般会经历"特殊隐涵义（particularized conversational implicature）→一般隐涵义（generalized conversational implicature）→固有义（semanticized meaning）"的演变过程。"特殊隐涵

---

[1] 董秀芳（2004）认为，目前的汉语语法化研究已经取得了不少成绩，但也存在以下两个方面的问题：一是对历史上已经完成的语法化过程关注较多，但是对共时状态下还在进行或刚刚开始的语法化关注较少；二是对实词虚化注意较多，但对虚词的进一步语法化未予注意。假设条件连词"即使"在现代汉语里用作让步连词，当属于"共时状态下还在进行或刚刚开始的语法化""进一步语法化"的现象。

义"随语境的改变而改变,最开始的时候用例不多,要由语境逐步推导。后来这样的推导就可以直接得出相关的隐涵义,变成"一般隐涵义","一般隐涵义"不依赖特定的语境,因此是"可以预测的"。"一般隐涵义"再进一步固化,就变为语词的"固有义"(Levinson,1995;沈家煊,2004)。

让步条件连词向让步连词的语义演变也经历了这样三个过程:起初,一个表达让步条件关系的标记在一定语境条件下也表达让步关系,此时这个标记的语义当是"特殊隐涵义";当真实的语境逐渐和这个标记本身联系,"特殊隐涵义"就会变为"一般隐涵义";再经过跨语言反复使用,"一般隐涵义"固化为标记的"固有义",这样该标记的让步条件功能就发展演变为让步功能了。在整个语义演变过程中,语境是促使其变化的主因。

第 6 节　结语

本章首先历时考察了汉语中具有让步功能的连词,发现存在一种"让步条件连词＞让步连词"语义演变的模式。同时,通过考察汉语方言、少数民族语言以及国外语言,发现"让步条件连词＞让步连词"是一种跨语言反复出现的语义演变模式。在"让步条件连词＞让步连词"演变过程中,不仅语义发生了变化,而且其形态也有复杂化的趋势,形态复杂性与语义多样性、句法多功能性成反比。基于语言使用的语境吸收是"让步条件连词＞让步连词"语义演变的主要诱因。"让步条件连词＞让步连词"的语义演变,经历了"特殊隐涵义→一般隐涵义→固有义"的演变过程。

第 11 章 "当"的情态与将来时用法的演化

第 1 节 引言

本章以上古文献中的"当"为例,讨论情态和将来时语法化的共性与个性。情态与将来时属于不同的范畴,但存在密切的语义关联。已有的类型学研究(如 Bybee et al.,1994:240)已经发现将来时既可以来自义务义,也可以从其自身发展出盖然的认识情态义。在汉语"当"的历时研究中,学者们对"当"的将来时用法的演化路径提出了不同的意见。

朱冠明(2008:81)依据东晋译经《摩诃僧祇律》的材料,推测"当"表将来时的时间副词用法,如例(1),是从例(2)作为道义情态的义务义发展而来的。

(1)时有臣白王言:"未来世<u>当</u>有非法人出,<u>当</u>破此塔,得重罪……"(《摩诃僧祇律》,22/497c)

(2)若比丘欲使吐下,服吐下药,医言"<u>当</u>先服鱼汁",尔时得乞鱼汁不得。(《摩诃僧祇律》,22/362a)

王玥雯、叶桂郴(2006)认为汉译佛经中"当"的将来时用法是从

"会"义认识情态用法发展而来的。该文认为"会"义的"当"相当于probability 并称之为概然性,这种表示较大可能性的认识情态本章称为盖然用法(参见朱冠明,2008)。作者还根据 Bybee et al.(1994)的相关研究指出,"当"还存在从义务义的道义情态经由表示施事打算实施某种动作的意向义(intention)发展出将来时的路径;不过没有进一步论证。

龙国富(2010)也研究了"当"的将来时的演化,相关观点与王玥雯、叶桂郴(2006)相近,并表述为(3)。但龙文中"当"的认识情态表述为表可能的"会"义,其中的"可能"应该是一个宽泛的概念,比盖然的范围要广,并且没有限定可能性的等级。

(3)　　　　　　　　　　"将要"义将来时

"应当"义 ——→ 表可能的"会"义认识情态 ——→"将要"义将来时

除将来时的演化路径之外,跟"当"的语法化相关的有争议的问题还有:① "当"的情态意义的来源意义是什么?是"对着、面临"义,还是"适合"义,或者是"对等、相当"义?② "当"的将来时用法的形成是否经历了其他词汇来源一般都经历的意向义阶段?

根据本章的考察,"当"的将来时用法在《史记》中就已经成熟,王玥雯、叶桂郴(2006)、朱冠明(2008)主要依据中古汉译佛经材料,不便于解释演化的路径与机制。从义务义经意向义到将来时的演化具有普遍性,但是《史记》的语料无法支持这一点,"当"的将来时用法的演化很可能是个反例,事实上很可能没有经历这一阶段。"当"的语法化的特殊性应当从其词汇来源义的角度予以解释。现有研究提出的从认识情态到将来时的路径跟类型学的研究相反,牵涉到将来时用法的内部类型及其与情态用法的界定问题。

现有的学术分歧促使我们进一步分析"当"的上古语料,依托已有的类型学研究,进一步分析"当"的语法化路径的共性与个性。本章的主体包括两个部分：第一部分讨论"当"的义务义的来源意义和语法化的连续环境，认为"当"的义务义来自"A 当 B"构式中的"对应、相当"义，并将现有的四个阶段的语法化连续环境分为六个阶段，具体分析"当"的义务义的发展过程；第二部分论证从义务义到将来时的演化路径，提出"当"的来源构式的句法、语义和语用特点使得"当"可能不必经历意向义就从义务义演化出将来时的用法，从词汇来源的角度解释"当"的相关问题。

第 2 节 "当"义务义的词汇来源与语法化的连续环境

2.1 "当"义务用法的词汇来源

"当"的本义，《说文解字·田部》解释为"田相值也"。但本义过于具体，而作为语法化来源的词汇项一般来说应该经历相当程度的泛化，并常以纯粹的方式表示它们所在领域的基本语义特征（Bybee et al.，1994：9）。因此，学术界对于直接演化为义务义的"当"的泛化意义又有多种不同的意见：

白晓红（1997）指出，从词义上说，"合宜"义与"应该"义有一定的联系，但是"当"作形容词义的"合宜"理解时，后面从来不接动词。因此，"当"的助动词义是从例（4）"对着、面临"义以及例（5）"掌管、承当"义引申虚化而来的。

(4) 当仁，不让于师。（《论语·卫灵公》）
(5) 大王反国，非臣之功，故不敢当其赏。（《庄子·让王》）

王玥雯、叶桂郴（2006）提出，"当"是在从本义引申出的"对等、相当"的基础上发展出义务义的，如例（6）：

（6）行爵出禄，必当其位。（《吕氏春秋·孟夏纪》）

龙国富（2010）认为，"当"是从动词性的"适合"义发展出情态用法的，如例（7），龙文理解为"人们不适合从水情中察看实情，而适合从民情中察看实情"。

（7）古人有言曰："人无于水监，当于民监。"（《尚书·酒诰》）

同一个词汇形式"当"有多个不同的语法功能。有些学者重视这些多样性，从而概括出"一个来源概念可以产生不止一个语法范畴"（Heine, et al., 1991: 338）。Bybee et al.（1994: 11）则强调语法意义的来源是整个构式而不仅是某个词干的词汇意义。因此，研究的重点应该放在词汇意义最初接近获得其语法意义的构式，而且这种构式必须具有相当的频率，从而导致说话人对其中的某个成分的意义和形式进行重新分析。

刘利（2000: 21）把"当"用作助动词的用例追溯到《尚书》，即例（7），随后众多学者反复援引这一观点。龙国富（2010）认为其中的"当"还带有很强的动词性，这是正确的，但是将这种动词性意义理解为"适合"却仍然存在争议：

第一，从句法上看，"于水监"这种介词结构前置于动词的语序虽然与中古乃至近现代汉语的常规语序一致，却不是上古汉语的常规语序。[1] 如果把"当"理解为动词义的"对着"，则更符合上古汉语的语序特点。

第二，从字义和字形的角度看，《说文解字》中"监"的本义就是

---

[1] 感谢洪波教授提出这一重要观点，进一步支持笔者从相关角度进行论证。

"临下也",且据《毛传》:"监,视也。"从字形来看,鉴所面临的就是器皿的"皿",很可能就是"对着器皿中的水察看"。因此《尚书》的用例前一句"无于水监"就是否定这种与字形有关的、极为平常的日常行为,用"民"取代"皿"中之"水",从而获得特殊的警示意义。

本章认为,例(7)的"当"就是"对着、面对"之义,是从"相值"而来的一种常规的引申义。但是"对着"义并不能确定为义务义的来源意义,因为这种意义与义务义的关系并不显豁,且使用频率并不高。[1]

《左传》的例(8),即"公当享,卿当宴",经常被视为义务义"当"的早期用例。该例的"享"有三种不同的用法:①"定王享之"是动词性的,用"享"这种规格来礼遇某人;②"王享有体荐"是名词性的,指称这种特殊的礼遇;③"公当享,卿当宴",杨伯峻(1990:770)翻译为"天子于诸侯则设享礼。天子招待诸侯之卿,则设宴礼","当"所在小句只是表示循"王室之礼也",照章办事。因此,从句法上看,"当"应为动词,"享""宴"为王室接待体系中的等级,为指称性成分,句义为"公对应于享,王对应于宴";但语用上已经具有义务性,因为既然是王室之礼,就应该遵照执行。况且对于《左传》中零星的用例,除非有充分的句法语义证据证明必须按虚化的用法理解,一般还是按照更早的较实的意义来理解。

(8)冬,晋侯使士会平王室,定王享之。原襄公相礼。殽烝。武季私问其故。王闻之,召武子曰:"季氏!而弗闻乎?王享有体荐,宴有折俎。公当享,卿当宴。王室之礼也。"(《左传·宣公十六年》)

"公当享,卿当宴"可以概括为构式"A当B",A、B为不同的系列。

---

[1] "当"的"对着"义应当是"当"的"当此之时"义的来源,后者有较高的使用频率。"当此之时"实际上是参照时间与事件时间同时;而将来时是事件时间在说话时间或参照时间之后。"当"很难从"对着"义同时演化出两种不同的时间意义。

该构式中"当"的词汇意义可概括为"对应、相当","对应"更强调两个系列的系统对应,比"对等"的概括性更好。

除上文的用例外,《左传》的相关用例还有例(9)。其中"子孔当罪"杨伯峻(1990:1050)注为:当罪,古代刑罚术语,《汉书·刑法志》"以其罪名当报之"。可见,"子孔当罪"不是"子孔自认为应当受到惩处",而是相当于"根据法律,其行为要受到相应的处罚"。这种意义虽然可以内在地衍推出义务义,但远比义务义具体而丰富。这种意义的"当"现在仍然在使用,"罚当其罪"仍是法律界的重要原则;并且在汉语史上演化出"断罪"之意,《康熙字典》有"断罪曰当,言使罪法相当也"。

(9) 郑子孔之为政也专,国人患之,乃讨西宫之难与纯门之师。子孔当罪,以其甲及子革、子良氏之甲守。(《左传·襄公十九年》)

可见,"当罪"这一专门含义是从一般性的"相当"义演化而来的。在《史记》中有大量的用例(计50余例)体现了两者之间的密切联系,如例(10)(11)。在韩兆琦的译注[1]中,例(10)的"吏当广所失亡多"中,"当"为判处,随后的"当斩"中,"当"译为"应当";例(11)中"当死"的语境与例(10)接近,翻译为"判处死刑"。在"当斩""当死"中,"斩""死"均可作为动词性成分,所以具有双重理解的可能,但在法律语境中应以"判处"义为常。

(10) 于是至汉,汉下广吏。吏当广所失亡多,为虏所生得,当斩,赎为庶人。(《史记·李将军列传》)

(11) 汉法,博望侯留迟后期,当死,赎为庶人。(《史记·李将军列传》)

---

[1] 韩兆琦的译注见《史记》(中华书局2010年版),本章所引例句均据此版本。

除礼制和法律语境外，"当"的"相当"义与义务义的联系还出现在相面和占卜的语境中，如例（12）的"吾相不当侯"既可以理解为吾相与王侯之相不合，也可以理解为吾相不应该封侯，这说明两者的联系具有一定的普遍性。

（12）广尝与望气王朔燕语，曰："……广不为后人，然无尺寸之功以得封邑者，何也？岂吾相不当侯邪？且固命也？"（《史记·李将军列传》）

从这些常见用例来看，如果把"当"解释为"适合"，就会带上较多的主观评价色彩，而这些用例出现在礼法或相面等习俗中，不适合带有明显的评价意义的阐释。从语法化的语义概括化规律来看，把语义色彩中性的"对应、相当"作为"当"的来源意义具有更广泛的适应性。

可见，构式"A当B"是"当"的义务义的最早来源，其中B可用作动词为把"当"分析为助动词提供了可能；该构式大量用于礼与法的语境中，礼与法本身的强制性也强化了"当"的义务义。因此，"当"的义务义是由特定构式的构式义、构式中的特定成分的句法语义属性以及特定构式的语用环境共同形成的。

2.2 "当"的义务用法语法化的连续环境

根据本章的分析，"当"在《左传》中几乎没有典型的义务义用例；另据李明（2002），"当"的助动词用法在诸子百家中仅有零星用例，直到《史记》中才有大量的用例，可见其语法化的过程比较漫长。汉语丰富的上古文献提供了观察语法化过程的绝佳用例，从而有可能深化我们对语法化连续环境的认识。有关语法化连续环境的认识，国外的研究者主要有Heine（2002）和Diewald（2002），彭睿（2008）在这两篇文献的基础上，将语法化的连续环境分为四个阶段：

(13) 语法化连续环境

  a. 非典型环境，来源义为唯一解释；

  b. 临界环境，来源义和目标义都是可能解释；

  c. 孤立环境，目标义因该环境的特定语义和句法形态特征而成为唯一解释；

  d. 习用化环境，目标义常态化，分布环境扩展。

  通过对《史记》中"当"义务义的语法化环境的分析，我们认为上述四个阶段还有必要进一步细分，应在非典型环境之前增加前语法化环境，在孤立环境之后增加滞留环境。具体论述如下：

  第一，前语法化环境，此时来源义为唯一解释，且目标义无法以会话隐涵的形式产生。最典型的是例（14）。增加这一环境有助于全面认识语法化的环境，更加准确地锁定语法化的源头，也使得后续的非典型环境有了更加明确的来源。在前语法化环境中，目标义还没有以会话隐涵的方式出现。就"当"而言，在"A当B"的语境中，A和B具有同质性，都是典型指称性成分。这种用法依然保留在《史记》中，如例（15），并有一定的频率与变化形式。

  （14）次国之上卿，<u>当</u>大国之中，中<u>当</u>其下，下<u>当</u>其上大夫。……上下如是，古之制也。（《左传·成公三年》）

  （15）上取江陵木以为船，一船之载<u>当</u>中国数十两车，国富民众。（《史记·淮南衡山列传》）

  第二，非典型环境，目标义以会话隐涵的形式初现端倪，形式上完全保留原来意义的句法地位。典型的是例（8）。在非典型环境的"A当B"的构式中，A是一种典型的名词性成分，即"公""卿"之类的身份，而B为不同规格的礼仪。在相关的语境中，B可以是以某种礼仪款待某人；因此，在"A当B"的构式中就有了"A应当受到相应的礼仪的款待"的话语隐涵。但是，这种会话隐涵并不是会话中的显著意义，"公当享，卿当宴"的对举结构强化了A系列与B系列的对应关系，后续的"王室之礼也"，进一步重申了自古沿袭而来的固有意义。例（16）的"臣罪当死"，说话人是循吏，哪怕是涉及自己的父亲，也严格"依法办事"，所以应从"当罪"的专业术语角度理解为"他的罪行触犯法律，根据罚当其罪的原则，应处以死刑"，其中的"当"只能是动词，表示"罪"与"死"相对应。说话人的话语有可能产生"既然根据法律我的罪对应于死，那么我就应该死"的认识。例（19）的"自刎而死"更支持了这一会话隐涵。

（16）石奢者，楚昭王相也。坚直廉正，无所阿避。行县，道有杀人者，相追之，乃其父也。纵其父而还自系焉。使人言之王曰："杀人者，臣之父也。夫以父立政，不孝也；废法纵罪，非忠也；臣罪当死。"（《史记·循吏列传》）

第三，临界环境，来源义和目标义都是可能解释。临界环境是前人讨论的重点。例（17）先列举罪行，然后直接说出"长当弃市"，"长当弃市"一方面可以承前理解为"罪当弃市"；另一方面由于不是直接的"A当B"格式，其中A为行为人而非行为本身，B为双音节谓词性成分，既可以直接陈述，也可指称刑罚的手段之类的对象。该例可以径直理解为"应当斩首示众"。韩兆琦译注为前者：凭着刘长的这些罪行，理应斩首示众，我们请求依法处置。例（18）"当坐收"的主语承前省，既可以是罪行，也可以是行为人。韩兆琦在注释中按曰"据当时苛律，应该株连从坐"，在翻译中径直译为"也应该连坐被捕"。龙国富（2010）指出，仅用"当"字后面带动词成分来判断"当"是不是情态动词还远远不够，关键还得看它是否符合重新分析这一条件。也就是要看"当"后面的成分是否和"当"构成一种主观道义上的情态关系。本章认为，只有临界环境中的"A当B"

才有可能实现重新分析。

（17）春又请长，愿入见，长怒曰："女欲离我自附汉。"长当弃市，臣请论如法。（《史记·淮南衡山列传》）

（18）衡山王赐，淮南王弟也，当坐收，有司请逮捕衡山王。（《史记·淮南衡山列传》）

第四，孤立环境，目标义因该环境的特定语义和句法形态特征而成为唯一解释，不应按来源义理解。例（19）的"不当伏罪"中，"伏罪"是典型的、带名词性成分的谓词性结构，不能作为具体的、具有指称性的刑罚的名称；否定性结构进一步巩固了"当"作为助动词的语法地位，取消了理解为"A 当 B"的可能性。例（20）的"立"在君主制社会中具有专门的含义，即"立为君王"，为谓词性成分，且具有很高的使用频率。

（19）王曰："追而不及，不当伏罪，子其治事矣。"石奢曰："不私其父，非孝子也；不奉主法，非忠臣也。王赦其罪，上惠也；伏诛而死，臣职也。"遂不受令，自刎而死。（《史记·循吏列传》）

（20）告专诸曰："不索何获！我真王嗣，当立，吾欲求之。季子虽至，不吾废也。"（《史记·吴太伯世家》）

第五，滞留环境，应按目标义理解，但有来源义的痕迹可寻，甚至特别突出目标义与来源义的联系。例（21）的"我固当死"实际上不能按照"当罪"来理解，因为前文有"我何罪于天而至此哉？"实际上否定了法律意义上的"当罪"的理解，后文的"死而非其罪，秦人怜之"进一步支持了这种理解。"我固当死"只能理解为义务义，但后续话语"长平之战，赵卒降者数十万人，我诈而尽坑之，是足以死"，实际上是说话人从天理良心角度的自责，因而与"当"的来源义保持了一定的联系。例（22）的

"罪固当死"在形式上更对应于来源构式"A 当 B",同样应该按照目标义理解。滞留环境也是语法化中来源义的滞留原则的体现。增加这一环境,有利于观察滞留原则作用的方式。

(21)秦昭王与应侯群臣议曰:"白起之迁,其意尚怏怏不服,有余言。"秦王乃使使者赐之剑,自裁。武安君引剑将自刭,曰:"我何罪于天而至此哉?"良久,曰:"我固当死。长平之战,赵卒降者数十万人,我诈而尽坑之,是足以死。"遂自杀。武安君之死也,以秦昭王五十年十一月。死而非其罪,秦人怜之,乡邑皆祭祀焉。(《史记·白起王翦列传》)

(22)蒙恬喟然太息曰:"我何罪于天,无过而死乎?"良久,徐曰:"恬罪固当死矣。起临洮属之辽东,城堑万余里,此其中不能无绝地脉,此乃恬之罪也。"乃吞药自杀。(《史记·蒙恬列传》)

第六,习用化环境,目标义常态化,分布环境扩展。例(23)的"语曰"以及"当断不断"自身的简化形式证明"当"的义务义已经习用化。

(23)语曰:"当断不断,反受其乱。"春申君失朱英之谓邪?(《史记·春申君列传》)

"当"的六种语法化连续环境中,前语法环境和非典型环境出现在《左传》中,后四种出现在《史记》中。历史文献出现顺序很自然地将这些环境切分为两大类,表现出初步的阶段性。这些连续环境进一步支持前文将"对应、相当"作为义务义的来源义的观点。遗憾的是,后四种环境都出现在《史记》中,没有完美地显示出历时发展阶段的差异。因此,本章细化的语法化的六种连续环境还需要进一步的查验。

第3节 "当"的将来时用法演化路径及其解释

3.1 情态与将来时用法的辨析及将来时用法的分类

学界在讨论"当"的情态与将来时演化路径时，不太重视概念的界定与辨析，从而造成认识上的模糊与混淆。因此，有必要在讨论演化路径之前，界定情态与将来时两个相关概念的分野。李明（2002）把例（24）（25）（26）的"当"视为推断用法，并与例（27）之类典型的将来时用法区分开来：

（24）少年，有客相之曰："当刑而王。"（《史记·黥布列传》）
（25）今彗星长竟天，天下兵当大起。（《史记·淮南衡山列传》）
（26）子以吾言为不诚，试入诊太子，当闻其耳鸣而鼻张，循其两股以至于阴，当尚温也。（《史记·扁鹊仓公列传》）
（27）顷之，襄子当出，豫让伏于所当过之桥下。襄子至桥，马惊，襄子曰："此必是豫让也。"（《史记·刺客列传》）

李文在认识类助动词中区分可能、推断和必然性三种情态意义，表推断的词语的语义强度处于可能和必然之间。可见，李文的推断相当于王玥雯、叶桂郴（2006）的概然以及本章的盖然，其推断用法既适用于将来时间，也适用于过去和现在时间，其中例（26）为现在时间。

王玥雯、叶桂郴（2006）在分析例（28）时，认为可以把它理解为认识情态阶段的"当"，表示"会"的意义；也可以进一步将它看作将来时的标志，因为这二者之间的界限实在微乎其微。事实上，"会"也是汉语将来时的标志，这更加印证了二者关系的紧密。可见王玥雯、叶桂郴（2006）以及稍后的龙国富（2010）都是利用"当"的"会"义来构建认识情态与将来时之间的演化关系的。

(28) 却后无数阿僧祇劫[1]，汝<u>当</u>作佛，号字释迦文，天上天下，于中最尊。（《道行般若经》，8/431a）

虽然王玥雯、叶桂郴（2006）已经指出，"会"也是汉语将来时的标志，但国内的研究一般不会从"会"的认识情态用法中分出将来时用法（如吕叔湘，1980：245；鲁晓琨，2004：146；周有斌，2010：37）。不过，海外的一些研究者认为"会"有将来时的用法（详见 Tsang，1981；Bybee et al.，1994：265；Wu and Kuo，2010）。因此，无论是在类型学研究还是在汉语史研究中，明确区分认识情态义和将来时，特别是区分盖然义与将来时，都是十分必要的。

先看盖然义的定义。盖然用法在 Bybee et al.（1994：320）中被界定为：说话人认为命题的情状很可能是真的。盖然用法有时在语法书中也被称为"迟疑"（dubitative）。盖然用法既可以用于过去时、现在时，也可以用于将来时。在讨论 should 的盖然用法时，Bybee et al.（1994：180、200）列举了例（29）（30）。

(29) The storm <u>should</u> clear by tomorrow.
　　　"暴雨明天<u>应该会停止</u>。"
(30) The letter <u>should</u> arrive sometime next week.
　　　"这封信下星期的某个时候<u>应该会到</u>。"

---

[1] 据丁福保《佛学大辞典》，阿僧祇劫，（术语）无数劫也。劫者年时名。

上面两个例句的汉语译文中,在"应该"之后一般要出现"会"。说明"会"与"应该"表示的盖然不同:"会"在单独用于将来时的情况下,如"暴风雨明天会停止",不会表现出迟疑,而是表现出很强的确定性;不宜把用于将来时间的"会"归入盖然用法。

再看《史记》中典型的盖然用法。例(31)的盖然的推断被事实否定,例(32)的盖然的推断被证实,很好地说明了盖然用法迟疑和推测的性质。

(31)船人见其美丈夫独行,疑其亡将,要中<u>当</u>有金玉宝器,目之,欲杀平。平恐,乃解衣裸而佐刺船。(《史记·陈丞相世家》)

(32)齐中御府长信病,臣意入诊其脉,告曰:"热病气也。然暑汗,脉少衰,不死。"曰:"此病得之<u>当</u>浴流水而寒甚,已则热。"信曰:"唯,然!……信身入水中,几死……有间而身寒,已热如火,至今不可以见寒。"(《史记·扁鹊仓公列传》)

这两例盖然用例分别用于现在时与过去时,其命题的真实性完全取决于不受主观控制的现实世界,与李明(2002)所举例(24)(25)用于将来时间的情况有所不同。将来时间语境的"当"多用于相面、占星或占卜的语境,是对将来情况的预言,这几种特定语境的用法特点可暂时概括为预言。在上古时期,不同朝代的王者均"各信其神,以知来事"(《史记·龟策列传》),认为事件是命中注定或由上天安排的。因此,相面、占星或占卜的结论或许最终经不起事实的检验,但其命题的真实性取决于未来世界,现实世界无法立即证伪,故言者总是郑重其事,信心满满,其断言显得具有很高的确定性。这种高确定性与盖然的较高的概率有明显的差别,其间的差别应该大于预言与典型的将来时之间的区别。

学术界对将来时与认识情态异同的辨析有助于准确界定"当"的相关用法。将来时在 Bybee et al.(1994:316)的意义标签中实际上包括两部分的内容:①情状发生在说话时间之后;②说话人预测命题中的情状将会成立。这里的标号为笔者所加,根据原文这两点应该适用于所有的将来时语法语素。根据 Bybee et al.(1994:179),认识情态适用于断言,说明说话人所认定的命题的真实性程度。此范畴内的无标记范例就是对命题真实性的完全肯定,认识情态的标记性指说话人对命题真实性的不完全肯定。认识情态一般表示为可能性、盖然性和推断的确定性(inferred certainty)。[1] 可见,不含有情态意义的将来时应当接近于对命题真实性的完全肯定,因为将来的事件无法做到完全的肯定。反过来说,大多数将来时所表示的对将来事件的预测都有一定的盖然性,即使是天气预报对降雨的预测,严格说来都是基于降水概率。Lyons(1977:677、816)指出,将来时从来不是一个纯粹的时间概念,它必然包含预测或其他的相关概念的成分;将来时也很少只用于预测或提出将来的现实性问题,它也用于非现实的话语,如假设、推理、希望、意向和愿望等。实际上现有的类型学研究对将来时的定义也都是对将来事件的预测(另参见 Dahl,1985:108;Dahl,2000a)。

根据上述讨论,占卜语境的预言与将来时核心意义"预测"都具有较高的确定性,但又都不是对事件的完全肯定。两者的差别确实像王玥雯、叶桂郴(2006)所说的"微乎其微",就像在汉语里很难严格区分预言与预测的词义一样。本章认为,与其把预言用法归为认识情态用法,并将其视为认识情态和将来时这两大范畴之间的过渡性用法,不如把预言用法视为将来时的一种特殊用法,把预言与将来时的细微区别视为将来时内部不同用法之间的区别。这样有助于建立情态与将来时这两大范畴之间的分野,也可以避免把情态范畴弄得过于复杂。因为现有的认识情态已经包含可能性、盖然性、推断的确定性这三种不同的用法,如果再引入一种类似于预言的用法,不能认为是一种好的选择。

在《史记》的用例中,预言的用法与典型的将来时之间实际上形成了

---

[1] Bybee et al.(1994:179)的盖然仅用于认识情态,不用于义务情态的"应该",与 Palmer(1990)的概念系统不尽相同。参见朱冠明(2008:28)的概述。推断的确定性相当于李明(2002)所说的必然性,表示说话人根据证据认为断言为真,现代汉语和英语分别用"一定"和 must 来表示。

一个连续体，可分为五类。

Ⅰ. A类为典型的占卜、相面、观星，是一极，如前文的例（24）（25）；

Ⅱ. B类径直对未来作出断言，也看不出有什么实际的证据，本身就有神秘的色彩，最接近于占卜之类预言用法。如例（33）（34）。

（33）高皇帝曰："待之，圣人<u>当</u>起东南间。"不一年，陈胜、吴广发矣。（《史记·淮南衡山列传》）

（34）东望吾子，西望吾夫。后百年，旁<u>当</u>有万家邑。（《史记·吕不韦列传》）

Ⅲ. C类介于两极之间，是数量较多的医学断言，这些断言都有一定的实际依据，都是近期将要发生的事件。如例（35）（36），其中例（36）的"后五日当痈肿"与"后八日呕脓死"，前者有"当"，后者无"当"，后者进一步印证了前者的高确定性。

（35）乃出其怀中药予扁鹊："饮是以上池之水，三十日<u>当</u>知物矣。"（《史记·扁鹊仓公列传》）

（36）此病疽也，内发于肠胃之间，后五日<u>当</u>痈肿，后八日呕脓死。（《史记·扁鹊仓公列传》）

Ⅳ. D类接近典型将来时，表示既定的安排，如例（37）（38）。

（37）是时匈奴虏言当入东方。（《史记·韩长孺列传》）

（38）闳且立为王时，其母病，武帝自临问之。曰："子<u>当</u>为王，欲安所置之？"（《史记·三王世家》）

Ⅴ. E 类为典型的叙述将来事件,如上文的例(27)。

如果把预言的用法归为认识情态用法,那么同样也没有理由把除典型的叙述用法之外的几类将来时用法留在将来时的范畴之内。这样一来,就会使"当"的将来时用法与类型学中将来时的范围出现明显的不一致。

鉴于此,本章把"当"的预言用法留在将来时的语义范畴之内。如果要对跟"当"有关的将来时用法作一个基于典型用法的分类的话,可以把明显更突出预言意味的将来时称为预言类将来时,该类将来时多用于远期的预测,一般不带有显性的参照时间,特别适用于占卜、相面等语境,涵盖上文的 A、B 两类用例;可以把明显更突出地表示情状发生在说话时间之后的将来时称为参照类将来时,这类将来时往往有明确的参照时间,如例(35)"三十日",也可以是默认的说话时间之后的不久,如例(34),还可以在叙述中建立将然的时间参照,如例(27),参照类将来时涵盖上文的 C、D、E 三类用例。

预言类将来时和参照类将来时都是对未来的不同程度的预测,只是突出将来时语义空间的不同焦点区域,分别凸显前文将来时意义标签两方面内容的不同侧面。这与时体类型学研究中其他的语义标签本质上是一致的(Bybee et al.,1994:46)。严格说来,这两类将来时之间并没有清楚的界限。硬要把前者作为认识情态,只把后者作为将来时,在实际操作中会遇到很大的问题。按照本章的处理,既可以与类型学中将来时的定义保持一致,又可以细分不同细微含义的将来时,并具有较好的操作性,即把"当"的盖然意义限定在现在和过去时间里。很显然,"当"的预言类将来时的确定性要高于盖然用法的确定性,正如"明天会下雨"和"明天应该会下雨"所具有的不同的确定性一样。

根据本章对《史记》中"当"的用法的穷尽性分析,将来时的用例有 63 例,其中预言类将来时有 31 例,参照类将来时有 32 例。从上述用例及其分布的语境来看,《史记》的将来时用法已经比较全面。"当"作为认识情态的盖然义,即仅用于现在和过去盖然的用例,在《史记》中仅 6 例。

3.2 "当"的将来时用法演化的方向

Bybee et al.（1994）在对 76 种语言抽样调查的基础上，概括出了情态与将来时的演化路径。图 1 是从义务义演化出将来时或盖然的用法，其中将来时的用法经历了意向义的阶段。图 2 是从愿望或位移义动词演化为将来时和盖然的用法。

图 1　从义务义到将来时或盖然的路径（Bybee et al.，1994）

图 2　从愿望或位移义动词到将来时和盖然的路径（Bybee et al.，1994）

对比本章引言中列举的"当"的将来时的两种观点，可以发现朱冠明（2008）的看法与图 1 的路径相同，论证的逻辑也基本相似。关于这一路径的具体问题在本章下一小节讨论。王玥雯、叶桂郴（2006）提出了从认识情态的盖然到将来时的演变路径，与 Bybee et al.（1994）提出的从将来时到盖然的演化路径（见图 2）相比，词汇来源不同，而关键环节的演变方向恰好相反。这两篇文献的语料来源主要是汉译佛经文献。由于"当"的将来时用法在《史记》中已经出现并有一定的频率和多样性，本章认为单纯依靠佛经材料分析"当"的将来时的演化有一定的风险。

根据李明（2002），"当"的将来时的用例最早见于《韩非子》，仅有 1 例；而相当于本章盖然用法的推断用法在先秦文献中却没有见到。可见本章讨论的"当"的几种虚化用法集中出现在《史记》中，不会出现早期用法被覆盖的现象，早期用法的频率应该比后期用法的频率更高一些。根据上述对将来时与盖然用法的区分，《史记》中"当"的将来时与盖然用法的比例是 63∶6；这种比例不支持从盖然到将来时的推测。根据朱冠明（2008）的统计,《摩诃僧祇律》中"当"的将来时与盖然用例的比例是 318∶191,中土文献和汉译佛经中两种用法比例的大趋势是一致的。即便将《史记》中带有预言意味的将来时的用例计入重新定义的更为宽泛的认识情态用法,也只有 37 例,略多于参照类将来时的 32 例;根据这种使用频率的比例,没有必要在从义务情态到将来时的演化路径之外,再建构从认识情态到将来时的演化路径。因为《史记》中义务义用法有 106 例,占"当"作为字符串的全部用例的 19%,远远多于两类将来时总和的 66 例,从义务义到将来时的路径足以单独解释相关的问题。

"当"的盖然用法与将来时用法之间应当没有发展演变关系,盖然用法是从义务义直接演化而来的,可参见图 1。[1] Bybee et al.(1994:266)还明确提出,从类型学的共时研究来看,像"会"这一类源于能力的将来时标记不大可能是从表可能的认识情态用法发展而来的,而是从表示客观可能性的根情态发展而来的,即图 3:

图 3 从能力到将来时或认识可能性的路径(Bybee et al., 1994)

将来时和认识可能性二者都不是彼此必要的先行发展阶段。对这种解释的强烈肯定来源于这样的事实:在不是来源于能力的其他词汇来源的将来时用法中,都不把认识可能性作为一种交替的用法。根据笔者的理解,如果没有哪种语言的某个形式只有认识可能性和将来时用法这两种仅有的用法,那么这两种用法之间就没有直接联系和演化关系。[2] 龙国富

---

[1] 限于篇幅,本章没有讨论义务义与盖然义的演化路径与机制。《史记》中"当"的义务义可以用于过去时和现在时,过去时的用例如:(1)今寡人率兵入诛不当为王者。(《史记·齐悼惠王世家》)这一点接近于英语的 should 而不同于 must,后者仅用于将来时。 所以,Bybee et al.(1994:201)指出,should 的盖然义与义务义可以共存于现在时和过去时的语境,有可能是由推理的机制形成的;而 must 的盖然义与义务义在时态上没有叠加的可能,是由隐喻的机制形成的。从这个角度来看,"当"从义务义发展出盖然义也可能是由语用推理形成的。
[2] 这是语义图研究中确定用法关系的常规操作手段,最早明确应用于 Bybee et al.(1994)。

(2010)提出了从表可能的认识情态到将来时的演变路径,如果我们把其中的表可能的认识情态理解为与盖然和推断的确定性相对立的较低的认识可能性的话,那么该路径与类型学的已有研究相反,而且将来时定义的问题也没有得到充分和恰当的证明。

3.3 "当"直接从义务义演化出将来时用法

Bybee et al.(1994)提出了从义务义经意向义到将来时的演变路径,该路径虽然得到了很多材料的支持,但是由于论断明确,也非常容易否证。因此,只要有一种语言的将来时用法是来自义务、意愿、尝试、位移义乃至于时间副词却没有经历意向义阶段或没有意向义用法,那么就形成对这一论断的直接否定,使之成为一种倾向性的规律。其他来源的将来时,比如来源于其他时体用法的将来时、来源于祈使用法的将来时则不一定受上述论断的限制。[1]

Bybee et al.(1994:256、264、265、266)在论述将来时的演化路径时,总是会提及当主语是第一人称时,很容易产生从愿望、义务、尝试和根可能性到预测义的推理,进而成为规约化的将来时意义,因而把意向义作为将来时用法产生的必经之路。前文已经提及的朱冠明(2008)的论证逻辑也基本相似,而且数据似乎也支持这一点,即《摩诃僧祇律》中319例将来时用法的"当"中有297例的主语为第一人称。从这种思路来看《史记》中"当"的材料,就会发现情况大不一样:从"当"在《史记》中的66个将来时用例来看,没有一个小句的主语是明确的第一人称,无法体现施事的主观意向。例(37)的间接引语中,"是时匈奴虏言当入东方",也只是一种军事部署,而非说话人的主观意向。

即使是在"当"的义务义用法中,主语为第一人称的比例也不高,在台湾"中研院"上古汉语语料库的全部语料中,"当"的助动词用例检得

---

[1] 巫雪如(2015)根据李明(2001)、谷峰(2010)的研究指出,汉语中一部分将来时没有经历情态义的发展阶段。这里面涉及多种不同的情况。

689 例，这其中既包括情态用法，也包括将来时用法，为数不多的主语是第一人称的用例都是义务义，主要出现在汉代的文献中，如例（39）（40）。

（39）吾与诸侯约，先入关者王之，吾当王关中。(《史记·高祖本纪》）
（40）使至狗国者从狗门入，今臣使楚，不当从此门。（《说苑·奉使》）

《史记》106 例义务义用法中主语为第一人称的仅 9 例。这说明"当"的义务用法虽然可以用于第一人称，但缺乏足够的频率，特别是缺乏足够的临界环境的使用频率（参见彭睿，2011），因而难以构建从意向义到将来时的演化路径。

3.4 "当"为什么没有经历意向义：源头决定论

"当"的将来时使用模式的确无法支持从意向义到将来时的演化路径，其原因仍然要从"当"的实义虚化的源头中去探寻。前文已经提出"A 当 B"且 B 可用作动词的构式是"当"的义务义的来源构式。从"当"的将来时的实际用例来看，多数例句都出现在诊断、相面、占卜、授业等语境中。例（41）中，既有"七八日而当愈"，又有"法当后九日死"，还有诊断的理据"切之，尽如法"。这些用例强化了"当"的将来时用法与"法"的关系。例（42）"当行不行"中，"行"是自主动词，从而理解为义务义的"应该出行还是应该不出行"。例（43）中"见"指行为的结果，"当见不见"是对行为结果的预测。不同的预测对应不同的兆象，然后根据兆象来作出预测。

（41）臣意告曰："为火齐米汁饮之，七八日而当愈。"……信即笑曰："是不知也。淳于司马病，法当后九日死。"即后九日不死，其家复召臣意。……所以知之者，诊其脉时，切之，尽如法。(《史记·扁鹊仓公列传》)

（42）卜求当行不行。行，首足开；不行，足肣首仰，若横吉安，安不行。（《史记·龟策列传》）

（43）卜往击盗，当见不见。见，首仰足肣有外；不见，足开首仰。（《史记·龟策列传》）

这些例证说明"当"的将来时演化的特殊性与其来源义密切相关，多是根据已有的规律性的认识，将现象与规律进行对应，从而依据已有的认识作出预测。从义务义到将来时的推理关系是非常明显的：既然某种事情根据礼法制度、认识规律乃至于占卜传统等被认为是必须或应当发生的，那么这件事情就会在将来某个时间发生。《史记》中有一段场景描述清楚地展示了这种从义务义到将来时的推理关系：

（44）公叔座召鞅谢曰："今者王问可以为相者，我言若，王色不许我。我方先君后臣，因谓王即弗用鞅，当杀之。王许我。汝可疾去矣，且见禽。"（《史记·商君列传》）

例（44）中，说话人公叔根据"王即弗用鞅，当杀之"的认识以及"王色不许我"，作出"王很快就会杀死公孙鞅"的推测，故而催促他"汝可疾去矣，且见禽"。Lyons（1977：824）也指出，道义情态（相当于本章的义务义）与认识情态的区别之一是，道义情态与将来时之间有着内在的联系。

果如是，"当"的语法化路径依然是由来源义及其所处的构式所决定的。这正是 Bybee et al.（1994：9）提出的来源决定论的核心思想，即进入语法化的构式的实际意义独特地决定了随后的语法化的路径以及相应的语法意义。"当"的义务义来源于"A 当 B"，且 B 可用作动词。该构式大量用于礼制、法律、占卜等不受个人的主观意愿影响的语境，A 多是身份、罪行、卦象等，很难大量出现第一人称，因而难以产生意向义。

基于以上材料分析和理论解释，我们可以试着提出从义务义到将来时的演化路径：

(45)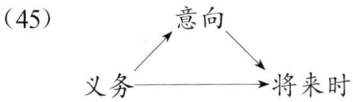

据此，义务义向将来时演化时，根据词汇来源的不同，可以有不同的演化路径，多数来源的成分会经由意向义演化为将来时；少数来源的成分可以不经意向义直接发展出将来时。由第二条分支路径演化的将来时，在早期使用中不会大量出现在主语为第一人称的语境中。这样，我们就能从词汇来源、语法化路径以及使用特点等多个方面得到一致性解释，同时也对将来时演化的多样性和一致性获得更加深刻的认识。

3.5 "当"跟情态与将来时相关的其他用例

在对《史记》的"当"进行穷尽性分析的时候，我们发现了若干跟情态与将来时相关的其他用例，包括反事实的条件句主句用法、祈使句用法、根可能性用法。这些用法有助于全面认识"当"的情态与将来时用法的全貌。

第一，反事实的条件句主句用法。将来时标记与条件句的主句环境最为和谐，前面所列的将来时用例当中有不少是用于条件句的主句；但是用在反事实的条件句主句的用例则较少，仅3例。例（46）以相近的形式重出一次，是汉代人对秦灭亡这一事件的一种反事实的假设。这种从属句中的"当"的用法应当是将来时进一步虚化的用法，因为各种从属句的语气用法往往处于语法化的后期阶段（参见 Bybee et al.，1994：240—241 的图）。

（46）贾谊、司马迁曰："向使婴有庸主之才，仅得中佐，山东虽乱，秦之地可全而有，宗庙之祀未当绝也。"（《史记·秦始皇本纪》）

第二，祈使句用法。例（47）中，楚王在毛遂按剑的游说下已经同意"定从"（确定合纵抗秦），毛遂也已吩咐左右取来"鸡狗马之血"，随后的"王当歃血而定从"就不能理解为义务义或将来时，而应该跟本章所引的译注一样理解为"请大王第一个歃血"，是直接的祈使。这种用法是典型的祈使句用法。根据 Bybee et al.（1994：240），祈使句用法既可以直接从义务义发展而来，也可以从其他词汇来源的将来时发展而来。从"当"的实际情况来看，从义务义直接发展而来更有说服力，是从一种强的义务义发展出强的祈使句的用法。

（47）毛遂按剑而前曰……毛遂曰："从定乎?"楚王曰："定矣。"毛遂谓楚王之左右曰："取鸡狗马之血来。"毛遂奉铜槃而跪进之楚王曰："王当歃血而定从，次者吾君，次者遂。"遂定从于殿上。（《史记·平原君虞卿列传》）

第三，根可能性用法。这种可能性既包括施事本身的能力也包括外在的条件。例（48）的"臣职虽当斩将"，从实义的角度看虽然可以理解为"权责相当"的"当"，但是在"且使""虽""于是""不亦可乎"这一系列的让步和反问中，"当"也可以径直理解为"有权"或"可以"，强调客观上可以但主观上不愿。这种用法明显不同于义务义，而是根可能性用法。这一用法只发现 1 例，可归为实义用法的会话隐涵，即职责相当的事情，就是可以做的事情。

（48）大将军曰："青幸得以肺腑待罪行间，不患无威，而霸说我以明威，甚失臣意。且使臣职虽当斩将，以臣之尊宠而不敢自擅专诛于境外，而具归天子，天子自裁之，于是以见为人臣不敢专权，不亦可乎?"（《史记·卫将军骠骑列传》）

第 4 节　结语

由于"当"的将来时用法在《史记》中就已经成熟,因此佛经文献不能很好地用来构拟"当"的将来时的演化路径。《史记》的语料显示,"当"的盖然的认识情态用法比较少见,而将来时用法的用例较多,这就不支持已有文献中提出的从盖然到将来时的演化路径。"当"的将来时用法鲜见主语为第一人称的用例,说明它很可能没有经历已有的类型学研究构建的从义务义经意向义到将来时的演化路径,而是直接从义务义发展而来的。"当"的这种演化个性很可能与其语法化的来源构式"A 当 B"以及"当"的"对应、相当"的来源义有直接的关系。

本章在个案分析的基础上也收获了一定的理论认识。在已有研究的基础上,提出了语法化连续环境的六个阶段,增加了前语法化环境和滞留环境。在已有的将来时研究的基础上,分化出预言类将来时和参照类将来时,两者分别凸显将来时语义空间的不同焦点区域。

通过对"当"的情态与将来时用法演化路径的分析,我们深刻体会到汉语丰富的上古语料对语法化研究具有重大价值。只有对这些语料进行穷尽性分析,才能发现其中蕴含的语法化的共性和汉语语法化的个性,为类型学和语法化的研究作出独特的贡献。

第 12 章　经历体的特定性与来源意义研究

第 1 节　引言

在类型学研究中，经历体也叫经历性用法，通常指用专门的形式来表达的经历性用法，是完成体的多种用法之一。本章研究经历体所表达的事件的时间类型、形义对应关系以及经历体形式的意义来源。Dahl（1985：140）已经注意到：在其研究的 64 种语言样本中，有 8 种语言存在经历体，这 8 种语言分布于不同的区域和语系，但主要集中于非洲和东亚；即使不能把经历体视为一种区域现象，经历体的形成也似乎一定程度上受到区域因素的影响。对于经历体的专门研究自然也主要见于东亚语言。从本章的视角来看，其中标志性的文献主要有三种：一是 Inoue（1975）对日语经历体形式 V-ta koto ga aru（有……的经历）的详细描写，被 Dahl（1985）等类型学研究广为引用。该研究指出 V-ta koto ga aru 不能被用于说话时间较近的"上周""上周二"等，只有与较远的"去年"搭配时才比较自然。二是王还（1988）对"过"和词尾"了"的比较，该文提到"过"所在事件的两种时间类型，并进一步认为二者的主要差别不在于特定时间和非特定时间的区别，而在于现在和过去的对比，说"去过"某地肯定现在不在那里。三是 Kim（1998）通过比较中、日、韩三种语言的经历体形式的用法，指出 ess-ess 表示经历的时候主要跟离说话时间较近的时间共现，这是一种特殊的表示限定或特定情境的经历的用法，与只能跟离说话时间较远的非特定时间共现的经历体形式 un il i iss（有……的经历）存在区别。

基于上述研究，本章在一系列研究中明确提出了经历体的两种用法：一种是非特定经历用法，如例（1a）"我一直没吃过呢"，表示过去很长一段时间的经历，可以与非特定的时间状语共现；二是特定经历用法，如例（1b）"我昨天吃过烤鸭"，表示过去较近时间的经历，可以与较近的时间状语共现。经历体形式在能否表达特定经历或非特定经历上的属性概括地称为经历体的特定性。

（1）a. 我们去吃北京烤鸭吧，我一直没吃过呢。
　　　b. 我昨天吃过烤鸭，也就那样儿。

本章基于现有研究总结东亚或东南亚部分语言中的经历体形式在特定性上的表现类型，进而分析特定性的性质以及在特定语言中形式和意义匹配的方式，总结经历体形式在发展出经历体意义之前的体貌意义类型及其词汇意义的来源类型。

第 2 节　经历体形式与用法的对应类型及多种形式的形义匹配模式

语言中的经历体形式虽然是表达经历体意义的专门形式，但有些经历体形式仍然具有多功能性。因此这里讨论的对应类型仅限于这些经历体形式与其意义的对应类型，而不考虑其相关的完成体的其他用法。虽然一些语言中经历体和完成体会有编码上的差异，但就意义本身而言，经历体与完成体的其他用法的区分本质上是一种语用性质的区分（参见陈前瑞，

2016),难免会存在不同用法之间模糊理解的现象,因此本章仅涉及比较典型的经历体用法,对于经历体的边缘用法暂不作考查。经初步归纳比较,一种语法形式与两种经历体的一种或两种用法存在直对型、偏侧型、倾向型、涵盖型四种对应关系。

2.1 直对型

直对型常见的形式是一个经历体形式对应于非特定经历。如日语的非特定经历用 ta koto ga aru 表示,只能与非特定时间状语共现,表达非特定事件,如例(2)(参见 Inoue,1975:79)。

(2) John wa kyonen /? sengetsu/   * senshuu/   * senshuu no suiyobini
    John   last year/last month/   last week/on Wednesday last week
Nihon o otozure-ta koto ga aru.
Japan   visit   EXP

"John visited Japan last year/? last month/* last week/* on Wednesday last week."

"约翰去年/? 上个月/* 上个星期/* 上个星期三去过日本。"
(Kim,1998:175)

ta koto ga aru 可以与"去年"义的时间状语共现表示非特定事件,不能与"上个星期、上个星期三"义的时间状语共现表示特定事件,说明其形式与意义是一种一一对应的关系。根据王学群(2014)的问卷调查,从"刚才"至"几年前",事件时间离说话时间越远,使用 V-ta koto ga aru 的可接受度越高,"一周前/几天前"是一个分界点,比其更短的时间间隔难以成立。因此在日语中 ta koto ga aru 形式与非特定经历体用法的对应关系可以用(3)来表示:

(3) 日语经历体意义与形式的对应关系

非特定经历
|
ta koto ga aru

2.2 偏侧型

据 Kim（1998），韩语存在一个主要用于特定经历的经历体标记 ess-ess，经常用于肯定句，如例（4a）。另外 ess-ess 还可以表示非特定经历，使之成为一个语用上显得特定的事件，如例（4b），强调是去年而不是今年或前年去的日本。可见该形式的特定经历和非特定经历形成一种偏侧型对应，主要偏于特定经历，用于非特定时间时会产生特定的语用含义。

(4) a. John un   cinancwu   swuyoil   ilpon ul pangmwunhay-ss-ess-ta.
   John   last week Wednesday Japan   visit   EXP
   "John has the experience of having visited Japan last Wednesday." or "John visited Japan last Wednesday."
   "约翰上个星期三去过日本。"

   b. John un   caknyen   ilpon ul   pangmwunhay-ss-ess-ta.
   John   last year   Japan   visit   EXP
   "John has the experience of having visited Japan last year." or "John visited Japan last year."
   "约翰去年去过日本。"（Kim，1998：177）

韩语另有一个仅用于非特定经历的经历体标记 un il i iss，如例（5），可与表示"去年"的时间状语共现，不可以与表示"上个星期、上个星期三"的时间状语共现，经常用于否定句。

(5) John un   caknyen/? cinantal/* cinancuu/* cinancuu swuyoil
    John   last year/last month/last week/on Wednesday last week
ilpon ul   pangmwunha-n il i iss-ta.
Japan   visit   EXP

"John has had the experience of visiting Japan during the last year / ?（during）the last month /* last week / * on Wednesday last week."

"约翰去年/？上个月/* 上个星期/* 上个星期三去过日本。"（Kim，1998：175）

韩语的 ess-ess 与 un il i iss 这两种经历体形式与两种经历体用法分别构成偏侧型和直对型关系，两者共同形成一个二对二的扭曲型匹配关系，即（6）。其中偏的对应关系用虚线表示，侧重的对应关系仍用实线标注，虚实线共同表示偏侧型对应关系。

（6）韩语经历体意义与形式的对应关系

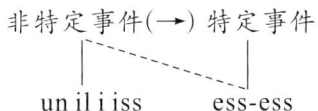

2.3 倾向型

苏州话的经历体标记既有方言色彩更浓的"过歇、歇、歇过"，又有受北方话影响的"过"。据杨莹、陈前瑞（2012）对苏州评弹语料的量化分析，这两类标记之间形成了倾向性差异：两类标记都可以用于特定事件和非特定事件。"过歇、歇、歇过"与非特定事件的联系更加密切，从而多用于否定句，如例（7）（8）（9），且多用于离说话时间较远的经历，文本中没有发现用于表示刚刚发生的最近经历的用例；"过"与特定事件的联系更为密切，多用于肯定句，可以用于最近经历，如例（10）中的"刚刚"。

(7) 俚_他朆_没喝过歇茅台。
(8) 奴_你浪_在北京读书，朆_没去歇长城啊？
(9) 㑚_这种人朆_没见歇过。
(10) 倷_你刚刚讲过俚_他格_的人蛮好格_的。

苏州话这两类经历体形式与两种经历用法分别构成倾向性的对应关系，可用粗的虚线表示更为密切的联系，用细的虚线表示不那么密切的联系，即（11），两组共同构成二对二倾向型的匹配模式。在调查苏州话时发现，母语说话人明确否认两者之间存在语感上的不同，从而与上文的偏侧型形成差异。

(11) 苏州话经历体意义与形式的对应关系

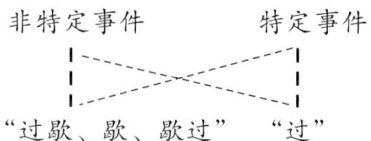

2.4 涵盖型

汉语的"过"自如地适用于特定经历和非特定经历，如果不是通过跨语言比较分析出这两种用法，一般的母语说话人难以意识到这两者的区别。因此可以将这种对应关系概括为涵盖型，其意义与形式的对应关系见（12）。这种形式所对应的两种事件类型也会存在数量上的差异，但这种差异是事件本身的数量差异的体现。这与上文的偏侧型也有所不同。

（12）汉语经历体意义与形式的对应关系

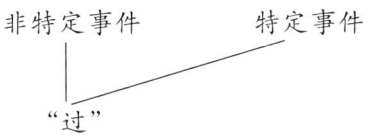

根据杨育欣（2014），马来语的经历体标记 pernah 跟汉语普通话的"过"类似，可以表示非特定经历和特定经历，分别如例（13）（14）。当然，马来语也有多个具有细微差别的经历体形式，这些形式在特定性上的细微差异还有待进一步的研究。

（13）Saya　　belum　　pernah　　jumpa　　orang　　Jepun.
　　　1.单　　否定　　经历　　见　　人　　日本
　　　"我还没见过日本人。"

（14）Hamba　kira　kita　pernah　ber-jumpa　di　gelanggang　hamba,
　　　1.单谦称认为 1.复　经历　交互—见面　在　竞技场　1.单谦称
di　Desa Perwira　se-pekan　lepas.
在　乡村英雄　一—星期　过去
　　　"我认为，上个星期我们在英雄乡，在我的竞技场见过面。"

2.5　小结

通过上文的分析，经历体形式与其意义的四种对应关系从严整对立到逐渐放松，最后形成了最为宽泛的涵盖型，构成了从编码的语义差别到没有形式差别的语用意义的连续统。它们在具体语言中又形成了多种不同的形义匹配模式。由于许多语言中所具有的经历体标记还没有得到充分的描写，因而多种形式之间的匹配模式暂时还难以确定。不过，根据目前的研究，湖南湘潭方言经历体的形式与意义的匹配关系最为复杂。胡亚（2015）在研究湘潭方言经历体时发现，类似于北方话"了"的"哒"直接对应非特定经历，如例（15）；"去来"直接对应特定经历，如例（16），两者都是直对型；而"过"有两种用法，以表示非特定经历为主，只在非常有限的条件下表示特定经历，如例（17），所以在（18）中用虚线表示，从而成为一种特殊的偏侧型对应关系。

(15) 他以前打仗的时世受哒伤。（他以前打仗的时候受过伤。）
(16) 我昨日子到北京去来。（我昨天去过北京。）
(17) 你什么时世坐过飞机？（你什么时候坐过飞机？）

这样，两种直对型和一种偏侧型共同构成一种 M 型的匹配模式，这在已有的研究中还未曾见到过报道。

(18) 湘潭方言经历体意义与形式的对应关系

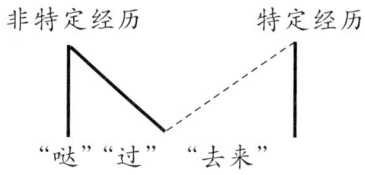

上述四种对应关系的建立，仅仅是从课题组目前为数不多的个案研究中归纳而来的。通过上述研究，我们形成了一个描述经历体用法的概念层级：①特定时间状语表达的特定时间以及非特定时间状语表达的非特定时间，一般来说"昨天、前天、这个星期、上个星期"为特定时间，"上个月、去年"为非特定时间，至于特定时间和非特定时间的界限在哪儿，很难一刀切，最终要根据具体语言的形式区别来确定；②语义上的特定事件

和非特定事件；③语用上的特定事件和非特定事件，如韩语的 ess-ess 可以把非特定时间表达的非特定事件转化为一个语用上显得特定的事件，这一点目前仅见于关于韩语的报道；④经历体的特定用法和非特定用法，比如汉语的"过"的两种用法；⑤非特定经历体标记与特定经历体标记及泛用经历体标记，韩语有两个标记，分别是非特定经历体标记和特定经历体标记，而汉语的"过"只能视为用于特定经历和非特定经历两种用法的泛用经历体标记。

如果用这种思路分析更多的语言材料，将有可能进一步丰富经历体形式与意义的对应关系的类型及不同语言中经历体形式与意义的匹配模式的细节。面对这些不同的对应关系和匹配模式，人们自然会问：一种语言为什么会有多种不同的经历体形式？为什么会形成如此复杂的关系？时体类型学解释的思路之一就是分析这些经历体形式的意义来源和词汇来源以及由此形成的历史层次和接触关系。

第 3 节　演化为经历体的意义类型及其词汇来源

3.1　经历体分布的区域性及其词汇来源的归纳方法

完成体与经历体的语法化来源有相当部分的重叠，Dahl and Velupillai（2005）把完成体的词汇来源分为三类：一是源自领属动词构式，也称为"有"类完成体，如英语的完成体形式 have 加过去分词，在其 222 个样本中有 7 例；二是源自含有"结束、已经"义词语的构式，如约鲁巴语（Yoruba）的-ti，如例（19），样本中有 21 例；三是来自其他来源的完成体，共 80 例。由于地图的限制，无法充分显示其他来源的完成体的具体分布，现有的外文文献的研究基础也不支持以地图的方式进一步细分经历体的语法化来源。

(19) Ó ti   ka   iwe na.
     他 完成体/已经 读   书   这
     "他已经读了这本书。"

从已有的研究来看，经历体表达手段既有动词后或句末较为虚化的成分，也有动词前类似于时间副词的成分。仅从汉语来看，有一个从动词前向动词后发展的过程。但是，某些东南亚语言仅有动词前的成分，这些成分位置固定，意义虚化，也应当视为一种语法语素。在时体的宏观研究中可能对这些动词前成分无暇顾及（如 Bybee et al., 1994），但对经历体这样富有特点且较为罕见的范畴而言，不应当忽略动词前的成分，否则会使我们的研究视野严重受限。

对于某个成分的语法化来源有三种分析思路，就经历体而言：一是分析经历体用法的直接来源，现有研究一般认为经历体是从完成体的结果性用法发展而来的，但是在汉语这样一直富有经历体的专用形式的语言中，这些专用形式的结果性用法很容易被覆盖，所以经历体直接来源的多样性难以把握；二是分析经历体演化为完成体用法的体貌意义，进而探讨不同意义来源演化为完成体的不同路径，这是 Bybee et al.（1994）和 Dahl and Velupillai（2005）的思路；三是分析完成体、经历体这些语法语素的实义词汇来源，这是 Heine and Kuteva（2002）的思路。本章结合后两种思路来概括经历体语法化的词汇来源的类型，先主要根据形成完成体之前的体貌意义分类（共 5 类），再按照从中演化而来的实词意义分类（共 10 种）。由于经历体分布具有区域性，经历体的研究深度同样具有不平衡性，本章的资料主要来自包括汉语方言在内的东亚、东南亚语言。

3.2 演化为经历体的五类意义类型

3.2.1 从完结体演化为经历体

发展成为经历体的完结体主要从三种不同的词汇意义发展而来。

第一，实义为"过"义趋向动词，这是汉语及部分侗台语经历体最主要的源头意义（吴福祥，2012）。陈前瑞、张曼（2015）证实，"过"在发展为完成体之前经历了一个完结体的阶段，表示事件完全、彻底结束，如例（20），具体理解为强调从花开至花落的全过程。[1] 在历史文献和与汉语有接触关系的语言中，"过"义语法语素还保留着完成体的结果性用法，如燕齐壮语的例（21）（韦景云等，2011：167）。

(20) 望嵩楼上忽相见，看过花开花落时。（刘禹锡《送廖参谋东游》二首之一，《全唐诗》卷三六五，引自杨永龙，2001：223）

(21) tu^{42}　mou^{24}　mɯŋ^{33}　kwuːŋ^{24}　kwa^{35}　ɕou^{33}　ʔdai^{55}.
　　　只　　猪　　你　　　喂　　　过　　就　　得
　　"猪你喂了就行。"

第二，实义为"结束、已经"义词语。陈淑梅（2001：87）、汪化云（2015）报道鄂东方言的"了"与相关成分的连用有经历体的用法，如"了去、了的"，如"二哥是不是问了的?"这些方言的"了的"兼有完成体的用法，进而可以追踪到"了"的完结体的体貌意义以及"结束"的动词意义。根据 Dahl and Velupillai（2005），东南亚语言中的完成体有一些源于

---

[1] Tantucci（2015）把"过"这种"经过某一过程"的含义概括为 traversative（或可译为历程体），并与完结体和结果体一起作为完成体的几种来源意义。其实，这种意义还可以进一步虚化为一般的完结体意义，如：忍过事堪喜，泰来忧胜无。治平心径熟，不遣有穷途。（杜牧《谴兴》，《全唐诗》卷五二三，引自杨永龙，2001: 215）将其另立为一种特殊的体貌意义和演变路径的必要性不明显。

"结束或已经"义动词并具有经历性用法,如印尼语和爪哇语。但是,根据所依据的资料(Dahl,1985:160—161),实际上并没有这样的直接证据,详见后文的讨论。不过,"已经"义词语演化为经历体的过程还未见详细的报道。

第三,实义为"得到"义动词。汪化云(2015)概括地报道了江淮官话黄孝片的团风及黄州、鄂州老派方言中使用"得"或"得子"表示经历,且一般只出现于肯定句。"得"在北方话中多用于状态补语,但在南方方言如江西的赣语中还保留着完成体用法。汪化云(2015)把黄孝片方言的经历体追踪到江西移民的完成体用法,并进一步追踪到近代汉语的"完毕、结束"义。

3.2.2 从结果体演化为经历体

基于现有材料,发展为经历体的结果体主要从两种不同的词汇意义发展而来。

第一,"有、是"义助动词及相关成分组成的构式。多数由动词加分词构成,如英语等印欧语言;有的构式义为"有……经历",如日语的 ta koto ga aru、韩语的 un il i iss;也有的直接由"有"构成,如汉语南方方言的"有"字句。当然闽方言的"有"经常与"过"等共现。这些成分演化为经历体之前的体貌意义一般归为结果体,表示过去动作带来的状态的持续,或表示单纯的状态持续。这是印欧语言中较为常见的演化路径,其突出特点是由静态谓词演化而来(Bybee et al.,1994)。

第二,"附着"义动词。根据肖万萍(2010),桂北永福官话的词尾"着"表示对近期事件的经历。据储泽祥(2014),安徽岳西赣语的句尾"着"与"过"共现时有表示最近的经历的用法,从为数不多的描述来看,接近于表示特定事件的经历体(详见 Kim,1998)。"着"在汉语北方方言中一般演化为进行体;在部分南方方言中演化为完成体,甚至进一步演化为经历体。陈前瑞(2009)将汉语史与南北方言的"着"的演化路径总结为结果体语法化的双路径，"着"的经历体的用法进一步支持了这一路径，也证实了完成体与经历体的演化关系。

3.2.3 从"来、去"义趋向动词演化为经历体

发展经历体的趋向动词包括"来、去"及相关成分。

第一，"来"义趋向动词表经历在近代汉语和现代汉语方言中比较常见。Bybee et al.（1994）已经指出，"来"义动词直接演化为完成体。陈前瑞、王继红（2009）已经用早期汉译佛经的语料证明了这一点。林华勇、肖棱丹（2016）运用四川资中方言点材料同样建构了从趋向动词直接到经历体的演化路径。

第二，"去"义趋向动词演化为一般的完成体比较多见，单独演化为经历体并不多见。在汉语方言中有一些含有"去"义成分的经历体形式，如前文提及的鄂东方言的"了去"、湘潭方言的"去来"，这两个方言的"去"分别出现在复合形式的外侧和内侧。伍云姬（1996：123）指出，长沙方言带"去来"的句子重在表经历，表示某个动作曾发生过，但不一定完成，或虽完成了，结果却不令人满意。这一点确实有特色。但是，包括"去"义成分的经历体形式的演化过程目前还不清楚。

3.2.4 从限量体演化为经历体

限量体表示动作在时间上有界限，但没有内在的终结点（Stoll，1998）。主要包括两类不同性质的成分：

第一，量化成分。如苏州方言的"歇"（义为"一阵"）（杨莹、陈前瑞，2012）、鄂东方言的"趟子"（陈淑梅，2001：87）、山东寿光和胶南方言的"回儿"（张树铮，1995；郝晓瑜，2013）以及现代汉语的"一度"（于立昌、吴福祥，2011）。英语副词的 once 兼有"曾经"和"一次"的意义，大致可以归为这一类。非洲语言学中有的把班图语言以外的经历体称为一次体（semelfactive）（Rose et al.，2002：13）。我们推测非洲语言中可

能会有一些源于量化成分的经历体形式。因此，非洲语言的经历体是一个有待进一步调查的富矿。这些量化成分在演化为经历体之前的体貌意义到底是什么，学界讨论很少。王继红、陈前瑞（2014）把动量所表达的限定动作界限的体貌意义笼统地概括为限量体，尝试构建了从限量体到经历体的演变路径。

第二，感官动词。据 Ameka（2008：169—170），在非洲尼日尔—刚果语系克瓦语族（Kwa）的语言埃维语（Ewe）中，表经历的完成体形式在非现实的情态中，具有"试试看"（try and see）的意思。作者谈及跨语言中"看"义动词及其语法化形式也具有同样的用法，由此可知该形式的词汇源头意义应当是感官动词"看"。另如古汉语的"尝"、载瓦语的"看"义动词［wu^{55}］，这两种语言的感官动词都经由尝试义发展为经历体（王继红、陈前瑞，2014；朱艳华，2012）。王继红、陈前瑞（2014）同样把尝试义纳入从限量体到经历体的演变路径，因为尝试义表示少量而有限地从事某项活动。既然已经尝试了某一事件，就是已经从事或发生了某一事件，并获取了一定的经验。

3.2.5　从惯常体演化为经历体

根据 Dahl（1985：161），爪哇语的 tahu＋V 表示经历体意义，但无直接证据表明其词汇来源像 Dahl and Velupillai（2005）所标注的源于"结束、已经"义词语。在 Zoetmulder and Robson（1982：1901）的古爪哇语与英语的对译词典中，tahu 注为：skilled, practiced, trained, used（to）；但是在 *English-Malay Malay-English Dictionary*（Board of Scholars，1992）的同形词条中只有 to know, understand, recognize, be aware of 的意义。不过，根据 Stevens and Schmidgall-Tellings（2010：985）的释义，to know, understand, to know how to 列为第 1 条义项；第 8 条义项为：(in some regions in negative and interrogative sentences) ever; →PERNAH（箭头表示此处引用了 pernah 的义项）。这说明在印尼语的某些地区，tahu 在否定句和疑问句中表示经

历，且与 pernah 的语义相关。另据该词典，印尼语的 pernah 注为：(at least) once (in the past), used to, have/has (plus past participle), 虽实义不详，但依然涵盖惯常和经历两种用法。可见，爪哇语的 tahu 最基本的实义是"知道，懂，知道如何做"，可以归为"知道"类心理动词，沿着这一义项发展出"常常做某事"，进而虚化为"曾经做某事"，完全符合语义虚化和语用推理的规律。就目前而言，pernah 和 tahu 均兼有惯常义和经历义，tahu 看不出它跟"结束或已经"义有任何联系，也不具备"结束"义在演变为完成体的过程中所具有的完结体（completive）意义（Bybee et al.，1994：105）。

据 Lien（2007，2015），台湾闽南话的经历体形式 pat4，其实义词汇来源为"别"，意义为"识，知道"。Chappell（2001：63、83）指出，该形式在 16 世纪末 17 世纪初的文本中标注为：know, be used to doing[1]；后者的语法意义相当于惯常体的意义，并据此建构了从知道义经惯常到经历的演化路径。基于以上爪哇语和闽南话的证据，我们把 tahu 和 pat4 演化为经历体的体貌意义界定为惯常体，并把其词汇来源确定为"知道"义动词。[2]

刘蕾（2014）发现日韩外国留学生在使用汉语经历体"过"的时候，会出现"过"与惯常副词共现的偏误，如"*老师常常读过诗、小说、别人的作文什么的"，这种偏误是日韩学生过度使用"过"的偏误中比例最高的类型。杨育欣（2014）发现在马来语中经历体可以与惯常体共现。本章发现一些语言中的语法语素兼有惯常体和经历体的用法。这些材料都说明惯常体与经历体在语义上有密切的联系，这种联系的一致性和多样性还有待于进一步的研究〔详见陈前瑞、杨育欣（2018）〕。

---

[1] 其语料来源为 van der Loon（1967）。另据 Lien（2007），在同期闽南戏文中其经历体的用法只有零星的用例。
[2] 根据胡素华（2019），彝语诺苏话经历体标记 [ndzo^{44}] 也具有惯常的意义。

3.3 经历体演化路径的启示

从上面的归纳来看,经历体体貌意义的来源已经超出了 Bybee et al.(1994)归纳的完成体语法化的来源,其实义来源也超出了已有研究的范围,总体而言,本章较大地丰富了已有的完成体和经历体的研究。同时,需要指出的是,一些语言的经历体形式很难直接考察其体貌意义和词汇意义的来源。一旦在研究材料和研究手段上有所加强,还有可能发现更多的词汇来源,但体貌意义的类型则难以有大的突破。

上述 5 类演化为经历体的意义类型中有 3 类与完成体的意义来源是一致的,它们是完结体、结果体和"来、去"类趋向动词。在这 3 类来源中,往往先发展出结果性用法,然后才产生出经历性用法。一般认为有历时演化关系的两种用法往往在共时中也会存在两种理解的可能。

限量体和惯常体在演化出经历体用法的过程中,往往会产生专门的经历体形式,这些形式往往不具有明显的结果性用法,如古汉语的"尝"(王继红、陈前瑞,2014)以及同样可以用于经历性用法的"常"。"常"的这种用法在训诂界中一般视为通假,但是跨语言的材料有助于我们重新理解通假与引申之间的关系,详见陈前瑞、杨育欣(2018)的讨论。如何在经历体的语法化路径或语义图中一并处理兼用和专用经历体这两种情况,还有待于进一步研究。

限量体一般是有时间边界的,可视为有界的体意义;而惯常体一般没有时间上的边界,可视为无界的体意义。两者都可以发展出经历体意义,这说明经历体意义在有界性上具有一定的模糊性。这种模糊性在不同的语言中有不同的表现:汉语普通话很自然地把"过"与"了"归为一类,凸显其有界的属性;而在斯拉夫语族中,经历体意义往往用未完整体形式来表达(参见 Dahl,1985:143),凸显的是其无界的属性。

根据 Dahl(2000b),完成体和经历体本身是一种语法化程度不够高的边缘视点体;比较而言,演化出经历体用法的完结体、结果体、限量体、惯常体应该是一种语法化程度更低的体貌意义。这里所说的惯常体是指用专门的形式来表达的体貌意义，不同于未完整体在一定语境中显现的惯常意义。完结体、结果体一般归为表示动作基本阶段的阶段体，限量体、惯常体一般认为跟动作的量有关，一般归为量化体。陈前瑞（2008）把量化体也归为涉量阶段体，一并归为阶段体，从而建构了一个四层级的汉语体貌系统。演化证据表明，这四类体貌意义都能够演化出经历体的意义，应该大致处于同一个语法化水平和概括化水平，从而进一步支持在共时系统中把它们归为一个体貌层级的处理方法。

第 4 节　结语

本章在前人研究的基础上，明确地把经历体用法分为非特定经历和特定经历；并通过比较东亚和东南亚语言，将特定的经历体形式与两种经历体意义的对应关系分为直对型、偏侧型、倾向型和涵盖型，并初步分析了一些语言中多种经历体形式与两种经历体意义的匹配模式，明显地推进了经历体的研究。本章把经历体的意义来源归纳为 5 类：①完结体；②结果体；③"来、去"义趋向动词；④限量体；⑤惯常体，并细分了 10 种词汇来源。不但修正了 Dahl and Velupillai（2005）的部分标注，也丰富了该文献展示的语法化来源。除部分非洲语言外，这些新鲜材料主要来自东亚和东南亚语言。因此，基于汉语方言和中国境内少数民族语言的丰富语料可以在这方面有更大作为。已有研究已经注意到中国南方方言和侗台语的经历体的形成很可能是语言接触导致的区域扩散，至于其他区域的经历体用法之间的关系还有待进一步的研究。

参考文献

白晓红，1997. 先秦汉语助动词系统的形成//南开大学中文系《语言研究论丛》编委会，编. 语言研究论丛：第七辑. 北京：语文出版社.

北京大学中文系 1955、1957 级语言班，编，1982. 现代汉语虚词例释. 北京：商务印书馆.

北京外国语学院《意汉词典》组，编，1985. 意汉词典. 北京：商务印书馆.

贝罗贝，李明，2008. 语义演变理论与语义演变和句法演变研究//沈阳，冯胜利，主编. 当代语言学理论和汉语研究. 北京：商务印书馆.

蔡国璐，编纂，1995. 丹阳方言词典. 南京：江苏教育出版社.

蔡燕凤，潘秋平，2012. 从语义图看上古汉语的受益表达. "汉语多功能语法形式的语义地图研究"会议论文. 北京：北京大学.

曹志耘，编纂，1996. 金华方言词典. 南京：江苏教育出版社.

曹志耘，秋谷裕幸，太田斋，等，2000. 吴语处衢方言研究. 东京：好文出版株式会社.

曹志耘，主编，2008. 汉语方言地图集：词汇卷. 北京：商务印书馆.

陈蓓，2014. 基于语料库的现代汉语非典型宾语研究. 武汉：华中师范大学博士学位论文.

陈前瑞，2008. 汉语体貌研究的类型学视野. 北京：商务印书馆.

陈前瑞，2009. "着"兼表持续与完成用法的发展//吴福祥，崔希亮，主编．语法化与语法研究：四．北京：商务印书馆．

陈前瑞，王继红，2009．句尾"来"体貌用法的演变．语言教学与研究，(4)．

陈前瑞，张曼，2015．汉语经历体标记"过"的演变路径//四川大学中国俗文化研究所，四川大学汉语史研究所，编．汉语史研究集刊：第19辑．成都：巴蜀书社．

陈前瑞，2016．完成体与经历体的类型学思考．外语教学与研究，(6)．

陈前瑞，杨育欣，2018．惯常义演变为经历义的多样性：以英语、马来语和古汉语为例．外语教学与研究，(6)．

陈士林，边仕明，李秀清，编著，1985．彝语简志．北京：民族出版社．

陈淑梅，2001．鄂东方言语法研究．南京：江苏教育出版社．

陈瑶，2013．汉语吃喝类词语的发展演变．西安：陕西师范大学硕士学位论文．

陈玉洁，2007．量名结构与量词的定语标记功能．中国语文，(6)．

陈玉洁，2010．汉语指示词的类型学研究．北京：中国社会科学出版社．

陈玉洁，2011．中性指示词与中指指示词．方言，(2)．

陈正统，主编，2007．闽南话漳腔辞典．北京：中华书局．

陈忠敏，1996．论北部吴语一种代词前缀"是"．语言研究，(2)．

陈忠敏，潘悟云，1999．论吴语的人称代词//李如龙，张双庆，主编．代词．广州：暨南大学出版社．

程工，1999．语言共性论．上海：上海外语教育出版社．

池昌海，1992．"吃"语言与"吃"文化．杭州大学学报（哲学社会科学版），(2)．

池昌海，凌瑜，2008．让步连词"即使"的语法化．江南大学学报（人文社会科学版），(2)．

储泽祥，2014．赣语岳西话"V着（O）了"里"了"的性质及其参照作用：兼论唐五代"VO了"中的"了"//卢小群，李蓝，主编．汉语方言时体问题新探索. 北京：中央民族大学出版社.

崔宰荣，2001. 汉语"吃喝"语义场的历史演变//北京大学中文系《语言学论丛》编委会，编. 语言学论丛：第24辑. 北京：商务印书馆.

戴庆厦，1981. 载瓦语使动范畴的形态变化. 民族语文，(4).

戴庆厦，蒋颖，孔志恩，2007. 波拉语研究. 北京：民族出版社.

戴维·克里斯特尔，编，2000. 现代语言学词典. 沈家煊，译. 北京：商务印书馆.

戴昭铭，2003. 浙江天台方言的代词. 方言，(4).

刀洁，2007. 布芒语研究. 北京：民族出版社.

刁晏斌，2016. 传统汉语史的反思与新汉语史的建构. 吉林大学社会科学学报，(2).

丁加勇，张敏，2012. 从湘方言动词句式看双及物结构语义地图. "汉语多功能语法形式的语义地图研究"会议论文. 北京：北京大学.

董为光，1995. 汉语"吃~"类说法文化探源. 语言研究，(2).

董秀芳，2004. "是"的进一步语法化：由虚词到词内成分. 当代语言学，(1).

董秀芳，2011. 词汇化：汉语双音词的衍生和发展. 修订本. 北京：商务印书馆.

董秀芳，2017. 汉语词汇化和语法化的现象与规律. 上海：学林出版社.

杜翔，2002. 支谦译经动作语义场及其演变研究. 北京：北京大学博士学位论文.

杜克俭，李延，1999. 临县方言的指示代词. 语文研究，(2).

杜若明，1990. 藏缅语动词使动范畴的历史演变. 语言研究，(1).

范晓蕾，2011. 以汉语方言为本的能性情态语义地图//北京大学中国语言学研究中心《语言学论丛》编委会，编. 语言学论丛：第43辑. 北京：商务印书馆.

范晓蕾，2012. 语义演变的共时拟测与语义地图：基于"能性情态语义地图"的讨论//北京大学中国语言学研究中心《语言学论丛》编委会，编. 语言学论丛：第46辑. 北京：商务印书馆.

方松熹，1993. 舟山方言研究. 北京：社会科学文献出版社.

方文一，2004.《左传》与《诗经》使动用法之比较. 浙江师范大学学报（社会科学版），（4）.

方一新，2010. 中古近代汉语词汇学. 北京：商务印书馆.

冯英，曾晓渝，2004. 汉语藏缅语"致使"义表达方式的历史层次及类型学意义. 西南师范大学学报（人文社会科学版），（1）.

冯爱珍，1998. 从闽南方言看现代汉语的"敢"字. 方言，（4）.

冯胜利，2013. 汉语韵律句法学. 增订本. 北京：商务印书馆.

盖兴之，编著，1986. 基诺语简志. 北京：民族出版社.

高华年，1980. 广州方言研究. 香港：商务印书馆香港分馆.

谷峰，2010. 先秦汉语情态副词研究. 天津：南开大学博士学位论文.

广州外国语学院，编，1990. 泰汉词典. 北京：商务印书馆.

郭锐，2008. 语义结构和汉语虚词语义分析. 世界汉语教学，（4）.

郭锐，2010. 副词补充义与相关义项的语义地图. "中国语言的比较与类型学国际研讨会"会议论文. 香港：香港科技大学.

郭锐，2012a. 概念空间和语义地图：语言变异和演变的限制和路径. 对外汉语研究，（8）.

郭锐，2012b. 共时语义演变和多义虚词的语义关联. 山西大学学报（哲学社会科学版），（3）.

郭锐，2012c. 语义地图中概念的最小关联原则和关联度. "汉语多功能语法形式的语义地图研究"会议论文. 北京：北京大学.

郭锐，2013. 从语义地图视角看汉语的双及物结构. "国际中国语言学学会第21届年会"会议论文. 台北：台湾师范大学.

郭校珍，张宪平，2005. 娄烦方言研究. 太原：山西人民出版社.

郭校珍，2008. 山西晋语语法专题研究. 上海：华东师范大学出版社.

汉语大字典编辑委员会，编，1992. 汉语大字典. 缩印本. 武汉：湖北辞书出版社，成都：四川辞书出版社.

郝晓瑜，2013. 胶南话经历体标记的用法研究. 现代语文，（11）.

何乐士，编，2006. 古代汉语虚词词典. 北京：语文出版社.

何成，郑卧龙，朱福丹，等编，1960. 越汉辞典. 北京：商务印书馆.

黑维强，2011. 陕北绥德方言的指示代词. 汉语学报，（1）.

洪波，2009. 上古汉语*-s后缀的指派旁格功能. 民族语文，（4）.

侯精一，1985. 长治方言志. 北京：语文出版社.

侯精一，1999. 现代晋语的研究. 北京：商务印书馆.

胡明扬，1992. 海盐方言志. 杭州：浙江人民出版社.

胡素华，2019. 彝语诺苏话动词的体范畴及其与时、情态、式范畴间的重合与分界. 语言类型学工作坊，（6）.

胡亚，2015. 类型学视野的湘潭方言完成体和经历体研究. 北京：北京语言大学硕士学位论文.

黄成龙，2014. 类型学视野中的致使结构. 民族语文，（5）.

黄淑芬，2008. 漳州方言连词研究. 福州：福建师范大学硕士学位论文.

黄淑芬，2010. 福建漳州方言连词的范围研究. 现代语文，（5）.

霍恩比，2009. 牛津高阶英汉双解词典. 第7版. 王玉章，等译. 北京：商务印书馆.

霍恩比，2014. 牛津高阶英汉双解词典. 第8版. 赵翠莲，等译. 北京：商务印书馆，香港：牛津大学出版社（中国）有限公司.

贾燕子，2013. 也论"喫"对"食""饮"历时替换的不平衡性//浙江大学汉语史研究中心，编. 汉语史学报：第13辑. 上海：上海教育出版社.

贾燕子，2015. {起立}概念域成员及其分布的历史演变. 鲁东大学学报（哲学社会科学版），（2）.

贾燕子，2017. "洗"上位化的过程、原因及影响//浙江大学汉语史研究中心，编. 汉语史学报：第17辑. 上海：上海教育出版社.

江蓝生，1989. 被动关系词"吃"的来源初探. 中国语文，(5).

江蓝生，1990. 疑问副词"可"探源. 古汉语研究，(3).

江蓝生，曹广顺，编著，1997. 唐五代语言词典. 上海：上海教育出版社.

蒋冀骋，吴福祥，1997. 近代汉语纲要. 长沙：湖南教育出版社.

蒋绍愚，1981. 怎样掌握古汉语的词义：兼谈"义位"和"义素"在词义分析中的运用. 语文研究，(2).

蒋绍愚，1994. 近代汉语研究概况. 北京：北京大学出版社.

蒋绍愚，1999. 两次分类：再谈词汇系统及其变化. 中国语文，(5).

蒋绍愚，曹广顺，主编，2005. 近代汉语语法史研究综述. 北京：商务印书馆.

蒋绍愚，2006. 汉语词义和词汇系统的历史演变初探：以"投"为例. 北京大学学报（哲学社会科学版），(4).

蒋绍愚，2008. 五味之名及其引申义. 江苏大学学报（社会科学版），(3).

蒋绍愚，2011. 词汇、语法和认知的表达. 语言教学与研究，(4).

蒋绍愚，2015. 汉语历史词汇学概要. 北京：商务印书馆.

金鹏，主编，1983. 藏语简志. 北京：民族出版社.

金理新，2005. 受格动词后缀*[-s]. 温州师范学院学报（哲学社会科学版），(3).

柯理思，2003. 汉语空间位移事件的语言表达：兼论述趋式的几个问题. 现代中国语研究，(5)，2019年中国版总4期修订重刊.

寇志强，2018.《尸子》成书年代再考. 天中学刊，(1).

兰宾汉，2011. 西安方言语法调查研究. 北京：中华书局.

蓝鹰，洪波，2001. 上古汉语虚词研究. 成都：四川人民出版社.

李明，2002. 两汉时期的助动词系统//北京大学中文系《语言学论丛》编委会，编. 语言学论丛：第25辑. 北京：商务印书馆.

李明，2010. 从话题看唐五代的虚词"即"：兼谈唐五代虚词"便、则、遂、乃"的用法//浙江大学汉语史研究中心，编. 汉语史学报：第10辑. 上海：上海教育出版社.

李倩，2015. 敦煌变文单音动词词义演变研究. 北京：中国社会科学出版社.

李荣，主编，2002. 现代汉语方言大词典. 南京：江苏教育出版社.

李申，1985. 徐州方言志. 北京：语文出版社.

李冬梅，2012. 时间副词"刚"的语义演变. 学术交流，(1).

李会荣，2008. 山西娄烦方言之情态动词"敢". 晋中学院学报，(6).

李亮（Kholkina Liliya），2015. 词汇类型学视角的汉语物理属性形容词研究. 北京：北京大学博士学位论文.

李小凡，2012a. 语义地图：汉语方言语法比较研究的利器. 台北：台湾"中研院"语言学研究所报告.

李小凡，2012b. 语义地图和虚词比较的"偏侧关系"."汉语多功能语法形式的语义地图研究"会议论文. 北京：北京大学.

李永燧，2002. 桑孔语研究. 北京：中央民族大学出版社.

李云彤，2013. 认知语言学视域下的汉语多义词研究. 吉林：吉林大学博士学位论文.

李知恩，2011. 量词的跨语言研究. 北京：北京大学博士学位论文.

李宗江，2016. 汉语常用词演变研究. 第2版. 上海：上海教育出版社.

梁冬青，2007. "喝"表示"饮用"义的始见年代及其书证. 汕头大学学报（人文社会科学版），(3).

梁冬青，2009. "喝"表饮用来源于元代蒙古语. 民族语文，(5).

梁吉平，2009. 近代汉语"遮莫"一词用法及发展. 清华大学学报（哲学社会科学版），(S2).

林华勇，肖棱丹，2016. 四川资中方言"来"的多功能性及其语法化. 中国语文，(2).

林莲云，编著，1985. 撒拉语简志. 北京：民族出版社.

刘百顺，2008. 连词"虽然""然虽"考辨. 语言研究，（1）.

刘半农，1935. 半农杂文二集. 上海：上海良友图书印刷公司.

刘丹青，1999. 吴江方言的代词系统及内部差异//李如龙，张双庆，主编. 代词. 广州：暨南大学出版社.

刘丹青，2003. 语序类型学与介词理论. 北京：商务印书馆.

刘丹青，刘海燕，2005. 崇明方言的指示词：繁复的系统及其背后的语言共性. 方言，（2）.

刘丹青，编著，2008. 语法调查研究手册. 上海：上海教育出版社.

刘丹青，2011. 语言库藏类型学构想. 当代语言学，（4）.

刘光坤，1998. 麻窝羌语研究. 成都：四川民族出版社.

刘建国，2004. 先秦伪书辨正. 西安：陕西人民出版社.

刘君敬，2011. 唐以后俗语词用字研究. 南京：南京大学博士学位论文.

刘蕾，2014. 韩日留学生汉语体貌标记"过"的使用研究. 北京：北京语言大学硕士学位论文.

刘利，2000. 先秦汉语助动词研究. 北京：北京师范大学出版社.

柳士镇，1992. 魏晋南北朝历史语法. 南京：南京大学出版社.

龙国富，2010. 动词的时间范畴化演变：以动词"当"和"将"为例. 古汉语研究，（4）.

卢今元，2007. 吕四方言研究. 上海：上海辞书出版社.

卢小群，李郴生，2005. 湖南资兴（兴宁）土话的指示代词. 株洲工学院学报，（3）.

鲁晓琨，2004. 现代汉语基本助动词语义研究. 北京：中国社会科学出版社.

陆丙甫，2001. 语言临摹性和汉英语法比较//陆丙甫，李胜梅，等. 语言研究论集. 北京：中国社会科学出版社.

吕传峰，2005. 现代方言中"喝类词"的演变层次. 语言科学，（6）.

吕传峰，2006. 近代汉语"喝类语义场"主导词的更替及相关问题//

北京大学汉语语言学研究中心《语言学论丛》编委会，编．语言学论丛：第33辑．北京：商务印书馆．

吕东兰，1998．从《史记》《金瓶梅》等看汉语"观看"语义场的历史演变//北京大学中文系《语言学论丛》编委会，编．语言学论丛：第21辑．北京：商务印书馆．

吕叔湘，主编，1980．现代汉语八百词．北京：商务印书馆．

吕叔湘，1982．中国文法要略．北京：商务印书馆．

罗竹风，主编，1986．汉语大词典．上海：汉语大词典出版社．

马贝加，1996．"会"在温州话中的意义和来源//温端政，沈慧云，主编．语文新论：《语文研究》15周年纪念文集．太原：山西教育出版社．

马建忠，1983/1898．马氏文通．北京：商务印书馆．

马晓琴，2004．绥德方言的副词．唐都学刊，（3）．

毛宗武，蒙朝吉，编著，1986．畲语简志．北京：民族出版社．

梅祖麟，1989．上古汉语*s-前缀的构词功用//第二届国际汉学会议论文集：语言与文字组．台北：台湾"中研院"．

梅祖麟，2008．上古汉语动词浊清别义的来源：再论原始汉藏语*s-前缀的使动化构词功用．民族语文，（3）．

孟守介，1994．诸暨方言的代词．语言研究，（1）．

木村英树，2005．北京话"给"字句扩展为被动句的语义动因．汉语学报，（2）．

倪妙静，2013．富阳市场口镇方言的代词系统．语文学刊，（5）．

聂亚宁，2008．从体验论看汉语"吃"的转喻和隐喻认知模式及其特点．湖南大学学报（社会科学版），（2）．

牛顺心，2007．动词上致使标记的产生及其对分析型致使结构的影响．语言科学，（3）．

潘秋平，2010．上古汉语双及物结构再探//中国社会科学院语言研究所《历史语言学研究》编辑部，编．历史语言学研究：第三辑．北京：商务印书馆.

潘秋平，2011. 从语义地图看上古汉语的双及物结构//中国社会科学院语言研究所《历史语言学研究》编辑部，编. 历史语言学研究：第四辑. 北京：商务印书馆.

潘秋平，王毓淑，2011. 从语义地图看《左传》中的"以"//北京大学中国语言学研究中心《语言学论丛》编委会，编. 语言学论丛：第43辑. 北京：商务印书馆.

潘秋平，2012. 语义地图和句式多义性. "汉语多功能语法形式的语义地图研究"会议论文. 北京：北京大学.

潘秋平，2013. 从语义地图看给予动词的语法化：兼论语义地图和多项语法化的关系//吴福祥，邢向东，主编. 语法化与语法研究：六. 北京：商务印书馆.

潘悟云，1991. 上古汉语使动词的屈折形式. 温州师院学报（哲学社会科学版），(2).

潘悟云，陶寰，1999. 吴语的指代词//李如龙，张双庆，主编. 代词. 广州：暨南大学出版社.

潘再平，等编，2010. 新德汉词典. 第3版. 上海：上海译文出版社.

彭利贞，2007. 现代汉语情态研究. 北京：中国社会科学出版社.

彭睿，2008. "临界环境—语法化项"关系刍议. 语言科学，(3).

彭睿，2011. 临界频率和非临界频率：频率和语法化关系的重新审视. 中国语文，(1).

平山久雄，2004. 试论"吃（喫）"的来源. 宁夏大学学报（人文社会科学版），(4).

朴贤淑，2008. 汉韩语触觉形容词对比. 长春：吉林大学硕士学位论文.

钱曾怡，1988. 嵊县长乐话语法三则//复旦大学中国语言文学研究所吴语研究室，编. 吴语论丛. 上海：上海教育出版社.

钱乃荣，1992. 当代吴语研究. 上海：上海教育出版社.

钱乃荣，1997. 上海话语法. 上海：上海人民出版社.

钱乃荣，1999. 北部吴语的代词系统//李如龙，张双庆，主编. 代词. 广州：暨南大学出版社.

钱乃荣，许宝华，汤珍珠，2007. 上海话大词典. 上海：上海辞书出版社.

墙斯，2016. 基于词汇类型学视角的汉语旋转动词的历史演变研究（摘要）."词汇学国际学术会议暨第十一届全国汉语词汇学学术研讨会"会议论文. 北京：北京大学.

秦礼君，1986. 古代关联词语手册. 北京：中国展望出版社.

商务印书馆辞书研究中心，编译，2003. 罗贝尔法汉词典. 北京：商务印书馆.

商务印书馆辞书研究中心，编译，2012. 罗贝尔法汉词典. 缩印版. 北京：商务印书馆.

沈家煊，1999. 不对称和标记论. 南昌：江西教育出版社.

沈家煊，2004. 语用原则、语用推理和语义演变. 外语教学与研究，(4).

盛益民，2011. 绍兴柯桥话指示词研究. 天津：南开大学硕士学位论文.

盛益民，2012a. 论指示词"许"及其来源. 语言科学，(3).

盛益民，2012b. 绍兴柯桥话指示词的句法、语义功能. 方言，(4).

盛益民，陶寰，金春华，2013. 吴语绍兴方言的定语领属//复旦大学汉语言文字学科《语言研究集刊》编委会，编. 语言研究集刊：第十辑. 上海：上海辞书出版社.

盛益民，2014. 吴语绍兴柯桥话参考语法. 天津：南开大学博士学位论文.

盛益民，2017. 汉语方言定指"量名"结构的类型差异与共性表现. 当代语言学，(2).

盛益民，陶寰，金春华，2016. 准冠词型定指"量名"结构和准指示词型定指"量名"结构：从吴语绍兴方言看汉语方言定指"量名"结构的两种类型//北京大学中国语言学研究中心《语言学论丛》编委会，编. 语言学论丛：第53辑. 北京：商务印书馆.

嵊县志编纂委员会，编，1989. 嵊县志. 杭州：浙江人民出版社.

石汝杰，刘丹青，1985. 苏州方言量词的定指用法及其变调. 语言研究，(1).

石汝杰，1999. 苏州方言的代词系统//李如龙，张双庆，主编. 代词. 广州：暨南大学出版社.

史文磊，2011. 汉语运动事件词化类型的历时转移. 中国语文，(6).

史文磊，2012. 汉语运动事件词化类型研究综观. 当代语言学，(1).

史文磊，2014a. 汉语运动事件词化类型的历时考察. 北京：商务印书馆.

史文磊，2014b. 语言库藏显赫性之历时扩张及其效应：动趋式在汉语史上的发展. International Journal of Chinese Linguistics，1（2）.

宋文军，主编，1987. 现代日汉大词典. 北京：商务印书馆，东京：日本小学馆.

宋亚云，2009. 上古汉语性质形容词的词类地位及其鉴别标准. 中国语文，(1).

孙立新，2002. 关中方言代词概要. 方言，(3).

孙天琦，2010. 现代汉语非核心论元允准模式及机制研究. 北京：北京大学博士学位论文.

孙义桢，主编，2008. 新时代西汉大词典. 北京：商务印书馆.

孙义桢，主编，2010. 新西汉词典. 上海：上海译文出版社.

太田辰夫，2003/1958. 中国语历史文法. 修订译本. 蒋绍愚，徐昌华，译. 北京：北京大学出版社.

谭代龙，2008. 义净译经身体运动概念场词汇系统及其演变研究. 北京：语文出版社.

汤珍珠，陈忠敏，1993. 嘉定方言研究. 北京：社会科学文献出版社.

汤珍珠，陈忠敏，吴新贤，编纂，1997. 宁波方言词典. 南京：江苏教育出版社.

陶寰, 主编, 2015. 蛮话词典. 上海:中西书局.

陶红印, 2000. 从"吃"看动词论元结构的动态特征. 语言研究,(3).

汪化云, 2008. 汉语方言"个类词"研究//台湾"中研院"历史语言研究所集刊:第79本第3分.

汪化云, 2015. 黄孝方言的经历体助词//北京大学中国语言学研究中心《语言学论丛》编委会, 编. 语言学论丛:第52辑. 北京:商务印书馆.

汪维辉, 1993.《两拍》词语札记. 语言研究,(1).

汪维辉, 2000. 东汉—隋常用词演变研究. 南京:南京大学出版社.

汪维辉, 2007.《齐民要术》词汇语法研究. 上海:上海教育出版社.

汪维辉, 2017a. 东汉—隋常用词演变研究. 修订本. 北京:商务印书馆.

汪维辉, 2017b. 汉语史研究的对象和材料问题:兼与刁晏斌先生商榷. 吉林大学社会科学学报,(4).

汪维辉, 2017c. 语体差异与汉语史研究."历史语言学研究高端论坛"会议论文. 兰州:西北师范大学.

王梵志, 2010. 王梵志诗校注. 增订本. 项楚, 校注. 上海:上海古籍出版社.

王凤阳, 1993. 古辞辨. 长春:吉林文史出版社.

王凤阳, 2011. 古辞辨. 增订本. 北京:中华书局.

王海棻, 赵长才, 黄珊, 等编, 1996. 古汉语虚词词典. 北京:北京大学出版社.

王还, 1988. 关于怎样教"不、没、了、过". 世界汉语教学,(4).

王慧萍, 潘秋平, 2011. 从语义地图谈"然后"//吴福祥, 张谊生, 主编. 语法化与语法研究:五. 北京:商务印书馆.

王继红, 陈前瑞, 2014. 从尝试到经历:"尝"的语法化及其类型学意义. 语言科学,(5).

王健, 顾劲松, 2006. 涟水(南禄)话量词的特殊用法. 中国语文,(3).

王健，2013. 类型学视野下的汉语方言"量名"结构研究. 语言科学,(4).

王健，2014. 苏皖区域方言语法比较研究. 北京：商务印书馆.

王力，1965. 古汉语自动词和使动词的配对//中华书局上海编辑所，编辑. 中华文史论丛：第6辑. 北京：中华书局.

王力，1980/1958. 汉语史稿. 北京：中华书局.

王力，1989. 汉语语法史. 北京：商务印书馆.

王鹏翔，2009. 陕北志丹方言的"敢". 咸阳师范学院学报，(5).

王瑞晶，2010. 语义地图：理论简介与发展史述评//北京大学汉语语言学研究中心《语言学论丛》编委会，编. 语言学论丛：第42辑. 北京：商务印书馆.

王玮，2012. 空间位移域的语义地图研究."汉语多功能语法形式语义地图研究"会议论文. 北京：北京大学.

王文香，2014. 汉语"放置"概念域成员历时演变与共时分布研究. 杭州：浙江大学硕士学位论文.

王学群，2014."シタコトガアル"と"V过"."第六届汉日对比语言研讨会"会议论文. 北京：中国人民大学.

王锳，1995. 古汉语中"敢"表"能"义例说. 古汉语研究，(4).

王玥雯，叶桂郴，2006. 从情态范畴到将来范畴：试论汉译佛经中将来时标志"当"的语法化. 现代语文，(8).

王云路，方一新，1992. 中古汉语语词例释. 长春：吉林教育出版社.

王占华，2000."吃食堂"的认知考察. 语言教学与研究，(2).

王政白，编纂，1986. 古汉语虚词词典. 合肥：黄山书社.

韦景云，何霜，罗永现，2011. 燕齐壮语参考语法. 北京：中国社会科学出版社.

韦庆稳，覃国生，编著，1980. 壮语简志. 北京：民族出版社.

翁姗姗，李小凡，2010. 从语义地图看现代汉语"掉"类词的语义关联和虚化轨迹//北京大学汉语语言学研究中心《语言学论丛》编委会，编.

语言学论丛：第 42 辑. 北京：商务印书馆.

巫雪如，2015. 上古汉语未来式标记"将"重探. Language and Linguistics，16（2）.

毋效智，2005. 扶风方言. 乌鲁木齐：新疆大学出版社.

吴福祥，1996. 敦煌变文语法研究. 长沙：岳麓书社.

吴福祥，2003. 汉语伴随介词语法化的类型学研究：兼论 SVO 型语言中伴随介词的两种演化模式. 中国语文，（1）.

吴福祥，2004a. 敦煌变文 12 种语法研究. 郑州：河南大学出版社.

吴福祥，2004b.《朱子语类辑略》语法研究. 郑州：河南大学出版社.

吴福祥，2009a. 从"得"义动词到补语标记：东南亚语言的一种语法化区域. 中国语文，（3）.

吴福祥，2009b. 功能语素、语义图模型和语法化路径."第五届汉语语法化问题国际学术讨论会"会议论文. 上海：上海师范大学.

吴福祥，2011. 多功能语素与语义图模型. 语言研究，（1）.

吴福祥，张定，2011. 语义图模型：语言类型学的新视角. 当代语言学，（4）.

吴福祥，2012. 侗台语差比式的语序类型和历史层次. 民族语文，（1）.

吴福祥，2014. 语义图与语法化. 世界汉语教学，（1）.

吴福祥，主编，2015. 近代汉语语法. 北京：中国社会科学出版社.

吴福祥，2023. 试谈删略导致的语法化. 中国语文，（3）.

吴新贤，1996. 宁波方言研究. 上海：复旦大学硕士学位论文.

伍云姬，1996. 长沙方言动态助词"去来"和"咖哒"的对立与互补//张双庆，主编. 动词的体. 香港：香港中文大学中国文化研究所吴多泰中国语文研究中心.

席嘉，2010. 近代汉语连词. 北京：中国社会科学出版社.

夏俐萍，2014. 湘语益阳泥江口方言参考语法. 北京：中国社科院语言所博士后出站报告.

向熹,编著,1993. 简明汉语史. 北京:高等教育出版社.

肖萍,2011. 余姚方言志. 杭州:浙江大学出版社.

肖万萍,2010. 桂北永福官话的"着". 语言研究,(3).

萧鼎章,郝长福,徐士芳,编,1992. 塞尔维亚克罗地亚语汉语词典. 北京:商务印书馆.

谢晓明,左双菊,2007. 饮食义动词"吃"带宾情况的历史考察. 古汉语研究,(4).

谢·叶·雅洪托夫,1969. 上古汉语的使动式//唐作藩,胡双宝,选编. 汉语史论集. 北京:北京大学出版社.

解海江,李如龙,2004. 汉语义位"吃"普方古比较研究. 语言科学,(3).

解海江,2006. 汉语义位"吃"词义扩展的认知研究. 烟台师范学院学报(哲学社会科学版),(1).

辛永芬,2006. 浚县方言语法研究. 北京:中华书局.

《新蒙汉词典》编委会,编,1999. 新蒙汉词典. 北京:商务印书馆.

邢福义,1985. 现代汉语的"即使"实言句. 语言教学与研究,(4).

邢向东,2002. 神木方言研究. 北京:中华书局.

邢向东,2006. 陕北晋语语法比较研究. 北京:商务印书馆.

邢向东,2014. 陕北吴堡话的代词//李小凡,项梦冰,主编. 承泽堂方言论丛:王福堂教授八秩寿庆论文集. 北京:语文出版社.

熊金星,谢晓明,2006. "吃""喝"带宾现象的文化表征. 湘潭师范学院学报(社会科学版),(4).

熊学亮,2009. 论"吃"在"吃+NP"结构中的功能承载量和分辨度. 外语研究,(5).

徐丹,1988. 浅谈这/那的不对称性. 中国语文,(2).

徐烈炯,邵敬敏,1998. 上海方言语法研究. 上海:华东师范大学出版社.

徐琳,赵衍荪,编著,1984. 白语简志. 北京:民族出版社.

徐琳，木玉璋，盖兴之，编著，1986. 傈僳语简志. 北京：民族出版社.

徐时仪，2016a. 软硬反义聚合的词义演变. 上海师范大学学报（哲学社会科学版），（2）.

徐时仪，2016b.《朱子语类》软硬反义概念词语类聚考. 南阳师范学院学报（社会科学版），（1）.

徐文红，2001. "吃"＋N的特征分析. 东南大学学报，（3）.

徐宜良，2014. 饮食义动词"喝"的语义特征及其宾语语义类型探讨. 湖北社会科学，（4）.

徐朝红，2008. 中古汉译佛经连词研究——以本缘部连词为例. 湖南师范大学博士论文.

徐朝红，蒋冀骋，2010. 从句法角度看连词"虽然"的产生. 湖南师范大学社会科学学报，（3）.

许宝华，宫田一郎，主编，1999. 汉语方言大词典. 北京：中华书局.

严艳群，2013. 汉语中的附缀：语言类型学视角. 北京：中国社会科学院研究生院博士学位论文.

岩田礼，编，2009. 汉语方言解释地图. 东京：白帝社.

杨伯峻，编著，1990. 春秋左传注. 修订本. 北京：中华书局.

杨荣祥，2005. 近代汉语副词研究. 北京：商务印书馆.

杨树达，1984. 高等国文法. 北京：商务印书馆.

杨树达，1986. 词诠. 上海：上海古籍出版社.

杨秀芳，1991. 台湾闽南语语法稿. 台北：大安出版社.

杨秀芳，1999. 方言本字研究的探义法//Peyraube Alain，Sun Chaofen (eds.). Linguistic essays in honor of Mei Tsu-Lin: studies on Chinese historical syntax and morphology. Paris: École des Hautes Études en Sciences Sociales, Centre de Recherches Linguistiques sur l'Asie Orientale.

杨一姝，2012. 汉语"吃"多义网络的认知研究. 牡丹江大学学报，（6）.

杨莹，陈前瑞，2012. 苏州话经历体的特定性研究."汉语方言时体系统国际学术讨论会"会议论文. 北京：中央民族大学.

杨永龙，2001. 《朱子语类》完成体研究. 开封：河南大学出版社.

杨育欣，2014. 马来语与汉语经历体标记的用法比较研究. 北京：北京语言大学硕士学位论文.

杨振华，2016. 近代汉语"丢弃"概念场动词的历时演变考察. 语文研究，（1）.

姚庆保，2002. 《左传》及物动词作使动用考察. 广州：华南师范大学硕士学位论文.

叶本度，主编，2010. 朗氏德汉双解大词典. 修订本. 北京：外语教学与研究出版社.

易亚新，2007. 常德方言语法研究. 北京：学苑出版社.

尹戴忠，2011. 从饮食文化看"饮"、"吃"、"喝"的历史更替. 中州学刊，（5）.

英国培生教育出版有限公司，2004. 朗文当代高级英语辞典. 北京：外语教学与研究出版社.

游汝杰，1995. 吴语里的人称代语//梅祖麟，郑张尚芳，陈忠敏，等. 吴语和闽语的比较研究. 上海：上海教育出版社.

于立昌，吴福祥，2011. 时间副词"一度"的语义演变. 古汉语研究，（4）.

岳相昆，戴庆厦，肖家成，等编著，1981. 汉景辞典. 昆明：云南民族出版社.

岳秀文，2013. 软/硬三字组的词性地位及"软/硬"的性质. 黄山学院学报，（6）.

翟会锋，2011. 三官寨彝语参考语法. 北京：中央民族大学博士学位论文.

张定，2010. 汉语多功能语法形式的语义图视角. 北京：中国社会科学院研究生院博士学位论文.

张定，2017. "穿戴"动词语义图. 当代语言学，（4）.

张国宪，2006. 现代汉语形容词功能与认知研究. 北京：商务印书馆.

张立红，2013. 温度词"热、冷、温、凉"语义演变的历史考察. 南昌：江西师范大学硕士学位论文.

张丽丽，2009. 试论纵予连词"即""便""就"的形成. 台大文史哲学报，(71).

张敏，2006. 汉语认知语言学研究的拓展：浅谈与汉语近指、远指词相关的几个问题. 北京：北京师范大学讲稿.

张敏，2008a. 汉语方言处置式标记的类型学地位及其他. 北京：北京大学汉语语言学研究中心报告.

张敏，2008b. 空间地图和语义地图上的"常"与"变"：以汉语被动、使役、处置、工具、受益者等关系标记为例. 北京：中国社会科学院语言研究所报告，天津：南开大学文学院报告.

张敏，2009. 汉语方言双及物结构类型新论：语义地图和空间地图的结合. 北京：北京大学汉语语言学研究中心报告.

张敏，2010. "语义地图模型"：原理、操作及在汉语多功能语法形式研究中的运用//北京大学汉语语言学研究中心《语言学论丛》编委会，编. 语言学论丛：第42辑. 北京：商务印书馆.

张敏，2011. 汉语方言双及物结构南北差异的成因：类型学研究引发的新问题//纪念李方桂先生中国语言学研究学会，香港科技大学中国语言学研究中心，编. 中国语言学集刊：第4卷第2期. 北京：中华书局.

张树铮，1995. 山东省寿光方言的助词. 方言，(1).

张双庆，1999. 香港粤语的代词//李如龙，张双庆，主编. 代词. 广州：暨南大学出版社.

张蔚虹，2010.《老乞大》诸版本饮食类动词比较. 汉语学报，(3).

张相，1953. 诗词曲语辞汇释. 北京：中华书局.

张一舟，张清源，邓英树，2001. 成都方言语法研究. 成都：巴蜀书社.

张永哲，2011. 凤翔方言代词研究. 西安：陕西师范大学硕士学位论文.

张玉金，2011. 出土战国文献虚词研究. 北京：人民出版社.

赵登荣，周祖生，主编，2013. 杜登德汉大词典. 北京：北京大学出版社.

赵日新，1999. 说"个". 语言教学与研究，（2）.

赵伍，1999.《临海水土异物志》成书时间考. 西南民族学院学报（哲学社会科学版），（4）.

真大成，2015. 说"趁"：基于晋唐间（5—10世纪）演变史的考察. 中国语文，（2）.

郑丽，2010."若"类让步连词的语法化及相关问题考察. 中南大学学报（社会科学版），（4）.

郑庆君，1999. 常德方言研究. 长沙：湖南教育出版社.

郑述谱，等修订，2007. 便携俄汉大词典. 修订版. 北京：商务印书馆.

郑伟，2008. 古吴语的指代词"尔"和常熟话的"唔"：兼论苏州话第二人称代词的来源问题//北京大学汉语语言学研究中心《语言学论丛》编委会，编. 语言学论丛：第37辑. 北京：商务印书馆.

郑伟，2012. 汉语音韵与方言研究. 上海：上海三联书店.

郑萦，2003. 从方言比较看情态词的历史演变. 台湾语文研究，（1.1）（《庆祝曹逢甫教授六十华诞专号》）.

中国社会科学院语言研究所，古代汉语研究室，编，1999. 古代汉语虚词词典. 北京：商务印书馆.

周秉钧，注译，2001. 尚书. 长沙：岳麓书社.

周长楫，欧阳忆耘，1998. 厦门方言研究. 福州：福建人民出版社.

周长楫，主编，2006. 闽南方言大词典. 福州：福建人民出版社.

周法高，1962. 中国古代语法：构词编. 台北史语所专刊.

周小兵，1989."会"和"能"及其在句中的换用. 烟台大学学报（哲学社会科学版），（4）.

周有斌，2010. 现代汉语助动词研究. 合肥：安徽大学出版社.

周祖谟，1988. 中国训诂学发展的历史//周祖谟语言文史论集. 杭州：浙江古籍出版社.

朱德熙，1982. 语法讲义. 北京：商务印书馆.

朱冠明，2008.《摩诃僧祇律》情态动词研究. 北京：中国戏剧出版社.

朱晓农，2005. 上海声调实验录. 上海：上海教育出版社.

朱艳华，2012. 载瓦语的"体"//戴庆厦，主编. 汉藏语学报：第6期. 北京：商务印书馆.

祝敏彻，尚春生，1984. 敦煌变文中的几个行为动词——穿、走、行李、去. 语文研究，(1).

Peyrauge Alain，2014. Has Chinese changed from a synthetic language into an analytic language? //何志华，冯胜利，主编. 承继与拓新：汉语语言文字学研究. 北京：商务印书馆.

Aikhenvald Alexandra Y，2009. "Eating"，"Drinking" and "Smoking"：a generic verb and its semantics in Manambu//Newman John (ed.). The linguistics of Eating and Drinking. Amsterdam/Philadelphia：John Benjamins Publishing Company.

Allen Shanley，Özyürek Aslı，Kita Sotaro，et al，2007. Language-specific and universal influences in children's syntactic packaging of Manner and Path：a comparison of English，Japanese，and Turkish. Cognition，102.

Amberber Mengistu，2009. Quirky alternations of transitivity：the case of ingestive predicates//Newman John (ed.). The linguistics of Eating and Drinking. Amsterdam/Philadelphia：John Benjamins Publishing Company.

Ameka Felix K，2008. Aspect and modality in Ewe：a survey//Ameka Felix K，Dakubu M E Kropp (eds.). Aspect and modality in Kwa languages. Amsterdam/philadelpha：John Benjamins Publishing Company.

Aske Jon，1989. Path predicates in English and Spanish：a closer look.

Proceedings of the 15th Annual Meeting of the BLS. Berkeley: Berkeley Linguistics Society.

Athanasiadou Angeliki, Dirven René (eds.), 1997. On conditionals again. Amsterdam/Philadelphia: John Benjamins Publishing Company.

Baretti Giuseppe, Antonio Marco, 2010. Dizionario Delle Lingue Italiana Ed Inglese: Vol. 1. Nabu Press.

Bates Dawn, Hess Thom, Hilbert Vi, 1994. Lushootseed dictionary. Seattle/London: University of Washington Press.

Beavers John, Levin Beth, Tham Shiao-Wei, 2010. The typology of motion expressions revisited. Journal of Linguistics, 46 (2).

Bennett Paul A, 1981. The evolution of passive and disposal sentences. Journal of Chinese Linguistics, 9.

Berman Ruth, Slobin Dan (eds.), 1994. Relating events in narrative: a crosslinguistic developmental study. Hillsdale, New Jersey: Lawrence Erlbaum Associates Publishers.

Bernstein Judy B, 1997. Demonstratives and reinforcers in Romance and Germanic languages. Lingua, 102 (2—3).

Bhat D N S, 2004. Pronouns. Oxford: Oxford University Press.

Bisang Walter, 1998. Adberbiality: the view from the Far East//van der Auwera Johan, Baoill Dónall PÓ (eds.). Adverbial constructions in the languages of Europe. Berlin/New York: Mouton de Gruyter.

Board of Scholars (University of Penang, Malaysia), 1992. English-Malay Malay-English dictionary. New Delhi: Languages of the World Publications.

Bonvini Emilio, 2008. About "Eating" in a few Niger-Congo languages//Vanhove Martine (ed.). From polysemy to semantic change. Amsterdam/Philadelphia: John Benjamins Publishing Company.

Borg Ingwer, Groenen Patrick J F, Mair Patrick, 2013. Applied multidimensional scaling. Berlin/London: Springer.

Bouzouita Miriam, Breitbarth Anne, Danckaert Lieven, et al. (eds.), 2019. Cycles in language change. Oxford: Oxford University Press.

Boyeldieu Pascal, 2008. From semantic change to polysemy: the cases of "meat/animal" and "drink"//Martine Vanhove (ed.). From polysemy to semantic change. Amsterdam/philadelphia: John Benjamins Publishing Company.

Brinton Laurel J, Traugott Elizabeth Closs, 2005. Lexicalization and language change. Cambridge: Cambridge University Press.

Bybee Joan L, 1988. The diachronic dimension in explanation//Hawkins John A (ed.). Explaining language universals. New York: Basil Blackwell.

Bybee Joan L, Perkins Revere D, Pagliuca William, 1994. The Evolution of grammar: tense, aspect, and modality in the languages of the world. Chicago: The University of Chicago Press.

Caughley Ross Charles, 1982. The syntax and morphology of the verb in Chepang. Canberra: Australian National University.

Chao Yuen Ren, 1968. A grammar of spoken Chinese. Berkeley/Los Angeles: University of California Press.

Chappell Hilary, 2001. A typology of evidential markers in sinitic languages//Chappell Hilary (ed.). Sinitic grammar: synchronic and diachronic perspectives. Oxford: Oxford University Press.

Chen Liang, Guo Jiansheng, 2009. Motion events in Chinese novels: evidence for an equipollently-framed language. Journal of pragmatics, 41 (9).

Chou Tsai-Jung, 1998. The evolution of modal verb HUI in Mandarin Chinese. Hsinchu: Taiwan Tsing Hua University.

Collinder Björn, 1977. Fenno-Ugric vocabulary. An etymological dictionary of the Uralic languages, 2nd revised edition. Hamburg: Helmut Buske Verlag.

Comrie Bernard,1985. Tense. Cambridge:Cambridge University Press.

Comrie Bernard,1986. Conditionals:a typology//Traugott Elizabeth Closs,Meulen Alice Ter,Reily Judy Snitzer,et al.(eds.). On conditionals. Cambridge:Cambridge University Press.

Comrie Bernard,2010/1981. Language universals and linguistic typology. Chicago:The University of Chicago Press.

Couper-Kuhlen Elizabeth,Kortmann Bernd(eds.),2000. Cause,condition,concession,contrast. Berlin/New York:Mouton de Gruyter.

Cowan J Milton,1994. Arabic-English dictionary:the Hans Wehr dictionary of modern Arabic. 4th edition. Ithaca,New York:Spoken Language Services Inc.

Croft William,2001. Radical construction grammar:syntatic theory in typological perspective. Oxford:Oxford University Press.

Croft William,2003. Typology and universals. 2nd edition. Cambridge:Cambridge University Press.

Croft William,Cruse D Alan,2004. Cognitive linguistics. Cambridge:Cambridge University Press.

Croft William,2007. Typology and linguistic theory in the past decade:a personal view. Linguistic Typology,11.

Croft William,2008. Typology and universals. Beijing:Foreign Language Teaching and Research Press.

Croft William,Poole Keith T,2008. Inferring universals from grammatical variation:multidimensional scaling for typological analysis. Theoretical Linguistics,34(1).

Crystal David,2011. A dictionary of linguistics and phonetics. Oxford:Blackwell Publishing Ltd.

Cysouw Michael,2003. The paradigmatic structure of person marking.

Oxford: Oxford University Press.

Cysouw Michael, 2007. Building semantic maps: the case of person marking//Miestamo Matti, Wälchli Bernhard (eds.). New challenges in typology: broadening the horizons and redefining the foundations. Berlin/New York: Mouton de Gruyter.

Cysouw Michael, 2010a. Drawing networks from recurrent polysemies. Linguistic Discovery, 8 (1).

Cysouw Michael, 2010b. Semantic maps as metrics on meaning. Linguistic Discovery, 8 (1).

Dahl Östen, 1985. Tense and aspect systems. Oxford: Blackwell.

Dahl Östen, 2000a. The grammar of future time reference in European languages//Dahl Östen (ed.). Tense and aspect in the languages of Europe. Berlin/New York: Mouton de Gruyter.

Dahl Östen, 2000b. The tense-aspect systems of European languages in a typological perspective//Dahl Östen (ed.). Tense and aspect in the languages of Europe. Berlin/New York: Mouton de Gruyter.

Dahl Östen, Viveka Velupillai, 2005. Tense and aspect//Dryer Matthew S, Haspelmath Martin (eds.). The world atlas of language structures. Oxford: Oxford University Press.

Davis Henry, Gillon Carrie, Matthewson Lisa, 2014. How to investigate linguistic diversity: lessons from the Pacific Northwest. Language, 90 (4).

de Haan Ferdinand, 2004. On representing semantic maps. The summer 2004 EMELD workshop. Detroit, MI.

de Schepper Kees, Zwarts Joost, 2009. Modal geometry: remarks on the structure of a modal map//Hogeweg Lotte, de Hoop Helen, Malchukov Andrey (eds.). Cross-linguistic semantics of tense, aspect and modality. Amsterdam/Philadelphia: John Benjamins Publishing Company.

Demoz Abraham, 1964. The meaning of some derived verbal stems in Amharic. PhD dissertation. Los Angels: UCLA.

Diessel Holger, 1999. Demonstratives: form, function and grammaticalization. Amsterdam/Philadelphia: John Benjamins Publishing Company.

Diessel Holger, 2003. The relationship between demonstratives and interrogatives. Studies in Language, 27 (3).

Diessel Holger, 2014. Demonstratives, frames of reference, and semantic universals of space. Language and Linguistics Compass, 8 (3).

Diewald Gabriele, 2002. A model for relevant types of contexts in Grammaticalization//Wischer Ilse, Diewald Gabriele (eds.). New reflections on grammaticalization. Amsterdam/Philadelphia: John Benjamins Publishing Company.

Dixon Robert M W, 2000. A typology of causatives: form, syntax and meaning//Dixon Robert M W, Aikhenvald Alexandra Y (eds.). Changing valency: case studies in transitivity. Cambridge: Cambridge University Press.

Elbert Samuel H, 1972. Puluwat dictionary. Canberra: Australian National University.

Evans Nicholas, 2010. Semantic typology//Song Jae Jung (ed.). The Oxford handbook of linguistic typology. Oxford: Oxford University Press.

Fan Xiaolei, 2014. Tense, aspect and modality in Chinese: a typological study. PhD dissertation. Hong Kong: The Hong Kong University of Science and Technology.

Fanego Teresa, 2012. Motion events in English: the emergence and diachrony of manner salience from Old English to Late Modern English. Folia Linguistica Historica, 33.

Foolen A D, 1991. Polyfunctionality and the semantics of adversative conjunctions. Multilingua, 10 (1—2).

François Alexandre, 2008. Semantic maps and the typology of colexification: intertwining polysemous networks across languages//Vanhove Martine (ed.). From polysemy to semantic change. Amsterdam/Philadelphia: John Benjamins Publishing Company.

Geeraerts Dirk, 1997. Diachronic prototype semantics: a contribution to historical lexicology. Oxford: Oxford University Press.

Giannakidou Anastasia, Alda Mari, 2016. Epistemic future and epistemic MUST: nonveridicality, evidence, and partial knowledge//Błaszczak Joanna, Giannakidou Anastasia, Klimek-Jankowska Dorota, et al. (eds.). Mood, aspect, modality revisited: new answers to old questions. Chicago/London: The University Of Chicago Press.

Givón T, 1994. Irrealis and the subjunctive. Studies in language, 18 (2).

Gouffé Claude, 1966. "Manger" et "boire" en haoussa. Revue de l'École Nationale des Langues Orientales, 3.

Grondelaers Stefan, Geeraerts Dirk, 2003. Towards a pragmatic model of cognitive onomasiology//Cuyckens Hubert, Dirven René, Taylor John R (eds.). Cognitive approaches to lexical semantics. Berlin/New York: Mouton de Gruyter.

Guerssel Muhammad, 1986. On Berber verbs of change: a study of transitivity alternations. Lexicon project Working Papers No.9. Cambridge, Massachusetts: Lexicon Project, Center for Cognitive Science, Massachusetts Institute of Technology.

Guo Jiansheng, Lieven Elena, Budwig Nancy, et al.(eds.), 2009. Crosslinguistic approaches to the psychology of language: research in the tradition of Dan Isaac Slobin. New York: Psychology Press.

Halliday M A K, Hasan Ruqaiya, 1976. Cohesion in Einglish. London: Routledge.

Hashimoto Mantaro J, 1976. The double object construction in Chinese. Computational Analyses in Asian and African languages, 6.

Haspelmath Martin, 1990. The grammaticization of passive morphology. Studies in Language, 14 (1).

Haspelmath Martin, 1994. Passive participles across languages//Fox Barbara, Hopper Paul J (eds.). Voice: formand function. Amsterdam/Philadelphia: John Benjamins Publishing Company.

Haspelmath Martin, 1997a. From space to time: temporal adverbials in the world's languages. München/Newcastle: LINCOM EUROPA.

Haspelmath Martin, 1997b. Indefinite pronouns. Oxford: Oxford University Press.

Haspelmath Martin, König Eekehard, 1998. Concessive conditionals in the languages of Europe//van der Auwera Johan, Baoill Dónall P Ó (eds.). Adverbial constructions in the language of Europe. Berlin/New York: Mouton de Gruyter.

Haspelmath Martin, 2003. The geometry of grammatical meaning: semantic maps and cross-linguistic comparison//Tomasell Michael (ed.). The new psychology of language 2. New York: Lawrence Erlbaum Associates Publishers.

Haspelmath Martin, 2004. Coordinating constructions: an overview//Haspelmath Martin (ed.). Coordinating constructions. Amsterdam/Philadelphia: John Benjamins Publishing Company.

Haspelmath Martin, 2010a. Comparative concepts and descriptive categories in crosslinguistic studies. Language, 86 (3).

Haspelmath Martin, 2010b. The interplay between comparative concepts and descriptive categories (Reply to Newmeyer). Language, 86 (3).

Heine Bernd, Claudi Ulrike, Hünnemeyer Friederike, 1991. Grammaticalization: a conceptual framework. Chicago: The University of Chicago

Press.

Heine Bernd, 1997. Cognitive foundations of grammar. New York/Oxford: Oxford University Press.

Heine Bernd, 2002. On the role of context in grammaticalization//Wischer Ilse, Diewald Gabriele (eds.). New reflections on grammaticalization. Amsterdam/Philadelphia: John Benjamins Publishing Company.

Heine Bernd, Kuteva Tania, 2002. World lexicon of grammaticalization. Cambridge: Cambridge University Press.

Heine Bernd, Kuteva Tania, 2005. Language contact and grammatical change. Cambridge: Cambridge University Press.

Heine Bernd, Kuteva Tania, 2007. The genesis of grammar: a reconstruction. Oxford: Oxford University Press.

Hénault Christine, 2008. Eating beyond certainties//Vanhove Martine (ed.). From polysemy to semantic change. Amsterdam/Philadelphia: John Benjamins Publishing Company.

Hickey Raymond, 2001. Language change//Verschueren Jef, Östman Jan-Ola, Blommaert Jan (eds.). Handbook of pragmatics. Amsterdam/Philadelphia: John Benjamins Publishing Company.

Hook Peter Edwin, Pardeshi Prashant, 2009. The semantic evolution of EAT-expressions: ways and byways//Newman John (ed.). The linguistics of eating and drinking. Amsterdam/Philadelphia: John Benjamins Publishing Company.

Hopper Paul J, 1991. On some principles of grammaticalization//Traugott Elizabeth Closs, Heine Bernd (eds.). Approaches to grammaticalization: Vol. 1. Amsterdam/Philadelphia: John Benjamins Publishing Company.

Hopper Paul J, Traugott Elizabeth Closs, 1993. Grammaticalization. Cambridge: Cambridge University Press.

Hopper Paul J, Traugott Elizabeth Closs, 2001. Grammaticalization. Beijing: Foreign Language Teaching and Research Press.

Hopper Paul, Traugott Elizabeth Closs, 2003. Grammaticalization (Cambridge textbooks in linguistics). Cambridge: Cambridge University Press.

Ibarretxe-Antuñano Iraide, 2004. Motion events in Basque narratives//Strömqvist Sven, Verhoeven Ludo (eds.). Relating events in narrative: Vol. 2 typological and contextual perspectives. Mahwah, New Jersey: Lawrence Erlbaum Associates.

Inoue Kyoto, 1975. Studies in the perfect. PhD dissertation. Ann Arbor: University of Michigan.

Jaggar Philip J, Buba Malami, 2009. Metaphorical extensions of "eat" ⇒ [overcome] and "drink" ⇒ [undergo] in Hausa//Newman John (ed.). The linguistics of eating and drinking. Amsterdam/Philadelphia: John Benjamins Publishing Company.

Jasinskaja Katja, 2010. Corrective contrast in Russian, in contrast. Oslo Studies in Language, 2 (2).

Jespersen Otto, 1917. Negation in English and other languages. Historisk-filologiske Meddeleser.

Jongen René, 1985. Polysemy, tropes and cognition or the non-Magrittian art of closing curtains whilst opening them//Paprotté Wolf, Dirven René. (eds.). The ubiquity of metaphor. Amsterdam/Philadelphia: John Benjamins Publishing.

Kasper Boye, 2010. Semantic maps and the identification of cross-linguistic generic categories: evidentiality and its relation to epistemic modality. Linguistic Discovery, 8.

Katz Jerrold J, 2004. Sense, reference, and philosophy. New York: Oxford University Press.

Kim Nam-Kil, 1998. On experiential sentences. Studies in Language, 22 (1).

Koch Peter, 2001a. Lexical typology from a cognitive and linguistic point of view//Haspelmath Martin, et al (eds.). Language typology and language universals: 1—2.

Koch Peter, 2001b. Metonymy: unity in diversity. Journal of Historical Pragmatics, 2 (2).

Koch Peter, 2016. Meaning change and semantic shifts//Juvonen Päivi, Koptjevskaja-Tamm Maria (eds.). The lexical typology of semantic shifts. Berlin/Boston: Walter de Gruyter.

König Ekkehard, 1986. Conditinals, concessive conditonals and concessives: areas of contrast, overlap and neutralization//Traugott Elizabeth Closs, Meulen Alice Ter, Reily Judy Snitzer, et al.(eds.). On conditionals. Cambridge: Cambridge University Press.

König Ekkehard, 1985a. On the history of concessive connectives in English: diachronic and synchronic evidence. Lingua, 66 (1).

König Ekkehard, 1985b. Where do concessives come from? On the development of concessive connectives//Fisiak Jacek (ed.). Historical semantics, historical word-formation. Berlin/New York/Amsterdam: Mouton de Gruyter.

König Ekkehard, 1988. Concessive connectives and concessive sentences: cross-linguistic regularities and pragmatic principles//Hawkins John A (ed.). Explaining language universals. New York: Basil Blackwell.

König Ekkehard, van der Auwera Johan, 1988. Clause integration in German and Duth: conditionals, concessive conditionals and concessives//Haiman John, Thompson Sandra A (eds.). Clause combining in grammar and discourse. Amsterdam/Philadelphia: John Benjamins Publishing Company.

Kopecka Anetta, 2006. The semantic structure of motion verbs in French:

typological perspective//Hickmann Maya, Robert Stéphane (eds.). Space in languages: linguistic systems and cognitive categories. Amsterdam: John Benjamins Publishing Company.

Kopecka Anetta, 2009. Continuity and change in the representation of motion events in French//Guo Jiansheng, Lieven Elena, Budwig Nancy, et al (eds.). Crosslinguistic approaches to the psychology of language: research in the tradition of Dan Isaac Slobin. Mahwah, New Jersey: Lawrence Erlbaum Associates.

Koptjevskaja-Tamm Maria, Vanhove Martine, Koch Peter, 2007. Typological approaches to lexical semantics. Linguistic Typology, 11 (1).

Koptjevskaja-Tamm Maria, 2008. Approaching lexical typology//Vanhove Martine (ed.). From polysemy to semantic change: towards a typology of lexical semantic associations. Amsterdam/Philadelphia: John Benjamins Publishing Company.

Koptjevskaja-Tamm Maria, Divjak Dagmar, Rakhilina Ekaterina, 2010. Aquamotion verbs in Slavic and Germanic: a case study in lexical typology//Hasko Victoria, Perelmutter Renee (eds.). New approaches to Slavic verbs of motion. Amsterdam/Philadelphia: John Benjamins Publishing Company.

Koptjevskaja-Tamm Maria, 2012. New directions in lexical typology. Linguistics, 50 (3).

Koptjevskaja-Tamm Maria, Rakhilina Ekaterina, Vanhove Martine, 2016. The semantics of lexical typology//Riemer Nick (ed.). The Routledge handbook of semantics. London/New York: Routledge.

Kortmann Bernd, 1997. Adverbial subordination. Berlin/New York: Mouton de Gruyter.

Kortmann Bernd, 1998a. Adverbial subordinators in the languages of Europe//van de Auwera Johan, Baoill Dónall P Ó (eds.). Adverbial constructions in the languages of Europe. Berlin/New York: Mouton de Gruyter.

Kortmann Bernd, 1998b. The evolution of adverbial subordinators in Europe//Schmid Monika S, Austin Jennifer R, Stein Dieter (eds.). Historical linguistics 1997. Amsterdam/Philadelphia: John Benjamins Publishing Company.

Kortmann Bernd, 2001. Adverbial conjunctions//Haspelmath Martin, König Ekkehard, Oesterreicher Wulf, et al.(eds.). Language typology and language universals. Berlin/New York: Walter de Gruyter.

Lakoff Robin, 1971. If's, and's, and but's about conjunction//Fillmore Charles J, langendoen D Terrence (eds.). Studies in Linguistic semantics. New York: Holt, Rinehart and Winston.

Lang Adrianne, 1975. The semantics of classificatory verbs in Enga (and other Papua New Guinea languages). Canberra: Australian National University.

Lang Ewald, 1984. The semantics of coordination. Amsterdam/Philadelphia: John Benjamins Publishing Company.

Lehmann Christian, 1988. Towards a typology of clause linkage//Haiman J, Thompson Sandra A (eds.). Clause combining in grammar and discourse. Amsterdam/Philadelphia: John Benjamins Publishing Company.

Lehmann Christian, 2002. Thoughts on grammaticalization. 2nd revised edition. München: LINCOM EUROPA.

Lehrer Adrienne, 1992. A theory of vocabulary structure: retrospectives and prospectives//Pütz Manfred (ed.). Thirty years of linguistic evolution, dtudies in honor of René Dirven on the occasion of his sixtieth birthday. Philadelphia/Amsterdam: John Benjamins Publishing Company.

Levinson Stephen C, 1995. Three levels of meaning//Palmer Frank Robert (ed.). Grammar and meaning. Cambridge: Cambridge University Press.

Li Fengxiang, 1993. A diachronic study of V-V compound in Chinese. PhD dissertaion. Buffalo: State University of New York at Buffalo.

Li Fengxiang, 1997. Cross-linguistic lexicalization patterns: diachronic evidence from verb-complement compounds in Chinese. Sprachtypologie und Unversalienforschung, 50 (3).

Li Renzhi, 2003. Modality in English and Chinese: a typological perspective. PhD dissertaion. Antwerp: University of Antwerp.

Lien Chinfa, 2007. Grammaticalization of pat4 in Southern Min: a cognitive perspective. language and Linguistics, 8 (3).

Lien Chinfa, 2015. Formation of the experiential aspect marker pat4 識: contact-induced grammatical change in Southern Min. International Journal of Chinese Linguistics, 2 (2).

Lyons John, 1977. Semantics: Vol. 2. Cambridge: Cambridge University Press.

Macleod Norman, Dewar Daniel, 1853. A dictionary of the Gaelic language, in two parts. W. R. M' Phun.

Malchukov Andrej. 2004. Towards a semantic typology of adversative and contrast marking. Journal of Semantics, 21 (2).

Malchukov Andrej, Haspelmath Martin, Comrie Bernard, 2007. Ditransitive constructions: a typological overview. Paper for the Conference on Ditransitive Constructions. Leipzig: Max Planck institute for evolutionary anthropology.

Malchukov Andrej. 2010. Analyzing semantic maps: a multifactorial approach. Linguistic discovery, 8 (1).

Malchukov Andrej, Haspelmath Martin, Comrie Bernard, 2010. Studies in ditransitive constructions: a comparative handbook, Berlin/New York: Walter de Gruyter GmbH, Co KG.

Mao Sheng, 2013. A functional approach to conditionals in Peking Mandarin. PhD dissertation. Hong Kong: The Hong Kong University of Science and Technology.

Matisoff James A, 1988. The dictionary of Lahu. Berkeley: University of California Press.

Mauri Caterina, 2008. Coordination relations in the languages of Europe and beyond. Berlin/New York: Mouton de Gruyter.

Mauri Caterina, 2010. Semantic maps or coding maps: towards a unified account of the coding degree, coding complexity, and coding distance of coordination relations. Linguistic Discovery, 8 (1).

Mayer Thomas, List Johann-Mattis, Terhalle Anselm, et al., 2014. An interactive visualization of crosslinguistic colexification patterns. https://lingulist.de/documents/mayer-et-al-2014-clics-visualization.pdf.

Merriam-Webster Inc, 1995. The merriam-webster new book of word histories. Merriam-Webster Inc.

Næss Åshild, 2007. Prototypical transitivity. Amsterdam/Philadelphia: John Benjamins Publishing Company.

Næss Åshild, 2009. How transitive are EAT and DRINK verbs? //Newman John (ed.). The linguistics of eating and drinking. Amsterdam/Philadelphia: John Benjamins Publishing Company.

Narrog Heiko, Ito Shinya, 2007. Re-constructing semantic maps: the comitative-instrumental area. Sprachtypol univ forsch, 60 (4).

Narrog Heiko, 2010. A diachronic dimension in maps of case functions. Linguistic Discovery, 8 (1).

Neiloufar Family, 2008. Mapping semantic spaces: a constructionist account of the "light verb" eat in Persian//Vanhove Martine (ed.). From polysemy to semantic change. Amsterdam/Philadelphia: John Benjamins Publishing Company.

Newman John, 1997. Eating and drinking as sources of metaphor in

English. Cuadernos de Filologí a Inglesa, 6 (2).

Newman John, 2009. The linguistics of eating and drinking. Amsterdam/Philadelphia: John Benjamins Publishing Company.

Newman John, Aberra Daniel, 2009. Amharic EAT and DRINK verbs//Newman John (eds.). The linguistics of eating and drinking. Amsterdam/Philadelphia: John Benjamins Publishing Company.

Özçalışkan Şeyda, Slobin Dan, 2003. Codability effects of the expressions of manner of motion in Turkish and English//Özsoy A Sumru, Akar D, ğlu-Demiralp M Nakipo, et al.(eds.). Studies in Turkish Linguistics. Istanbul: Bogaziçi University Press.

Özyürek Asli, Kita Sotaro, Allen Shanley, et al., 2005. How does linguistic framing of events influence co-speech gestures? Insights from crosslinguistic variations and similarities. Gesture, 5 (1、2).

Palmer Frank Robert, 1986. Mood and modality. Cambridge: Cambridge University Press.

Palmer Frank Robert, 1990. Modality and the English modals. 2nd edition. London/New York: Longman.

Palmer Frank Robert, 2001. Mood and modality. 2nd edition. Cambridge: Cambridge University Press.

Papafragou Anna, Massey Christine, Gleitman Lila, 2007. Motion event conflation and clause structure. Proceedings from the 39th Annual Meeting of the Chicago Linguistics Soceity.

Pardeshi Prashant, et al., 2006. Toward a geotypology of EAT-expressions in languages of Asia: visualizing areal patterns through WALS. Gengo-Kenkyū, 130.

Pavlova Kholkina, 2014. Words of hardness and softness: towards lexical typology. Association for linguistic typology, the 10th Biennal Conference.

Leipzig.

Payne John R, 1985. Complex phrases and complex sentences//Shopen Timothy (ed.). Language typology and syntactic description: Vol.II complex constructions. Cambridge: Cambridge University Press.

Perrin Loïc-Michel, 2007. Polysemous qualities and universal networks. Workshop Semantic Maps: Methods and Applications. Paris.

Peyraube Alain, 2006. Motion events in Chinese: a diachronic study of directional complements//Hickmann Maya, Robert Stéphane (eds.). Space in languages: linguistic systems and cognitive categories. Amesterdam/Phiadelphia: John Benjamins Publishing Company.

Plank Frans, 1979. Exklusivierung, reflexivierung, identifizierung, relationale auszeichnung: variationen zu einem semantisch-pragmatischen thema//Rosengren (ed.). Sprache und pragmatik, lunder symposium 1978. Lund: CWK Gleerup.

Popper Karl, 1984. Conjectures and refutations: the gtrowth of scientific knowledge. London: Routledge and Kegan Paul.

Rakhilina Ekaterina, 2010. Verbs of rotation in Russian and Polish//Hasko Viktoria, Perelmutter Renee (eds.). New approaches to Slavic verbs of motion. Amsterdam/Philadelphia: John Benjamins Publishing Company.

Rakhilina Ekaterina, Reznikova Tatiana, 2014. Doing lexical typology with frames and semantic maps. Basic research program working papers series: linguistics, WP BRP 18/LNG. Moscow: National Research University Higher School of Economics.

Rakhilina Ekaterina, 2016. Lexical typology of falling. Particular lectures for the 11th International Chinese Lexicology Conference. Beijing: Peking University.

Rakhilina Ekaterina, Reznikova Tatiana, 2016. A Frame-based methodology for lexical typology//Juvonen Päivi, Koptjevskaja-Tamm Maria (eds.). The lexical typology of semantic shifts. Berlin/Boston: Walter de Gruyter.

Rappaport Hovav M, Levin B, 2010. Reflections on manner/result complementarity//Rappaport Hovav M, Doron E, Sichel Ⅰ (eds.). Lexical semantics, syntax, and event structure. Oxford: Oxford University Press.

Reznikova Tatiana, Rakhilina Ekaterina, Bonch-Osmolovskaya Anastasia, 2012. Towards a typology of pain predicates. Linguistics, 50 (3).

Rice Sally, 2009. Athapaskan eating and drinking verbs and constructions//Newman John (ed.). The linguistics of eating and drinking. Amsterdam/Philadelphia: John Benjamins Publishing Company.

Rose Sarah, Christa Beaudoin-Lietz, Derek Nurse, 2002. A glossary of terms for Bantu verbal categories: with special emphasis on tense and aspect. Müchen: LINCOM EUROPA.

Shi Wenlei, Wu Yicheng, 2014. Which way to move: the evolution of motion expressions in Chinese. Linguistics, 52 (5).

Slobin Dan, 1996. Two ways to travel: verbs of motion in English and Spanish//Shibatani Masayoshi, Thompson Sandra A (eds.). Grammatical constructions: their form and meaning. Oxford: Clarendon Press.

Slobin Dan, 1997. Mind, code, and text//Bybee Joan, Haiman John, Thompson Sandra A (eds.). Essays on language function and language type. Amsterdam/Philadelphia: John Benjamins Publishing Company.

Slobin Dan, 2000. Verblized events: a dynamic approach to linguistic relativity and determinism//Niemeier Suzanne, Dirven René (eds.). Evidence for linguistic relativity. Amsterdam/Philadelphia: John Benjamins Publishing Company.

Slobin Dan, 2004. The many ways to search for a frog//Strömqvist Sven, Verhoeven Ludo (eds.). Relating events in narrative: Vol. 2 typological and contextual perspectives. Mahwah，New Jersey：Lawrence Erlbaum Associates Publishers.

Slobin Dan，2005. Relating narrative events in translation//Ravid Dorit Diskin，Shyldkrot Hava Bat-Zeev（eds.）. Perspectives on language and language development：essays in honor of Ruth A Berman. Dordrecht/Boston/London：Kluwer Academic.

Slobin Dan，2006. What makes Manner of motion salicnt? Explorations in linguistic typology，discourse，and cognition//Hickmann Maya，Robert Stéphane. Space in language：linguistic systems and cognitive categories. Amsterdam/Philadelphia：John Benjamins Publishing Company.

Song Jae Jung，2009. What（not）to eat：metaphor and metonymy of eating and drinking in Korean//Newman John（ed.）. The linguistics of eating and drinking. Amsterdam/Philadelphia：John Benjamins Publishing Company.

Spring Ryan，Horie Kaoru，2013. How cognitive typology affects second language acquisition：a study of Japanese and Chinese learners of English. Cognitive Linguistics，24（4）.

Stevens Alan M，Schmidgall-Tellings A Ed，2010. A comprehensive Indonesian-English dictionary. 2nd Edition. Ohio：Ohio University Press.

Stoll Sabine，1998. The role of aktionsart in the acquisition of Russian aspect. First Language，18.

Strömqvist Sven，Verhoeven Ludo，2004. Typological and contextual perspectives on narrative development//Relating events in narrative：Vol. 2 typological and contextual perspectives. Mahwah，New Jersey：Lawrence Erlbaum Associates Publishers.

Sweep Josefien，2012. Metonymical object changes in Dutch：lexicographical choices and verb meaning//Dykstra A，Schoonheim T（ed.）. Proceedings of the XIV Euralex International Congress. Fryske Akademy/Afuk.

Sweetser Eve E, 1982. Root and epistemic modals: causality in two worlds. proceedings of the 8th Annual Meeting of the Berkeley Linguistic Society.

Sweetser Eve E, 1990. From etymology to pragmatics: metaphorical and cultural aspects of semantic structure. Cambridge: Cambridge University Press.

Talmy Leonard, 1985. Lexical typologies//Shopen Timothy (ed.). Language typology and syntactic description: Vol. 3 grammatical categories and the lexicon. Cambridge: Cambridge University Press.

Talmy Leonard, 1991. Path to realization: a typology of event conflation. Proceedings of the 17th Annual Meeting of the Berkeley Linguistic Society.

Talmy Leonard, 2000. Toward a cognitive semantics: Vol. 2 typology and process in concept structuring. Cambridge, Massachusetts: MIT Press.

Talmy Leonard, 2009. Main verb properties and equipollent framing//Guo J, Lieven E, Budwig N, et al.(eds.). Crosslinguistic approaches to the psychology of language: research in the tradition of Dan Isaac Slobin. New York/London: Psychology Press.

Tantucci Vittorio, 2015. Traversativity and grammaticalization: the aktionsart of 过 guo as a lexical source of evidentiality. Chinese language and discourse, 6 (1).

Taylor John R, 1989. Linguistic categorization: prototypes in linguistic theory. Oxford: Clarendon Press.

Traugott Elizabeth Closs, 1982. From propositional to texual and expressive meanings: some sematic-pragmatic aspects of grammaticalization//Lehmann Winfred P, Malkiel Yakov (eds.). Perspectives on historical linguistics. Amsterdam/Philadelphia: John Benjamins Publishing Company.

Traugott Elizabeth Closs, Meulen Alice Ter, Reily Judy Snitzer, et al., 1986. On Conditionals. Cambridge: Cambridge University Press.

Traugott Elizabeth Closs, 1999a. The rhetoric of counter-expectation in semantic change: a study in subjectification//Blank Andreas, Koch Peter (eds.). Historical semantics and cognition. Berlin/New York: Mouton de Gruyter.

Traugott Elizabeth Closs, 1999b. The role of pragmatics in semantic change//Verschueren Jef (ed.). Pragmatics in 1998: selected papers from the 6th International Pragmatics Conference: Vol. Ⅱ. Antwerp: International pragmatics association.

Traugott Elizabeth Closs, 2002. From etymology to historical pragmatics//Minkova Donka, Stockwell Robert (eds.). Studying the history of the English language: millennial perspectives. Berlin/New York: Mouton de Gruyter.

Traugott Elizabeth Closs, Dasher Richard, 2002. Regularity in semantic change. Cambridge: Cambridge University Press.

Tsang Chui Lim, 1981. A semantic study of modal auxiliary verbs in Chinese. PhD dissertation. Palo Alto: Stanford University.

van der Auwera Johan, Baoill Dónall P Ó, 1998. Adverbial constructions in the languages of Europe. Berlin/New York: Mouton de Gruyter.

van der Auwera Johan, Plungian Vladimir A, 1998. Modality's semantic map. Linguistic typology, 2.

van der Auwera Johan, 1999. On the semantic and pragmatic polyfunctionality of modal verbs//Ken Turner (ed.). The semantics/pragmatics interface from different points of view. Amsterdam: Elsevier.

van der Auwera Johan, Temürcü Ceyhan, 2006. Semantic maps//Brown K (ed.). Encyclopedia of language and linguistics. 2nd edition. Oxford: Elsevier.

van der Auwera Johan, Kehayov Peter, Vittrant A, 2009. Acquistive modals//Hogeweg L, De Hoop H, Malchukov A (eds.). Cross-linguistic semantics of tense, aspect and modality. Amsterdam: John Benjamins Publishing Company.

van der Loon Piet, 1967. The manila incunabula and early hokkien studies part 2. Asia Major, New Series, 13.

van Gelderen Elly, 2016. Cyclical change continued. Amsterdam/Philadelphia: John Benjamins Publishing Company.

Vanhove Martine, 2008. From polysemy to semantic change: towards a typology of lexical semantic associations. Amsterdam/Philadelphia: John Benjamins Publishing Company.

Wang Wei, 2012. The semantic map of the spatial motion domain and related functions. Mphil dissertation. Hong Kong: The Hong Kong University of Science and Technology.

Wang Wei, 2013. The revised semantic map of oblique markers and its implications for comparative and diachronic studies of Chinese syntax. Settle: The LFK Society Young Scholars Symposium.

Wierzbicka Anna, 2009. All people eat and drink: does this mean that "eat" and "drink" are universal human concepts? //Newman John (ed.). The linguistics of eating and drinking. Amsterdam/Philadelphia: John Benjamins Publishing Company.

Wilkins David P, 1996. Natural tendencies of semantic change and the search for cognates//Durie Mark, Ross Malcolm (eds.). The comparative method reviewed: regularity and irregularity in language change. New York/Oxford: Oxford University Press.

Williams Kemp, 1991. Radial structuring in the Hausa lexicon: a prototype analysis of Hausa "eat" and "drink". Lingua, 85.

Woodworth Nancy L, 1991. Sound symbolism in proximal and distal forms. Linguistics, 29.

Wu Jiun-Shiung, Kuo Jenny Yi-Chun, 2010. Future and modality: a preliminary study of jiang, hui, yao and yao ... le in Mandarin Chinese//Clemens Lauren Eby, Liu Chi-Ming Louis (eds.). Proceedings of the 22nd North American Conference on Chinese Linguistics (NACCL22) and the 18th International Conference on Chinese Linguistics (IACL18) 2. Cambridge, Massachusetts: Harvard University.

Yamaguchi Toshiko, 2009. Literal and figurative uses of Japanese: EAT and DRINK//Newman John (ed.). The linguistics of eating and drinking. Amsterdam/Philadelphia: John Benjamins Publishing Company.

Yeh Meili Marie, 2012. From cognition to epistemic modality and to stance marking: semantic extension of ra: am "know" in Saisiyat. Paper in Workshop on Epistemicity, Evidentiality and Attitude in Asian Language: Typological, Diachronic and Discourse Perspectives. Hong Kong: Hong Kong Polytechnic University.

Zhang Min, 2013. The revised semantic map of oblique markers and its implications for comparative and diachronic studies of Chinese syntax//10th Anniversary Celebration of the Establishment of the Li Fang-kuei Society Young Scholars Symposium. Seattle: University of Washington.

Zhang Min, 2016. A revised semantic map of oblique roles and its implications for comparative and diachronic studies of Chinese syntax. Bulletin of Chinese linguistics, 9.

Zoetmulder Petrus Josephus, Robson Stuart, 1982. Old Javanese-English dictionary. The Hague: Nijhoff.

Zwarts Joost, 2008. Semantic map geometry: two approaches//Cysouw Michael, Haspelmath Martin, Malchukov Andrej (eds.). Semantic maps: methods and applications. Paris.

后　记

　　本书是笔者主持的国家社科基金重大项目"功能—类型学取向的汉语语义演变研究"（批准号：14ZDB098）子课题"类型学视野下的汉语语义演变研究"的部分成果。各章内容及作者情况如下。

　　第 1 章　语义地图模型与汉语多功能语法形式研究（潘秋平、张敏）

　　第 2 章　基于汉语史的与连接范畴相关的概念空间（王娅玮、吴福祥）

　　第 3 章　能性情态语义图与情态功能的细分（范晓蕾）

　　第 4 章　"追逐"义动词语义图（张定）

　　第 5 章　"穿戴"义动词语义图（张定）

　　第 6 章　词汇类型学视域下汉语"硬""软"语义场的历史演变（贾燕子）

　　第 7 章　词汇类型学视角的汉语"吃""喝"类动词研究（贾燕子、吴福祥）

　　第 8 章　汉语运动事件词化类型的历时演变
　　　　　　——基于古今对译语料的考察（史文磊）

　　第 9 章　汉语吴方言的"处所成分—指示词"演化圈（盛益民）

　　第 10 章　让步条件连词到让步连词的语义演变（徐朝红）

　　第 11 章　"当"的情态与将来时用法的演化（王继红、陈前瑞）

　　第 12 章　经历体的特定性与来源意义研究（陈前瑞）

　　本书的主要内容作为课题组的阶段性成果已在国内外相关杂志上发表，因此，在将这些内容辑入本书时，我们在体例和某些术语上作了必要的一致性处理。此外,还对部分成果的名称作了必要的调整。

感谢陈前瑞教授作为子课题负责人和本书主要撰稿人,为项目的研究工作和成果的编辑出版作出的重要贡献。

安徽教育出版社原总编辑姚莉女史为本书的出版提供了很多帮助,学术文化出版中心主任江舟女史以及各位责任编辑为本书的编校付出了辛勤劳动,深表谢忱。友生麻晓芳、李桂兰和公丕盈为本书的编辑出版提供了切实的帮助,在此一并谢过。

本书的出版受到"2019年度北京语言大学北京高校高精尖学科中国语言文学一级学科建设项目"的资助,谨此表示谢意。

最后,笔者对本书的所有作者表示深深的谢意。至于书中的疏漏之处,概由笔者负责。

吴福祥

2023年仲夏于北京齐贤斋